Alternative Wertpapierhandelssystem unter besonderer Berücksichtigung von Regulierungs- und Aufsichtsproblemen im Internet

Europäische Hochschulschriften
Publications Universitaires Européennes
European University Studies

Reihe II
Rechtswissenschaft

Série II Series II
Droit
Law

Bd./Vol. 4284

PETER LANG
Frankfurt am Main · Berlin · Bern · Bruxelles · New York · Oxford · Wien

Nils Krause

Alternative Wertpapierhandelssysteme unter besonderer Berücksichtigung von Regulierungs- und Aufsichtsproblemen im Internet

Vor dem Hintergrund der US-amerikanischen Rechtslage und des 4. Finanzmarktförderungsgesetzes sowie der europäischen Rechtsentwicklung

PETER LANG
Europäischer Verlag der Wissenschaften

Bibliografische Information Der Deutschen Bibliothek
Die Deutsche Bibliothek verzeichnet diese Publikation in der Deutschen Nationalbibliografie; detaillierte bibliografische Daten sind im Internet über <http://dnb.ddb.de> abrufbar.

Zugl.: Freiburg (Breisgau), Univ., Diss., 2005

D 25
ISSN 0531-7312
ISBN 3-631-53374-8

www.peterlang.de

Vorwort

Nicht wenige der in der nachfolgenden Untersuchung diskutierten Rechtsprobleme sind noch im Fluß. Obwohl die Arbeit hinsichtlich verschiedener Themenkreise eine Momentaufnahme darstellt, ist sie zugleich bemüht, darüber hinausgehende Antworten auf grundsätzliche Fragen der Regulierung und Beaufsichtigung von internetbasierten Handelssystemen zu liefern.

Meinen großen Dank möchte ich insbesondere meinem Doktorvater und verehrten Lehrer, Professor Dr. Andreas Voßkuhle, aussprechen. Seiner beispielslosen Offenheit ist es vor allem zu verdanken, daß ich dieses fachübergreifende Thema im Rahmen eines Promotionsverfahrens bearbeiten durfte. Er ist mir bei dem Verfahren hilfreich zur Seite gestanden und hat es mit wichtigen Vorschlägen, Anregungen und Kritik begleitet. Meinem Zweitgutachter, Professor Dr. Uwe Blaurock, bin ich für seine kritische Anteilnahme und die Erstellung des Zweitgutachtens verbunden.

Weiter gilt mein Dank Herrn Rechtsanwalt Markus Pfüller von der internationalen Sozietät Clifford Chance, der die Arbeit durch zahlreiche Erwägungen aus der Praxis bereichert hat. Des weiteren hat sich Herr Rechtsanwalt Dr. Kolja de Vries früherer Entwürfe angenommen und der Überarbeitung mit wichtigen Anregungen vorangeholfen; ihm danke ich in Freundschaft.

Nicht zuletzt danke ich meinen Eltern, Elke und Jan Krause, die mich bei der Arbeit an diesem Buch, im Referendariat und im Studium stets und nach Kräften unterstützt haben. Ohne sie wäre dieses Buch nicht entstanden. Die Arbeit ist daher meinen Eltern gewidmet.

Hamburg, im August 2005

Nils Krause

Inhaltsverzeichnis

Teil 1. Einleitung

§ 1 Problemstellung und Zielsetzung der Untersuchung

Die wirtschaftlichen und gesellschaftlichen Veränderungen, die das Internet ausgelöst hat, sind enorm. Mittlerweile nutzen über 600 Millionen Menschen weltweit das Internet für private oder geschäftliche Zwecke, von denen mehr als ein Viertel in Europa leben[1]. Zu den Kernmärkten des Internet in Europa gehören Großbritannien mit etwa 30 Millionen, Frankreich mit rund 21 Millionen und Deutschland mit ca. 35,7 Millionen Nutzern. Von diesen Vergleichsgruppen nutzen die Deutschen das Internet am häufigsten für Online-Banking und Aktieninformationen[2]. In den USA werden mittlerweile über ein Viertel der Wertpapiertransaktionen über das Internet abgewickelt[3].

Triebfedern der Ausbreitung des Internet im Dienstleistungsbereich sind die niedrigeren Personal- und Bearbeitungskosten sowie die enorme Flexibilität und ständige Verfügbarkeit von unzähligen Informationen[4].

Insbesondere für die Kapitalmärkte eröffnen sich durch die Entwicklung des Internet und die steigenden Nutzerzahlen weitreichende neue Handelsmöglichkeiten[5]. In diesem Zusammenhang fällt das Augenmerk der meisten Betrachter regelmäßig auf das Direct Brokerage, welches sich in Form von Unternehmen wie beispielsweise *Consors* und *Comdirect* in Deutschland einer zunehmenden Bekannt- und Beliebtheit erfreut. Weitgehend unbeachtet von der breiten Öffentlichkeit formieren sich dagegen seit geraumer Zeit sogenannte Alternative Handelssysteme, die Gegenstand der vorliegenden Arbeit sind und mit dem Direct Brokerage nicht verwechselt werden dürfen.

Es handelt sich bei den Alternativen Handelssystemen regelmäßig um außerbörsliche Handelssysteme, die als privatrechtlich organisierte Marktplätze über das Internet eine Vielzahl von Dienstleistungen anbieten. Diese reichen von der einfachen Informationsverschaffung bis zur Ausführungen von Börsenfunktionen. Ihren Ursprung haben die meisten Systeme im vor- oder nachbörslichen institutionellen Blockhandel von Aktien.

Aufgrund ihrer diversen Wettbewerbsvorteile und vielfältigen Dienstleistungen konnten sie sich im Laufe der Zeit an den Kapitalmärkten zu ernsthaften Konkurrenten der regulären (Präsenz-)Börsen etablieren.

---

[1] Vergl. dazu http://www.ecin.de/marktbarometer/europa3 (Stand: 12.7.2005).

[2] Siehe http://www.ecin.de/marktbarometer/europa3 und http://www.ecin.de/news/2004/09/07/07480/index.html (Stand: 12.7.2005).

[3] Handelsblatt vom 24.1.2000, S. 41. Allerdings ist derzeit auch ein Abwärtstrend, bedingt durch den generell schwachen Wertpapierhandel, zu verzeichen, siehe IOSCO, Internet 3, S. 3, vgl. http://www.iosco.org/pubdocs/pdf/IOSCOPD159.pdf (Stand: 12.04.2004).

[4] *Mai*, CR 2002, 200 (201).

[5] Siehe für einen historischen Überblick über die Wirkung der Informationstechnologie auf die Kapitalmärkte *Schenk*, Börsensysteme, S. 66 ff.

In der bisherigen Diskussion werden die Handelssysteme mit Begriffen wie Proprietäre Handelssysteme, Electronic Communication Networks oder Bulletin Boards belegt, wobei diese meist undifferenziert nebeneinander gebraucht werden, ohne sich jedoch eine begriffliche Klarheit zu verschaffen. Licht in dieses Dunkel der Begriffe zu bringen, ist ein Anspruch der vorliegenden Untersuchung. Insofern richtet sich die Arbeit nicht nur an ein Fachpublikum, sondern gerade auch an geneigte Leser, die mehr über diese besonderen Handelssysteme erfahren möchten. Um diesem Anspruch genügen zu können, geht die Arbeit an entsprechenden Stellen weiter ins Detail als dies für Experten von Kapitalmärkten notwendig wäre.

Verbunden mit den Alternativen Handelsssystemen stellt sich eine Reihe von Fragen. Angefangen bei der Abgrenzbarkeit dieser Marktplätze zu börslichen, über Fragen der Systemsicherheit und des Zugangs bis hin zu den ökonomischen Auswirkungen auf die Kapitalmärkte sowie der Zuständigkeit nationaler Wertpapierhandelsaufsichtsbehörden, scheint vieles problematisch zu sein. Diese Themen werden im Laufe der Arbeit behandelt und unter der Prämisse, daß Rechtswissenschaft stets auch Steuerungswissenschaft ist[6], dahingehend untersucht, ob Regulierungsbedarf besteht. Hintergrund dieser Analyse ist ein liberales Staats- und Wirtschaftsverständnis, mit der Konsequenz, daß ein Bedarf an Steuerung und Regulierung nur dort bejaht wird, wo er unter ökonomischen und funktions- sowie anlegerschutzbezogenen Gesichtspunkten zu rechtfertigen ist. Darin unterscheidet sich die vorliegende Untersuchung von einer Anzahl von Beiträgen, welche von protektionistischen und lobbyistischen Ideen inspiriert vorschnell nach gesetzgeberischen Handlungen rufen, um lästige Konkurrenz zu verhindern und die Wettbewerbsvorteile von Alternativen Handelssystemen zu depotenzieren.

Da mittlerweile in Form des Vierten Finanzmarktförderungsgesetzes in Deutschland[7] sowie der neuen EG-Richtlinie über Märkte für Finanzinstrumente[8] Regulierungskonzepte für die Alternativen Handelssysteme bestehen bzw. entstehen, gilt es, diese auf ihre Notwendigkeit und ihr Steuerungspotential hin zu untersuchen.

In weiten Teilen der Arbeit wird auch auf die US-amerikanische Rechtslage eingegangen[9]. Es ist aber nicht der Anspruch der Arbeit, eine rechtsvergleichende Untersuchung vorzunehmen. Jedoch haben die USA eine überragende Stellung im Wertpapierwesen. Die Rechtsentwicklungen in Europa und in Deutschland orien-

---

[6] *Schmidt-Aßmann*, Ordnungsidee, S. 19.

[7] Siehe dazu unten Teil 4. § 15.

[8] Vergl. unten Teil 4. § 18.

[9] Es sei darauf hingewiesen, daß sich die Zitierweise der US-amerikanischen Literatur nach der deutschen Zitierweise richtet, entgegen der sonst üblichen Verwendung der Originalzitierweise (vergl. dazu Harvard Law Review Association, Bluebook). Ausschlaggebend für die Zitierweise kann nur der Adressatenkreis der Leser sein, nicht aber der Ursprung der Quelle. So wird konsequenterweise auch in den USA die nicht-US-amerikanische Literatur in amerikanischer Zitierweise wiedergegeben.

tieren sich daher an den USA[10]. Um die Entwicklungen in der alten Welt besser zu verstehen, war es notwendig, auch die der neuen mitaufzunehmen.

Bei der gesamten Darstellung und Untersuchung darf nicht außerachtgelassen werden, daß es sich bei dem Untersuchungsgegenstand um ein sich technisch schnell veränderbares Feld handelt[11]. Die fortschreitende Technisierung des Wertpapierhandels eröffnet neue Bereiche, deren Dimension sich noch nicht abschätzen läßt. So befindet sich zur Zeit eine weitere Innovation in der Entwicklung: Die Schaffung von elektronischen Wertpapierhandelssystemen auf der Grundlage von Softwareagenten[12].

Insofern will die Arbeit nicht zeitlose Ergebnisse liefern, was überdies auch ein aussichtsloser Versuch wäre. Die Untersuchung versteht sich als eine Momentaufnahme eines sich rasch verändernden Bereichs der Kapitalmärkte. Losgelöst von der Zeitlichkeit des Forschungsgegenstandes ist die Arbeit aber bestrebt, zu zeigen, daß (vermeintliche) Probleme, die durch eine technische Neuheit wie das Internet aufgeworfen werden, nicht immer einer umfassenden gesetzgeberischen Steuerungsmaßnahme bedürfen. Sie will deutlich machen, daß nicht jede Neuheit ein neues Gesetz nach sich ziehen muß. Mit dieser Erkenntnis, dargestellt an einem kleinen Teilbereich des Universums Internet, bezweckt die Arbeit ihren Beitrag gegen einen Regulierungswahn. Zugleich möchte sie auch einen weiteren Beitrag zur Untersuchung des Kapitalmarktrechts liefern, da dieses Rechtsgebiet trotz der enormen ökonomischen Bedeutung der Kapitalmärkte auch weiterhin kaum rechtswissenschaftlich erschlossen wurde.

Schließlich sei noch angemerkt, daß auch viele Fragen des Wertpapierhandels im Internet unbeantwortet gelassen werden mußten, um den Forschungsumfang der Arbeit nicht zu überschreiten[13]. Insbesondere wurden die primärmarktrechtlichen Gesichtspunkte ausgeblendet. Diese sind ausschließlich kapitalmarktrechtlicher Natur und helfen wenig, die bestehenden Konkurrenzprobleme von regulären Börsen und Alternativen Handelssystemen zu verdeutlichen[14].

Die Arbeit untersucht vielmehr die auf den Sekundärmärkten agierenden Handelssysteme[15].

---

[10] Vergl. *Claussen*, Börsenrecht, § 9 Rn. 5. So weist auch *Steck* treffend daraufhin, daß die USA in der Wertpapierbranche in tatsächlicher und rechtlicher Hinsicht eine Vorbildfunktion wahrnehmen, vergl. *Steck*, ZBB 2000, 112.

[11] Dies darf aber keinesfalls zu der Fehlvorstellung führen, es handele sich bei dem Wertpapierhandel im Internet - gleich welcher Form - um eine vorübergehende Modeerscheinung, so auch *Florian*, Rechtsfragen, S. 4 f. mit Blick auf die wirtschaftliche Dimension des Wertpapierhandels im Internet. Vergl. auch *Birkelbach*, Cyber Finance, S. 250 f., der die Frage aufwirft, aber im Ergebnis mit Blick auf künftige Neuerungen verneint.

[12] Siehe dazu vertiefend *Gomber*, Handelssysteme, S. 117 ff.; *Florian*, Rechtsfragen, S. 245.

[13] Für eine eingehende Darstellung von Rechtsfragen des Wertpapierhandels im Internet vergl. *Florian*, Rechtsfragen.

[14] Siehe dazu *Florian*, Rechtsfragen, S. 164 ff.

[15] Siehe zur Unterscheidung Primär- und Sekundärmarkt sogleich unten Teil 2. § 3 B. I., II.

§ 2 Gang der Untersuchung

Die Arbeit gliedert sich in fünf Teile.

Im nachfolgenden Teil 2 werden die Grundlagen für die weitere Untersuchung geschaffen. Dabei werden zunächst die Begriffe Kapitalmarkt und Börsen näher dargestellt. Desweiteren werden die verschiedenen Schnittstellen von Kapitalmärkten und dem Internet aufgezeigt.

An diese Grundlagen schließt sich die Darstellung über die Alternativen Handelssysteme an. Dieser Abschnitt der Arbeit ist entsprechend umfangreich angelegt, um auch Nicht-Fachleuten die Besonderheiten und verschiedenen Erscheinungsformen der Handelssysteme aufzuzeigen, ohne deren Wissen das Wesen der Alternativen Handelssysteme nicht verstanden werden kann.

Dabei werden zunächst die Alternativen Handelssysteme in den USA und ihre dortige Regulierung aufgezeigt. Dieser Untersuchungsgang folgt aus der Entstehungsgeschichte der Alternativen Handelssysteme, die sich anfangs in den USA formierten. Dort kam es auch zu den ersten umfassenden Steuerungsmaßnahmen durch die US-amerikanische Securities and Exchange Commission (SEC).

Anknüpfend an die US-amerikanische Sach- und Rechtslage wird ein ausführlicher Blick auf die europäische Situation geworfen, wobei dieser beispielhaft anhand Deutschlands erfolgt.

Die Untersuchung wendet sich anschließend den grundsätzlichen Regulierungsproblemen von internetspezifischen Sachverhalten zu. Hier wird der logischen Vorfrage nachgegangen, ob es überhaupt eine Regulierung von internetbezogenen Sachverhalten geben kann. Dies erscheint unter verschiedenen Gesichtspunkten - wie beispielsweise der Virtualität des Internet - fraglich. Letztlich wird die Regulierungsmöglichkeit bejaht. Daran knüpft eine kurze Darstellung der verschiedenen Steuerungskonzepte an.

In einem weiteren Schritt werden die Begriffe Regulierung und Aufsicht als solche rechtsdogmatisch untersucht, um so die Unterschiede zwischen beiden herauszuarbeiten. In diesem Zusammenhang wird ein neuer Regulierungsbegriff entworfen, um deutlich zu machen, welche nachfolgenden Teile der Aufsicht und welche dem Regulierungsbereich zu zuordnen sind.

Um diese abstrakten Begriffe der Aufsicht und Regulierung mit weiterem Leben zu füllen, geht die Arbeit anschließend auf die Aufsicht und Regulierung von Kapitalmärkten und Börsen ein. Dies ist notwendig, da Regulierung einen Ordnungszweck verfolgt, dieser aber nur aus dem entsprechenden Ordnungsfeld heraus bestimmt werden kann. Hier werden die Maßstäbe entwickelt, anhand derer später bestimmt werden kann, welche Probleme im Zusammenhang mit Alternativen Handelssystemen tatsächlich einer Regulierung bedürfen.

Teil 3 ist den spezifischen Regulierungs- und Aufsichtsproblemen von Alternativen Handelssystemen gewidmet. Im wesentlichen geht dieser Teil der Arbeit der

Frage nach, welche Probleme eine Regulierungsmaßnahme erfordern. In diesem Teil der Untersuchung orientiert sich die Darstellung im wesentlichen an der Rechtslage vor dem deutschen Vierten Finanzmarktförderungsgesetz. Inwieweit dieses eine adäquate Lösung auf die angesprochenen Probleme bietet, wird erst im Teil 4 der Arbeit erforscht, wo untersucht wird, wie reguliert wird. Zudem ist die Darstellung nicht auf die besondere Situation in Deutschland bezogen, sondern geht vielmehr vom Schwerpunkt her auf die international - sprich weltweit und regulierungsunspezifisch - bestehenden Probleme von Alternativen Handelssystemen ein. Dabei werfen die Alternativen Handelssyteme folgende Probleme auf: Zunächst lassen sie sich aufgrund ihrer Doppelstellung als Börsen im Sinne des materiellen Börsenbegriffs und als Wertpapierdienstleister regulatorisch schwer einordnen. Dadurch erlangen solche Alternative Handelssysteme, die von der Struktur her Börsen sind, aber als Wertpapierdienstleister reguliert werden, enorme Wettbewerbsvorteile.

Ferner stellt sich bei den Alternativen Handelssystemen die Frage nach einem diskriminierungsfreien Zugang zum System sowie welche Auswirkungen diese Handelssyteme auf die Liquidität und die Transparenz an den Kapitalmärkten haben. Schließlich werden noch die besonderen Interessenkonflikte im System und die Zuständigkeitsfragen - welche nationale Aufsichtsbehörde für ein solches, international agierendes System zuständig ist - dargestellt.

Im Teil 4 werden die Lösungsansätze und -konzepte für die beschriebenen Probleme näher betrachtet. Zunächst nimmt sich die Untersuchung der Darstellung des deutschen Vierten Finanzmarktförderungsgesetzes, welches eine erhebliche rechtliche Auswirkung auf das deutsche Kapitalmarktrecht hat, an. Dabei werden im einzelnen die Regulierungsmaßnahmen des Gesetzes aufgezeigt und vor dem Hintergrund der aufgezeigten Probleme von Alternativen Handelssystemen kritisch beleuchtet.

Bevor sich die Arbeit der neuen EG-Richtlinie über Märkte für Finanzinstrumente zuwendet, mit der auf europäischer Ebene erstmals eine Regulierung von Alternativen Handelssystemen erfolgte, werden die Regulierungsdiskussionen in den internationalen Organisationen IOSCO und dem Committee of European Securities Regulators (CESR) vorgestellt. Sie hatten maßgeblichen Einfluß auf die jüngste europäische Rechtsentwicklung.

Schließlich behandelt die Arbeit noch zwei grundsätzliche Fragen, die sich auch im Zusammenhang mit den Problemen von Alternativen Handelssystemen stellen: Zum einen inwiefern Kapitalmarktrecht international harmonisiert werden sollte und zum anderen, ob eine zentrale Form von Wertpapieraufsicht notwendig und realisierbar ist.

Die in der vorliegenden Untersuchung ermittelten Ergebnisse werden im Teil 5 zusammengefaßt.

Teil 2. Grundlagen

§ 3 Kapitalmärkte und Börsen

Nachfolgend werden die Begriffe und Erscheinungsformen von Kapitalmärkten und Börsen behandelt. Nur wenn man von diese kennt, kann man die Differenzen zu den Alternativen Handelssystemen verstehen. Darüberhinaus werden auch Definitionen eingeführt, die losgelöst vom börslichen Handel die weitere Untersuchung begleiten werden.

A. Begriff des Kapitalmarkts

Kaum ein Begriff hat ähnlich wie der des Kapitalmarktes aus der Fachterminologie Einzug in die Alltagssprache gefunden. Dabei besteht weder eine exakte juristische noch eine wirtschaftswissenschaftliche Definition des Begriffs[16]. Eine erste begriffliche Klarheit vermag die Trennung und Auslegung der Worte Kapital und Markt zu bringen.

Historisch betrachtet stand das mittelalterliche lateinische Wort „capitale" anfangs für ein Darlehen und später für ein Vermögen, das einen Ertrag abwirft[17]. Ein solches Vermögen kann sowohl in Geldform als auch in realen Gütern, wie beispielsweise Mietobjekten, bestehen[18]. Demnach umfaßt der Begriff Kapital sowohl Geld- oder Finanzkapital als auch Sach- oder Realkapital. Obwohl also auch das Realkapital begrifflich zum Kapital gerechnet wird und insofern auch zum Handelsobjekt des Kapitalmarktes gehören müßte, wird nach allgemeiner Meinung an diesem jedoch nur Geld- oder Finanzkapital gehandelt[19].

Unter Markt versteht man einen Ort, an dem Angebot und Nachfrage aufeinandertreffen[20]. Fand dies früher noch in Form der physischen Begegnung der jeweiligen Parteien statt, so können heute aufgrund der modernen Kommunikationstechniken Angebot und Nachfrage auch ortsungebunden zusammengeführt werden. Insofern ist Markt heutzutage als Ort zu begreifen, an dem Angebot und Nachfrage zusammengebracht werden, gleich auf welchem Wege dieses Zusammentreffen geschieht[21].

Unter Berücksichtigung der eben dargelegten Auslegungsergebnisse von Kapital und Markt ergibt sich für den Begriff des Kapitalmarkts folgendes Vorverständnis: Kapitalmarkt wäre der Ort, an dem das Angebot und die Nachfrage an und von Geld und geldwerten Titeln zusammengeführt werden, unabhängig von der Art der Zusammenführung. Dieses weite Verständnis charakterisiert aber

---

16 *Schröder*, Wertpapierhandelsaufsicht, S. 25; *Höhns*, Aufsicht, S. 30; *Hopt*, ZHR 141 (1977), 389 (419 f.); *Assmann*, in: Assmann/Schütze, Kapitalanlagerecht, § 1 Rn. 3.

17 *Häuser/Rosenstock*, Börse, S. 13.

18 *Häuser/Rosenstock*, Börse, S. 13.

19 *Häuser/Rosenstock*, Börse, S. 14.

20 *Kollmann*, Marktplätze, S. 35; *Häuser/Rosenstock*, Börse, S. 13.

21 *Häuser/Rosenstock*, Börse, S. 13. Vergl. für eine ausführliche Darstellung über die Entwicklung vom realen zum virtuellen Marktplatz *Kollmann*, Marktplätze, S. 33 ff.

vielmehr Finanzmärkte allgemein. An ihnen werden Wertpapiere, Geld, Devisen und Derivate gehandelt[22]. In Abhängigkeit von dem jeweiligen Handelsobjekt werden die Finanzmärkte auch als Kapital-, Geld[23], Devisen- und Derivatenmärkte bezeichnet. Bestimmt man den Begriff also nach dem Handelsobjekt, so ist nach herrschender Auffassung der Kapitalmarkt der Ort, an dem Wertpapiere emittiert und gehandelt werden[24].

Damit gilt es, in einem nächsten Schritt sich den Wertpapierbegriff zu verdeutlichen. In keinem Gesetz findet sich eine Legaldefinition des Wertpapierbegriffs.

Nach herrschender Meinung des Wertpapierrechts versteht man unter einem Wertpapier jede Urkunde, die ein privates Vermögensrecht dergestalt verbrieft, daß es ohne die Urkunde nicht geltend gemacht werden kann[25]. Das Vermögensrecht kann in dem Recht auf Eigentum und auf einen Anteil an dem Gewinn des Wertpapierausgebers, dem sogenannten Emittenten, bestehen. Ein solches Wertpapier wird Beteiligungspapier genannt[26].

Das Vermögensrecht kann aber auch in einer Forderung des Wertpapierbesitzers gegen den Emittenten auf Rückzahlung eines gewährten Betrags zuzüglich Zinsen bestehen. Diese Art von Wertpapieren heißen Forderungspapiere[27].

Der Unterschied zwischen Beteiligungspapieren und Forderungspapieren liegt darin, daß jenes ein Eigentumsrecht des Anlegers verbrieft, während der Anleger aufgrund des Forderungspapiers Gläubiger des Emittenten ist. Daher ist z.B. eine Aktie ein Beteiligungspapier und eine Anleihe ein Forderungspapier[28].

Schließlich gibt es noch Wertpapiere, wie z.B. Genußscheine, die eine Mischform darstellen, indem sie sowohl Beteiligungsrechte als auch Forderungsrechte beinhalten[29].

Dagegen stellt § 2 Abs. 1 WpHG auf einen wirtschaftsaufsichtsrechtlichen Wertpapierbegriff ab[30]. Dieser ist eigenständig zu entwickeln, da aufgrund der unterschiedlichen Zielsetzungen von Wertpapier- und Wirtschaftsaufsichtsrecht, zu dem auch das WpHG gehört, nicht dirket auf den wertpapierrechtlichen Wert-

---

22 *Beike/Schlütz*, Finanznachrichten, S. 2.

23 Geldmarkt ist der Markt für Zentralbankguthaben der Kreditinstitute und für kurzfristige Papiere öffentlicher Emittenten. Er dient der Versorgung mit und dem Austausch von kurzfristigem Kapital, siehe ausführlich dazu *Kümpel*, Kapitalmarktrecht, Rn. 8.43 ff.

24 *Beike/Schlütz*, Finanznachrichten, S. 2. Enger *Höhns*, Aufsicht, S. 30 f.

25 *Baumbach/Hefermehl*, WPR Rn. 11; *Zöllner*, Wertpapierrecht, S. 18; *Harter/Franke/Hogrefe/Seger*, Wertpapiere, S. 25; sehr instruktiv aufgrund der diversen Einteilungen der Wertpapiere Gabler, Bd. 10, S. 4350; *Häuser/Rosenstock*, Börse, S. 26.

26 *Beike/Schlütz*, Finanznachrichten, S. 3.

27 *Beike/Schlütz*, Finanznachrichten, S. 3.

28 *Jeske/Barbier*, Wirtschaftsteil, S. 395; *Häuser/Rosenstock*, Börse, S. 41.

29 *Beike/Schlütz*, Finanznachrichten, S. 3. Siehe dazu insbesondere *Häuser/Rosenstock*, Börse, S. 54 ff. Genußscheine sind Wertpapiere im Sinne des § 2 Abs. 1 Satz 1 Nr. 1 WpHG.

30 Schäfer/*Schäfer*, WpHG, § 2 Rn. 7 f.

papierbegriff zurückgegriffen werden kann[31]. Das Wertpapierrecht ist reines Privatrecht und regelt die Begründung, Übertragung und Geltendmachung von Rechten aus Wertpapieren unter Privaten, während das WpHG die Sicherung der Funktionsfähigkeit des Kapitalmarkts und den Anlegerschutz als Regelungsziele verfolgt[32].

Anders als im Wertpapierrecht hat der Gesetzgeber in § 2 Abs. 1 WpHG, welcher lediglich eine beispielhafte, nicht abschließende Auflistung von Wertpapieren enthält[33], primär zwei kapitalmarktbezogene Wesensmerkmale des Wertpapierbegriffs hervorgehoben:

Zum einen müssen die Papiere „an einem Markt gehandelt werden können". Die Handelbarkeit setzt Fungibilität und Umlauffähigkeit der Papiere voraus[34]. Fungibel sind solche Gegenstände, die ohne weiteres austauschbar, somit vertretbar sind und sich daher für kapitalmarktspezifische Massenemissionen eignen[35]. Umlauffähig ist ein Papier dann, wenn das zugrundeliegende Recht dergestalt fiktiv in der Urkunde verkörpert ist, das es mit der Urkunde sachenrechtlich selbständig übertragbar ist[36]. Dies ist bei Inhaber- und Orderpapieren gegeben, nicht aber bei Rektapapieren[37].

Zum anderen müssen nach § 2 Abs. 1 Satz 1 WpHG für die Wertpapiere „keine Urkunden ausgestellt" sein. Anders als im Wertpapierrecht ist somit eine gegenständliche Verbriefung nicht erforderlich, womit das Gesetz auf die fortschreitende Rationalisierung der Wertpapierverwahrung reagierte[38].

Die bedeutendsten Anlageformen sind in § 2 Abs. 1 Nr. 1 WpHG aufgeführt: Aktien, Schuldverschreibungen, Genuß- und Optionsscheine[39].

Weder dem einen noch dem anderen Wertpapierverständnis ist hier der Vorzug zu geben, da sie für unterschiedliche Bereiche konzipiert wurden. Zudem unterscheiden sie sich wesentlich auch nur in der Frage der Verbriefung. Beide Wertpapierbegriffe verdeutlichen jedoch die Handelsobjekte der Kapitalmärkte.

---

31 *Than*, Wertpapierrecht, S. 821 (826); *Fischer/Klanten*, Bankrecht, Rn. 7.70.

32 Vergl. zum Wertpapierrecht *Roth*, in: Assmann/Schütze, Kapitalanlagerecht, § 11 Rn. 4; *Assmann*, in: Assmann/Schneider, WpHG, § 2 Rn. 3. Siehe zum WpHG allein *Kümpel*, Kapitalmarktrecht, Rn. 16.9 ff. Vergl. ferner für die Regelungsziele Funktionsfähigkeit des Kapitalmarkts und Anlegerschutz unten Teil 2. § 7 A. III.

33 Siehe Reg-Begr. zum Zweiten Finanzmarktförderungsgesetz, BT-Drucks. 12/6679, S. 39. Diese Regelung liegt an der hohen Innovationskraft der Finanzmärkte, welche ständig Veränderungen hervorbringt.

34 Reg-Begr. zum Umsetzungsgesetz (=6. KWG-Novelle), BT-Drucks. 13/7142, S. 100.

35 *Kümpel*, Kapitalmarktrecht, Rn. 16.17; Palandt/*Heinrichs*, BGB § 91 Rn. 2 f. Nicht fungibel sind beispielsweise Wechsel, Schecks, GmbH-Anteile oder Hypothekenbriefe, vergl. *Kümpel*, in: Schimansky/Bunte/Lwowski, Bankrecht, § 104 Rn. 40.

36 *Höhns*, Aufsicht, S. 106.

37 Siehe dazu vertiefend OLG Oldenburg, WM 1998, 2239 (2241).

38 Vergl. Reg-Begr. zum Zweiten Finanzmarktförderungsgesetz, BT-Drucks. 12/6679, S. 39. Siehe eingehend zur Rationalisierung der Wertpapierverwahrung *Than*, Wertpapierrecht, S. 821 (828 ff.).

39 *Kümpel*, Börsenrecht, S. 34. Siehe ausführlich dazu *Höhns*, Aufsicht, S. 107 ff.

Es reicht, an dieser Stelle festzustellen, daß auf einem Kapitalmarkt das Angebot an und die Nachfrage von Wertpapieren zusammengeführt werden sowie neue Wertpapiere emittiert werden.

B. Unterschiedliche Kapitalmärkte (am Beispiel Deutschlands)

Der Begriff des Kapitalmarkts unterteilt sich länderunabhängig regelmäßig in einen Primärmarkt, einen Sekundärmarkt sowie einen grauen Kapitalmarkt. Daneben steht die Trennung von organisierten und nicht-organisierten Kapitalmärkten[40]. Die am stärksten organisierte Form des Kapitalmarkts ist die Börse[41]. Sie ist sein institutionelles Fundament[42]. Auf ihre Bedeutung und Wesensmerkmale sowie Erscheinungsformen wird im Anschluß an die weitere Unterscheidung der Kapitalmärkte eingegangen.

I. Primärmarkt

Der Primärmarkt ist ein Markt für den Erstabsatz bzw. die erstmalige Begebung (Emission) von neu ausgegebenen Wertpapieren[43]. Auf diesem Markt treffen die Unternehmen, die sich Kapital durch die Ausgabe von Wertpapieren beschaffen wollen (Emittenten), und die Investoren, die ihre Kapital anlegen wollen, aufeinander[44]. Der Grund für eine Emission kann beispielsweise die Gründung einer Aktiengesellschaft, eine Kapitalerhöhung oder die Auflegung einer Anleihe sein[45].

II. Sekundärmarkt

Der Sekundärmarkt ist der Umlaufmarkt für bereits in Umlauf befindliche Wertpapiere[46]. Er wird daher auch Zirkulationsmarkt genannt[47]. Auf ihm treffen institutionelle und private Anleger aufeinander, die Wertpapiere verkaufen und solche, die ihr Geld in Wertpapieren anlegen wollen[48]. Unterteilt wird der Sekundärmarkt wiederum in börsliche und außerbörsliche Märkte[49].

---

40 Gabler, Bd. 5, S. 2090. Näher zum Begriff des nicht-organisierten Kapitalmarkts *Häuser/Rosenstock*, Börse, S. 22 ff.

41 Gabler, Bd. 5, S. 2090.

42 *Häuser/Rosenstock*, Börse, S. 133. Vergl. ferner zur Bedeutung der Börse im volkswirtschaftlichen Sinne *Bley*, Wertpapiergeschäft, S. 208 ff.

43 Gabler, Bd. 7, S. 3063; *Schröder*, Wertpapierhandelsaufsicht, S. 26; *Wastl/Schlitt*, MMR 2000, 387 (388); *Schacht*, Kapitalmarktaufsicht, S. 14; *Schwark*, Kapitalmarktrecht, S. 1087 (1091).

44 *Beike/Schlütz*, Finanznachrichten, S. 3.

45 *Schröder*, Wertpapierhandelsaufsicht, S. 26; *Hopt*, ZHR 141 (1977), 389 (425).

46 Gabler, Bd. 8, S. 3390; *Wastl/Schlitt*, MMR 2000, 387 (388).

47 *Florian*, Rechtsfragen, S. 242; *Schröder*, Wertpapierhandelsaufsicht, S. 27; *Kümpel*, Börsenrecht, S. 13.

48 *Beike/Schlütz*, Finanznachrichten, S. 3.

49 *Florian*, Rechtsfragen, S. 242; *Kümpel*, Kapitalmarktrecht, Rn. 8.59 ff.

1. Börslicher Handel

Der wichtigste Sekundärmarkt ist die Wertpapierbörse[50]. An ihr findet ein Kapitalaustausch zwischen den Anlegern statt, die mit vertretbaren Wertpapieren handeln. Sinn und Zweck der Börse liegt in dem Ausgleich von Angebot und Nachfrage an Wertpapieren[51]. Ein gegenständlicher Austausch der Wertpapiere findet nicht statt, es werden vielmehr lediglich dort ihre Preise ausgehandelt[52]. Mit dem Marktausgleich erfüllt die Börse eine marktgerechte und transparente Bewertungs- bzw. Preisbildungsfunktion für Wertpapiere[53].

2. Außerbörslicher Handel

Neben dem börslichen Handel findet in Deutschland auch ein außerbörslicher Handel statt. Zwar besteht nach § 22 Abs. 1 Satz 1 BörsG grundsätzlich Börsenzwang für die Handelsorders von Wertpapieren, die zum Handel an einer inländischen Börse zugelassen oder in den Freiverkehr einbezogen sind. Jedoch kann der Auftraggeber nach § 22 Abs. 1 Satz 1 BörsG auch ausdrücklich eine andere Weisung erteilen, die sowohl für den konkreten Einzelfall als auch für eine unbestimmte Viehlzahl von Fällen gelten kann[54]. Sowohl durch diese Weisung als auch durch den Umstand, daß der Börsenzwang nicht auf Wertpapiere, die nicht zum amtlichen oder geregelten Markt sowie dem Freiverkehr zugelassen bzw. einbezogen sind, anwendbar ist, sowie, daß der Eigenhandel von institutionellen Investoren nicht von § 22 BörsG erfaßt ist, kann in großem Maße auch außerbörslicher Handel in Deutschland stattfinden.

Anfangs fand dieser telefonisch statt, weshalb er auch Telefonhandel hieß[55]. Aufgrund der heutigen Kommunikationstechnik sind die Geschäftsabschlüsse aber nicht mehr an das Medium Telefon gebunden. Gemeinhin wird der außerbörsliche Handel heute als OTC-Markt be-griffen. OTC steht dabei für Over The Counter[56].

---

50 *Schröder*, Wertpapierhandelsaufsicht, S. 27.

51 *Schröder*, Wertpapierhandelsaufsicht, S. 27; *Grübel/Schubert*, Wertpapiergeschäft, S. 359.

52 *Beike/Schlütz*, Finanznachrichten, S. 3.

53 *Kümpel*, Börsenrecht, S. 13; *Schröder*, Wertpapierhandelsaufsicht, S. 27.

54 Vergl. *Prechtel*, Wertpapierhandelssysteme, S. 55 ff. für § 10 BörsG a.F.

55 Der Telefonhandel findet meistens vor- und nachbörslich statt. Siehe *Quandt*, Handelsblatt Investor vom 21./22.7.2000, S. 10; *Schröder*, Wertpapierhandelsaufsicht, S. 29. Eine weitere Erscheinungsform des außerbörslichen Handels sind die Tafelgeschäfte, bei denen der Anleger Wertpapiere aus Eigenbeständen der Bank gegen Barzahlung Zug um Zug am Schalter kauft. Siehe dazu *Klenke*, Börsendienstleistungen, S. 37.

56 ABA, Glossary, Stichwort: Over-The-Counter (OTC-Market); *Downes/Goodman*, Dictionary, S. 400; *Beike/Schlütz*, Finanznachrichten, S. 4. Siehe dazu ausführlich *Schenk*, Börsensysteme, S. 54 f.

Auf diesem Markt werden meistens unstandardisierte Finanzprodukte, also solche mit individuellen Merkmalen, gehandelt[57]. Als bilateraler Handel auf rein privatrechtlicher Ebene ist der OTC-Markt kein Teil des organisierten Kapitalmarktes[58]. Das Börsenrecht findet dementsprechend keine Anwendung[59].

Handelsparteien sind häufig entweder nur Kreditinstitute[60] oder Kreditinstitute und ihre Kunden, wobei diese meist institutionelle Anleger sind[61].

Waren früher die begrenzten Börsenöffnungszeiten der Grund für einen starken außerbörslichen Handel, so hat sich mit Ausweitung der Handelszeiten das Teilnahmemotiv nahezu ausschließlich auf die mangelnde Transparenz dieses Marktes verschoben[62].

III. Grauer Kapitalmarkt

Auch der graue Kapitalmarkt ist ein nicht organisierter außerbörslicher Markt[63]. Er fällt jedoch nicht unter die außerbörslichen Sekundärmärkte, da seine Handelsobjekte regelmäßig nicht Wertpapiere oder Derivate[64] sind[65]. Vielmehr werden auf dem grauen Kapitalmarkt Immobilienfonds und Beteiligungen an Abschreibungsgesellschaften, u.ä. gehandelt[66]. Zum Großteil ist der Graue Kapitalmarkt ein Emissionsmarkt, auf dem Anteile neugegründeter Anlagegesellschaften ausgegeben werden[67]. Er unterliegt nur einer begrenzten Aufsicht[68].

---

57 *Schröder*, Wertpapierhandelsaufsicht, S. 30; *von Rosen*, Börsen, Spalte 359. Wertpapiere, die ausschließlich im Telefonhandel gehandelt werden, werden gemeinhin auch „Telefonpapiere" oder „Telefonwerte" genannt; vergl. *Beike/Schlütz*, Finanznachrichten, S. 4, 65.

58 *Klenke*, Börsendienstleistungen, S. 38; *Gottschalk*, ZBB 1991, 23; *Häuser/Rosenstock*, Börse, S. 152. Nach der Legaldefinition des organisierten Marktes aus § 8 Abs. 1 Nr. 1 KAGG muß dieser u.a. für das Publikum offen sein. An der Offenheit für das Publikum dürfte es aber regelmäßig beim außerbörslichen Handel fehlen, so daß schon rechtlich nicht von einem organisierten Markt gesprochen werden kann.

59 *Schröder*, Wertpapierhandelsaufsicht, S. 29; *Schwark*, Börsengesetz, § 78 Rn. 7.

60 In diesem Fall spricht man vom sogenannten Interbankenhandel, siehe *Ashauer/Gugler/Steinborn*, S. 129.

61 Siehe dazu *Hopt*, ZHR 141 (1977), 389 (425); *Ashauer/Gugler/Steinborn*, Wertpapiergeschäft, S. 129. Unter institutionellen Anlegern versteht man im Gegensatz zu privaten Anlegern Kapitalsammelstellen wie Versicherungsgesellschaften, Pensionsfonds, Kapitalanlagegesellschaften oder auch Banken, vergl. Handelsblatt, Börsen-ABC, Institutionelle Anleger.

62 *von Rosen*, Börsen, Spalte 359.

63 *Zimmer*, DB 1998, 969; *Hösch*, GewArch 1999, 135; *Assmann*, in: Assmann/Schneider, WpHG, Einl. Rn. 5, 7.

64 Derivate sind derivative Finanzinstrumente, wie beispielsweise Optionen, Terminkontrakte oder Swaps. Es sind Wertrechte, die sich auf andere Finanzprodukte beziehen und ihren Wert von diesen Basisobjekten ableiten. Vergl. dazu *Höhns*, Aufsicht, S. 109; Handelsblatt, Börsen-ABC, Derivate; *Häuser/Rosenstock*, Börse, S. 20 f.

65 *Schröder*, Wertpapierhandelsaufsicht, S. 30.

66 *Schröder*, Wertpapierhandelsaufsicht, S. 30; *Hösch*, GewArch 1999, 135; *Zimmer*, DB 1998, 969; *Helkenberg*, Grauer Kapitalmarkt, S. 2.

67 *Helkenberg*, Grauer Kapitalmarkt, S. 2.

68 Siehe ausführlich mit kritischer Betrachung *Höhns*, Aufsicht, S. 122 ff.

C. Handelsteilnehmer

Die Handelsteilnehmer am börslichen Wertpapierhandel lassen sich in zwei Gruppen trennen: Zum einen in unmittelbare, zum anderen in mittelbare Marktteilnehmer[69]. Während die unmittelbaren direkt am börslichen Handel teilnehmen, können die mittelbaren dies nur über (Finanz-)Intermediäre. Diese Einteilung folgt aus § 16 BörsG, nach der die Teilnahme am Börsenhandel eine Zulassung durch die Geschäftsführung der Börse voraussetzt. Dies gilt auch für den Fall, daß die Geschäfte bzw. die Übermittlung der entsprechenden Willenserklärungen durch elektronische Datenübertragung börsenmäßig, also im automatischen matching, erfolgen (vergl. § 16 Abs. 1 Satz 2 BörsG). Nach § 16 Abs. 2 BörsG darf zur Teilnahme am Börsenhandel nur zugelassen werden, wer gewerbsmäßig bei börsenmäßig handelbaren Gegenständen die Anschaffung und Veräußerung für eigene Rechnung oder im eigenen Namen für fremde Rechnung betreibt oder aber Verträge über die Anschaffung und Veräußerung vermittelt. Desweiteren muß dessen Gewerbebetrieb nach Art und Umfang einen in kaufmännischer Weise eingerichteten Geschäftsbetrieb erfordern. Dadurch sind Privatanleger von der Zulassung ausgeschlossen[70]. Der Grund für diese restriktive Zulassung zur Teilnahme am Börsenhandel liegt im Kontrahierungszwang, der an der Börse herrscht[71]. Die Handelsteilnehmer müssen kreditwürdig und in der Lage sein, die geschlossenen Geschäfte auch erfüllen zu können[72].

I. Unmittelbare Marktteilnehmer

In einer marktwirtschaftlich organisierten Volkswirtschaft gibt es Kapitalanbieter, die über einen Kapitalüberschuß verfügen, und Kapitalnachfrager, die auf Kapital zur wirtschaftlichen Betätigung angewiesen sind. Regelmäßig kennen sich beide Gruppen nicht, was insbesondere durch die geographische Trennung beider bedingt ist. Hinzukommt, daß sich meist die Summen des freien und des benötigten Kapitals nicht decken. Ferner bestehen Differenzen in der Zeitspanne, für die die Kapitalanbieter ihr Kapital überlassen möchten und für die die Kapitalnachfrager dieses benötigen. Diese Differenzen werden durch Finanzintermediäre, die als Vermittler zwischen beiden Gruppen fungieren, minimiert[73]. Sie erfüllen dabei im wesentlichen drei Transformationsfunktionen[74]. Zunächst sorgen sie für einen Ausgleich zwischen geographisch voneinander getrennten Kapitalnachfragern und -anbietern (sog. räumliche Transformation). Weiter bündeln sie kleine Kapitalbe-

---

69 So auch *Breitkreuz*, Ordnung, S. 45.

70 Vergl. nur *Riehmer/Heuser*, NZG 2001, 385 (386).

71 Jeder vom Makler vermittelte Kontrahent muß als Vertragspartei akzeptiert werden. Vergl. dazu *Breitkreuz*, Ordnung, S. 38; *Kümpel*, Kapitalmarktrecht, Rn. 8.88, 10.6; *Riehmer/Heuser*, NZG 2001, 385 (386).

72 Schäfer/*Ledermann*, WpHG, § 7 BörsG Rn. 1; *Breitkreuz*, Ordnung, S. 38; *Riehmer/Heuser*, NZG 2001, 385 (386).

73 *Höhns*, Aufsicht, S. 32; *Assmann*, in Assmann/Schütze, Kapitalanlagerecht, § 1 Rn. 53 ff.

74 *Höhns*, Aufsicht, S. 32.

träge zu großen oder wandeln diese um (sog. Summentransformation)[75]. Schließlich ermöglichen sie den Ausgleich zwischen einem kurzfristigen Kapitalüberschuß der Kapitalanbieter und dem langfristigen Kapitalbedarf der Kapitalnachfrager (sog. Fristentransformation).

In dieser Vermittlerfunktion nehmen sie unmittelbar am Kapitalmarktgeschehen teil. Regelmäßig handelt es sich dabei um Kreditinstitute und Börsenmakler[76].

II. Mittelbare Marktteilnehmer

Emittenten und Anleger nehmen dagegen lediglich mittelbar am Börsenhandel teil[77]. Der Emittent ist unbeteiligt an der Veräußerung eines Wertpapiers und bloß Schuldner des jeweiligen Rechts[78]. Ebenso haben Anleger keinen direkten Zugang zur Teilnahme am Börsengeschehen aufgrund der oben genannten Zulassungsbedingungen. Sie können lediglich über Intermediäre am Börsenhandel teilnehmen. Am außerbörslichen Handel können auch sie direkte Marktteilnehmer sein, da das BörsG mit der Zulassungsbeschränkung keine Anwendung findet.

D. Schnittstellen von Kapitalmärkten und Internet

Im Anschluß an diese grundsätzlichen Betrachtungen soll nachfolgend skizzenhaft die Verbindung von Kapitalmärkten und Internet dargestellt werden.

I. Primärmarkt und Internet

Besonders im Primärmarkt kommt dem Internet eine große Bedeutung zu. Wertpapieremissionen über das Internet sind heute kein ungewöhnliches Phänomen mehr. Die erste Aktienemission über das Internet in Deutschland erfolgte im Jahre 1997 durch die Internet 2000 AG[79].

Mit der Ausgabe von Wertpapieren über das Internet sind diverse Vorteile für den Emittenten verbunden[80]. Zum einen bietet es als weltumfassendes Kommunikationsmedium eine möglichst breite und kostengünstige Distribution von Unternehmensunterlagen und -informationen[81]. Dadurch sind auch kleinere

---

75 *Assmann*, in Assmann/Schütze, Kapitalanlagerecht, § 1 Rn. 57; *Burghof/Rudolph*, Bankenaufsicht, S. 4 ff.

76 *Breitkreuz*, Ordnung, S. 45.

77 *Breitkreuz*, Ordnung, S. 47.

78 Siehe dazu *Breitkreuz*, Ordnung, S. 47.

79 *Pfüller/Westerwelle*, Wertpapierhandel, Rn. 54; *Schaefer*, MMR 2001, 491, Fn. 2; *Wastl/Schlitt*, MMR 2000, 387 (388). Das Unternehmen gibt sogar an, es handele sich um die erste Aktienemission über das Internet in Europa. Mittlerweile wurde die Internet 2000 AG von der Infinigate AG übernommen. Vergl. http://www.internet2000.de (Stand 1.12.2001).

80 *Wastl/Schlitt*, MMR 2000, 387 (388); *Lettmayer*, ÖBA 1999, 435 (438 f.).

81 Vergl. *Lettmayer*, ÖBA 1999, 435 (438 f.); *Weber*, MMR 1999, 385 386). Allerdings kann man auch nur einen kleinen exklusiven Investorenkreis durch Verwendung von verschlüsselter Zugangsberechtigung für die entsprechende Internetseite ansprechen, vergl. *Wastl/Schlitt*, MMR 2000, 387 (388). Kritisch zum Kostenfaktor im Vergleich zu Beteiligungen mit Venture-Capital-Gebern, *Schaefer*, MMR 2001, 491.

Unternehmen in der Lage, ihre Aktien bei Anlegern zu plazieren, ohne von hohen Emissionskosten der regulären Börsen und den Emissionsprovisionen der Banken abgeschreckt zu werden[82].

Die Emission von Wertpapieren über das Internet kann dabei auf drei verschiedene Arten erfolgen[83]. Dabei entstehen durch den Einsatz des Internet auf dem Primärmarkt aber keine neuen Finanzierungsmöglichkeiten, sondern lediglich neue Distributionswege für Wertpapiere, durch die das emittierende Unternehmen einen breiteren Investorenkreis zu relativ niedrigen Kosten ansprechen kann[84].

Am bekanntesten dürfte - erstens - die Emission im Rahmen von Initial Public Offerings (IPOs), also die Plazierung im Rahmen von Börsengängen sein[85]. Das emittierende Unternehmen bedient sich für die Plazierung eines Emissionshauses. Ferner werden - zweitens - Wertpapiere bei institutionellen oder privaten Anlegern durch ein Initial Private Offering plaziert[86]. Es handelt sich dabei um eine Privatplazierung, bei der zum Zeitpunkt der Aktienemission eine spätere Börsennotierung der Papiere nicht vorgesehen ist. Auch beim Initial Private Offering ist ein Emissionshaus zwischen Anlegern und emittierenden Unternehmen tätig.

Schließlich kann - drittens - die Aktienemission durch ein Direct Public Offering geschehen[87]. Das emittierende Unternehmen wendet sich in diesem Fall direkt an die Anleger und nimmt ohne Zuhilfenahme eines Emissionshauses eine Eigenplatzierung vor[88].

Obwohl die Wertpapieremission über das Internet nur ein neuer Distributionsweg ist, stellen sich auch neue rechtliche Fragen. Ohne ins Detail gehen zu wollen, seien hier nur beispielhaft folgende Problemfelder genannt: Die Verkaufsprospektpflichtigkeit sowie aufsichtsrechtliche Fragen der Emission. Der Schwerpunkt der Geschäftstätigkeit von Alternativen Handelssystemen liegt im Wertpapierhandel auf dem Sekundärmarkt. Dementsprechend sind die primärmarktrechtlichen Probleme nicht näher zu betrachten[89].

---

82 *Florian*, Rechtsfragen, S. 164 ff.; FAZ vom 31.5.2000, S. 31.

83 Siehe dazu *Lettmayer*, ÖBA 1999, 435 (436 ff.).

84 *Wastl/Schlitt*, MMR 2000, 387 (388); a.A. *Lettmayer*, ÖBA 1999, 435 (438), die im Direct Public Offering eine Neuheit sieht, wobei sie übersieht, daß der Direktvertrieb von Unternehmensanteilen schon vorher, insbesondere auf dem Grauen Kapitalmarkt, möglich war.

85 Siehe näher zum Initial Public Offering *Lettmayer*, ÖBA 1999, 435 (436).

86 Eingehender auf das Initial Private Offering *Lettmayer*, ÖBA 1999, 435 (437).

87 Vergl. zum Begriff des Direct Public Offering *Ende/Klein*, Grundzüge, S. 42; *Friedman*, Cyperspace, 5.01 ff.; *Schaefer*, MMR 2001, 491.

88 Das bekannteste Beispiel für ein Direct Public Offering ist die Plazierung der Aktien der Spring Street Brewing Company im Jahre 1995 in den USA, vergl. hierzu *Lettmayer*, ÖBA 1999, 435 (438); *Weber*, MMR 1999, 385; *Florian*, Rechtsfragen, S. 256 m.w.N.

89 Siehe dazu vertiefend *Schaefer*, MMR 2001, 491 ff.; *Spindler*, NZG 2000, 1058 ff.; *Weber*, MMR 1999, 385 (386 ff.); *Florian*, Rechtsfragen, S. 179 ff.; *Pfüller/Westerwelle*, MMR 1998,

II. Sekundärmarkt und Internet

Besondere Popularität erlangte das Internet auf dem Sekundärmarkt durch die zunehmende Anzahl von Discount-Brokern, wie beispielsweise in Deutschland *Consors, comdirect bank* oder die *Direkt Anlage Bank.* Diese übernehmen aber lediglich eine Vermittlerfunktion und leiten Wertpapierhandelsaufträge an die Börsen weiter[90]. Ihre Rolle und die Abgrenzung zu den ebenfalls auf dem Sekundärmarkt bedeutsamen Alternativen Handelssystemen, welche den Untersuchungsgegenstand der Arbeit bilden, erfolgt noch im Laufe der Arbeit[91]. Nur kurz sei hier angemerkt, daß gerade die Alternativen Handelssysteme der wichtigste Ausdruck der Verbindung von Sekundärmarkt und Internet sind.

III. Grauer Kapitalmarkt und Internet

Die Probleme beim Investmentgeschäft im Internet ähneln denen beim erstmaligen öffentlichen Vertrieb von Wertpapieren im Internet. So sei hier insbesondere auf die den Anbieter treffende Prospektpflichtigkeit hingewiesen. Da die Probleme verschieden von denen der Alternativen Handelssysteme auf dem Sekundärmarkt sind, finden sich nachfolgend keine Berücksichtigung[92].

E. Börsen

Schon oben wurde ausgeführt, daß Börsen die am stärksten organisierte Form des Kapitalmarktes bilden. Auch wenn Elemente des Börsenbegriffs anklangen, gilt es in einem nächsten Schritt zu bestimmen, was unter dem Begriff Börse im Materiellen zu verstehen ist. Anschließend folgt eine kurze Darstellung der Präsenzbörsen und der börslichen elektronischen Handelssysteme. Insbesondere ohne ein näheres Verständnis vom Börsenbegriff und dem eines börslichen elektronischen Handelssystems kann man das Wesen der Alternativen Handelssysteme nicht erfassen.

I. (Materieller) Begriff der Börse

Eine gesetzliche Definition des Begriffs „Börse" besteht nicht[93]. Zwar wird der Begriff „Börse" beispielsweise in § 1 Abs. 7 BörsG benutzt, doch hat dies ledig-

---

171 (172 f.); *Pfüller/Westerwelle*, Wertpapierhandel, Rn. 55 ff.; *Ende/Klein*, Grundzüge, S. 42 ff.; *Assmann*, Neuemissionen, S. 15 (27 ff.).

90 *Wastl/Schlitt*, MMR 2000, 387 (388); *Pfüller/Westerwelle*, MMR 1998, 171 (173).

91 Siehe hierzu unten Teil 2. § 4 C. IV.

92 Siehe dazu aber ausführlich unter dem Blickwinkel Investmentgeschäft im Internet *Florian*, Rechtsfragen, S. 216 ff.

93 Vergl. statt vieler *Groß*, Kapitalmarktrecht, BörsG Vorbemerkungen Rn. 8; a.A. *Schröder*, Wertpapierhandelsaufsicht, S. 166, der insbesondere mit Blick auf § 1 Abs. 7 BörsG n.F. davon ausgeht, es lasse sich aus dem BörsG in Verbindung mit dem WpHG eine gesetzliche Definiton ableiten, wobei er hinsichtlich der Gestalt des Börsenbegriff zu dem selben Ergebnis wie die herrschende Meinung kommt.
Der letzte gesetzgeberische Versuch einer Legaldefinition des Börsenbegriffs findet sich in einer preußischen Kabinettsorder vom 27.5.1825, derzufolge eine Börse, „die unter Genehmi-

lich die Funktion, zu verdeutlichen, daß sich der Anwendungsbereich des BörsG auch auf Börsen erstreckt, an denen Devisen-, Waren- und Terminkontrakte gehandelt werden[94].

Der Gesetzgeber des BörsG von 1896 wie auch der Gesetzgeber der verschiedenen Novellierungen des BörsG haben jedoch auf eine Legaldefinition verzichtet, um es Rechtsprechung und Verwaltung zu ermöglichen, flexibel auf neue wirtschaftliche Entwicklungen und Erscheinungsformen reagieren zu können[95]. Eine Entscheidung, die aufgrund der heutigen technischen Entwicklungen im Bereich der Telekommunikation und elektronischen Datenverarbeitung, die auch zu Alternativen Handelssystemen führten, als überaus sinnvoll anzusehen ist[96].

Jedoch existiert in Rechtsprechung und Literatur ein materieller Börsenbegriff[97], der dynamischer Natur ist[98]. Der Börsenbegriff kann entsprechend weiterentwickelt werden, wobei sich diese Evolution an den Schutzgütern des BörsG zu orientieren hat[99]. Börse wird gemeinhin als eine organisierte Einrichtung für die regelmäßige, in verhältnismäßig kurzen Zeitabständen stattfindende, nicht zwangsläufig physische, Zusammenkunft von Kaufleuten zum Massenumsatz von

---

gung des Staates stattfindende Versammlung von Kaufleuten, Maklern, Schaffnern und anderen Personen zur Erleichterung des Betriebes kaufmännischer Geschäfte aller Art" sei, vergl. die Quellenangabe bei *Bremer*, Börsenrecht, S. 55 f. *Hopt/Rudolph/Baum*, Börsenreform, S. 6 empfehlen, daß im Börsengesetz explizit eine Börsendefinition aufgenommen werden sollte.

94 *Mues*, Börse, S. 53.

95 Begründung des Entwurfs eines Börsengesetzes zu § 1 S. 17, in: Stenographische Berichte über die Verhandlungen des Reichstages, 9. Legislaturperiode – IV. Session, 1895/97, Erster Anlageband, Aktenstück Nr. 14, S. 11 ff.; *Schwark*, Börsengesetz, § 1 Rn. 1; *Kümpel*, Börsenrecht, S. 13; *Kümpel*, WM 1989, 1313 (1314); *Schäfer*, ZIP 1989, 1103 (1108); *Kindermann*, WM 1989, Sonderbeilage Nr. 2, S. 9; *Samm*, Börsenrecht, S. 44; Schäfer/*Peterhoff*, WpHG, § 1 BörsG Rn. 19; *Florian*, Rechtsfragen, S. 268; *Breitkreuz*, Ordnung, S. 27; *Wastl/Schlitt*, MMR 2000, 387 (389); *Wastl*, WM 1999, 620 (623 f.). Siehe für einen ausführlichen Überblick über die Geschichte des deutschen Börsengesetzes, *Schulz*, Geschichte.

96 Schon damals wurde jedoch das Fehlen einer Definition kritisiert, da man fürchtete, der Gesetzesumgehung sei Tor und Tür geöffnet, vergl. *Cohn*, DJZ 1897, 73 (74 f.).

97 Der formelle Begriff der Börse stellt dagegen auf die staatliche Genehmigung der Börsenveranstaltung ab. Der Börsenbegriff in § 1 Abs. 1 Satz 1 BörsG bezieht sich nicht nur auf formelle, also genehmigte Börsen, sondern alle (somit auch auf die nicht genehmigten) Börsenveranstaltungen. Die jeweilige Handelseinrichtung muß aber stets die materiellen Börsenmerkmale erfüllen, bevor sie durch die staatliche Genehmigung auch zu einer Börse im formellen Sinne werden kann, vergl. *Florian*, Rechtsfragen, S. 268; *Breitkreuz*, Ordnung, S. 28 f.; *Schwark*, Börsengesetz, § 1 Rn. 4; *Beyer-Fehling/Bock*, Börsenreform, S. 95. Aufgrund dieser Anknüpfung ist der formelle Börsen-Begriff hier nicht erheblich. Vielmehr geht es allein um den materiellen Kerngehalt dessen, was Börse genannt wird bzw. als Börse formell anerkannt werden kann.

98 *Breitkreuz*, Ordnung, S. 29.

99 *Breitkreuz*, Ordnung, S. 29 f. Schon im „Feenpalast-Urteil" hat das PrOVG die Unmöglichkeit einer abschließenden und erschöpfenden Definition erkannt. Vergl. PrOVGE 34, 315 (335 f.). Siehe ausführlich zu diesem Urteil *Mues*, Börse S. 54 ff.

Waren, Wertpapieren oder Divisen durch standardisierte Verträge angesehen[100]. Allerdings müssen diese Merkmale nicht kumulativ vorliegen, sondern sollen vielmehr einen Maßstab für eine Gesamtbetrachtung und -beurteilung des Handelsplatzes geben[101]. Jedoch bestehen auch bestimmte zwingende Kriterien für die Qualifizierung als Börse.

Im folgenden werden die verschiedenen prägenden Begriffsmerkmale näher dargelegt. Nicht alle nachfolgenden Kriterien sind Charakteristika einer Börse. Häufig werden sie aber in einem Atemzug mit diesen genannt, so daß es notwendig war, auch auf die vermeintlichen Merkmale aufmerksam und diese als nicht wesensprägend kenntlich zu machen.

Dagegen bleibt der große Streit über die Rechtsnatur einer Börse, welcher unabhängig von dem materiellen Börsenbegriff ist, in der vorliegenden Arbeit unberücksichtigt[102]. Entscheidend im Verlauf der weiteren Untersuchung ist, welche Unterschiede zwischen den Alternativen Handelssystemen und den regulären Börsen bestehen, inwiefern jene möglicherweise materielle Börsen sind und dennoch anders reguliert werden. Diese Betrachtung ist aber nicht mit der Frage nach der Rechtsnatur einer Börse verbunden. Sofern ein Alternatives Handelssystem eine Börse im materiellen Sinne ist, bedarf es einer Genehmigung nach § 1 Abs. 1 BörsG. Erst dann stellt sich die Frage nach der Rechtsnatur des als Börse anerkannten Alternativen Handelssystems.

1. Ortsgebundenheit

Ursprünglich enthielt der Börsenbegriff noch das Merkmal der Ortsgebundenheit des Börsengeschäfts und damit auch die physische Präsenz der Börsenteilnehmer[103]. Dadurch sollte eine Reduktion der Such- und Informationskosten der

---

[100] *Groß*, Kapitalmarktrecht, BörsG, Vorbemerkungen Rn. 9; *Florian*, Rechtsfragen, S. 268 f.; *Breitkreuz*, Ordnung, S. 30; *Häuser/Rosenstock*, Börse, S. 134; *Schwark*, Börsengesetz, § 1 Rn. 5; *Claussen*, Börsenrecht, § 9 Rn. 1; *Bremer*, Börsenrecht, S. 56; *Vaupel*, RIW 1993, 733; VG Frankfurt WM 1988, 1333 (1335).

[101] *Schwark*, Börsengesetz, § 1 Rn. 12; *Kindermann*, WM 1989, Sonderbeilage Nr. 2, S. 9; *Rehm*, BörsG, § 1 Rn. 2; *Breitkreuz*, Ordnung, S. 30.

[102] Es geht dabei um die Frage, ob die Organisationsform und die Leistungsverhältnisse öffentlich- oder privatrechtlich gestaltet sind. Nach derzeit herrschender Meinung ist die Börse eine vom Börsenträger errichtete, teilrechtsfähige Anstalt des öffentlichen Rechts. Jedoch gab es schon im Berliner Börsenstreit eine Gegenansicht, die maßgeblich auf die Rechtsnatur des Börsenträgers (damals „Börsenunternehmers") abstellt. Insbesondere mit Blick auf die Betätigung von Aktiengesellschaften als Börsenträger wird daher die Börse hinsichtlich ihrer Organisationsform und der Leistungsbeziehungen als privatrechtlich angesehen. Vergl. insgesamt zum Streit *Breitkreuz*, Ordnung, S. 52 ff.; *Riehmer/Heuser*, NZG 2001, 385 (386 ff.); *Schwark*, Börsengesetz, § 1 Rn. 19; Schäfer/*Peterhoff*, WpHG, § 1 BörsG Rn. 32 f.; *Wastl/Schlitt*, MMR 2000, 387 (390); *Hopt/Baum*, Börsenrechtsreform, S. 287 (401 ff.); FAZ vom 26.5.2000, S. 25; *Claussen*, Börsenrecht, § 9 Rn. 16 ff.; *Köndgen/Mues*, WM 1998, 53 (56 ff.); *Beck*, WM 1996, 2313 (2315); *Claussen*, FAZ vom 14.6.2000, S. 24.

[103] *Groß*, Kapitalmarktrecht, BörsG, Vorbemerkungen Rn. 9 m.w.N.; VG Frankfurt, WM 1988, 1333 (1335). Der Sinn dieses Erfordernisses lag in der örtlichen Konzentration von Angebot

Marktteilnehmer erreicht sowie eine gewisse Markttiefe für die an der Börse gehandelten Titel geschaffen werden[104].

Mit der Börsengesetz-Novelle von 1989 wurden auch vollelektronische Handelssysteme als Börsen anerkannt (vergl. § 16 Abs. 1 Satz 2; § 25 BörsG n.F.). Hierdurch wurde das Merkmal der Ortsgebundenheit durch das Erfordernis eines zentralisierten, organisierten Handelssystems mit Abschlußelementen ersetzt, um der Novelle Rechnung zu tragen[105]. Nicht mehr entscheidend ist die Frage, in welchem System Angebot und Nachfrage zusammengeführt werden. Insofern handelt es sich nicht mehr um ein konstitutives Merkmal für den materiellen Börsenbegriff[106].

2. Organisierter Handel mit Matching-Funktion

Konstitutiv für den materiellen Börsenbegriff ist hingegen das Merkmal des organisierten Handels mit Matching-Funktion[107].

Ein solcher organisierter Handel mit Abschluß-Funktion bzw. Matching-Funktion[108] liegt vor, wenn die Durchführung des konkreten Geschäftsabschlusses, also die Zusammenführung von Angebot und Nachfrage im System selbst stattfindet[109]. Daran fehlt es beispielsweise, wenn der Geschäftsabschluß *außerhalb* des Handelssystems per Telefon oder E-mail zustande kommt[110].

Auf verschiedene Wertpapiergattungen kommt es in diesem Zusammenhang nicht an. Ausreichend ist eine einzige Gattung für die aber mehrere Interessenten aufeinander treffen und organisiert zum Ausgleich gebracht werden müssen.

---

und Nachfrage, um so die Transaktionsgeschwindigkeit erhöhen zu können, vergl. dazu *Kümpel*, WM 1988, 1621.

104 Mit dieser Markttiefe ist gemeint, daß für die an der Börse gehandelten Objekte stets genügend Anbieter und Nachfrager vorhanden sind, vergl. *Beike/Schlütz*, Finanznachrichten, S.3 f.

105 *Groß*, Kapitalmarktrecht, BörsG, Vorbemerkungen Rn. 9 m.w.N.; *Wastl/Schlitt*, MMR 2000, 387 (389); Schäfer/*Peterhoff*, WpHG, § 1 BörsG Rn. 19; *Schwark*, Börsengesetz, § 1 Rn. 4 ff. *Kümpel* hält dagegen an der alten Umschreibung fest, indem er die Ortsgebundenheit eines elektronischen Handelssystems in dem Matching der deckungsgleichen Kauf- und Verkaufsaufträge in einem ortgebundenen Zentralrechner als erfüllt ansieht, vergl. *Kümpel*, WM 1988, 1621 (1628).

106 *Breitkreuz*, Ordnung, S. 34.

107 So auch *Breitkreuz*, Ordnung, S. 32. Vergl. zur betriebswirtschaftlichen Notwendigkeit und Sinnhaftigkeit *Schulte*, Regulierung, S. 48 ff.; *Kümpel*, WM 1989, 1313 (1314); *Picot/Bortenlänger/Röhrl*, The Automation of Capital Markets, Journal of Computer Mediated Communication, Vol. 1, No. 3, München 1995, vergl. http://www.ascusc.org/jcmc/vol1/issue3/picot.html (Stand 1.2.2003).

108 Matching bedeutet die Zusammenführung von deckungsgleichen Angeboten und Nachfragen zu Geschäftsabschlüssen nach den Prioritäten Preis und Zeit, vergl. *Kümpel*, WM 1988, 1621 (1628).

109 *Schwark*, Börsengesetz, § 1 Rn. 6; *Florian*, Rechtsfragen, S. 269; *Kümpel*, WM 1989, 1313, (1314); *Groß*, Kapitalmarktrecht, BörsG Vorbemerkungen Rn. 10; *Breitkreuz*, Ordnung, S. 32; *Wastl*, WM 1999, 620 (624, 626); *Gerke/Hamann*, ZfgKW 1991, 560.

110 *Schwark*, Börsengesetz, § 1 Rn. 6; *Groß*, Kapitalmarktrecht, BörsG Vorbemerkungen Rn. 10; *Florian*, Rechtsfragen, S. 269; *Dornau*, Handelssysteme, S. 24.

Ferner genügt es für den materiellen Börsenbegriff, wenn eine organisierte Zusammenführung von der Börse intendiert ist[111]. Ein Zusammenführen kann auch daran scheitern, daß Angebot und Nachfrage von bestimmten Produkten nur teilweise an die jeweilige Börse gebracht werden. Die unbefriedigten Handelsabsichten bleiben dann unausgeführte Handelsaufträge.

Der Zweck dieses Merkmals liegt in der Natur der Börsenorganisation, die auf das Zustandekommen von Geschäftsabschlüssen zielt[112].

3. Regelmäßigkeit des Handels

Desweiteren muß eine Regelmäßigkeit des Handels vorliegen. Angebot und Nachfrage müssen regelmäßig in relativ kurzen Zeitabständen zusammengeführt werden[113]. Damit bezweckt man eine gewisse organisatorische Verfestigung und Akzeptanz des Handels.

Früher wurde dieses konstituierende Moment als zeitliche Fixierung (auf eine bestimmte Tageszeit) verstanden. Aufgrund der technischen Entwicklung, die jetzt einen ununterbrochenen Handel rund um die Uhr ermöglicht, hat sich dieses Kriterium als konstitutives Merkmal erledigt[114]. Vielmehr ist das bestimmende Moment nunmehr als regelmäßiger oder andauernder Handel zu verstehen, um die Börsenveranstaltung von einmaligen Veranstaltungen abzugrenzen.

4. Professionalität und Vielzahl der Teilnehmer

Wie bereits dargelegt, steht der Handel an einer Börse nicht jedermann offen[115].

Die Begrenzung auf einen professionellen Marktteilnehmerkreis ist aber nicht konstituierendes Moment einer Börse[116]. Andernfalls würde man Tatbestand und Rechtsfolge miteinander verwechseln. Die Zulassungserfordernisse und der Zulassungsakt sind Teil der Ausgestaltung der Börse durch das BörsG (vergl. § 16 BörsG), nicht aber begründendes Merkmal für eine Börse im materiellen Sinne. Erst ab Vorliegen einer Börsengenehmigung, also ab Vorliegen der materiellen Börsenvoraussetzungen, kann es zur Zulassung und deren Ausgestaltung kommen. Hinzu kommt, daß die Zulassungsbeschränkung nicht etwas notwendig börsenspezifisches, sondern vielmehr Ausdruck eines bestehenden Sicherheitsbedürfnisses eines schon existierenden Handelsplatzes ist. Aufgrund des Kontrahie-

---

[111] Vergl. *Breitkreuz*, Ordnung, S. 33; *Tilly*, Kursfeststellung, S. 21. So steht beispielsweise ein teilweises Zusammenführen dem Börsencharakter einer Institution nicht entgegen.

[112] *Schwark*, Börsengesetz, § 1 Rn. 6.

[113] *Schwark*, Börsengesetz, § 1 Rn. 5. An dem Merkmal der relativ kurzen Zeitabstände fehlt es beispielsweise an der Kartoffel-Herbstbörse in Oldenburg, die nur einmal im Jahr stattfindet.

[114] *Breitkreuz*, Ordnung, S. 30; *Hopt/Baum*, Börsenrechtsreform, S. 287 (386); *Baum/Segna*, Börsenreform, Arbeitspapier Nr. 65 des Instituts für Handels- und Wirtschaftsrecht der Universität Osnabrück, 1998, S. 18, vergl. http://www.jura.uni-osnabrueck.de/institut/hwr/pdf/papier65.pdf (Stand 20.01.2001).

[115] Siehe oben Teil 2. § 3 C.

[116] *Spindler*, WM 2002, 1325 (1335); *Breitkreuz*, Ordnung, S. 38; a.A. *Hopt/Baum*, Börsenrechtsreform, S. 287 (387); Schäfer/*Peterhoff*, WpHG, § 1 BörsG Rn. 19.

rungszwanges möchte man durch die Zulassungsbeschränkung ein etwaiges Bonitätsrisiko minimieren[117].

Dagegen ist eine Vielzahl von Teilnehmern ein konstituierendes Börsenelement, so daß bilaterale Geschäftsabschlüsse nicht dem Börsenbegriff genügen.

5. Preisfeststellung

Eine Meinung in der Literatur sieht die Preisfeststellung auf dem jeweiligen Marktplatz als ein konstitutives Element des materiellen Börsenbegriffs an[118].

Sie begründet ihre Ansicht mit der starken Stellung des Börsenpreises in § 24 BörsG sowie der besonderen Bedeutung eines ordnungsgemäß und transparent zustandegekommenen Börsenpreises für die Volkswirtschaft und den Finanzplatz Deutschland. Sie sind wesentlich mitentscheidend für das Vertrauen des Anlegers in die Fairness des Handels, ihr Vertrauen in die Preisbildung und damit zugleich auch ein entscheidender Faktor für die internationale Wettbewerbsfähigkeit der deutschen Börsen[119].

Allerdings kann diese Meinung nicht überzeugen. Richtigerweise ist die Preisfeststellung kein konstitutives Merkmal des materiellen Börsenbegriffs[120]. Es gibt keinen Grund, preisimportierende Handelsmärkte[121] von dem Börsenbegriff auszunehmen[122]. Das Hauptcharakteristikum einer Börse, die Zentralisierung von Angebot und Nachfrage, wird durch Preisimporte nicht tangiert. Auch das Argument, eine ordnungsgemäße und transparente Preisbildung sei Voraussetzung für die Funktionsfähigkeit und Attraktivität eines Finanzplatzes[123] trägt nicht, sondern begründet lediglich einen Regulierungs- und Beaufsichtigungsbedarf.

Nach heutigem Börsenrecht können auch sogenannte Crossing-Systeme[124], die ihre Preise von Referenzbörsen importieren, vom Börsenbegriff erfaßt werden, wie mit Blick auf § 24 Abs. 2 Satz 4 und § 59 Satz 1 Nr. 2 BörsG deutlich wird. Nicht entscheidend ist, wie das System die Preise ermittelt. Vielmehr reichen Preis- und Kursimporte aus.

---

[117] *Hopt/Baum*, Börsenrechtsreform, S. 287 (387).

[118] *Schwark*, Börsengesetz, § 1 Rn. 6; *Kümpel*, Börsenrecht, S. 18 (entgegen seiner früheren Ansicht in WM 1988, 1621); *Beck*, WM 1998, 417, 418; *Schuster*, Börsenrecht, S. 240.

[119] *Groß*, Kapitalmarktrecht, BörsG § 11 Rn. 1; Reg-Begr. zum Zweiten Finanzmarktförderungsgesetz, BT-Drucks. 12/6679, S. 33, 69, 70, 76.

[120] Dies führte schon das Königlich Preußische Oberverwaltungsgericht in seiner Feenpalast-Entscheidung aus, vergl. PrOVGE 34, 315 (335). So auch *Spindler*, WM 2002, 1325 (1335); *Hopt/Baum*, Börsenrechtsreform, S. 287 (388); *Breitkreuz*, Ordnung, S. 36; *Schmidt-Wenzel*, Kapitalmarkt, S. 14.

[121] Preisimportierende Märkte bilden keine eigenen Preise, sondern übernehmen diese von anderen Handelsplätzen. Siehe dazu vertiefend unten Teil 2. § 4 B. III. 6.

[122] Vergl. *Hopt/Baum*, Börsenrechtsreform, S. 287 (388).

[123] So beispielsweise *Kümpel*, Börsenrecht, S. 17.

[124] Siehe dazu weiter unten Teil 4. § 15 B. I.

6. Clearing

Clearing meint die Abrechnung und Besicherung der geschlossenen Wertpapierverträge[125]. Es geht hierbei um die Ermittlung der aus dem Wertpapiergeschäftsabschluß direkt resultierenden Verpflichtungen der Vertragsparteien. Durch eine zentrale Institution werden die Forderungen und Verbindlichkeiten gegenseitig verrechnet[126]. Damit verfolgt die Clearing-Stelle verschiedene Funktionen[127]. Zum einen soll erreicht werden, daß nach einem Handelstag nur die zustande gekommenen Salden berechnet werden müssen. Zum anderen wird bezweckt, daß bei einem Abschluß nur Verpflichtungen gegenüber einem Handelspartner und der Clearing-Stelle entstehen, um so den Handelspartnern die handelshemmende Sorge über die Zahlungs- und Lieferfähigkeit der Handelsgegenseite zu nehmen.

Regelmäßig wird das Clearing nicht durch die Börse selbst ausgeführt, sondern durch separate Systeme[128]. Insofern ist das Clearing auch nicht als begriffsbestimmendes Merkmal der Börse anzusehen, zumal es der Börsenveranstaltung nachgelagert ist[129].

7. Handelsobjekte

Handelsobjekte an den Börsen bzw. Wertpapierbörsen sind Wertpapiere. Allerdings ist nicht jedes Wertpapier für den Handel an einer Börse geeignet. Vielmehr müssen sie für den „schablonisierten Massenverkehr" tauglich sein[130]. Damit ein kontinuierlicher Börsenhandel zustande kommt, müssen von der Sorte oder der Gattung entsprechende Stücke vorhanden sein, welche wiederum untereinander gleichwertig, vertretbar und fungibel sind[131]. Diese Anforderungen sind jedoch

---

125 *Picot/Bortenlänger/Röhrl*, Börsen, S. 72; *Schäfer*, in: Assmann/Schütze, Kapitalanlagerecht, § 17 Rn. 20; *Kümpel*, WM 1988, 1621 (1628); Gabler, Bd. 2, S. 788; *Jeske/Barbier*, Wirtschaftsteil, S. 415.

126 *Jeske/Barbier*, Wirtschaftsteil, S. 415.

127 *Jeske/Barbier*, Wirtschaftsteil, S. 415.

128 *Breitkreuz*, Ordnung, S. 172. Traditionell sind die Deutsche Clearing AG (ehemals Deutscher Kassenverein (DKV)) für das Clearing der Wertpapiere und die Bundesbank sowie die Landeszentralbanken für die Abrechnung auf der Geldseite zuständig. Die Deutsche Clearing AG ist eine 100%ige Tochter der Deutschen Börse AG. Sie ist verantwortlich für die zentrale Verwahrung in- und ausländischer Wertpapiere. Diese Verwahrung nennt sich Sammelverwahrung. Der Eigentümerwechsel des Wertpapiers wird im Wege des Giroverkehrs durch Buchungen auf Depotkonten vollzogen. Durch die Hinterlegung einer einzelnen Globalurkunde bei der Deutschen Clearing AG wird eine Überlastung der Lagerkapazität verhindert. Die Globalurkunde steht für eine Vielzahl von Urkunden, die bei einer Emission ausgegeben werden, vergl. *Beike/Schlütz*, Finanznachrichten, S. 45.

129 Vergl. ausführlich dazu *Schenk*, Börsensysteme, S. 32; *Spindler*, WM 2002, 1325 (1336); *Breitkreuz*, Ordnung, S. 172; a.A. *Wastl/Schlitt*, MMR 2000, 387 (390).

130 *Tilly*, Kursnotierung, S. 23 f.

131 *Tilly*, Kursnotierung, S. 24; *Dornau*, Handelssysteme, S. 24; *Wastl/Schlitt*, MMR 2000, 387 (389). Vergl. für die Frage nach der Börsenfähigkeit von vinkulierten Aktien *Kerber*, WM 1990, 789 ff.; *Degner*, WM 1990, 793 ff.

nicht in dem materiellen Börsenbegriff enthalten, da sie notwendige Folge des regelmäßigen Handels mit Matching-Funktion sind.

8. Ergebnis

Zusammenfassend läßt sich hier festhalten, daß eine Börse im materiellen Sinn grundsätzlich jede organisierte Einrichtung ist, in der regelmäßig in verhältnismäßig kurzen Zeitabständen Angebot und Nachfrage von fungiblen Waren, Wertpapieren oder Devisen in Form von standardisierten Verträgen zusammengeführt werden.

II. Präsenzbörsen

Die Präsenzbörsen bilden die Urform der Börse[132]. Der Wertpapierhandel findet hier zentral an einem Ort, dem Börsensaal, statt. Die Handelsbeteiligten verständigen sich über persönliche Kommunikation, so daß die Geschäftsabschlüsse durch einfaches Zurufen zustande kommen.

Mittlerweile werden die Präsenzbörsen zunehmend von börslichen elektronischen Handelssystemen abgelöst, da diese einen schnellen Datenaustausch gewährleisten und Marktteilnehmer selbst über weite geographische Entfernungen zusammenführen können[133].

Die Börse unterteilt sich rechtstechnisch gesehen in einen Börsenträger und eine Börsenverwaltung bzw. -leitung[134]. Diese Teilung wird zum einen indirekt von § 12 Abs. 2 Satz 1, 2. Halbsatz BörsG angesprochen und ergibt sich überdies aus dem Umstand, daß die Börse nicht selbst Antragsteller und alleiniger Adressat der Börsengenehmigung sein kann, sondern vielmehr dazu eines Börsenträgers bedarf[135]. Darunter versteht man eine juristische Person, die aufgrund der Börsengenehmigung damit betraut ist, die Funktionsfähigkeit der Börse durch das Bereitstellen von Personal und Sachmitteln zu gewährleisten[136]. Er hat keinen Einfluß auf die eigentliche Börsenorganisation und ist auch nicht in die Rechtsbeziehung der Börse zu den Handelsteilnehmern involviert[137]. Die Rechtsform der

---

132 *Häuser/Rosenstock*, Börse, S. 140.

133 *Beike/Schlütz*, Finanznachrichten, S. 3.

134 Vergl. *Breitkreuz*, Ordnung, S. 48 f.; *Häuser/Rosenstock*, Börse, S. 145. Dieser Dualismus bildet in Europa ein einzigartiges Phänomen, welches zuweilen auf Kritik stößt. So sprechen *Köndgen/Mues*, WM 1998, 53 (56) von einer Kuriosität.

135 Siehe dazu ausführlich zum alten Recht *Breitkreuz*, Ordnung, S. 49, 168; *Zahn*, AG 1978, 1 (4).

136 *Claussen*, „Die Börse sollte dem Privatrecht folgen", FAZ vom 14.6.2000, S. 24; *Breitkreuz*, Ordnung, S. 50; *Beike/Schlütz*, Finanznachrichten, S. 42. Der Begriff geht auf *Rosin* zurück, vergl. *Rosin*, Gutachten, S. 384 (388).

137 *Breitkreuz*, Ordnung, S. 50 ff.; *Beike/Schlütz*, Finanznachrichten, S. 42; *Zahn* AG 1978, 1 (3); *Wiede*, Börse, S. 61 f.

Börsenträger ist in Deutschland nicht einheitlich, mehrheitlich sind sie jedoch Aktiengesellschaften[138]. Das Objekt des Börsenträgers bildet die Börse.

Als Urform der Börse handelt es sich bei den Präsenzbörsen zweifelsfrei um Börsen im Sinne des materiellen Börsenbegriffs.

III. (Börsliche) Elektronische Handelssysteme

Eingeführt durch das Zweite Finanzmarktförderungsgesetz kennt das Börsengesetz auch den Begriff des börslichen elektronischen Handelssystems, welcher sich nunmehr nach dem Vierten Finanzmarktförderungsgesetz in § 17 BörsG findet. Kennzeichnend für ein solches Handelssystem ist, daß es im Gegensatz zur Präsenzbörse die Geschäftsabschlüsse ohne physische Anwesenheit der Handelsteilnehmer organisiert[139]. Die Kommunikation der Börsenbeteiligten verläuft hier nur noch indirekt über Terminals und Telefon[140]. Die Händler geben ihre Aufträge in die Händlersysteme (sogenannte Trader Services) ein, die über ein Netzwerk (sogenannte Routing Services) mit einem Zentralrechner verbunden sind[141]. Abgewickelt wird der Geschäftsabschluß über den Zentralrechner, der auch das Matching übernimmt und den Börsenhandel dokumentiert[142]. Diese elektronischen Handelssysteme sind rechtlich in die Börsen integriert und daher als börsliche zu qualifizieren[143].

Der Vorteil eines solchen standortunabhängigen elektronischen Handelssystems gegenüber einer regionalen Präsenzbörse liegt in der Konzentration des Angebots und der Nachfrage aus dem gesamten inländischen Gebiet sowie der stärkeren Teilnahme ausländischer Anleger[144].

Um mit den technischen Veränderungen mithalten zu können, sieht § 17 Abs. 1 a.E. BörsG vor, daß die nähere Ausgestaltung des elektronischen Handels an einer Wertpapierbörse durch die gegenüber dem BörsG flexiblere Börsenordnung erfolgen soll[145].

---

[138] Vergl. dazu den Überblick bei *Breitkreuz*, Ordnung, S. 50. Der Grund dafür liegt in in dem enormen Kapitalbedarf, der durch die permanenten Modernisierungsmaßnahmen für eine kostengünstige Geschäftsabwicklung anfällt, siehe dazu *Beike/Schlütz*, Finanznachrichten, S. 44.

[139] *Groß*, Kapitalmarktrecht, BörsG, § 12 Rn. 3; *Kümpel*, Börsenrecht, S. 15; *Gut*, Fairness, S. 24. Vergl. auch *Hertle/Schenk*, Computerbörse, Sp. 410 ff.; *Bühler/Grünbichler/Schmidt*, ZBB 1995, 234 ff. Vertiefend *Bortenlänger*, Börsenautomatisierung.

[140] *Häuser/Rosenstock*, Börse, S. 141; *Kümpel*, Börsenrecht, S. 15.

[141] *Gut*, Fairness, S. 28.

[142] *Kümpel*, Börsenrecht, S. 15. Diese Zentralrechner werden in dem Aufbau einer elektronischen Börse auch Database Services genannt. Anstelle eines großen Rechners werden aber auch viele kleine Rechner eingesetzt, die Teilaufgaben erledigen. Ein solches Netz wird Client-Server-Computing genannt, vergl. *Gut*, Fairness, S. 27.

[143] *Prechtel*, Wertpapierhandelssysteme, S. 20 ff.

[144] Dabei ist anzumerken, daß dieser Vorteil immer stärker abnehmen dürfte, da Direkt-Brokerage einen Zugang zu sämtlichen Handelsplätzen in der Regel ohne große Probleme gewährleistet und somit nicht nur der elektronische Handel diese Konzentrationswirkung entfaltet.

[145] Die staatliche Aufsicht bleibt damit aber indirekt gesichert, da die Börsenordnung nach § 13 Abs. 5 BörsG der Genehmigung durch die Börsenaufsichtsbehörde bedarf.

Entwicklungsgeschichtlich begannen die börslichen elektronischen Handelssysteme in Deutschland mit der Betriebsaufnahme des Inter-Banken-Informations-Systems (IBIS) im Dezember 1989[146]. IBIS war zu diesem Zeitpunkt allerdings noch kein Handelssystem, sondern ein reines Informationssystem[147]. 1991 wurde das Inter-Banken-Informations-System zu einem Handelssystem weiterentwickelt und hieß fortan Integriertes-Börsenhandels-Informations-System (IBIS II)[148]. Die Neuheit bestand in der technischen Möglichkeit, bei einander entsprechenden Wertpapieraufträgen, diese im System zu einem vollautomatischen Wertpapiergeschäft zusammenzuführen. IBIS II wurde in sämtliche deutsche Wertpapierbörsen integriert, so daß keine neue Wertpapierbörse geschaffen werden mußte[149].

Die Handelsteilnehmer bei IBIS II waren nicht physisch an dem Handelsort präsent[150]. Sie gaben ihre Angebote und Nachfragen in ein elektronisches Datenübertragungssystem ein. Dieses übermittelte die Daten an das elektronische Handelssystem, wo nach Abschluß einer Systemprüfung einander entsprechende Willenserklärungen durch ein elektronisches Matching zusammengeführt wurden[151].

Am 28.11.1997 wurde der IBIS II-Handel durch das neue börsliche elektronische Handelssystem Xetra[152] ersetzt[153]. Xetra ermöglicht anders als IBIS II den Handel mit allen börsennotierten Wertpapieren[154]. Mit dem Zentralrechner in Frankfurt am Main sind bundesweit und auch im Ausland die Handelsteilnehmer über eine sogn. remote membership verbunden. Sämtliche Handelsteilnehmer haben einen gleichberechtigten, dezentralen und standortunabhängigen Zugang zum Handelssystem.

---

146 *Scherff*, FAZ vom 26.11.2002, S. 23; *Häuser/Rosenstock*, Börse, S. 160. *Gut* sah in IBIS bzw. IBIS II kein vollelektronisches Börsensystem, da der Börsenhändler ein Angebot per Kopfdruck bestätigen mußte, vergl. *Gut*, Fairness, S. 34. Siehe eingehend zu IBIS *Gottschalk*, ZBB 1991, 23 ff.

147 *Kümpel*, Börsenrecht, S. 16; *Kümpel*, WM 1990, 45 ff.

148 *Schlüter*, Wertpapierhandelsrecht, S. 246; *Groß*, Kapitalmarktrecht, BörsG, Vorbemerkungen Rn. 12.

149 IBIS II wurde am 5. April 1991 in die Frankfurter Wertpapierbörse und wenig später, im Herbst 1991 in alle regionalen Wertpapierbörsen integriert. Die rechtliche Integration von IBIS wurde durch einen zwischen ihr und der Deutsche-Wertpapierdaten-Zentrale (DWZ) geschlossenen „Betriebsvertrag", der die Benutzung durch die Handelsteilnehmer der Frankfurter Wertpapierbörse sicherstellte, erreicht. Die Integration in alle regionalen Wertpapierbörsen vollzog sich dann durch einen Rahmenvertrag, den die Frankfurter Wertpapierbörse mit den anderen Regionalbörsen in Deutschland schloß. Vergl. dazu *Beck*, WM 1998, 417 (418 f.); *Kümpel*, Börsenrecht, S. 35; ders., WM 1992, 249 (251); ders., WM 1991, Sonderbeilage Nr. 4, 1 ff.

150 *Groß*, Kapitalmarktrecht, BörsG, § 12 Rn. 3.

151 *Kümpel*, Börsenrecht, S. 68.

152 Xetra steht für Exchange Electronic Trading, vergl. *Beike/Schlütz*, Finanznachrichten, S. 62.

153 *Scherff*, FAZ vom 26.11.2002, S. 23; *Beck*, WM 1998, 417. Vergl. zu den Gründen *Beck*, WM 1998, 417 (419 f.).

154 *Prechtel*, Wertpapierhandelssysteme, S. 33; *Scherff*, FAZ vom 26.11.2002, S. 23.

Die börsen- und aufsichtsrechtlichen Vorschriften für die Präsenzbörsen gelten auch für Xetra[155]. Aufgrund der Zentralisierung der Geschäftsabschlüsse im Handelssystem selbst liegt trotz des länderübergreifenden Teilnehmerkreises keine Bundesbörse vor[156].

Die Handelsteilnehmer können auf zwei Handelsformen zugreifen: den „fortlaufenden Handel" und die „Auktion"[157]. Bei beiden Handelsformen können sie sogenannte Limit-[158] oder Market Orders[159] eingeben, die über angeschlossene Terminals im Handelssystem verbreitet werden.

Das Handelsgebot im fortlaufenden Handel ist verbindlich[160]. Die Order kann nach der Eingabe in das System nicht mehr nachträglich geändert werden. Das Handelssystem prüft von sich aus, ob die Order ausführbar ist oder nicht. Wenn die Order sich mit einer anderen hinsichtlich Menge und Preis deckt, werden beide durch das System automatisch zusammengeführt. Dieser Vorgang nennt sich „automatisches Matching"[161]. Das Geschäft wird danach umgehend ausgeführt und vom System bestätigt. Sofern zwei gleichlautende Aufträge in das System nacheinander eingehen, wird nur dasjenige ausgeführt, welches zuerst übermittelt wurde. Aufträge, die nicht ausgeführt werden können, werden als offene Positionen im Skontrobuch[162] vermerkt. Sofern die Order nicht mit einem GTC[163] oder GTD-Limit[164] versehen wurde, verfällt sie automatisch am Ende des Handelstages.

---

[155] *Beike/Schlütz*, Finanznachrichten, S. 62.

[156] *Schlüter*, Wertpapierhandelsrecht, S. 247, Fn. 220; *Kümpel*, WM 1990, 45 (47). Siehe dazu eingehender weiter unten Teil 2. § 7 B. I. 2. b) cc).

[157] *Beike/Schlütz*, Finanznachrichten, S. 63; *Beck*, WM 1998, 417 (426 f.); *Schlüter*, Wertpapierhandelsrecht, S. 247.

[158] Limit Orders sind Aufträge, das Wertpapier nur zu einem bestimmten Preis oder besser zu kaufen oder zu verkaufen, vergl. *Scott/Wellons*, International Finance, S. 1296; *Downes/Goodman*, Dictionary, S. 304; *Beike/Schlütz*, Finanznachrichten, S. 46.

[159] Market Orders bezeichnen Aufträge, ein Wertpapier zum bestmöglichen Preis zu kaufen oder zu verkaufen. Sie sind unlimitiert. Die meisten Handelsaufträge sind Market Orders, vergl. *Scott/Wellons*, International Finance, S. 1297; *Munn/Garcia/Woelfel*, Banking, S. 783; *Schenk*, Börsensysteme, S. 20; *Downes/Goodman*, Dictionary, S. 325; *Beike/Schlütz*, Finanznachrichten, S. 46.

[160] *Beike/Schlütz*, Finanznachrichten, S. 63.

[161] *Beike/Schlütz*, Finanznachrichten, S. 63; *Schlüter*, Wertpapierhandelsrecht, S. 250; *Beck*, WM 1998, 417 (427).

[162] Das Skontrobuch ist ein Hilfsbuch der Buchführung zum täglichen Nachweis von Bestandsmengen durch Aufzeichnung der mengenmäßigen Ein- und Ausgänge, vergl. Gabler, Bd. 8, S. 3421.

[163] GTC-Limit meint Good Till Cancelled order-Limit und bedeutet, daß die Order solange gültig bleibt, bis der Auftrag ausgeführt oder vom Auftraggeber widerrufen wird, vergl. *Schenk*, Börsensysteme, S. 22; *Junker*, Anlegerschutz, S. 13; *Beike/Schlütz*, Finanznachrichten, S. 47.

[164] Ein GTD-Limit ist ein Good Till Dated-Limit und bedeutet, daß die Order höchstens bis zu einem vom Käufer oder Verkäufer angegebenen Datum aufrecht erhalten wird, es sei denn, der Auftrag wurde vorher nicht ausgeführt oder vom Auftraggeber widerrufen, vergl. *Beike/Schlütz*, Finanznachrichten, S. 47.

Dieses Handelsmodell trägt die Gefahr in sich, daß aufgrund von stark divergierenden Aufträgen temporär keine Umsätze gemacht werden.

Um diese Gefahr zu reduzieren, gibt es bei Xetra eine zweite Marktkomponente, die sogenannte Auktion. Diese unterteilt sich in zwei Phasen: die Aufruf- und die Preisermittlungsphase[165]. In der Aufrufphase können die Marktteilnehmer ihre Orders in das Skontrobuch einstellen, welche bis zum Ende der Phase wieder geändert oder gelöscht werden können[166]. Die Dauer der Aufrufphase hat eine festgelegte Mindestlänge und endet zufällig. Im Anschluß findet die Preisermittlungsphase statt, in der anhand des größten Auftragsvolumens bei minimalem Überhang ein Kurs für das jeweilige Wertpapier festgelegt wird[167]. In der Regel führt dieser bestimmte Kurs zum höchsten Gesamtumsatz[168]. Die nicht oder nur teilweise ausgeführten Orders werden generell in den fortlaufenden Handel übernommen.

Die Auktion findet dreimal am Tag statt: am Anfang, zu Mittag und am Ende des Xetra-Handels[169]. Die letzte Auktion soll den Handelsteilnehmern die Möglichkeit geben, ihre Aufträge zu ändern, damit diese noch ausgeführt werden können.

Daneben können Auktionen als Kursstabilisator stattfinden, wenn im fortlaufenden Handel ein Preis festgestellt wird, der außerhalb eines von der Börse definierten Korridors liegt und eine Volatilitätsunterbrechung einsetzt, durch die der fortlaufende Handel ausgesetzt und in eine Auktionsphase überführt wird[170]. In dieser Phase der Unterbrechung soll sich der Handel „abkühlen" und die Aufträge können in der Auktionsphase durch die Handelsteilnehmer modifiziert oder gelöscht werden.

Der Auktionspreis richtet sich nach der vorliegenden Auftragslage. Die Handelsteilnehmer werden unverzüglich informiert, wie viele Geschäfte abgewickelt werden konnten.

Elektronische Servicesysteme, wie beispielsweise elektronische Orderleitsysteme[171], die kein Börsengeschäft im System selbst abschließen, sondern lediglich Kundenaufträge an die (Präsenz-)Börse weiterleiten, sind dagegen keine börsli-

---

[165] *Beike/Schlütz*, Finanznachrichten, S. 63.

[166] *Beck*, WM 1998, 417 (427). Sie wird deshalb auch von einigen als die „Phase unverbindlicher Gebote" bezeichnet, vergl. beispielsweise *Beike/Schlütz*, Finanznachrichten, S. 63.

[167] *Beck*, WM 1998, 417 (427); *Beike/Schlütz*, Finanznachrichten, S. 64.

[168] Es wird deshalb auch Meistausführungsprinzip genannt, vergl. *Beike/Schlütz*, Finanznachrichten, S. 64.

[169] *Scherff*, FAZ vom 26.11.2002, S. 23.

[170] *Beike/Schlütz*, Finanznachrichten, S. 64.

[171] Ein solches Orderleitsystem ist z.B. das frühere BOSS-CUBE. Die Abkürzung steht für Börsen Order Service System/Computerunterstütztes Berechnungs- und Entscheidungssystem, vergl. *Schwark*, WM 1997, 293 (299); *Beck*, WM 1998, 417 (418); *Häuser/Rosenstock*, Börse, S. 215. Seit dem 4. Quartal 2000 heißt es jetzt Xontro, vergl. Gruppe Deutsche Börse, Geschäftsbericht 2000, S. 69; Handelsblatt vom 4.12.2000, S. 31.

chen elektronischen Handelssysteme, sondern lediglich Auftragsannahmesysteme[172].

§ 4 Alternative Handelssysteme

Neben den börslichen elektronischen Handelssystemen werden die traditionellen (Präsenz-) Börsen durch sogenannte Alternative Handelssysteme (ATS[173]) wettbewerblich unter Druck gesetzt. Der Begriff des Alternativen Handelssystems erfaßt verschiedene Arten von Wertpapier-Handelsplattformen, die sich hinsichtlich ihres Leistungsgegenstandes unterscheiden[174]. Ihnen gemeinsam ist ihre Struktur als privatrechtlich organisierte Unternehmen, die ihre Leistung an Kunden mittels privatrechtlicher Verträge verkaufen[175].

Früher eignete sich noch das Merkmal des außerbörslichen Handels als Abgrenzungsmoment zu börslichen Handelssystemen. Spätestens mit der Regulierung in den USA durch die Regulation ATS[176] und die Änderung des Börsenbegriffs ist dieses Kriterium jedoch nicht mehr tauglich[177].

Der entstehungsgeschichtliche Grund für diese Alternativen Handelssysteme liegt in dem Blockhandel der institutionellen Anleger[178]. So neu wie die Diskussion über diese Handelssysteme, sind die Systeme allerdings nicht. Bereits 1969 wurde Instinet gegründet, in dessen System die Handelsteilnehmer direkt über eine Art Auktion in einem Zentralcomputer die Geschäfte schlossen[179].

Der Erfolg der ATS liegt in ihrer schnellen und günstigen Orderausführung[180], welche aus dem elektronischen, ordergetriebenen Handel ohne Intermediäre, wie

---

[172] *Groß*, Kapitalmarktrecht, BörsG, § 12 Rn. 3; *Beck*, WM 1998, 417 (418); *Schwark*, WM 1997, 293 (299).

[173] Die Abkürzung ATS leitet sich aus der englischen Übersetzung von Alternativen Handelssystemen, nämlich Alternative-Trading-Systems ab, vergl. *Spindler/Hüther*, RIW 2002, 649; *Dornau*, Handelssysteme, S. 4.

[174] *Spindler*, WM 2002, 1325 (1327); *Dornau*, Handelssysteme, S. 2, 4.

[175] *Dornau*, Handelssysteme, S. 2.

[176] Vergl. Regulation ATS, SEC Exchange Act Release No. 34-40760 vom 8.12.1998, vergl. http://www.sec.gov/rules/final/34-40760.txt (Stand 1.2.2003).

[177] Siehe dazu sogleich unten Teil 2. § 4 B. II. 2. b).

[178] *Nyquist*, 13 Yale Law & Policy Review 1995, 281 (286 f.); *Spindler/Hüther*, RIW 2002, 649; *Dornau*, Handelssysteme, S. 2. Vergl. allgemein zum außerbörslichen Blockhandel *Stenzel*, Aktienhandel, S. 44 ff.

[179] *Spindler*, WM 2002, 1325 (1327); *Lee*, Exchange, S. 320 f.; *von Rosen*, ZfgKW 1994, 1213 (1214 f.); *Schwark*, WM 1997, 293 (299); *Vaupel*, RIW 1995, 568 (570 f.); *Gomber*, Handelssysteme, S. 70 f.; Handelsblatt vom 21.5.2001, S. 27; *Hussla*, Handelsblatt vom 14.5.2001, S. 28; Handelsblatt vom 23.10.2000, S. 15.

[180] *Dornau*, Handelssysteme, S. 2. Dies wird beispielsweise dadurch deutlich, daß das Handelsvolumen der Alternativen Handelssysteme ECN am Nasdaq innerhalb von zwei Jahren auf 30 Prozent wuchs.

beispielsweise Market-Makern[181] und Specialists[182], und unter Umgehung der hohen Spreads[183] der Märkte resultiert[184].

Ein weiterer Wettbewerbsvorteil ist ihre privatrechtliche Struktur, durch die sie relativ flexibel auf die Bedürfnisse der Kunden eingehen können[185]. So haben die Alternativen Handelssysteme im Laufe der Zeit durch neue, effiziente Systeme bewußt Nischen im Wertpapierhandel für sich gewonnen[186].

Im folgenden wird nach einem begrifflichen Vorverständnis gegenüber anderen Begriffen für diese Art von Handelssystemen die Regulierung von ATS in den USA und deren einzelne Erscheinungsformen näher dargestellt. Anschließend wendet sich die Untersuchung dem deutschen Verständnis von diesen Alternativen Handelssystemen zu, um so Gegensätze und Gemeinsamkeiten gegenüber dem amerikanischen Verständnis herauszuarbeiten. Anknüpfend an den Grundlagenteil wendet sich schließlich dieser Abschnitt unter anderem den Differenzen gegenüber börslichen elektronischen Handelssystemen zu. Dadurch soll der Blick für die Besonderheit dieser „neuen" Handelssysteme geschärft werden.

A. Begriffliches Vorverständnis

Nicht immer wird der Begriff des Alternativen Handelssystems in der Diskussion verwendet, wenn es um diese Wertpapier-Handelsplattformen geht. Gelegentlich tauchen auch die Bezeichnungen „virtuelle Börse" oder „Internetbörse" auf. Nachfolgend sollen diese Begriffe hinsichtlich ihrer Anwendbarkeit auf den Gegenstand der Arbeit untersucht werden.

---

181 Market-Maker sind Personen, die jederzeit sowohl einen verbindlichen Angebots- als auch Nachfragekurs für eine bestimmte Abschlußgröße stellen und bereit sind, als Gegenpartei, also auf eigene Rechnung handelnd, für das entsprechende Wertpapiergeschäft aufzutreten. Der Zweck der Markt-Maker liegt darin, Handel zu ermöglichen, wo kaum Handelsaufträge von Marktteilnehmern vorhanden sind. Vergl. dazu *Scheffrahn*, Börse, S. 77 f.; *Junker*, Anlegerschutz, S. 13; *Spindler*, WM 2002, 1325 (1328, Fn. 29).

182 Specialists sind eine rein US-amerikanische Erscheinung. Sie sind Personen, die für die Preise einer oder mehrer securities bzw. Wertpapiere zuständig sind, wobei es pro security stets nur einen Specialist gibt. Sie sorgen damit für die Schaffung von Liquidität am Markt. Vergl. *Becker*, Börsenrecht, S. 830; *Schwartz*, Reshaping, S. 136 ff.

183 Spread ist der Unterschied zwischen Kauf- und Verkaufskurs; vergl. ABA, Glossary, Stichwort: SPREAD; *Dornau*, Handelssysteme, S. 11.

184 *Dornau*, Handelssysteme, S. 2.

185 *Dornau*, Handelssysteme, S. 2.

186 Zu diesen Nischen sind insbesondere der Basket-Handel, das Day-Trading und der nachbörsliche Abend-Handel zu rechnen, vergl. *Dornau*, Handelssysteme, S. 2.

I. Virtuelle Börse

Einige Stimmen in der Literatur benutzen den Begriff „virtuelle Börse" wenn sie Alternative Handelssysteme meinen[187]. Fraglich ist jedoch, ob der Begriff „virtuell" die entstandenen Handelssysteme treffend beschreibt.

Der Begriff „virtuell" meint etwas scheinbares und somit etwas nicht real existierendes[188]. In Verbindung mit dem Begriff Börse bezeichnet das Begriffspaar eine nicht real existierende, nicht *greifbare* Börse. Allerdings ist die Handelsplattform sehr wohl real existierend; der Marktplatz besteht lediglich im System selbst. Folglich ist die Verwendung des Begriffs „virtuelle Börse" aus begriffslogischen Gründen abzulehnen[189].

II. Internetbörse

Andere führen den Begriff der Internetbörse ein[190]. Damit ein Handelssystem als Internetbörse bezeichnet werden kann, müssen die wesentlichen Merkmale des Börsenbegriffs vorliegen. Allein einzelne Elemente des Börsenbegriffs machen ein Handelssystem noch nicht zur Internetbörse[191]. Nicht alle Alternativen Handelssysteme erfüllen jedoch die Anforderungen an den Börsenbegriff, wie im folgenden noch aufgezeigt wird. Insofern kann die Bezeichnung Internetbörse allenfalls einen Bruchteil der Alternativen Handelssysteme erfassen, nicht aber als Sammelbezeichnung dienen. Er ist daher abzulehnen.

III. Ergebnis

Beide eben vorgestellten Begriffe bringen wenig Klarheit in die Diskussion und eignen sich kaum, die Wertpapier-Handelsplattformen zu beschreiben. Es sollte künftig auf sie verzichtet und generell auf die übliche Bezeichnung als Alternatives Handelssystem abgestellt werden.

B. Alternative Handelssysteme in den USA

Schon einleitend wurde auf die enorme Bedeutung der Vereinigten Staaten für das europäische und deutsche Börsen- und Wertpapierwesen hingewiesen. Dies gilt insbesondere für die Alternativen Handelssysteme, die dort ihre Geburtsstunde hatten. Nachfolgend werden daher die US-amerikanischen Entwicklungen der ATS und ihre rechtliche Steuerung dargestellt, da sie aufgrund ihres Erfahrungsschatzes von besonderer Bedeutung für die europäische Diskussion über diese

---

[187] Siehe beispielsweise *Schaefer*, MMR 2001, 491 (493 f.); *Schlüter*, Wertpapierhandelsrecht, S. 25; *Pfüller/Westerwelle*, MMR 1998, 171 (173). Vergl. auch *Birkelbach*, Die Bank 1996, 424, der von einer virtuellen Börsenwelt spricht. Ferner *Rettberg*, Handelsblatt vom 6.7.10.2000, S. 52, der die Begriffe „virtuelle(.) Börsenwelt" und „virtuelle(r) Handel" benutzt.

[188] Vergl. Duden, Rechtschreibung; *Wahrig*, Wörterbuch.

[189] Ebenso *Wastl/Schlitt*, MMR 2000, 387 (389).

[190] Siehe *Wastl/Schlitt*, MMR 2000, 387 (389).

[191] Siehe auch *Wastl/Schlitt*, MMR 2000, 387 (389) und indirekt *Pfüller/Westerwelle*, MMR 1998, 171 (173).

Handelssysteme sind. Im Gegensatz zu den USA befindet sich die Erfahrung mit den Alternativen Handelssystemen und ihre Rezeption im Recht in Europa noch in den Anfängen.

I. Entwicklung und Struktur der ATS

Technisch betrachtet funktionieren die Alternativen Handelssysteme durch die Übermittlung der Orders über ein spezielles Terminal sowie durch einen Anschluß an das System oder über das Internet[192]. Die Order werden in den meisten ATS automatisch in dem System zusammengeführt, sobald die Aufträge übereinstimmen. Insofern verfügen diese Alternativen Handelssysteme über eine Matching-Funktion gleich einer regulären Börse[193].

Entwickelt haben sich die Alternativen Handelssysteme in den Vereinigten Staaten in den siebziger Jahren aus dem sogenannten Blockhandel heraus. Darunter ist der außerbörsliche Handel großer Ordervolumina unter vor allem institutionellen Anlegern zu verstehen[194]. Heutzutage zählen die Alternativen Handelssysteme (ATS) zu den stärksten Mitbewerbern der traditionellen Börsen in den USA[195].

Waren anfangs nahezu ausschließlich institutionelle Anleger deren Kunden, nutzen mittlerweile auch zunehmend private Investoren diese Handelssysteme[196]. Dies liegt insbesondere an der Möglichkeit des nachbörslichen Handels[197]. Allerdings haben Privatanleger momentan in den USA keinen direkten Zugang zu diesen Systemen, auch wenn zukünftig mit einer solchen Entwicklung zu rechnen ist[198].

Ferner bieten sie die Gelegenheit, Kosten zu sparen, indem in einer Vielzahl von Handelssystemen Aufträge ohne weitere Finanzintermediäre zusammengeführt werden[199].

---

192 *Dornau*, Handelssysteme, S. 5.

193 *Dornau*, Handelssysteme, S. 5.

194 *Dornau*, Handelssysteme, S. 5.

195 *Dornau*, Handelssysteme, S. 2; *Dornau/Neubauer*, Die Bank 2001, 104. Vergl. für die Intensivierung des Börsenwettbewerbs auf nationaler wie internationaler Ebene *Röhrl*, Börsenwettbewerb.

196 Doch auch Fondsmanager greifen auf die Alternativen Handelssysteme zurück. Laut einer Studie von 1998 benutzen ca. 82 Prozent aller US-Fondsmanager, die im Jahr mehr als 5 Millionen US-Dollar an Kommissionen bezahlen müssen, mindestens ein Alternatives Handelssystem, vergl. *Dornau*, Handelssysteme, S. 10.

197 FESCO, Regulation, S. 11. So können beispielsweise die Kunden von E*trade und TD Waterhouse über Instinet bzw. REDIBook bis zu 2 ½ Stunden nach Handelsschluß der regulären US-Börsen handeln, vergl. *Dornau*, Handelssysteme, S. 10. Siehe vertiefend zu E*Trade http://www.doubledigit.de/news/us_hitec/2000-09-11/34491.html (Stand 11.9.2000); http://www.newyorkbroker.de/presse-et3.htm (Stand 27.4.1998).

198 *Beck*, WM 2000, 597 (601).

199 *Gomber*, Handelssysteme, S. 62. Siehe für eine erste empirische Untersuchung über die Wettbewerbsvorteile von Alternativen Handelssystemen gegenüber den regulären Börsen *Conrad/*

Es fällt - anders als an der Nasdaq - kein Spread an[200], die Kommissionen der Alternativen Handelssysteme sind günstiger als die der regulären Broker[201], die impliziten Kosten des Market-Impact[202] werden durch die Anonymität des Handels und besondere Abwicklungsalgorithmen gering gehalten[203] und schließlich können die Aufträge schnell ausgeführt werden[204]. Diese Kostenersparnisse können an die Kunden weitergegeben werden und bedeuten einen starken Wettbewerbsvorteil gegenüber den regulären Börsen[205].

Darüber hinaus nutzen die Alternativen Handelssysteme moderne Systeme für die Order-Eingabe und -Ausführung[206]. Den Kunden wird mittels graphischer Benutzeroberflächen eine einfache Ordereingabe ermöglicht. Desweiteren bieten viele Alternative Handelssysteme speziell auf bestimmte Kundengruppen, wie beispielsweise institutionelle Anleger, zugeschnittene Konzepte an und ermöglichen über standardisierte Übertragungsprotokolle die einfache Vernetzung der Hardwareprofile ohne zusätzliche Investitionen des Kunden[207].

Weiter ermöglichen die ATS kleinere Tick-Sizes[208], was zu einer präziseren Limitierung von Ordereingaben führt[209]. Dies ist insbesondere für Day-Trader relevant, die selbst kleinste Preisbewegungen ausnutzen.

Johnson/Wahal, Institutional Trading and Alternative Trading Systems, April 2001, S. 29 ff., vergl. http://www.bus.emory.edu/swahal/ats061902.pdf (Stand 1.2.2003).

200 *Dornau*, Handelssysteme, S. 11 sowie insbesondere S. 12 f.

201 Dabei ist jedoch zu beachten, daß die niedrigeren Kommissionen nur bei direkten Kunden des Alternativen Handelssystems, wie institutionelle Anleger und Broker-Dealer, entstehen. Privat-Kunden, die über einen Broker oder Online-Broker im Alternativen Handelssystem tätig werden, müssen die Kommission des in Anspruch genommenen Brokers zahlen. Die Kommissionen von Online-Brokern variieren sehr stark. Meistens werden die Kommissionen pro Handel bestimmt und nicht anhand des Abschlußvolumens. In der Regel liegen die Kommissionen pro Handel zwischen US-$ 9 und US-$ 19, wobei auch Rabattsysteme teilweise auf die Kommissionen wirken. Vergl. zur Kommissionshöhe näher *Dornau*, Handelssysteme, S. 11 f.

202 Market-Impact ist die negative Signalwirkung von großen Orders auf den Preis bzw. ein Mengen-Preis-Effekt; vergl. *Dornau*, Handelssysteme, S. 11; *Baums/Segna*, Börsenreform, Arbeitspapier Nr. 65 des Instituts für Handels- und Wirtschaftsrecht der Universität Osnabrück, 1998, S. 74, vergl. http://www.jura.uni-osnabrueck.de/institut/hwr/pdf/papier65.pdf (Stand 20. 01.2001); *Rudolph/Röhrl*, Börsenorganisation, S. 172.

203 *Gomber*, Handelssysteme, S. 63; *Dornau*, Handelssysteme, S. 11.

204 *Dornau*, Handelssysteme, S. 11. Vergl. für die Auswirkung der Geschwindigkeit der Auftragsausführung auf die Kosten *Dornau*, Handelssysteme, S. 12. Eine schnelle Orderausführung kann zudem zu einem Vertrauensgewinn bei dem Kunden, insbesondere bei Day-Tradern, führen, was sich wiederum auf die Wettbewerbsposition des Alternativen Handelssystems auswirken kann, vergl. *Dornau*, Handelssysteme, S. 15.

205 Siehe dazu ausführlicher *Schack*, Institutional Investor, S. 43 ff.; *Spindler*, WM 2002, 1325 (1330).

206 Vergl. dazu näher *Dornau*, Handelssysteme, S. 13f.; *Spindler*, WM 2002, 1325 (1330).

207 Näher dazu *Dornau/Neubauer*, Die Bank 2001, 104 (105 f.); *Dornau*, Handelssysteme, S. 13 f.

208 Tick-Size ist die minimal mögliche Preisänderung, vergl. *Dornau*, Handelssysteme, S. 14. Eingehender zur Tick-Size *Angel*, The Journal of Finance 1997, 655 ff.

209 Vergl. eingehender *Dornau*, Handelssysteme, S. 14.

Trotz dieser Anreize werden die Alternativen Handelssysteme das bestehende Market-Maker/Specialist System nicht ganz vom Markt verdrängen, da Market-Maker und Specialist notwendig für den Fall von Marktstörungen sind[210]. Mit Marktstörung ist dabei ein illiquider Markt oder die Konzentration des Handels auf einer Marktseite gemeint. Nur durch ein Eingreifen dieser Intermediäre kann handelshelfend auf den Markt eingewirkt werden. Die Bedeutung der Finanzintermediäre nimmt lediglich im Handel von liquiden Aktien unter normalen Marktbedingungen ab[211].

Künftig wird es zu Kooperationen[212] und Verschmelzungen[213] zwischen den ATS kommen, da ohne eine Verknüpfung der Orderbücher die ATS nicht in der Lage sein werden, eine ausreichende Liquidität für einen effizienten Handel zu bieten und die Ausführung und Abwicklung großer Ordervolumen zu verbessern sowie eine einheitlichen Preisfindung zu gewährleisten. Außerdem können die ATS durch Zusammenschlüsse Skalenerträge[214] besser ausnutzen. Ein Umstand, der für ein Geschäftsfeld mit hohen Fixkosten sehr relevant ist[215].

Desweiteren werden Alternative Handelssysteme in den Vereinigten Staaten, aber auch in Europa, neben dem Aktienhandel auch verstärkt im Handel mit Renten tätig[216]. Gerade im Rentenhandel entstehen nahezu monatlich neue Handelsplattformen.

Weiter planen diverse Handelssysteme den Aufbau eines Globaltrading[217]. Es soll eine globale Plattform entstehen, die Finanznachrichten sowie den Handel

---

210 *Dornau*, Handelssysteme, S. 3, 33; *Stolz/Schmitz-Esser*, Die Bank 1997, 297 (300); *Unger*, The Internet Will It Be the End of the Stock Market as We Know It?, Rede auf dem Business Week Panel, National Press Club, Wahington D.C., 22.6.1999, vergl. http://www.sec.gov/news/speeches/spch288.htm (Stand 30.1.2001).

211 *Dornau*, Handelssysteme, S. 33.

212 So streben die Handelssysteme Strike, ITG Posit und Arizona Stock Exchange eine Vernetzung ihrer Systeme an. Zudem haben am 16. September 1999 die elektronischen Handelssysteme Archipelago, Bloomberg Tradebook, The Brass Utility, Instinet, Island, MarketXT und REDI-Book ein gemeinsames, wenn auch unverbindliches Memorandum beschlossen, die Orderbücher einander zugänglich zu machen, vergl. *Dornau*, Handelssysteme, S. 32. Außerdem besteht eine Kooperationsvereinbarung zwischen der Deutschen Börse AG und der US-amerikanischen Market-XT. Beide wollen zusammen den Finanzdienstleister „Euro-XT" mit Sitz in Deutschland gründen. Über Euro-XT sollen die Teilnehmer vom Market-XT Zugang zu den europäischen Aktienmärkten erhalten, vergl. ZfgKW 2000, 479.

213 Die Handelssysteme BRUT und Strike planen derzeit eine Fusion, vergl. *Dornau*, Handelssysteme, S. 32.

214 Skalenerträge sind Änderungen des Outputs. Sie entstehen dadurch, daß bei gegebener Produktionstechnik alle Faktoreinsatzmengen im gleichen Verhältnis variiert werden, vergl Gabler, Bd. 8, S. 3420.

215 *Dornau*, Handelssysteme, S. 32.

216 Vergl. eingehender *Scherff*, FAZ vom 17.04.2001, S. 40 zur Situation weltweit und *Dornau*, Handelssysteme, S. 34 und S. 30 f. für den europäischen Markt.

217 Der Begriff Global Trading bezeichnet einen Sachverhalt, in dem international tätige Finanzdienstleister ihr internationales Wertpapier- und Derivatengeschäft unter arbeitsteiliger Ein-

und die Abwicklung von ATS, Broker-Firmen und Clearing-Gesellschaften weltweit vereint[218].

Allerdings wird auch erwartet, daß in den kommenden Jahren einige Handelssyteme aufgrund der hohen Kosten für den Unterhalt und den Systemausbau vom Markt verschwinden werden, so daß es zu einer Konsolidierung am Markt kommen wird[219]. Mittlerweile hat beispielsweise das Handelssystem Jiway den Handel eingestellt, da im Jahre 2002 statt der erhofften 20.000 Geschäfte pro Tag lediglich 150 abgewickelt wurden[220].

II. Steuerung der ATS

Der Weiterentwicklung des US-amerikanischen Securities Law[221] hinsichtlich der ATS ging eine langjährige und intensive Diskussion voraus[222], an deren Ende die SEC 1998 nach einer Erweiterung ihrer gesetzgeberischen Befugnissse[223], den Börsenbegriff fundamental änderte und eine spezielle Regulation ATS[224] verabschiedete.

1. Steuerung nach den Order Handling Rules

Bevor jedoch die Regulation ATS erlassen wurde, traten im Januar 1997 die Order Handling Rules (OHR)[225] in Kraft, die den Alternativen Handelssystemen unter bestimmten Voraussetzungen den Zugang zur Nasdaq eröffnen. Seit Oktober 1997 gelten sie für alle an der Nasdaq gehandelten Wertpapiere[226]. Sie bestehen aus der Limit Order Display Rule[227] und den Ergänzungen zur Quote Rule[228]. Primär richten sich die OHR an die Market-Maker der Nasdaq und die Specialists der Börsen, die danach verpflichtet sind, die ihnen von einem Electronic Commu-

---

schaltung von Auslandsniederlassungen und/oder Tochterunternehmen durchführen, vergl. *Häuselmann*, RIW 1998, 391.

218 Vergl. *Dornau*, Handelssysteme, S. 35.

219 *Scherff*, FAZ vom 17.04.2001, S. 40.

220 Siehe dazu Forschungsinstitut für Bankwesen, Europäische Börsen, S. 8 unter http://www.econ.jku.at/poell/ws04_05/Euro-FM/Referate/Europaeische%20Boersen%20Gruppe%201.pdf (Stand: 12.7.2005).

221 Vergl. grundsätzlich zum US-amerikanischen Securities Law *Cox/Hillmann/Langevoort*, Securities; *Becker*, Börsenrecht, S. 775 ff.; *Altendorfer*, SEC, S. 9; *Meyer*, SEA, S. 11 ff., 157 ff.; *Hall*, Banking Laws, S. 219 ff.; *Gart*, Regulation, S. 42 ff.; *Testy*, 45 Alabama Law Review 1994, 927 (932); *Göbel*, Börsenwesen, S. 3.

222 Siehe dazu ausführlicher *Spindler/Hüther*, RIW 2002, 649 (650, Fn. 12).

223 National Securities Markets Improvement Act of 1996, Pub L. 104-290, 110 Stat. 3416 (1996), codified as 15 U.S.C. § 78mm (1996).

224 Regulation ATS der SEC, Release No. 34-40760 vom 8.12.1998.

225 Vergl. Order Handling Release, SEC Exchange Act Release No. 37619A vom 6.9.1996, vergl. http://www.sec.gov/rules/final/37619a.txt (Stand 1.2.2003).

226 *Dornau*, Handelssysteme, S. 18.

227 Rule 11 Ac1-4 Rules under Securities Exchange Act.

228 Rule 11 Ac1-4 Rules under Securities Exchange Act..

nication Network (ECN)[229], einer besonderen Form eines Alternativen Handelssystems, gestellten Handelsaufträge zu veröffentlichen, sofern die Preise besser sind als ihre an der Börse gebotenen bzw. als ihre an der Nasdaq gestellten Quotes[230]. Aufgrund der Limit Order Display Rule können die Order der Kunden des ATS direkt mit den Quotes der Market-Maker konkurrieren. Erhält dieser nun einen limitierten Kundenauftrag zu einem besseren Preis als dem von ihm gestellten, so muß er unverzüglich entweder seinen Quote und die damit verbundene Menge ändern, die limitierte Order ausführen, den Auftrag an eine andere Börse oder einen anderen Market-Maker weiterleiten oder ihn an ein ECN weiterleiten, welches sich verpflichtet, die Order in ein öffentlich zugängliches System zu stellen[231].

Mit den Ergänzungen der Quote Rule um die ECN Display Alternative wurden die Voraussetzungen normiert, unter denen Alternative Handelssysteme als Electronic Communication Network Zugang zur Nasdaq erhalten[232]. So können die ECN auch als ECN Display Alternative direkt am Handel unter Umgehung von Market-Maker und Specialists teilnehmen[233]. Dadurch wurde es Alternativen Handelssystemen mit einem geringen Ordervolumen ermöglicht, auf die Liquidität von etablierten Märkten zuzugreifen[234]. Zudem sollte verhindert werden, daß Market-Maker gleichzeitig unterschiedliche Quotes an der Nasdaq und in nur privat zugänglichen ECN stellen[235].

2. Steuerung durch die Regulation ATS

Im November 1998 schuf die SEC die Regulation ATS, welche zu einer umfassenden rechtlichen Steuerung von Alternativen Handelssystemen und wesentlichen Änderungen im US-amerkanischen Securities Law führte. Der Grund, wa-

---

229 Siehe dazu sogleich unten Teil 2. § 4 B. III. 4.

230 Vergl. Rule 11 Ac1-1(c)(5)(i); 11 Ac1-4(b) Rules under Securities Exchange Act. Quotes sind die Kauf- und Verkaufsangebote von speziellen Marktteilnehmern, wie beispielsweise Market-Makern, Dealern oder Specialists, die laufend Gegenpositionen zu den Handelswünschen anderer Marktteilnehmer stellen, vergl. *Schenk*, Börsensysteme, S. 20.

231 Vergl. *Barclay/Christie/Harris/Kandel/Schultz*, The Journal of Finance 1999, 1 (5); *Dornau*, Handelssysteme, S. 19. Allerdings findet die Limit Order Display Rule keine Anwendung, wenn die Order über mehr als 10.000 oder weniger als 100 Stück lautet, eine All-Or-None Order (= diese Order instruiert den Broker sie entweder ganz oder gar nicht auszuführen, vergl. „All or None – AON“, http://www.investopedia.com/terms/a/aon.asp (Stand 4.2001)) ist oder der Kunde explizit fordert, daß sie nicht in das System gestellt werden soll.

232 Siehe für die einzelnen Voraussetzungen unten Teil 2. § 4 B. III. 4.

233 Vergl. Rule 11 Ac1-1(c)(5)(ii) Rules under Securities Exchange Act.

234 *Dornau*, Handelssysteme, S. 2. Im Jahre 2000 haben alle bei der SEC als ECN registrierten Systeme sich als ECN Display Alternative mittels SelectNet an die Orderdisplays der Nasdaq angeschlossen, vergl. *Borelli*, 32 Loyola University Chicago Law Journal 2001, 815 (851).

235 *Barclay/Christie/Harris/Kandel/Schultz*, The Journal of Finance 1999, 1 (6); *Dornau*, Handelssysteme, S. 19. Es ist jedoch zu beachten, daß die ECN nur die besten Preise an die Nasdaq weitergeben, so daß nur die jeweiligen Kunden des Alternativen Handelssystems über die wirkliche Tiefe des Orderbuchs informiert sind.

rum lange Zeit die Alternativen Handelssysteme keiner strengen Regelung unterlagen, nämlich, um ihr Wachstum nicht durch Überregulierung zu gefährden[236], blieb auch im Rahmen der neuen Regelung durch die Regulation ATS mitbestimmend[237].

a) Begriff des Alternativen Handelssystems

Nach der Legaldefinition in Rule 300(a) der Regulation ATS ist ein Alternative Trading System jedes System, das Käufer und Verkäufer von Wertpapieren ähnlich einer Börse zusammenführt, ohne dabei jedoch über die Anbahnung und Abwicklung der Transaktion hinausgehende Regelungen für die Handelsteilnehmer aufzustellen und andere als den Handelsausschluß beinhaltende Sanktionen vorzusehen.

b) Änderung des Börsenbegriffs

Von besonderem Interesse war das Verhältnis der ATS zu dem materiellen Börsenbegriff im US-amerikanischen Börsenrecht. Die Legaldefinition einer Börse in Sec. 3(a)(1) Securities Exchange Act erwies sich als zu eng vor dem Hintergrund von Alternativen Handelssytemen[238]. Nach ihr war eine Börse jede Organisation, jeder Zusammenschluß oder Gruppierung von Personen, unabhängig von der Rechtsform als juristische Person mit Haftungsbeschränkung, die einen Markt bildet oder Einrichtungen bereitstellt, um Käufer und Verkäufer von securities[239]

---

236 Vergl. dazu *Unger, Laura S.*, Regulation of U.S. Equity Markets: Implications for Innovation, Competition & Efficiency, Rede auf der Baruch Conference, 17.3.1999, vergl. http://www.sec.gov/news/speeches/spch260.htm (Stand 30.1.2001). Vor der Regulation ATS waren die ATS rechtlich durch sogenannte no-action letter der SEC abgesichert, vergl. *Spindler/Hüther*, RIW 2002, 649 (651); *Greene/Beller/Rosen/Silverman/Braverman/Sperber*, U.S. Regulation, 9-91. Auf Dauer war die punktuelle Regulierung durch die no-action letter-Verfahren aber nicht praktikabel.
Die no-action letters sind Bescheide des Mitarbeiterstabes der SEC. Darin empfehlen sie der SEC, nicht in Form eines enforcement proceedings zu handeln. Ihnen vorausgegangen ist ein Antrag einer Partei, über die Vereinbarkeit eines bestimmten (geplanten) Verhaltens mit den Gesetzen zu bescheiden. Die SEC kann ihre Haltung zu diesem Verhalten noch ändern. Ferner entfalten die no-action-letter keine Präjudizwirkung gegenüber Dritten, vergl. *Becker*, Börsenrecht, S. 881, Fn. 556; *Vaupel*, RIW 1995, 568 (570, Fn. 22); eingehender *Nagy*, Securities Law Review 1999, 75 ff.; *Lemke*, 42 The Business Lawyer 1987, 1019 ff.

237 *Bloomenthal/Wolff*, Securities Law 1997-98, S. 1176.

238 *Spindler/Hüther*, RIW 2002, 649 (652).

239 Der Begriff der security ist in § 2(a)(1) Securities Act legaldefiniert. Als securities werden demnach unter anderem Aktien, Anleihen, Schuldverschreibungen, Investmentzertifikate, Trustzertifikate, Schürfrechte und Mineralgewinnungsrechte angesehen. Es sei jedoch angemerkt, daß der Begriff der security nicht synonym mit dem Wertpapierbegriff ist, da keine Verbriefung erforderlich ist. Im deutschen Kapitalmarktrecht ist entscheidend für den Wertpapierbegriff die Eignung der Handelbarkeit. Diese wird durch die wertpapiermäßige Verbriefung sichergestellt. Lediglich bei Globalurkunden und Wertrechten ist eine Verbriefung verzichtbar, vergl. *Florian*, Rechtsfragen, S. 3. Siehe eingehender zum Begriff der security *Palmiter*, Securities Regulation, S. 29 ff.; *Becker*, Börsenrecht, S. 775 ff. Siehe für die frühere,

zusammenzubringen, oder um in sonstiger Weise hinsichtlich von securities diejenigen Aufgaben wahrzunehmen, die von einer Börse nach dem landläufigen Sprachgebrauch zu erfüllen sind, unter Einschluß des Marktes und der marktmäßigen Einrichtungen, die eine solche Börse unterhält[240].

Aufgrund des diesen Begriff konkretisierenden Delta-Release der SEC[241] war eine weitere Voraussetzung, daß das börsliche System die Liquidität des Marktplatzes durch den Einsatz von Market-Makern oder Specialists erhöht[242]. Alternative Handelssysteme, die automatisch in ihrem System Aufträge zusammenführen, waren durch diese Einschränkung von dem Börsenbegriff und somit der Möglichkeit zur Registrierung als Börse ausgeschlossen.

Daher wurde im Zuge der Regulation ATS auch die Börsendefinition erweitert, um die Alternativen Handelssysteme mit dem Börsenbegriff zu erfaßen. Als Börse wird nun gemäß Rule 3b-16 Rules under Securities Exchange Act jede Organisation, jeder Verband oder jede Gruppe angesehen, die Handelsaufträge für securities von mehreren Käufern und Verkäufern zusammenbringen und den Handel nach fixen, nicht im Ermessen stehenden Methoden (entweder durch zur Verfügung stellen von Handelseinrichtungen oder durch Schaffung von Regeln), über die sich die Handelsteilnehmer einig sind, abwickeln[243]. Diese Methoden können entweder durch Regeln oder durch ein Handelssystem, welches einem festgelegten Marktmodell folgt, fixiert werden. Ein solches Börsenverständnis gilt es nachfolgend näher zu betrachten.

---

den Begriff enger auslegende Rechtsprechung S.E.C. v. W.J. Howey Co., 328 U.S. 293, 66 S.Ct. 1100 (1946) und für die neuere, den Begriff weiter auslegende Rechtsprechung Matek v. Mura, 862 F.2d 720 (9th Cir. 1988); Koch v. Hankins, 928 F.2d 1471 (9th Cir. 1991); L & B Hospital Ventures, Inc. v. Healthcare International, 894 F.2d 150 (5th Cir. 1990).

240 § 3(a)(1) Securities Exchange Act: „ The term "exchange" means any organization, association, or group of persons, whether incorporated or unincorporated, which constitutes, maintains, or provides a market place or facilities for bringing together purchasers and sellers of securities or for otherwise performing with respect to securities the functions commonly performed by a stock exchange as that term is generally understood, and includes the market place and the market facilities maintained by such exchange".
Der Begriff „facility" wird in § 3(a)(2) Securities Exchange Act legaldefiniert: „The term „facility" when used with respect to an exchange includes its premises, tangible or intangible property whether on the premises or not, any right to the use of such premises or property or any service thereof for the purpose of effecting or reporting a transaction on an exchange (including, among other things, any system of communication to or from the exchange, by ticker or otherwise, maintained by or with the consent of the exchange), and any right of the exchange to the use of any property or service".

241 Delta Release, SEC Exchange Act Release No. 27611 vom 12.1.1990, 55 Fed. Reg. 1980 vom 19.1.1990.

242 Siehe ausführlich dazu *Nyquist*, 13 Yale Law & Policy Review 1995, 281 (311 ff.); *Vaupel*, RIW 1995, 568 (571 ff.).

243 Rule 3b-16(a) Rules under Securities Exchange Act; *Becker/Macauley/Gallagher/Bondelie*, Automated Systems, S. 2.

aa) Zusammenbringen von Handelsaufträgen

Das Handelssystem bringt Aufträge zusammen, wenn die eingegebenen Orders für securities die Möglichkeit haben, mit anderen eingegebenen Aufträgen für dieselben securities zusammenzukommen[244]. Diese Systemvoraussetzung erfüllen interdealer broker[245] unabhängig von ihrem Automatisierungsgrad und Systeme, die den Systembenutzern eingegebene Orders oder Handelsinteressen anzeigen, wie beispielsweise consolidated quote screens, sowie solche, die von den Handelsteilnehmern die Aufträge zentral sammeln, um sie gegeneinander auszuführen, wie viele ATS[246].

bb) Mehrheit von Käufern und Verkäufern

Ferner muß das System eine Vielzahl von Käufern und Verkäufern zusammenbringen. Dementsprechend fallen Systeme, die nur einen Verkäufer, wie beispielsweise einen Emittenten, oder generell nur eine Handelspartei, oder solche Systeme, die auf jeder Seite nur einen Handelsteilnehmer haben, nicht unter den Börsenbegriff[247].

cc) Handelsauftrag

Ein Handelsauftrag oder eine Order ist gemäß Rule 3b-16(c) Rules under Securities Exchange Act jede verbindliche Willenserklärung securities entweder als principal oder agent zu kaufen oder zu verkaufen[248]. Dies schließt Market Orders und Limit Orders ein[249]. Der Handelsauftrag kann telefonisch oder elektronisch übermittelt werden.

dd) Fixe, nicht im Ermessen stehende Handelsmethoden

Das Handelssystem muß ferner bestimmte, nicht im Ermessen stehende Methoden anwenden. Das kann entweder durch das Bereitstellen eines Handelssystems[250] oder durch das Aufstellen von Handelsregeln geschehen. Die SEC beabsichtigt darunter alle Handelsregeln zu subsumieren, die den Handel zwischen der Vielzahl von Handelsteilnehmern bestimmen[251].

---

244 *Becker/Macauley/Gallagher/Bondelie*, Automated Systems, S. 132.

245 Inter-dealer broker treten als Intermediäre zwischen dealern auf. So wie broker führen sie Anbieter und Nachfrager zusammen und stellen dafür Provisionen in Rechnung. Der wesentliche Unterschied zum broker liegt darin, daß sie ausschließlich für institutionelle Investoren tätig werden, vergl. *Beike/Schlütz*, Finanznachrichten, S. 48.

246 *Becker/Macauley/Gallagher/Bondelie*, Automated Systems, S. 132.

247 *Becker/Macauley/Gallagher/Bondelie*, Automated Systems, S. 133.

248 Ein agent handelt stets für einen anderen, sprich einen Kunden, während der principal auf eigene Rechnung handelt. Vergl. *Gomber*, Handelssysteme, S. 54.

249 Vergl. eingehender *Becker/Macauley/Gallagher/Bondelie*, Automated Systems, S. 133 f.

250 Näher zu den Anforderungen an das Handelssystem und die Einzelbeispiele *Becker/Macauley/Gallagher/Bondelie*, Automated Systems, S. 137 f.

251 Siehe vertiefend für die Einzelbeispiele, welche Systeme davon erfaßt werden und welche nicht *Becker/Macauley/Gallagher/Bondelie*, Automated Systems, S. 135 ff.

c) Anwendbarkeit des Börsenbegriffs auf ATS

Unter Berücksichtigung der eben aufgezeigten Börsenmerkmale ist der oben vorgestellte Begriff eines ATS unter den Börsenbegriff zu subsumieren. Daher kann die Unterscheidung zwischen einem ATS und einer Börse nicht mehr nach den jeweiligen tatsächlichen Merkmalen des Systems erfolgen, sondern nur noch formal anhand der Registrierung als Börse mit den damit zusammenhängenden Regulierungskompetenzen, der Selbstverwaltungsstruktur[252] und der organisierten Marktüberwachung.

Als registrierte Börse haben diese ATS die gleichen Zugangsmöglichkeiten zum National Market System (NMS)[253] wie reguläre Börsen, insbesondere hinsichtlich der Reporting-, Routing- und Trading Systems, die bisher den regulären Börsen und der Nasdaq vorbehalten waren[254].

Obwohl die Börsenregistrierung mit einer organisatorischen Mehrbelastung verknüpft ist, haben diverse Alternative Handelssysteme in der Vergangenheit von dieser Möglichkeit Gebrauch gemacht[255].

d) Von dem Börsenbegriff ausgeschlossene Systeme

Gemäß Rule 3b-16(b) Rules under Securities Exchange Act sind auch explizit bestimmte Systeme von der neuen Börsendefinition ausgenommen[256]. Zu ihnen gehören Order Routing Systeme. Sie leiten nur Aufträge zur Ausführung an National Market Exchanges, das Nasdaq oder einen Broker-Dealer[257] weiter[258].

---

252 Während broker-dealer einer SRO, welche die Selbstverwaltungs- und Überwachungsaufgaben zum Großteil übernimmt, angehören müssen, haben registrierte Börsen weitestgehend eine eigene Kompetenz zur Regulierung des Börsengeschehens und damit zusammenhängender Angelegenheiten. Unter diese Regulierungskompetenz fallen unter anderem das Börsensatzungsrecht, Verhaltenspflichten für Börsenmitglieder und die Börsengeschäftsführung. Vergl. dazu *Spindler/Hüther*, RIW 2002, 649 (652, Fn. 54).

253 § 11A (a)(2) Securities Exchange Act ordnet die Errichtung eines National Market Systems an. Der Aufbau eines solchen Systems begann in den 70er Jahren. Das System besteht aus der Gesamtheit aller regulatorischen und technologischen Maßnahmen, die die im Wertpapierbereich tätigen Unternehmen und die Securities Exchange Commission ergreifen müssen, um auf das Handelsverhalten von Händlern und Inverstoren sowie auf die Handelsmechanismen dergestalt einzuwirken, daß ein landesweites, interaktives Marktsystem entsteht. Siehe dazu vertiefend *Harman*, 33 The Business Lawyer 1978, 2275 ff.; *Poser*, 56 New York University Law Review 1981, 883 ff.; *Becker*, Börsenrecht, S. 764; *Moon*, 21 Journal of International Law & Business 2000, 131 (137 ff.); Securities Exchange Act Release No. 13662 vom 23.6.1977, 12 SEC Doc. 947 (952).

254 *Spindler/Hüther*, RIW 2002, 649 (658); *Rice*, 51 Administrative Law Review 1999, 901 (945).

255 So beispielsweise Island, NexTrade, REDIBook, vergl. *Spindler/Hüther*, RIW 2002, 649 (653).

256 Dazu *Borelli*, 32 Loyola University Chicago Law Journal 2001, 815 (853 f.); *Matus*, 44 New York Law School Law Review 2001, 583 (591 ff.). Kritisch zu der Einteilung *Klock*, 51 Florida Law Review 1999, 753 (766 f.).

257 Der Begriff des Broker-Dealers hat sich vor dem Hintergrund gebildet, daß sich die Marktverhaltensweisen eines Brokers und die eines Dealers regelmäßig in einer Person vereint haben. Der Broker tritt dabei als Person auf, die geschäftsmäßig Wertpapiergeschäfte für fremde Rechnung durchführt, während der Dealer auf eigene Rechnung handelt. Vergl. dazu

Ferner sind Dealer Systeme ausgenommen, also Systeme, die nur von einem einzelnen Market-Maker betrieben werden, der seine Angebote zum Kauf oder Verkauf und die Limit-Order seiner Kunden anzeigt und Aufträge gegen solche Orders ausführt[259].

Desweiteren fällt die Einrichtung einer Handelsplattform, die lediglich die Kontaktaufnahme zwischen den Teilnehmern ermöglicht, nicht unter den Börsenbegriff[260].

Kurzum alle Systeme, die nur traditionelle Broker-Dealer Aufgaben erfüllen, sind keine Börsen im Sinne des neuen Börsenverständnisses[261].

e) Befreiung von der Pflicht zur Börsenregistrierung

Von der Pflicht, sich als Börse registrieren und so regulieren zu lassen, sind bestimmte Formen von Alternativen Handelssystemen von der SEC befreit.

Gemäß Rule 3a1-1(a)(1) Rules under Securities Exchange Act[262] gilt diese Befreiung für Alternative Handelssysteme, die von einer National Securities Association betrieben werden. Desweiteren gilt die Befreiung für solche Systeme, die als Broker-Dealer registriert sind und den Bedingungen der Regulation ATS entsprechen (vergl. Rule 3a1-1(a)(2) Rules under Securities Exchange Act) sowie für Alternative Handelssysteme, die nach Rule 301(a) Regulation ATS nicht der Regulation ATS unterfallen (siehe Rule 3a1-1(a)(3) Rules under Securities Exchange Act).

Schließlich ist die Befreiung eines Alternativen Handelssystems von Registrierung und Regulierung als Börse davon abhängig, ob nicht im Einzelfall Gründe des allgemeinen Interesses oder des Anlegerschutzes dem entgegenstehen[263].

Macey/O'Hara, 28 Journal of Legal Studies 1999, 17 (43); *Borelli*, 32 Loyola University Chicago Law Journal 2001, 815 (818); *Spindler/Hüther*, RIW 2002, 649 (654, Fn. 83).

258 Vergl. Rule 3b-16(b)(1) Rules under Securities Exchange Act; *Spindler*, WM 2002, 1325 (1327 f.). Für konkrete Beispiele siehe *Becker/Macauley/Gallagher/Bondelie*, Automated Systems, S. 139.

259 Vergl. Rule 3b-16(b)(2) Rules under Securities Exchange Act. Siehe eingehender dazu *Becker/Macauley/Gallagher/Bondelie*, Automated Systems, S. 139 f.; *Spindler/Hüther*, RIW 2002, 649 (652).

260 Vergl. Regulation ATS, SEC Exchange Act Release No. 34-40760, vergl. http://www.sec.gov/rules/final/34-40760.txt (Stand 1.2.2003).

261 *Greene/Beller/Rosen/Silverman/Braverman/Sperber*, U.S. Regulation, 9-91; *Spindler/Hüther*, RIW 2002, 649 (652); *Dornau*, Handelssysteme, S. 21.

262 17 C.F.R 240.3a1-1.

263 Vergl. Rule 3a1-1(b)(2) Rules under Securities Exchange Act, siehe zu den Einzelheiten *Becker/Macauley/Gallagher/Bondelie*, Automated Systems, S. 143 f.

f) Registrierung des ATS als Broker-Dealer

Durch die Regulation ATS[264] der SEC werden die Alternativen Handelssysteme vor die Entscheidung gestellt, sich entweder als Börse[265] oder als Broker-Dealer, sprich Finanzintermediär, registrieren zu lassen. Entscheidet sich das jeweilige ATS gegen eine Registrierung als Börse, muß es sich nach Rule 301(b)(1) der Regulation ATS als Broker-Dealer nach § 15(a) Securities Exchange Act bei der SEC registrieren lassen und somit Mitglied einer SRO[266], regelmäßig der NASD, werden[267]. Weiter unterfällt ein solches System dann der Regulation ATS[268] und muß bestimmten Anforderungen an Überwachung und Transparenz entsprechen[269].

Allerdings sind der Wahlfreiheit Grenzen gesetzt, denn die SEC hat sich das Recht vorbehalten, im öffentlichen Interesse oder zum Schutze von Investoren, insbesondere wenn ein fairer und transparenter Handel gefährdet ist, anzuordnen, daß ein ATS sich als Börse registrieren lassen muß, sofern es über einen Zeitraum von ¾ des letzten Kalendarjahres 40% oder mehr des durchschnittlichen täglichen Dollar-Handelsvolumens in einem bestimmten security gehandelt hat[270]. Dann bildet das Handelssystem einen wesentlichen Markt (substantial market) in einem security, weshalb es registrierungspflichtig wird.

Regelungszweck der Regulation ATS war nämlich die Einbeziehung der Alternativen Handelssyteme in das National Market System, um so den Interessen der Anleger- und Kapitalmarktteilnehmer im Bereich Fairness, Preistransparenz und Effizienz zu entsprechen[271]. Diesem Regelungszweck würde es zuwiderlaufen, ATS mit einem solch hohen Handelsvolumen nicht als registrierte Börse in das NMS einzubeziehen.

---

264 Regulation ATS, SEC Exchange Act Release No. 34-40760 vom 8.12.1998, 63 Fed. Reg. 70844 vom 22.12.1998, vergl. http://www.sec.gov/rules/final/34-40760.txt. Die Regulation gilt seit dem 20. Juni 2000 für alle Nasdaq Titel, vergl. SEC Release No. 34-41297, File No. S7-12-98.

265 Rule 301(a)(1). Dadurch müssen die ATS auch nicht mehr den Anforderungen der Regulation ATS entsprechen. Vergl. für die Anforderungen der Registrierung als Börse *McCarroll*, 33 Cornell International Law Journal 2000, 211 (226 ff.).

266 Siehe dazu sogleich unten Teil 2. § 4 B. II. 2. f) aa).

267 Siehe für die Pflichtmitgliedschaft der Broker-Dealer *Choi*, 88 California Law Review 2000, 279 (282 ff.); *Spindler/Hüther*, RIW 2002, 649 (657).

268 Rule 301(b)(1) Rules under Securities Exchange Act.

269 *Dornau*, Handelssysteme, S. 2, 20; FESCO, Regulation, S. 8.

270 Rule 3a1-1(b)(2) Rules under Securities Exchange Act. Der Vorteil dieses Ansatzes, der die Regulierung vom Handelsvolumen abhängig macht, ist, daß eine Überregulierung von kleinen Systemen, die keine Gefahr einer Marktfragmentierung oder Risiko für die Preisbildung darstellen, verhindert wird.

271 *Spindler/Hüther*, RIW 2002, 649 (651); *Klock*, 51 Florida Law Review 1999, 753 (764 ff.); *Borelli*, 32 Loyola University Chicago Law Journal 2001, 815 (851 ff.); *Matus*, 44 New York Law School Law Review 2001, 583 (590 ff.); *Cohen*, 4 Stanford Journal of Law, Business & Finance 1999, 1 (36 ff.).

aa) Organisationspflichten

Als Broker-Dealer sind die ATS verpflichtet, Mitglied einer Self-regulatory organization (SRO)[272] zu werden. Diese Selbstverwaltungseinrichtungen sind privatrechtliche Vereinigungen von broker-dealern[273]. Das US-amerikanische Securities Law sieht nach § 3(26) und (29) Securities Exchange Act vier verschiedene Formen von SROs vor: National securities exchanges, national securities associations, registered clearing agencies und den Municipal Securities Rulemaking Board[274]. Die bedeutendste von ihnen ist die NASD als national securities association[275]. Das Selbstverwaltungsrecht bestand schon vor der Bundesbörsengesetzgebung und wurde bewußt in den 30er Jahren, als das Börsenrecht des Bundes geschaffen wurde, beibehalten.

Die SROs haben nach dem Securities Exchange Act eine Rechtssetzungsbefugnis, so daß sie Vorschriften zur Durchsetzung ihres Satzungsrechts, zur beruflichen Ausbildung und zur Qualifikation ihrer Mitglieder sowie zur Mindestkapitalausstattung der Wertpapierhandelshäuser erlassen können[276]. Desweiteren sind sie berechtigt und verpflichtet, über die Einhaltung der Securities Laws und des eigenen Satzungsrechts zu wachen[277].

Neben den aus der Mitgliedschaft in einer SRO resultierenden Pflichten haben die ATS weitere Obliegenheiten zu beachten, sofern sie nicht unter einen der in Rule 301(a) genannten Ausnahmetatbestände fallen[278]. Zudem müssen sie die ergänzenden Vorschriften der Regulation ATS erfüllen. Sofern öffentliche Interessen oder der Anlegerschutz dem nicht entgegenstehen, kann die SEC ein ATS auch auf Antrag von Verpflichtungen der Regulation ATS befreien[279].

Dem Alternativen Handelssystem obliegt als Broker-Dealer aber die Pflicht zur bestmöglichen Ausführung von Kundenaufträgen (Best-Execution)[280]. Daher ist es den Alternativen Handelssystemen verwehrt, Aufträge intern zusammenzu-

---

272 § 3(a)(26) Securities Exchange Act enthält die Legaldefinition der SROs: "The term "self-regulatory organization" means any national securities exchange, registered securities association, or registered clearing agency, or (solely for purposes of sections 19(b), 19(c), and 23(b) of this Act) the Municipal Securities Rulemaking Board established by section 15B of this Act".

273 *Becker*, Börsenrecht, S. 806.

274 Siehe dazu vertiefend *Langhart*, Rahmengesetz, S. 172 ff.; *Hall*, Banking Laws, S. 220.

275 Eingehender dazu *Becker*, Börsenrecht, S. 807 f.

276 Siehe dazu *Becker*, Börsenrecht, S. 799.

277 *Becker*, Börsenrecht, S. 882; *Hall*, Banking Laws, S. 220.

278 Systeme, die schon einer entsprechenden Regulierung und Aufsicht unterstehen, werden vom Anwendungsbereich ausgenommen, wie beispielsweise die automatisierten Plattformen der registrierten Börsen und der Nasdaq sowie bestimmte Plattformen für Staatspapiere und verwandte Wertpapiere. Siehe zu den Ausnahmetatbeständen *Borelli*, 32 Loyola University Chicago Law Journal 2001, 815 (855); *Matus*, 44 New York Law School Law Review 2001, 583 (595 f.).

279 Vergl. Rule 301(a)(5) Rules under Securities Exchange Act.

280 Die Best-Execution-Pflicht des Broker-Dealers resultiert aus treuhänderischen Verpflichtungen und den Regeln der SRO, vergl. dazu *Dornau*, Handelssysteme, S. 6, Fn. 9.

führen, sofern ein Abschluß zu besseren Konditionen in anderen preisbildenden Märkten möglich ist[281].

Die weiteren Pflichten stehen dabei in Abhängigkeit zum Handelsvolumen der von dem ATS gehandelten securities.

Soweit das Handelsvolumen einer der von dem Alternativen Handelssystem gehandelten securities des National Market System nicht fünf Prozent vom täglichen Gesamthandelsvolumen der security erreicht, ist das ATS bloß zur Mitteilung der Quartalsumsätze an die SEC (vergl. Rule 301(b)(9)) und zur Aufzeichnung der Abschlüsse einschließlich eines detaillierten audit trail[282] über die täglichen Transaktionen verpflichtet[283] (vergl. Rule 301(b)(8)[284]). Außerdem hat das ATS nach Rule 301(b)(2) der SEC einen sogenannten initial operation report auszuhändigen, aus dem die Funktionsweise des Systems, der projektierte Teilnehmerkreis und die gehandelten Wertpapiere hervorgehen[285].

Wird nun diese fünf Prozent-Marke bei nur einer einzelnen Aktie für einen Zeitraum von vier der letzten sechs Monate überschritten und wurde die Order innerhalb des Systems mehr als nur einem Handelsteilnehmer zugänglich gemacht, so ist das Alternative Handelssystem aufgrund des sogenannten public display requirement aus Rule 301(b)(3) verpflichtet, mit einer registrierten Börse oder Nasdaq verbunden zu sein, um an diese die Order für das von der Regulation ATS umfaßte security[286] mit den besten Preisen weiterzuleiten[287].

Die Weiterleitungspflicht bzw. Veröffentlichungspflicht beschränkt sich jedoch auf die best bids and offers (BBOs) einer speziellen security, so daß bei Überschreiten der 5%-Schwelle nicht sämtliche BBOs weitergeleitet werden müs-

---

281 *Dornau*, Handelssysteme, S. 6 f.

282 Der audit trail muß Zeit und Bedingungen der Order sowie die Abfolge der Orderausführungsschritte enthalten, vergl. *Dornau*, Handelssysteme, S. 20, Fn. 50. Er ist „A reference or guide to an underlying source record or document; steb by steb followed in the conduct of an audit procedure", vergl. *Woelfel*, Banking, S. 16.

283 *Dornau*, Handelssysteme, S. 20; FESCO, Regulation, S. 9; *Spindler/Hüther*, RIW 2002, 649 (657).

284 Vergl. Regulation ATS, 63 Fed. Reg. 70877.

285 Ausführlich dazu Regulation ATS, 63 Fed. Reg. 70863.

286 Nach Rule 300(g) i.V.m. Rule 11 Ac1-1(a)(6) Rules under Securities Exchange Act, 17 CFR 240, 11AC1(a)(6) sind dies alle börsengelisteten Wertpapiere, die Nasdaq NM und SmallCap Papiere.

287 Vergl. Rule 301(b)(3). SEC Release No. 34-41297 vom 21.4.1999 (http://www.sec.gov/rules/final/34-41297.txt (Stand 1.2.2003)); *Greene/Beller/Rosen/Silverman/Braverman/Sperber*, U.S. Regulation, 9-91. Die Verbindung von Alternativen Handelssystemen mit beispielsweise der Nasdaq ist das Level II Montage, vergl. *Dornau*, Handelssysteme, S. 20; *Spindler/Hüther*, RIW 2002, 649 (658, Fn 155). Level II Terminals enthalten die Kurse aller market maker und gewährleisten eine direkte Kommunikation mit ihnen, vergl. *Becker*, Börsenrecht, S. 835. Durch das ständig steigende Orderaufkommen an den ATS war es notwendig geworden, diese in das NMS zu integrieren, vergl. *Gallagher*, 47 Catholic University Law Review 1998, 1009 (1034 ff.).

sen[288]. Jeder broker-dealer der Börse oder der Nasdaq, der diese Kursinformation erhalten hat, kann auf diese Order zugreifen[289]. Der Zugang für diese Nichtteilnehmer des ATS darf dabei nicht diskriminierend ausgestaltet sein[290]. Sofern das ATS jedoch die eingegebenen Orders schon im eigenen System nicht öffentlich handelt, besteht auch keine Weiterleitungspflicht an andere Märkte nach dem public display requirement[291].

Darüber hinaus sind Alternative Handelssysteme, deren Anteil am durchschnittlichen täglichen Handelsvolumen eines im National Market System (NMS) gehandelten securities mindestens 20 Prozent ausmacht, nach Rule 301(b)(6) verpflichtet, Prozeduren zu bestimmen, die eine entsprechende Systemkapazität und -integrität sicherstellen[292]. Ferner sind ATS mit einer solchen Handelsgröße dazu verpflichtet, Notfallpläne zur Wiederherstellung des Systems bei unvorhergesehenen Zusammenbrüchen aufzustellen[293]. Erhebliche Systemstörungen sind unverzüglich der SEC mitzuteilen. Zudem haben die Systeme jährlich ihr System von einem unabhängigen Prüfer untersuchen zu lassen.

Desweiteren muß jedes Alternative Trading System bei der SEC einen Geschäftsbericht, Quartalsberichte und Berichte über jede grundlegende Veränderung in seinem Handelssystem einreichen[294]. Ferner muß das ATS mit der SEC und der jeweiligen SRO im Falle etwaiger Untersuchungen und Prüfungen, auch solcher, die bezüglich ihrer Systemteilnehmer vorgenommen werden, zusammenarbeiten[295]. Schließlich ist das ATS dazu verpflichtet, den Gebrauch von Wörtern wie „exchange“ und „stock market“ oder verwandte Begriffe in ihrem Namen zu unterlassen.

bb) Systemzugang für Nichtteilnehmer

Sofern das durchschnittliche Handelsvolumen einer im National Market System gehandelten security im ATS mindestens 20 Prozent innerhalb eines Zeitraums von vier von sechs Monaten ausmacht, ist das ATS nach dem sogenannten fair access requirement verpflichtet, Regeln aufzustellen, die einen fairen und diskri-

---

[288] *Spindler/Hüther*, RIW 2002, 649 (658).

[289] Vergl. Rule301(b)(3)(iii), Regulation ATS, 63 Fed. Reg 70868.

[290] Siehe Rule 301(b)(4). Vergl. dazu ferner *Borelli*, 32 Loyola University Chicago Law Journal 2001, 815 (860 f.).

[291] Regulation ATS, 63 Fed. Reg. 70866. Siehe auch *Spindler/Hüther*, RIW 2002, 649 (658).

[292] Für solche Systeme sind periodische Streß-Tests obligatorisch, um zu untersuchen, ob jederzeit akkurate, zügige und effiziente Transaktionen durchgeführt werden können, vergl. Rule 301(b)(6)(ii)(B). Siehe dazu *Matus*, 44 New York Law School Law Review 2001, 583 (599); *Borelli*, 32 Loyola University Chicago Law Journal 2001, 815 (857).

[293] Vergl. Rule 301(b)(6)(ii)(C) Rules under Securities Exchange Act; Regulation ATS, 63 Fed. Reg. 70,875. *Greene/Beller/Rosen/Silverman/Braverman/Sperber*, U.S. Regulation, 9-91; *Dornau*, Handelssysteme, S. 20; FESCO, Regulation, S. 9.

[294] *Greene/Beller/Rosen/Silverman/Braverman/Sperber*, U.S. Regulation, 9-90f. Siehe Rule 301(b)(2)(ii); 302(b).

[295] Vergl. Rule 301(b)(7), Regulation ATS, 63 Fed. Reg. 70878.

minierungsfreien Zugang für alle potentiellen Systemteilnehmer ermöglichen[296]. Hierdurch sollen alle Marktteilnehmer den gleichen Zugang zu den relevanten Kapitalmärkten erhalten[297]. Diese Zwangsöffnung bezieht sich jedoch nur auf das die Grenzwerte überschreitende security[298]. Generell ausgenommen von dem fair access requirement sind Systeme, die ihre Orders ihren Systemteilnehmern nicht anzeigen, wie beispielsweise preisimportierende Crossing-Systeme[299].

3. Steuerung ausländischer Handelsplätze

Schließlich stellt sich die Frage, wie nicht-US-amerikanische Handelsplätze, die US-amerikanischen Investoren ohne Zuhilfenahme von US-Intermediären zugänglich sind, nach den US-Securities Laws behandelt werden[300]. Sofern sich das ausländische Handelssystem formell bei der SEC registrieren läßt, gelten die vorgenannten Pflichten[301]. Zwar ist aufgrund des neuen Börsenbegriffs ein physischer Handelsplatz in den USA nicht mehr für die Registrierung als Börse erforderlich, dennoch sind die Anforderungen für die Registrierung als national securities exchange für ausländische Handelssysteme sehr hoch[302].

Im Falle, daß eine solche Registrierung nicht besteht und auch kein US-amerikanischer broker aufgrund des unmittelbaren Handelszugangs zwischengeschaltet ist, besteht (potentiell) eine große Gefahr für US-Investoren. Um diese zu minimieren, hat die SEC diverse Regelungsvorschläge gemacht, die ein abgestuftes Steuerungssystem für die Access Provider, also die Institutionen, die US-Investoren den Zugang zum ausländischen Handelssystem ermöglichen, vorsehen[303]. Es sollen im Rahmen einer speziellen Access Provider Regulation zwei unterschiedliche Regelungsansätze geschaffen werden: Zum einen für die Securities Information Provider, die US-Investoren mit transaktionsrelevanten Informationen versorgen und einen direkten Link auf einen ausländischen Handelsplatz

---

296 Rule 301(b)(5), Regulation ATS, 63 Fed. Reg. 70872.

297 Kritisch zur dieser Zwangsöffnung *Macey/O'Hara*, 28 Journal of Legal Studies 1999, 17 (47 ff.); *Klock*, 51 Florida Law Review 1999, 753 (769). Für die Zwangsöffnung *Spindler/Hüther*, RIW 2002, 649 (659).

298 Regulation ATS, 63 Fed. Reg. 70872.

299 Vergl. Rule 301(b)(5)(iii)(A-C), Regulation ATS, 63 Fed Reg. 70873. Zu diesen Systemen siehe sogleich unten Teil 2. § 4 B. III. 6.

300 Vergl. zu dieser Diskussion bereits *Vaupel*, RIW 1995, 568 (575 ff.) und aus jüngerer Zeit *Gorra*, 32 Cornell International Law Journal 1998, 209 ff.; *McCarroll*, 33 Cornell International Law Journal 2000, 211 (236 f.).

301 Tradepoint ist beispielsweise als elektronische Börse aus Großbritannien seit 1999 bei der SEC als exchange registriert. Vergl. *Spindler/Hüther*, RIW 2002, 649 (659).

302 Eingehender dazu *McCarroll*, 33 Cornell International Law Journal 2000, 211 (221 ff.); *Spindler/Hüther*, RIW 2002, 649 (659).

303 Siehe ATS-Concept-Release, SEC Exchange Act Release No. 38,672, 62 Fed. Reg. 30,485 vom 4.6.1997. Zur Diskussion dieser Vorschläge siehe *Gorra*, 32 Cornell International Law Journal 1998, 209 (215 ff.); *McCarroll*, 33 Cornell International Law Journal 2000, 211 (236, 251 ff.). Vergl. für die bisherigen Steuerungsgrundsätze der SEC *Vaupel*, RIW 1995, 568 (575).

haben. Zum anderen für Broker-Dealer Access Provider, die den US-amerikanischen Investoren den Handel auf ausländischen Marktplätzen durch ihr System ermöglichen[304]. Die Registrierungs-, Berichts- und Offenlegungspflichten sollen dann im unterschiedlichen Maße auf die Systeme Anwendung finden.

III. Einzelne Typen von ATS

Nachdem das amerikanische Regelungskonzept vorgestellt wurde, gilt es nunmehr, sich den verschiedenen Erscheinungsformen von Alternativen Handelssystemen zu nähern und diese zu beleuchten. Der Begriff Alternative Handelssysteme bzw. Alternative-Trading-Systems (ATS) ist nämlich eine Sammelbezeichnung für verschiedene Formen von Wertpapier-Handelsplattformen[305].

Sie werden unter anderem mit den Begriffen Proprietary Trading System, Broker-Dealer Trading System, Electronic Communication Network oder Crossing System beschrieben[306].

Nachfolgend werden die einzelnen Formen der Alternativen Handelssysteme näher beleuchtet, wobei zur Verdeutlichung und Abgrenzung auch auf ähnliche Systeme, die jedoch keine ATS sind, eingegangen wird.

1. Proprietary Trading Systems

Unter Proprietary Trading Systems (PTS) verstand die SEC allgemein bildschirmgestützte Handelssysteme, die von institutionellen Investoren und broker-dealers genutzt werden[307]. Die SEC unterschied davon ausgehend drei verschiedene Arten solcher Systeme.

Erstens, Systeme, die es den beteiligten Handelspartnern ermöglichen, ein Geschäft unmittelbar auszuführen (sogenannte hit or take systems). Die Handelsteilnehmer geben ihre Orders anonym in das System ein, in dem die Daten gesammelt und für alle Teilnehmer auf dem Bildschirm sichtbar gemacht werden. Die Transaktion kann dann direkt von den Teilnehmern durch Anklicken geschlossen werden[308].

Zweitens, Systeme, die Handelsgeschäfte zu einem an einem Referenzmarkt gebildeten Preis vermitteln (matching systems)[309]. Der Zeitpunkt der Orderausführung ist von vornherein bestimmt und den Marktteilnehmern bekannt.

---

304 ATS-Concept-Release, 62 Fed. Reg. 30524.

305 *Dornau*, Handelssysteme, S. 4.

306 Vergl. *Becker/Yim/Macauley/Westbrook*, Online Trading, 4-23; *Scherff*, FAZ vom 17.04.2001, S. 40.

307 *Barclay/Christie/Harris/Kandel/Schultz*, The Journal of Finance 1999, 1 (5); SEC, Market 2000, S. 10, 26 f.

308 SEC, Market 2000, A IV - 2; *Prechtel*, Wertpapierhandelssysteme, S. 68; *Spindler*, WM 2002, 1325 (1327); *Florian*, Rechtsfragen, S. 248, 261 f.; *von Rosen*, ZfgKW 1994, 1213 (1214 f.).

309 SEC, Market 2000, A IV - 7 f.; *von Rosen*, ZfgKW 1994, 1213 (1215); *Prechtel*, Wertpapierhandelssysteme, S. 68.

Die letzte Kategorie umfaßt Systeme, die die interne Geschäftsabwicklung eines Market-Makers automatisieren, also eigenständig Auktionen durchführen (auction -based-systems). Das System versucht die größtmögliche Anzahl von Anbietern und Nachfragern zusammenzuführen. Hier übernimmt das System Maklerfunktion und handelt selbst securities oder erwirbt diese für Rechnung Dritter[310].
Erstmalig benutzte die SEC den Begriff PTS in einem release[311]. Mittlerweile hat der Begriff Proprietary Tading System jedoch keine regelnde Bedeutung mehr, aufgrund der Regulation ATS[312]. Vielmehr wird generalisierend zur Beschreibung der Handelssysteme der Begriff ATS an Stelle von PTS benutzt[313]. Der Begriff PTS findet mittlerweile auch keine Verwendung mehr in den Regelwerken des Federal Securities Law[314]. Daher verzichtet auch die weitere Untersuchung auf den Begriff des PTS.

2. Bulletin Boards

Ein Bulletin Board ist ein computergestütztes Netzwerk[315]. Es stellt einen Kontakt zwischen Handelsteilnehmern her, wobei der eigentliche Vertragsschluß und die Geschäftsabwicklung von den Parteien außerhalb des Systems vorgenommen werden. Es sind also lediglich Kontaktbörsen, über die weder Verträge geschlossen noch Preise festgestellt werden, sondern lediglich Transaktionen angebahnt werden[316].

Die Bulletin Boards werden weder vom Börsenbegriff noch von der Regulation ATS erfaßt[317]. Dies gilt selbst für solche Systeme, die als hit-or-take-systems betrieben werden und bei denen die Systemteilnehmer schon bei dem Zugang zum System über entsprechende Nutzungsvereinbarungen einen antizipierten Vertragsschluß mit einem ihnen noch nicht bekannten anderen Systemteilnehmer vornehmen[318]. Denn auch bei diesen Systemen kommt der Handelsabschluß nicht auto-

---

310 SEC, Market 2000, A IV - 10 ff.; *Prechtel*, Wertpapierhandelssysteme, S. 68; *Scherff*, FAZ vom 17.04.2001, S. 40; *von Rosen*, ZfgKW 1994, 1213 (1215).

311 SEC Exchange Act, Release No. 26708 vom 13.4.1989, 54 Fed. Reg. 15429 vom 18.4.1989.

312 *Spindler/Hüther*, RIW 2002, 649 (654). Vergl. zur früheren Rechtslage SEC Exchange Act Release No. 26708, 54 Fed. Reg 15429 vom 18.4.1989; *Vaupel*, RIW 1995, 568 ff.; *von Rosen*, ZfgKW 1994, 1213 ff.; *Cohen*, 4 Stanford Journal of Law, Business & Finance 1999, 1 (24).

313 „This term [ATS] encompasses some systems that previous Commission releases called proprietary trading systems...“, vergl. Regulation ATS, SEC Exchange Act Release No. 40760, 63 Fed. Reg. 70844 vom 22.12.1998, S. 70,845. *Florian*, Rechtsfragen, S. 247 verwendet den Begriff als Untergruppe der Alternativen Handelssysteme.

314 Ähnlich *Klock*, 51 Florida Law Review 1999, 753 (759 f.).

315 *Prentice*, Securities Law Review 1999, 171 (240).

316 *Spindler*, WM 2002, 1325 (1327); *Spindler/Hüther*, RIW 2002, 649 (656); *Florian*, Rechtsfragen, S. 250 ff.; *Matus*, 44 New York Law School Law Review 2001, 583 (586); *Cohen*, 4 Stanford Journal of Law, Business & Finance 1999, 1 (7 ff.).

317 Regulation ATS, 63 Fed Reg. 70850; *Spindler/Hüther*, RIW 2002, 649 (656). Kritisch zur Regulation ATS unter diesem Gesichtspunkt *Thompson*, Columbia Business Law Review 1999, 165 (175 f.); *Friedman*, Cyperspace, 6-6.

318 *Spindler/Hüther*, RIW 2002, 649 (656); *Florian*, Rechtsfragen, S. 261.

matisch durch matching im System zustande, sondern nur durch ausdrückliche Veranlassung der Systemteilnehmer[319].

Ihren Ursprung haben sie im Handel von liquiditätsarmen Wertpapieren, die nicht zum Handel an der Nasdaq zugelassen waren und meistens auch nicht der Registrierungspflicht gemäß § 12(g)(1) Securities Exchange Act unterlagen[320].

Die Bulletin Boards lassen sich weiter unterteilen in Issuer Bulletin Boards und Third-Party Bulletin Boards.

a) Issuer Bulletin Boards

Issuer Bulletin Boards werden regelmäßig von aktienausgebenden Unternehmen betrieben. Auf ihnen können Investoren ihre Handelsinteressen bzw. Nachfragen veröffentlichen[321].

Die meisten der dort gehandelten Aktien sind an keiner Börse gelistet und werden auch nicht auf den regulären Märkten gehandelt[322].

Auch hier ermöglicht das System lediglich die Verschaffung von Informationen über potentielle Käufer und Verkäufer von Aktien des Unternehmens, welches das Bulletin Board betreibt. Die Systemteilnehmer hinterlassen auf der zur Verfügung gestellten Homepage ihre Angebote samt Kontaktinformation. Bei einzelnen Systemen können bestimmte Zugangsbeschränkungen bestehen[323]. Die Betreiber solcher Bulletin Boards erhalten für ihre Tätigkeit keine transaktionsbezogene Vergütung und handeln auch nicht als Agent für die Handelsteilnehmer, so daß sie sich selbst von broker-dealern unterscheiden[324].

Die meisten dieser Issuer Bulletin Boards haben von der SEC no-action-letters erhalten, in denen ihnen mitgeteilt wurde, daß ihre Tätigkeit weder eine Registrierung als broker-dealer noch als Börse erfordert[325]. Als Gegenleistung haben die Systembetreiber zugesichert, Aufzeichnungen von allen Systemvorgängen anzufertigen und die Informationen der SEC jederzeit auf Anfrage zur Verfügung zu stellen[326].

---

319 *Cohen*, 4 Stanford Journal of Law, Business & Finance 1999, 1 (8); *Spindler/Hüther*, RIW 2002, 649 (657); *Schenk*, Börsensysteme, S. 29.

320 Ausführlicher dazu *Spindler/Hüther*, RIW 2002, 649 (656, Fn. 124).

321 *Becker/Yim/Macauley/Westbrook*, Online Trading, 4-20; *Cohen*, 4 Stanford Journal of Law, Business & Finance 1999, 1 (7).

322 *Becker/Yim/Macauley/Westbrook*, Online Trading, 4-21. Vergl. auch *Bloomenthal/Wolff*, Securities Law 1999-2000, § 4.06.

323 Siehe dazu *Florian*, Rechtsfragen, S. 264 ff.

324 *Becker/Yim/Macauley/Westbrook*, Online Trading, 4-21.

325 Vergl. die einzelnen Nachweise und Fälle bei *Coffee*, 52 The Business Lawyer 1997, 1195 (1214 ff.); *Becker/Yim/Macauley/Westbrook*, Online Trading, 4-20.

326 *Becker/Yim/Macauley/Westbrook*, Online Trading, 4-21.

b) Third-Party Bulletin Boards

Nicht nur Emittenten betreiben Bulletin Boards, sondern auch Dritte. Deren Systeme sind die Third-Party Bulletin Boards[327]. Sie stellen ebenfalls Informationen für potentielle Handelsteilnehmer über securities zur Verfügung. Das System funktioniert gleich einem Issuer Bulletin Board, so daß der eigentliche Geschäftsabschluß auch hier außerhalb des Handelssystems zustandekommt[328].

Ein Beispiel für ein Third-Party Bulletin Board in den USA ist die Internet Capital Corporation. Sie hat ebenfalls ein no-action-letter der SEC erhalten, da sie glaubhaft darlegen konnte, keine securities anzubieten oder zu handeln, sich nicht als broker-dealer oder Anlageberater zu betätigen sowie keine Börse zu sein[329].

3. Internal Broker-Dealer Systems

Auch Internal Broker-Dealer Systems sind nach der Regulation ATS weder als Börse noch als ATS zu qualifizieren. Sie sind nach der Legaldefinition der SEC Einrichtungen, die aufgrund eines internen Handels- oder Routingsystems eines Brokers automatisch Wertpapieraufträge erfassen, verbreiten oder zusammenführen, ohne Börse oder ATS zu sein[330]. Sie lassen sich nur äußerst schwer von Alternativen Handelssystemen (äußerlich) abgrenzen[331].

Die Systeme sind regelmäßig dem eigentlichen Wertpapierhandel vorgelagert und unterliegen daher nur einer geringen Regulierung[332].

Als Internal Broker-Dealer Systems sind sowohl die Inhouse-Crossing Systems als auch die Order Routing Systems anzusehen[333]. Bei den Inhouse-Crossing Systems tritt als zentrale Gegenpartei für die Handelsaufträge der Kunden nur ein Broker oder eine Investmentbank auf. Im Unterschied dazu verschaffen die Order-Routing Systems dem Anleger lediglich einen Marktzugang zum Handelsplatz.

4. Electronic Communication Networks (ECN)

Electronic Communication Networks (ECN) in den Vereinigten Staaten sind dagegen Alternative Handelssysteme, welche die gleichen Leistungen anbieten wie traditionelle Börsen[334].

Damit ein ATS jedoch als Electronic Communication Network anerkannt wird, muß es bestimmte von der SEC in den Order Handling Rules (OHR) festgelegte Kriterien erfüllen (vergl. Rule 11Ac1-1(a)(8))[335]. Zunächst muß das Sy-

---

327 *Becker/Yim/Macauley/Westbrook*, Online Trading, 4-22.

328 *Spindler/Hüther*, RIW 2002, 649 (656).

329 Vergl. auch Internet Capital Corporation, SEC No-Action Letter, 1998 (13.1.1998).

330 Rule 17a-3(a)(16)(ii)(A); vergl. Regulation ATS, 63 Fed. Reg. 70891.

331 Siehe zu den Abgrenzungsschwierigkeiten *Klock*, 51 Florida Law Review 1999, 753 (766 f.).

332 Vergl. dazu ausführlicher *Spindler/Hüther*, RIW 2002, 649 (656).

333 *Spindler/Hüther*, RIW 2002, 649 (656).

334 *Dornau*, Handelssysteme, S. 2; *Spindler/Hüther*, RIW 2002, 649 (654).

335 Siehe auch *Dornau/Neubauer*, Die Bank 2001, 104; *Dornau*, Handelssysteme, S. 4, 19.

stem die von einem Market-Maker oder Specialist an das System übermittelte Kundenaufträge an Dritte verbreiten und deckungsgleiche Geschäfte automatisch zum Abschluß zusammenführen.

Darüber hinaus müssen nach der Rule 11Ac1 1(a)(8) die ECN kontinuierlich und innerhalb des Systems Handel und Preisfeststellung betreiben. Dementsprechend sind Crossing Systeme, die Preis- und Kursimporte aus anderen Märkten vornehmen sowie reine Order Routing Systems von der Qualifizierung als ECN ausgeschlossen.

Erfüllt der Betreiber diese Voraussetzungen und sichert er darüber hinaus noch zu, daß er die besten ihm vorliegenden Market-Maker Aufträge an das Nasdaq weiterleitet, wo sie öffentlich eingesehen und gehandelt werden können, erhält das Alternative Handelssystem Zugang zum Nasdaq[336]. Ein solches Handelssystem trägt die Bezeichnung ECN Display Alternative.

Im Dezember 1999 waren neun Alternative Handelssysteme solche Electronic Communication Networks und als Broker-Dealer bei der National Association of Securities Dealers (NASD) registriert[337].

Der Ablauf des Handels über ein Electronic Communication Network findet in folgenden Schritten statt: Die Kunden des ECN können über einen Terminal oder über das Internet Einblick in das Limit-Orderbook[338] des jeweiligen Electronic Communication Network nehmen[339]. Dabei erhält der Kunde sowohl die Informationen über den besten Preis als auch regelmäßig über die Markttiefe, anhand derer er sich ein genaues Bild über die Marktsituation des securities machen kann[340]. Darüber hinaus können die Kunden einiger ECNs auch die Informationen des Nasdaq Level II Montage einsehen. In das Nasdaq Level II Montage stellen

---

336 Dabei ist zu beachten, daß die ECNs rechtlich zu einer Weiterleitung von limitierten Kundenaufträgen, die besser als die Market-Maker Preise sind, nicht verpflichtet sind. Tatsächlich leiten die meisten Electronic Communication Networks jedoch auch diese Aufträge an die Nasdaq weiter, um deren Liquidität auszunutzen. Vergl. *Dornau*, Handelssysteme, S. 4.

337 Diese neun Handelssysteme waren Archipelago (ARCA), Attain (ATTN), Bloomberg Tradebook (BTRD), Brass Utility (BRUT), Instinet (INCA), Island (ISLD), REDIBook (REDI), Strike Technology (STRK) und Nextrade (NTRD). Alternative Handelssysteme, die kein Electronic Communication Network bilden, sind beispielsweise BrokerTec Global, E-Crossnet, MarketXT, OptiMark und Primex, vergl. *Dornau*, Handelssysteme, S. 4; *Lindsey*, 1 Fordham Finance, Securities & Tax Law Forum 1998, 37 (38, Fn. 7). So handelt es sich beispielsweise bei OptiMark um elektronisches Matching-System, welches zum Nasdaq gehört und die einzelnen Aufträge der Market-Maker ausführt, vergl. *Cox*, Columbia Business Law Review 2000, 15 (16).

338 Im Limit-Orderbuch sind die limitierten Kauf- und Verkauforder (Limited Order) enthalten, vergl. *Woelfel*, Banking, S. 31 f.

339 *Dornau*, Handelssysteme, S. 5 f.

340 Aufgrund der oben angesprochenen Kooperationen einzelner ECNs untereinander, ermöglichen einige ECNs ihren Kunden auch einen Einblick in die Limit-Orderbücher ihrer Kooperationspartner, vergl. *Dornau*, Handelssysteme, S. 6. Im Order Display kann der Kunde regelmäßig auch die nicht ausgeführten Aufträge einsehen, vergl. *Spindler/Hüther*, RIW 2002, 649 (654).

Market-Maker und ECNs für bestimmte Mengen von securities verbindliche Quotes ein[341].

Der Kunde kann über eine graphische Oberfläche auf dem Bildschirm seine Ordereingabe vornehmen. Die Electronic Communication Networks nehmen in der Regel nur limitierte Aufträge an[342]. Innerhalb des eigenen Systems bzw. des eigenen Orderbuchs probiert das Electronic Communication Network anschließend den Auftrag auszuführen. Wird eine entsprechende Gegenseite im Orderbuch gefunden, so wird der Handel abgeschlossen[343]. Die Orderausführung erfolgt nach einer strengen Preis- und Zeitpriorität. Daher wird von mehreren limitierten Aufträgen zuerst derjenige mit dem höchsten Preis ausgeführt, während bei gleichen Preisen der zeitältere bevorzugt wird[344].

Wenn im Orderbuch keine Gegenseite gefunden wird, kann der Auftrag entweder über das Nasdaq Level II Montage als Quote an andere Handelsteilnehmer weitergeleitet werden[345] oder aber, sofern eine Kooperation mit einem anderen ECN besteht, in das Orderbuch des Kooperationspartners gestellt werden. Falls auch über diese Wege kein Handelsabschluß nach kurzer Zeit zustande kommt, wird die Order wieder in das eigene Orderbuch zurückgenommen, wobei für den Fall einer Teilausführung nur der unausgeführte Teil der Order aufgenommen wird. Die zeitliche Begrenzung der Order resultiert aus dem Bestreben, die Liquidität des eigenen Orderbuches nicht zu sehr zu begrenzen[346]. Die Handelsteilnehmer können die Orders auch verdeckt in das System einstellten, so daß aufgrund der Anonymität Preiseffekte bei großen Ordervolumina ausbleiben[347].

---

341 *Dornau*, Handelssysteme, S. 6.

342 Die Kunden des Handelssystems REDIBook können zwar unlimitierte Aufträge eingeben, allerdings werden diese sofort in einen Quote, der dem aktuellen national best bid or offer (NBBO) entspricht, umgewandelt. Vergl. dazu *Dornau*, Handelssysteme, S. 6. Unter dem NBBO versteht man die Anforderung des Brokers zum bestmöglichen Preis zu handeln, vergl. „National Best Bid and Offer – NBBO“, http://www.investopedia.com/terms/n/nbbo.asp (Stand 4.2001). Daher kann der Kunde davon ausgehen, daß trotz des unlimitierten Auftrags zum bestmöglichen Preis gehandelt wird.

343 *Spindler/Hüther*, RIW 2002, 649 (654). Das System tritt dabei nicht als Vertragspartner auf.

344 *Spindler/Hüther*, RIW 2002, 649 (654); *Poser*, 22 University of Pennsylvania Journal of International Economic Law 2001, 497 (525).

345 Zu beachten ist jedoch, daß eine Weiterleitung als Quote über Nasdaq nur geschieht, wenn die Order den besten dem Electronic Communication Network im Moment vorliegenden Preis darstellt. Solche Quotes werden mit einem besonderen Kürzel gekennzeichnet (beispielsweise ISLD für das Handelssystem Island), vergl. dazu *Dornau*, Handelssysteme, S. 6; *Spindler*, WM 2002, 1325 (1327). Handelsteilnehmer können auch bei einigen ECN die unausgeführten Aufträge manuell anwählen und im sogenannten hit-or-take-Verfahren annehmen, vergl. *Nyquist*, 13 Yale Law & Policy Review 1995, 281 (302 f.); *Rice*, 51 Administrative Law Review 1999, 901 (910).

346 *Dornau*, Handelssysteme, S. 6.

347 *Spindler/Hüther*, RIW 2002, 649 (654). Daher nutzen insbesondere institutionelle Investoren die ECN beim Blockhandel, vergl. *Macey/O'Hara*, 28 Journal of Legal Studies 1999, 17 (46 f.).

Als Broker-Dealer obliegt ihnen die Pflicht zur Best-Execution. Somit sind die ECNs dazu gezwungen, ihre Orderbücher mit anderen preisbildenden Märkten zu vernetzen, um Nicht-Broker-Kunden stets die bestmögliche Ausführung des Auftrags zu ermöglichen[348].

Die Bedeutung dieser Alternativen Handelssysteme in den Vereinigten Staaten ist enorm. Der Grund für ihr starkes Wachstum liegt in der schnellen und kostengünstigen Orderausführung[349]. Hinzukommt die Gewährleistung von Anonymität, die insbesondere für institutionelle Investoren interessant ist, wenn sie große Ordervolumina handeln wollen, ohne einen Preiseffekt auf den Handel auszulösen[350]. Der Marktanteil der ECNs am gesamten Nasdaq-Volumen lag Ende 1999, gemessen an den Orderabschlüssen und dem Dollarvolumen, bei ca. 30 Prozent[351] und Ende 2000 schon bei 40%[352]. Diese starke Stellung im Markt wird auch nicht geschmälert durch den gering wirkenden Anteil der ECNs am Handel mit an der NYSE gelisteten Aktien von ca. 4 Prozent im Jahre 1999[353]. Der Grund für dieses geringe Handelsvolumen liegt darin, daß den ECN bis Dezember 1999 der Handel mit Aktien, die vor 1979 gelistet wurden, versperrt war[354].

Die Eigentümerstruktur der ECNs besteht aus Brokern, Investmentbanken[355], Investmentfonds[356] und Nachrichtengesellschaften[357]. Ihre finanziellen Investiti-

---

348 Dabei ist für die bestmögliche Ausführung zwar der Preis relevant, aber eben nicht nur. Neben dem Preis sind nach Auffassung der SEC, wie sie in den Erläuterung zur Quote Rule ausführt, auch die Kosten der Orderausführung, die Geschwindigkeit der Auftragsausführung und die Anonymität des Kunden mitentscheidend, vergl. *Dornau*, Handelssysteme, S. 7; *Levitt, Arthur*, Best Execution: Promise of Integrity, Guardian of Competition, Rede vor der Securities Industry Association in Boca Raton, Florida am 4.11.1999, vergl. http://www.sec.gov/news/speeches/spch315.htm (Stand 30.1.2001).

349 *Spindler/Hüther*, RIW 2002, 649 (655).

350 *Rice*, 51 Administrative Law Review 1999, 901 (910).

351 Vergl. *Schack*, Institutional Investor, S. 43 (44). Von diesen 30 Prozent fallen ca. 70 Prozent auf die beiden größten ECN: Island und Instinet, vergl. *Dornau*, Handelssysteme, S. 7. 12 Prozent von den 30 vereint dabei Island auf sich, vergl. *Kutler*, Institutional Investor 2000 (April), 73 (82). *Dornau/Neubauer*, Die Bank 2001, 104 nennen einen Marktanteil von rund 40 Prozent, allerdings ohne weitere Angaben zum Bezugszeitraum, etc.

352 *Spindler/Hüther*, RIW 2002, 649 (650); *Scherff*, FAZ vom 17.04.2001, S. 40.

353 *Dornau*, Handelssysteme, S. 7.

354 Diese Einschränkung beruhte auf der NYSE Rule 390, nach der die Mitgliedsfirmen der NYSE alle Aktien, die vor 1979 gelistet wurden, nicht außerhalb einer Aktienbörse handeln durften. Davon waren 23 Prozent der NYSE Aktien betroffen, die 46 Prozent des Handelsvolumens ausmachten, vergl. *Dornau*, Handelssysteme, S. 7. Mittlweile ist die NYSE Rule 390 von der NYSE auf Druck der SEC abgeschafft worden, vergl. *Spindler/Hüther*, RIW 2002, 649 (650); *Florian*, Rechtsfragen, S. 246 m.w.N. Vergl. für die Bedeutung der NYSE Rule 390 für die Entstehung von elektronischen Märkten *Seligman*, 57 The Business Lawyer 2002, 637 (677).

355 So z.B. Datek, E*trade, Merill Lynch und Goldman Sachs; vergl. *Dornau*, Handelssysteme, S. 9.

356 Beispielsweise Fidelity, siehe *Dornau*, Handelssysteme, S. 9.

357 Die Nachrichtengesellschaft CNBC ist an Archipelago beteiligt, Bloomberg hat mit TradeBook eine eigene gegründet und das älteste ECN, Instinet, ist in der Eigentümerhand der Nachrich-

onen in zweistelliger Millionenhöhe ermöglichen den Ausbau dieser Handelssysteme[358]. Mit Blick auf diese Investitionsvolumina sind die Unternehmen anschein-end vom Erfolg der Alternativen Handelssysteme am Markt überzeugt. Regelmäßig fehlt jedoch eine genaue Festlegung seitens des Investors auf ein ECN. Meistens sind diese an mehreren ECNs beteiligt[359]. Dies dürfte ein Zeichen für eine bestehende Unsicherheit im Markt hinsichtlich der Erfolgskonzepte und Marktführerschaft der einzelnen ECN sein.

Mittlerweile beteiligen sich auch europäische Unternehmen an den US-amerikanischen ECNs und lösen die Alleineigentümerstellung amerikanischer Unternehmen ab[360].

Ein wesentlicher Investitionsanreiz für die Unternehmen stellt die privatrechtliche Struktur der Alternativen Handelssysteme dar[361].

5. Single-Price Auction Systems

Single-Price Auction Systems ermitteln wie ECNs die Preise innerhalb ihres Systems, ermöglichen aber keine kontinuierliche Preisfeststellung und Orderzusammenführung[362]. Diese finden nur zu bestimmten Zeiten im System statt[363]. Insofern sind sie keine ECNs.

Die Teilnehmer an den Single-Price Auction Systems geben ihre limitierten Orders in das Orderbuch im Laufe des Handelstages ein[364]. In Abhängigkeit zum System oder der Orderkennzeichnung sind diese Aufträge für die anderen Systemteilnehmer sichtbar oder nicht. Bis zum Zeitpunkt der Auktion, der sogenannten cut-off time, können die Teilnehmer ihre Aufträge ändern oder stornieren sowie jederzeit den indikativen Auktionspreis abrufen, der sich genau wie der spätere Auktionspreis als Einheitspreis aus dem Mittelwert der Kauf- und Verkaufsorders ergibt[365]. Im Zeitpunkt der Auktion werden alle korrespondierenden

---

tenagentur Reuters, vergl. *Dornau*, Handelssysteme, S. 9; *Dornau/Neubauer*, Die Bank 2001, 104 (105).

358 *Dornau*, Handelssysteme, S. 9.

359 *Dornau*, Handelssysteme, S. 9.

360 So hat sich beispielsweise die Banque Nationale de Paris an dem Handelssystem Archipelago beteiligt, vergl. *Dornau*, Handelssysteme, S. 9.

361 *Dornau*, Handelssysteme, S. 10.

362 Vergl. zum Begriff Single-Price Auction Systems *McCarroll*, 33 Cornell International Law Journal 2000, 211 (213, Fn. 11); *Gomber*, Handelssysteme, S. 72 f.

363 Zu den bedeutensten Systemen dieser Art gehört die Arizona Stock Exchange, die anfangs als Börse von der SEC qualifiziert wurde, mittlerweile aber von den damit zusammenhängenden regulatorischen Erfordernissen aufgrund der limited volume exemption weitgehend freigestellt wurde. An ihr finden über den Tag verteilt fünf Auktionen statt. Vergl. dazu SEC, Market 2000, A IV 10 f.; *Mann/Carney*, Jurisdiction, 4-39 ff.; *Nyquist*, 13 Yale Law & Policy Review 1995, 281 (304, Fn. 122); *Spindler/Hüther*, RIW 2002, 649 (655); *Vaupel*, RIW 1995, 568 (573); *McCarroll*, 33 Cornell International Law Journal 2000, 211 (222, Fn. 57).

364 *Spindler/Hüther*, RIW 2002, 649 (655).

365 *Spindler/Hüther*, RIW 2002, 649 (655); *Gomber*, Handelssysteme, S. 72 f.; *McCarroll*, 33 Cornell International Law Journal 2000, 211 (213, Fn. 11).

Aufträge, deren Limit den Auktionspreis nicht unter- bzw. überschreiten, gegeneinander nach der Reihenfolge der Auftragseingabe ausgeführt[366].

6. Crossing-Systems

Crossing-Systems sind Alternative Handelssysteme, die die Voraussetzungen der SEC für ein Electronic Communication Network nicht erfüllen[367]. Ihnen fehlt die kontinuierliche Verbreitung von Kursinformationen. Sie stellen keine eigenen Preise für Wertpapiere fest. Vielmehr werden in diesen Systemen zu bestimmten Terminen Kundenaufträge zusammengeführt, deren Wertpapierpreise anhand der Preise des Wertpapiers an einer regulären Börse, der sogenannten Referenzbörse, festgestellt werden[368]. Die Preisfeststellung erfolgt dabei entweder aufgrund der Schlußnotierung des betreffenden Wertpapiers an der regulären Börse oder anhand der Mitte des jeweils höchsten Kauf- und des niedrigsten Verkaufsgebots eines regulären preisfindenden Marktes zu dem Zeitpunkt, in dem die Kundenaufträge nach einem bestimmten Algorithmus automatisch zusammengeführt werden[369].

Exkurs: Rechtliche Zulässigkeit von Preisimporten

Da die Crossing-Systeme auch Preise und Kurse von den regulären Börsen importieren, um anhand dieser Daten in ihrem System Aufträge zusammenzuführen, stellt sich die Frage nach der Zulässigkeit dieser Preisimporte.

Die US-amerikanische Debatte über property rights[370] beschäftigte sich diesbezüglich mit der Frage, wer Eigentümer und damit Berechtigter der Preisinformation ist oder ob es sich um ein öffentliches Gut handelt, welches im Eigentum der Allgemeinheit steht[371]. Anfangs ging die herrschende Meinung davon aus, daß die Börsen selbst Eigentümer der Preisinformation seien und somit „property rights in the information" hätten[372]. Mit der Schaffung des National Market

---

366 *Vaupel*, RIW 1995, 568 (573); *Gomber*, Handelssysteme, S. 72 f.; *Nyquist*, 13 Yale Law & Policy Review 1995, 281 (304); *McCarroll*, 33 Cornell International Law Journal 2000, 211 (213, Fn. 11); *Spindler/Hüther*, RIW 2002, 649 (655).

367 Vergl. Rule 11 Ac1-1(a)(8)(i) der OHR. Ferner *Dornau/Neubauer*, Die Bank 2001, 104 (105); *Dornau*, Handelssysteme, S. 4 f. Das bedeutenste Crossing-System ist POSIT (Portfolio System for Institutional Trading). Siehe dazu SEC, Market 2000, A IV 8 ff.; *Mann/Carney*, Jurisdiction, 4-38 f.

368 *Dornau/Neubauer*, Die Bank 2001, 104 (105); *Spindler/Hüther*, RIW 2002, 649 (655); *Scherff*, FAZ vom 17.04.2001, S. 40; *Dornau*, Handelssysteme, S. 6. Aufgrund der exogenen Preisfeststellung wird diese Form der Preisbildung auch passive pricing oder parasite pricing genannt, siehe *Gomber*, Handelssysteme, S. 71.

369 *Dornau*, Handelssysteme, S. 5 f.; *Spindler/Hüther*, RIW 2002, 649 (655); *Matus*, 44 New York Law School Law Review 2001, 583 (586).

370 Vergl. eingehender *Rice*, 22 Dayton Law Review 1997, 621ff.

371 Siehe dazu *Cunningham*, 51 Washington and Lee Law Review 1994, 843 (861ff.).

372 Warren Batton, der ehemalige Chief Executive Officer der NYSE soll einmal gesagt haben: "We produce the price". Darin liegt zugleich ein implizite Anmaßung der Eigentümerstellung; zitiert nach *Picot/Bortenlänger/Röhrl*, Börsen, S.128.

System im Jahre 1975 sind dagegen diese property rights in information schwächer geworden, da die einzelnen Börsen durch das National Market System miteinander verbunden wurden und innerhalb des NMS ein festes Quotierungssystem errichtet wurde, mit der Folge einer gesteigerten Markttransparenz[373]. Die SEC, welche auch das NMS errichtet hat, geht ferner davon aus, daß an Informationen hinsichtlich der Preisoffenlegung Privateigentum entstehen kann, wobei die Publizität von öffentlichem Interesse ist[374]. Daher müssen diese Informationen Dritten gegen Zahlung einer Gebühr zugänglich sein, wobei sich die Gebühr nicht am Wert der Information für den Dritten orientieren darf, sondern vielmehr an den Kosten der Börse für die Beschaffung und Weiterleitung der Informationen[375].

Eine starke andere Ansicht geht davon aus, daß die Preisinformationen ein öffentliches Gut sind[376]. Dies ergebe sich daraus, daß öffentliche Güter sich durch minimale Grenznutzerkosten[377] und prohibitiv hohe Ausschlußkosten auszeichnen[378]. Die Kurse, als das Ergebnis der Preisfeststellung, lassen sich ohne signifikante Kosten kopieren, so daß die Grenznutzerkosten gering sind. Deswegen verursachen zusätzliche Nutzer keine weiteren Kosten. Insofern ist es den Besitzern des Gutes nicht möglich, exklusive Nutzungsrechte durchzusetzen. Mithin ist es rechtlich zulässig, die Preise zu kopieren bzw. in das eigene System zu importieren.

Technisch betrachtet übermittelt der Kunde seinen Auftrag an das Crossing-System innerhalb eines bestimmten Zeitrahmens[379]. Die Preisinformationen gewinnt der Kunde zuvor über die regulären Börsen. Das Ordervolumen ist für andere Marktteilnehmer nicht einzusehen, so daß der Marktpreis auch im Falle einer nur teilweise ausgeführten Groß-Order nicht beeinflußt wird. Der zustande gekommene Abschluß wird nach ca. 30 Sekunden den Kunden und der Börse, bei der

---

373 *Cunningham*, 51 Washington and Lee Law Review 1994, 843 (862); *Picot/Bortenlänger/Röhrl*, Börsen, S. 128.

374 Eingehender *Cunningham*, 51 Washington and Lee Law Review 1994, 843 (863 f.).

375 *Cunningham*, 51 Washington and Lee Law Review 1994, 843 (863 f.).

376 Vergl. *White*, International Regulation, S. 212. Ein öffentliches Gut liegt vor, wenn das Gut nicht ausschließbar ist und keine Rivalität der Nutzung besteht. Siehe dazu ausführlich mit einer Abgrenzung zu anderen Kollektivgütern, wie beispielsweise Allmendegütern und Mautgütern *Picot/Bortenlänger/Röhrl*, Börsen, S.129f. Siehe auch *Rudolph/Röhrl*, Börsenorganisation, S. 257 ff.

377 Grenznutzerkosten sind die zusätzlichen Kosten, die dem Anbieter durch weitere Nutzer entstehen, vergl. *Picot/Bortenlänger/Röhrl*, Börsen, S. 129, Fn. 439.

378 *Picot/Bortenlänger/Röhrl*, Börsen, S. 129; *Arnold*, Kollektivgüter, S. 81.

379 *Dornau*, Handelssysteme, S. 6.

das Crossing-System Mitglied ist, mitgeteilt[380]. Die Auftragsausführung erfolgt im Crossing-System streng nach der Zeitpriorität[381].

Anschließend können die Handelsteilnehmer entscheiden, ob die nicht ausgeführten Aufträge zu einem späteren Zeitpunkt im System ausgeführt werden sollen oder über ein anderes Handelssystem. Einige Crossing-Systems bieten ihren Handelsteilnehmern auch die Möglichkeit, bilaterale Verhandlungen aufzunehmen[382].

Daß Crossing-Systems nicht vom Anwendungsbereich der OHR erfaßt werden, ist sachgerecht, da die von den Referenzmärkten importierten Preise bereits den Regelungen der SEC unterliegen[383]. Zudem besteht hier nicht die Gefahr, daß sich Nebenmärkte bilden, die die Preistransparenz beeinträchtigen, weil die Crossing-Systeme keine eigenen Preise feststellen, sondern diese lediglich importieren.

Gerade in diesem Preisimport liegt der wettbewerbliche Vorteil dieser Handelssysteme. Die Transaktionskosten sind geringer als auf den Referenzmärkten, denn Market-Maker werden nicht benötigt[384]. Außerdem sind die Handelspreise vorher bekannt und stehen nicht in Abhängigkeit zum Ordervolumen. Schließlich kommt die im Crossing-System herrschende Anonymität den institutionellen Investoren im Blockhandel zugute, da keine Preiseffekte ausgelöst werden[385].

Die Abhängigkeit der Crossing-Systems von den Referenzmärkten ist jedoch nicht unproblematisch[386]. Je stärker die Crossing-Systems werden und je mehr Liquidität sie den Referenzmärkten so nehmen, desto schlechter wird die Preisqualität der Referenzmärkte, was sich wiederum zu Lasten der Crossing-Systeme auswirken kann.

C. Alternative Handelssysteme in Europa am Beispiel Deutschlands

Nachdem der US-amerikanische Markt betrachtet wurde, gilt es in einem nächsten Schritt, sich dem europäischen Markt zuzuwenden, wobei dieser im wesentlichen am Beispiel Deutschlands betrachtet wird.

I. Entwicklung und Struktur der ATS

Die Wettbewerbsposition von Alternativen Handelssystemen in Europa ist, verglichen mit der in den Vereinigten Staaten, weitaus ungünstiger[387]. Dies liegt

---

[380] Durch diese Zugehörigkeit wird das Crossing System von der Börse beaufsichtigt, bei der es Mitglied ist, vergl. hierzu *Dornau*, Handelssysteme, S. 6.

[381] *Spindler/Hüther*, RIW 2002, 649 (655).

[382] *Cohen*, 4 Stanford Journal of Law, Business & Finance 1999, 1 (11).

[383] *Spindler/Hüther*, RIW 2002, 649 (656).

[384] *Gomber*, Handelssysteme, S. 71; *Macey/O'Hara*, 28 Journal of Legal Studies 1999, 17 (46 f.); *Spindler/Hüther*, RIW 2002, 649 (656).

[385] *Macey/O'Hara*, 28 Journal of Legal Studies 1999, 17 (46 f.).

[386] *Spindler/Hüther*, RIW 2002, 649 (656); *Gomber*, Handelssysteme, S. 71.

[387] *Scherff*, FAZ vom 17.04.2001, S. 40; *Dornau/Neubauer*, Die Bank 2001, 104 (106); *Dornau*, Handelssysteme, S. 3.

insbesondere an den bestehenden modernen börslichen elektronischen Handelsplattformen, die frühzeitig von den regulären Börsen in Europa geschaffen wurden[388]. Hinzukommen die niedrigen Transaktionskosten der europäischen Börsen[389].

Besonders hervorzuheben ist in diesem Zusammenhang das börsliche elektronische Handelssystem Xetra. Es zeichnet sich durch eine hohe Transparenz sowie durch Neutralität und Unabhängigkeit von einzelnen Marktteilnehmern aus[390]. Außerdem arbeitet es im europäischen Vergleich am preisgünstigsten[391]. Des weiteren ist Xetra schnell in der Ausführung der Aufträge[392] und gewährleistet die Anonymität der Handelsteilnehmer. Nicht unerheblich ist auch die Verbindung von Xetra mit dem effizienten Settlement-System[393] Clearstream, welches einer der führenden Abwickler von Wertpapiergeschäften in Europa ist[394].

Aufgrund dieser Wettbewerbssituation zu den börslichen elektronischen Handelssystemen legen die Alternativen Handelssysteme in Europa ihren Handelsschwerpunkt auf den nachbörslichen Handel und den Blockhandel mit institutionellen Anlegern[395].

Ihre potentiellen Vorteile gegenüber den regulären Börsen liegen in einer offenen Corporate Governance-Struktur[396] sowie in der computergestützten Ab-

---

388 Die Deutsche Börse AG betreibt seit 1997 die ordergetriebende elektronische Handelsplattform Xetra. Siehe zu den Erfolgen von Xetra *Scherff*, FAZ vom 26.11.2002, S. 23. Die europäische Börse Euronext, welche ein Zusammenschluß der Handelsplätze in Paris, Amsterdam und Brüssel ist, hat mit dem französischen System NSC eine eigene elektronische Handelsplattform, vergl. FAZ vom 22.9.2000, S. 25; *Scherff*, FAZ vom 17.04.2001, S. 40; *Dornau*, Handelssysteme, S. 29; *Dornau/Neubauer*, Die Bank 2001, 104 (106).

389 Vergl. *Dornau*, Handelssysteme, S. 29.

390 Gruppe Deutsche Börse, Geschäftsbericht 2000, S. 32.

391 Gruppe Deutsche Börse, Geschäftsbericht 2000, S. 32.

392 Gruppe Deutsche Börse, Geschäftsbericht 2000, S. 32.

393 Settlement bezeichnet die Erfüllung der vorgenommenen Wertpapiergeschäfte. Mit dem Geschäftsabschluß oder im Falle der Kontraktenfälligkeit ist die Lieferung der betroffenen Finanzinstrumente erforderlich. Vergl. für eine eingehendere Darstellung *Picot/Bortenlänger/Röhrl*, Börsen, S. 73; *Keller/Redelberger/Schwaiger*, Termingeschäfte, S. 59 ff.

394 Es gehört zur Zeit zu 50 % der Deutschen Börse AG. Ferner sind 93 Banken über die Beteiligungsgesellschaft Cedel International an Clearstream International beteiligt. Es enstand Ende 1999 aus einer Fusion des Abwicklungsunternehmens der Deutschen Börse AG und der Luxemburger Cedel, vergl. *Potthoff*, Handelsblatt vom 17.5.2001, S. 25. Siehe weiter hinsichtlich der einzelnen Stärken des Systems Gruppe Deutsche Börse, Facts & Figures, S. 35.

395 *Dornau*, Handelssysteme, S. 3, 30. So hat sich beispielsweise Instinet auf den Blockhandel mit institutionellen Investoren spezialisiert. Diverse Crossing Systems probieren ebenfalls in diesem Markt Anteile zu gewinnen.

396 Die Corporate Governance-Struktur meint die Beziehung zwischen den Aktionären, Beschäftigten und den Leitungsorganen entsprechend den gesetzlichen Regelungen, insbesondere wie das Unternehmen geführt und überwacht wird, vergl. „Corporate Governance", http://www.investopedia.com/terms/c/corporategovernance.asp (Stand 4.2001); *Prelle* FAZ vom 12.11.2001, S. 38 (Nr. 263). Siehe vertiefend zu den unterschiedlichen Bedeutungen von Corporate Governance, *Schneider*, DB 2000, 2413 ff.

wicklung von diffizilen Handelsstrategien bei großen Handelsvolumina bzw. dem Handel ganzer Portefeuilles[397]. Wenn sich die verschiedenen europäischen Kapitalmärkte weiter integrieren und bestehende Ungleichheiten in den Regulierungsstandards abgebaut werden, dürfte sich die Wettbewerbssituation für die ATS in Europa jedoch weiter verschärfen[398].

Mit Blick auf das Geschäftsvolumen der ATS in Europa wird deutlich, daß sie sich bisher nicht gegen die regulären Börsen durchsetzen konnten[399]. Beispielsweise konnte Tradepoint[400] seinen Break-Even[401], der nach Darstellung des Unternehmens bei ca. zwei Prozent des gesamten Londoner Handelsvolumens liegt, seit der Unternehmensgründung im Jahre 1995 nicht erreichen[402]. Dabei wird Tradepoint unter den europäischen Alternativen Handelssystemen das größte Potential zugerechnet[403].

Auch in Deutschland ist noch nicht absehbar, ob sich künftig die Alternativen Handelssysteme durchsetzen können. Die Beteiligten am Kapitalmarkt fahren daher zur Zeit mehrgleisig, um den Anschluß an erfolgsversprechende Zukunftsentwicklungen nicht zu verpassen. So plant beispielsweise die Deutsche Bank AG derzeit den Aufbau eines eigenen Alternativen Handelssystems, welches dann ein direkter Mitbewerber der Frankfurter Wertpapierbörse wird[404]. Nach der Umsetzung sollen darüber täglich 400.000 Handelsaufträge von institutionellen und privaten Investoren abgewickelt werden.

Für den deutschen Markt gibt es insgesamt kein verlässliches Zahlenmaterial, da die Alternativen Handelssysteme die Angaben über Volumen und Kunden aus

---

397 Vergl. *Dornau*, Handelssysteme, S. 30. Portefolio ist die Bezeichnung für den Bestand an Wertpapieren eines Anlegers, Unternehmens oder einer Bank.

398 *Scharf*, Handelsblatt vom 6.12.2000, S. B 3. Siehe für die Integration der europäischen Kapitalmärkte und die Regulierungsvereinheitlichung unten Teil 4. §§ 19, 20.

399 So auch *Dornau*, Handelssysteme, S. 30 in seiner Einschätzung im Dezember 1999 und *Scherff*, FAZ vom 17.04.2001, S. 40.

400 Tradepoint war die erste europaweit funktionierende privatrechtlich organisierte Handelsplattform für 250 Standardwerte. Tradepoint hatte von der britischen Finanzaufsichtsbehörde Financial Services Authority (FSA) den Status einer Recognised Investment Exchange (RIE) erhalten und war somit als vollwertiger Aktienmarkt in London anerkannt. Mit Einführung des Handelssystems virt-x wurde das Handelssystem von Tradepoint eingestellt, vergl. dazu Handelsblatt vom 24.5.2000, S. 46; ZfgKW 2000, 1338; *Keidel*, Handelsblatt vom 25.6.2001, S. 23; *Scherff*, FAZ vom 17.04.2001, S. 40; FAZ vom 11.7.2000, S. 31; *Kroder/Steuer*, Handelsblatt vom 29.8.2000, S. 36.

401 Break-Even bezeichnet den Gewinnpunkt, so daß erst bei Überschreiten dieser Schwelle Gewinn entsteht, vergl. Gabler, Bd. 2, S. 691 f.

402 *Dornau*, Handelssysteme, S. 30.

403 *Capon*, Institutional Investor, S. 41 (44).

404 Die Mehrgleisigkeit läßt sich daran erkennen, daß die Deutsche Bank AG Hauptaktionär der Deutschen Börse AG ist, welche Träger der Frankfurter Wertpapierbörse ist, vergl. Handelsblatt vom 27.12.2000, S. 21.

Wettbewerbsgründen geheim halten, so daß kaum Aussagen getroffen werden können[405].

Allerdings stehen hinter diesen Alternativen Handelssystemen die größten Kunden der regulären Börsen. Sie drohen diesen damit, ihre Aufträge auf die ATS umzuleiten, wenn die regulären Börsen nicht bald ein innovatives Handelssystem schaffen[406].

Mit der Verabschiedung des 4. Finanzmarktförderungsgesetzes in Deutschland und der europäischen Richtlinie über Märkte für Finanzinstrumente besteht nunmehr auch in Deutschland und in Europa eine Regulierung von Alternativen Handelssystemen. Diese Regulierungsneuheiten werden weiter unten vorgestellt[407]. Nachfolgend geht es zunächst um die Charakterisierung und Einteilung der verschiedenen Systeme in Deutschland.

II. Einzelne Typen von ATS nach deutschem Verständnis

In Deutschland fehlt es bisher an einer gesetzlichen Unterscheiung bzw. Definition von Alternativen Handelssystemen. Allerdings hat die Bundesanstalt für Finanzdienstleistungsaufsicht (BAFin), bzw. einer ihrer Vorläufer, das Bundesaufsichtsamt für den Wertpapierhandel (BAWe), zumindest informell eine definitorische Unterteilung der Alternativen Handelssysteme vorgenommen[408]. Sie differenziert zwischen Bulletin Boards (BB), Electronic Communication Networks (ECN) und Proprietary Trading Systems (PTS). Ferner hat auch die Börsensachverständigenkommission in ihren Empfehlungen zur Regulierung Alternativer Handelssysteme vom Mai 2001 verschiedene Handelssysteme anhand ihrer funktionalen Merkmale spezifiziert[409]. Grundsätzlich unterscheidet sie zwischen Handelssystemen mit Marktplatzfunktion und Kontrahentensystemen[410].

Im folgenden sollen die Unterschiede und definitorischen Abgrenzungen der einzelnen Alternativen Handelssysteme für Deutschland anhand der von der Bundesanstalt und der Börsensachverständigenkommission geleisteten Arbeiten aufgezeigt werden.

In diesem Zusammenhang soll weiter untersucht werden, inwiefern es sich bei den jeweiligen Alternativen Handelssystemen um Wertpapierdienstleister bzw. Finanzdienstleister handelt oder sie gar Börsen im Sinne des materiellen Börsenbegriffs bilden.

---

[405] *Dornau*, Handelssysteme, S. 30.

[406] *Capon*, Institutional Investor, S. 41 (44).

[407] Siehe unten Teil 4. § 15 für die deutsche Regulierung und Teil 4. § 18 für die europäische Regulierung.

[408] *Dornau*, Handelssysteme, S. 22. Eine offizielle Publikation oder Erklärung des BAWe zu dieser Einteilung fehlte allerdings. Sie wurde, wie die Recherche des Verfassers ergeben hat, lediglich intern und informell vorgenommen.

[409] Siehe Börsensachverständigenkommission, Empfehlungen, S. 4 ff.

[410] Siehe Börsensachverständigenkommission, Empfehlungen, S. 4.

1. Handelssysteme mit Marktplatzfunktion

a) Allgemeine Merkmale

Trotz ihrer jeweiligen Besonderheiten gibt es bestimmte Merkmale, die für alle Handelssysteme mit Marktplatzfunktion charakteristisch sind. Sie eint, daß sie innerhalb ihres elektronischen Systems Angebot und Nachfrage von Wertpapieren zu bestimmten festgelegten Regeln zusammenführen, mit der Konsequenz, daß über diese zusammengeführten Aufträge unwiderrufliche Verträge entstehen[411].

Einer der Vorläufer der Bundesanstalt für Finanzdienstleistungsaufsicht, das BAWe, benutzte für diese Art von Handelssystemen den Begriff des Proprietary Trading Systems bzw. Proprietären Transaktionssystems (PTS).

Die Kunden dieser Systeme sind professionelle Investoren. Private Anleger haben bisher noch keinen direkten Zugang zu den Handelssystemen[412].

Unabhängig von den nachfolgend behandelten besonderen Erscheinungsformen dieser Handelssysteme bilden Handelssysteme mit Marktplatzfunktion Börsen im Sinne des materiellen Börsenbegriffs. Sie ermöglichen als organisierte Einrichtungen die regelmäßige, in verhältnismäßig kurzen Zeitabständen stattfindende Zusammenführung von Angebot an und Nachfrage nach Wertpapieren.

Desweiteren erbringen sie Anlage- und Abschlußvermittlungen im Sinne des WpHG, da sie Käufer und Verkäufer innerhalb des Handelssystems zusammenführen bzw. der Geschäftsabschluß letztlich durch ihre Vermittlung zustande kommt. Insofern handeln sie auch als Wertpapierdienstleister[413]. Ferner ist es möglich, daß einige Systembetreiber als zentrale Gegenpartei gegenüber den Handelsteilnehmern agieren und so im Eigenhandel für andere nach § 2 Abs. 3 Nr. 2 WpHG als Wertpapierdienstleister handeln.

Mithin besitzen diese Handelssysteme den Doppelcharakter einer Börse im materiellen Sinne und eines Wertpapierdienstleisters, wobei sie ausschließlich als Wertpapierdienstleister behandelt werden[414].

b) Besondere Erscheinungsformen von Handelssystemen mit Marktplatzfunktion

Im Konkreten weisen die diversen Handelssysteme besondere Unterscheidungsmerkmale auf, die nachfolgend dargestellt werden.

---

411 Börsensachverständigenkommission, Empfehlungen, S. 4. Den Kunden steht auch kein Widerrufsrecht zu, vergl. dazu *Florian*, Rechtsfragen, S. 296 ff.; *Riehmer/Heuser*, NZG 2001, 385 (388 ff.).

412 *Florian*, Rechtsfragen, S. 247. Von der Konzeption ist dies aber durchaus möglich, so auch *Schwark*, WM 1997, 293 (299).

413 Vergl. auch *Dornau*, Handelssysteme, S. 25 f.

414 *Dornau*, Handelssysteme, S. 3.

aa) Order-getriebene Systeme

Bei den Order-getriebenen Systemen ist wiederum zwischen solchen mit kontinuierlichem Handel und Systemen, in denen Auktionen stattfinden, zu unterscheiden.

(1) Systeme mit kontinuierlichem Handel

Unter Zugrundelegung der oben dargestellten allgemeinen Merkmale zeichnet sich ein order-getriebenes System mit kontinuierlichem Handel dadurch aus, daß Angebot und Nachfrage in Form von Markt- und Limit-Ordern in einem Orderbuch durch den Systembetreiber zusammengeführt werden[415]. Beispiele für solche Systeme sind die US-amerikansichen ECNs und das System Instinet Deutschland[416].

(2) Systeme mit Auktionen

Dagegen werden in Handelssystemen mit Auktionen die Handelsaufträge zu einem bestimmten Zeitpunkt in einer Auktion durch den Systembetreiber zusammengeführt[417]. Die Transaktionsangebote werden nach dem Meistausführungsprinzip zu einem markträumenden Preis ausgeglichen[418]. Ein System dieser Art ist beispielsweise Optimark der Optimark Holdings Inc.[419].

bb) Quote-getriebene Systeme

In den Quote-getriebenen Systemen findet der Wertpapierhandel ausschließlich über diverse Market-Maker statt. Je Wertpapier gibt es mehrere Market-Maker, die für den Handel nach bestimmten vorgeschriebenen Regeln die Preise und Mengen festsetzen[420]. Sie sind zu dieser Kursstellung verpflichtet[421]. Diese Market-Maker sind Wertpapierdienstleister im Sinne des § 2 Abs. 3 Nr. 2 WpHG, da sie Eigenhandel für andere betreiben[422]. Für eine solche Systemform ist als Beispiel Quotrix, das von der Düsseldorfer Börse, vwd[423] und Lang & Schwartz betrieben wird, zu nennen.

---

[415] Börsensachverständigenkommission, Empfehlungen, S. 4; *Florian*, Rechtsfragen, S. 245; *Schenk*, Börsensysteme, S. 26 f.

[416] *Dornau*, Handelssysteme, S. 23; *Schwark*, WM 1997, 293 (299).

[417] Börsensachverständigenkommission, Empfehlungen, S. 5; *Florian*, Rechtsfragen, S. 245.

[418] *Florian*, Rechtsfragen, S. 245. Siehe zum Meistausführungsprinzip *Grill/Perczynski/Platz*, Kreditwesen, S. 265.

[419] Siehe dazu vertiefend *Schwartz*, 8 Florida State University Journal of Transnational Law & Policy 1998, 79 (88 f.); *Gomber*, Handelssysteme, S. 102 ff.

[420] Börsensachverständigenkommission, Empfehlungen, S. 5.

[421] *Florian*, Rechtsfragen, S. 244.

[422] Börsensachverständigenkommission, Empfehlungen, S. 5.

[423] Vergl. dazu *Schlotfeld, Richard*, „vwd TradeLink - das europäische ECN für Finanzprodukte", http://www.vwd-is.de/aktuell/Pressebericht1/pressebericht8.html (Stand: April 2000). Künftig wollen die Düsseldorfer Börse und der Broker Lang & Schwarz an TradeLink beteiligen, vergl. *Palm/Schönauer*, Handelsblatt vom 16./17.2.2001, S. 29.

cc) Crossing-Systeme

Crossing-Systeme zeichnen sich dadurch aus, daß der Systembetreiber die Angebote und Nachfragen in Wertpapieren zu bestimmten Terminen zusammenführt, wobei die Handelspreise auf der Grundlage anderer Märkte ermittelt wurden[424]. Beispielsweise ist ITG-Posit ein solches System.

dd) Inseratssysteme

Ein Inseratssystem bzw. Bulletin Board stellt ein elektronisches schwarzes Brett dar, an dem die Interessenten ihre Angebote öffentlich bekannt geben können[425]. Sie lassen sich in passive, aktive und teilaktive Systeme gliedern.

Auf einem passiven Bulletin Board werden unverbindliche Angebote veröffentlicht[426]. Gleich einer Anzeige in einer Zeitung kann ein Interessent auf dieses Angebot reagieren, wobei die Parteien das Geschäft durch direkte Kontaktaufnahme ohne Mitwirkung und außerhalb des Bulletin Boards abschließen[427].

Anders verhält es sich bei einem aktiven Inseratssystem[428]. Bevor der Interessent die auf dem Bulletin Board vorhandenen Angebote annehmen oder selbst ein solches abgeben kann, muß er sich bei dem System anmelden und registrieren lassen. Nach der Anmeldung kann nun der Kunde ein verbindliches Angebot zu den bestehenden Bedingungen über ein PIN/TAN-Verfahren innerhalb des Systems annehmen[429], wobei das Bulletin Board für den Anbietenden die Einverständniserklärung abgibt. Ein automatisches Zusammenführen der Angebote findet also nicht statt[430].

Die teilaktiven Bulletin Boards verwalten dagegen die Daten des Anbietenden[431]. Interessenten können sein unverbindliches Angebot auf dem Bulletin Board einsehen. Die Kontaktadresse des Anbieters erhalten sie jedoch erst vom System auf Anfrage. Außerhalb des Systems muß sich dann der Interessent mit dem Anbieter in Verbindung setzen, mit der Folge, daß Verhandlung und Geschäftsabschluß außerhalb des Bulletin Boards zustande kommen.

Inseratssysteme sind keine Börsen im Sinne des materiellen Börsenbegriffs, selbst wenn Angebot und Nachfrage im System zusammengeführt werden kön-

---

424 Börsensachverständigenkommission, Empfehlungen, S. 5.

425 *Spindler*, WM 2002, 1325 (1327); *Dornau*, Handelssysteme, S. 22; *Wastl/Schlitt*, MMR 2000, 387 (388); *Florian*, Rechtsfragen, S. 250 f.

426 *Dornau*, Handelssysteme, S. 22; *Florian*, Rechtsfragen, S. 251.

427 *Florian*, Rechtsfragen, S. 251.
So beispielsweise bei WebStock GmbH, siehe *http://www.webstock.de.* Bei WebStock müssen sich die potentiellen Handelsteilnehmer registrieren lassen und können dann Kauf- oder Verkaufsorder in das System stellen. Der Handel kommt zwischen den Teilnehmern point to point durch elektronische Kauf- bzw. Verkaufsbestätigung zustande.

428 Vergl. auch *Florian*, Rechtsfragen, S. 251.

429 *Riehmer/Heuser*, NZG 2001, 385; Börsensachverständigenkommission, Empfehlungen, S. 5 f.

430 *Riehmer/Heuser*, NZG 2001, 385.

431 *Dornau*, Handelssysteme, S. 22.

nen, wie dies bei aktiven Bulletin Boards der Fall ist[432]. Bei diesen aktiven Inseratssystemen werden die Aufträge nämlich nicht automatisch und regelmäßig durch das System zusammengeführt, sondern auf individuelle Veranlassung der Handelsteilnehmer.

Aktive und teilaktive Bulletin Boards sind jedoch aufgrund ihrer Vermittlungsdienstleistung als Wertpapierdienstleister anzusehen[433]. Das teilaktive Inseratssystem bietet Wertpapierdienstleistungen im Sinne von § 2 Abs. 3 Nr. 4 WpHG an, da es Kenntnis von der Vertragsmöglichkeit, der Identität des Geschäftspartners sowie des Vertragsgegenstandes verschafft.

Ein aktives Bulletin Board betreibt eine Abschlußvermittlung im Sinne des § 2 Abs. 3 Nr. 3 WpHG, da es Wertpapiere im fremden Namen auf fremde Rechnung anschafft und veräußert. Bulletin Boards, die die Identität des Systemteilnehmers erst auf Anfrage preisgeben, vermitteln ebenfalls Angebote und sind daher Wertpapier- und erlaubnispflichtige Finanzdienstleister[434].

Sofern ein rein passives Inseratssystem nicht die Identität des Marktteilnehmers geheim hält bzw. diese vermittelt, betreibt es keine Vermittlung im Sinne des WpHG[435]. Der Betreiber eines solchen Systems entfaltet keine besondere Aktivität, um einen Geschäftsabschluß zu erzielen. Die Kontaktaufnahme obliegt allein den Handelsteilnehmern. Insofern steigert das Angebot eines solchen Bulletin Boards lediglich die Wahrscheinlichkeit eines Geschäftsabschlusses. Den Systemteilnehmern werden aber nicht nach bestimmten Präferenzen Angebote herausgesucht und vermittelt. Zudem ist die Identität des Systemteilnehmers regelmäßig für jedermann erkennbar, so daß der Kontakt nicht erst über den Betreiber hergestellt wird. Daher wurden passive Bulletin Boards vom Bundesaufsichtsamt für das Kreditwesen auch nicht als erlaubnispflichtige Finanzdienstleister angesehen[436].

2. Kontrahentensysteme

Kontrahentensysteme haben sich aus dem Handel der Banken mit eigenemittierten Wertpapieren, wie beispielsweise Indexzertifikaten, Aktienanleihen oder Anleihen mit aktienkursabhängiger Verzinsung und dem Optionsschein-Handel entwickelt, wobei heutzutage auch zunehmend fremdemittierte Wertpapiere gehandelt werden[437]. Die Bank tritt dabei zugleich als Anbieter und Nachfrager für die Wertpapiere auf. Handelsteilnehmer auf der Marktgegenseite sind hauptsächlich andere Kreditinstitute bzw. mittelbar deren Kunden[438]. Die Systembetreiber stellen bei einem solchen Handel unverbindliche Angebote in ihr Handelssystem. Es handelt

---

[432] Siehe dazu *Florian*, Rechtsfragen, S. 274.
[433] *Dornau*, Handelssysteme, S. 25; *Spindler*, WM 2002, 1325 (1337).
[434] So auch BAKred, 1999, Kap. III.4.2.
[435] *Spindler*, WM 2002, 1325 (1337); *Florian*, Rechtsfragen, S. 278.
[436] Vergl. BAKred, 1999, Kap. III.4.2.
[437] Börsensachverständigenkommission, Empfehlungen, S. 11 f.
[438] Börsensachverständigenkommission, Empfehlungen, S. 12.

sich bei dem jeweiligen Eintrag um eine invitatio ad offerendum. Der potentielle Vertragspartner im bilateralen System gibt auf dieser Grundlage sein verbindliches Angebot ab. Nimmt der Systembetreiber dieses an, so entsteht ein verbindlicher Kaufvertrag über das entsprechende Wertpapier[439].

Kontrahentensysteme werden momentan in Deutschland als Wertpapierdienstleister im Sinne von § 2 Abs. 4 WpHG qualifiziert, da sie Wertpapierdienstleistungen nach § 2 Abs. 3 WpHG erbringen[440].

a) Allgemeine Merkmale

Im Gegensatz zu den Handelssystemen mit Marktplatzfunktion werden in den Kontrahentensystemen nicht die Aufträge einer Vielzahl von Marktteilnehmern zusammengeführt, sondern ausschließlich bilateral Handelsverträge geschlossen. Bei der zentralen Gegenpartei, die stets der Handelspartner auf der einen Marktseite ist, handelt es sich regelmäßig um ein Emissionshaus[441]. Solchen Systemen fehlt eine Marktplatzfunktion[442]. Durch Rahmenverträge werden die geschäftlichen Beziehungen zwischen den Emissionshäusern und den Marktteilnehmern bereits vor Aufnahme des Handels geregelt. Hat nun ein Marktteilnehmer Interesse an einem bestimmten Wertpapier[443] eines Emissionshauses, so fordert er den Emittenten auf, für dieses Wertpapier in einer bestimmten Stückzahl einen Quote zu stellen[444]. Der Quote wird entweder von dem Emittenten selbst gestellt oder anhand von vorgegebenen Quote-Listen direkt von dem Kontrahentensystem ermittelt. Die Entscheidung, wie der Quote gestellt wird, ist abhängig von der nachgefragten Stückzahl. Sofern der Quote nicht durch das Handelssystem ermittelt wird, kann der Marktteilnehmer über das Angebot des Emittenten gegebenenfalls weiter verhandeln[445].

---

439 Börsensachverständigenkommission, Empfehlungen, S. 12.

440 Börsensachverständigenkommission, Empfehlungen, S. 7.

441 *Dornau*, Handelssysteme, S. 22; *Spindler*, WM 2002, 1325 (1328, Fn. 21); *Florian*, Rechtsfragen, S. 249. Das System XEOS des Bankhaus Sal. Oppenheim, vwd Tradelink und das System CATS-OS der Citibank fallen unter ein so zu verstehendes Electronic Communication Network. Bei XEOS können Finanzintermediäre und private Investoren via Internet Aktien, Anleihen und Optionscheine direkt bei den angeschlossenen Anbietern kaufen und verkaufen. Entweder erfolgt die Verbindung mittels Standleitung oder Wahlverbindung. Dabei haben Intermediäre kostenfreien Zugang, während Emittenten und Finanzdienstleister transaktionsabhängige Nutzungsgebühren zahlen müssen, vergl. *Scharf*, Handelsblatt vom 6.12.2000, S. B 3.

442 Börsensachverständigenkommission, Empfehlungen, S. 6.

443 Sofern in dem Handelssystem Wertpapiere verschiedener Emissionshäuser angeboten werden, wird der jeweilige Emittent über die Wertpapierkennummer identifiziert, so *Dornau*, Handelssysteme, S. 22.

444 Unter einem Quote (die Kurzform von Quotation) versteht man den höchsten Nachfragekurs und den niedrigste Angebotskurs für ein Wertpapier in einem Markt zur gleichen Zeit, vergl. ABA, Glossary, Stichwort: QUOTATION.

445 *Dornau*, Handelssysteme, S. 23; *Florian*, Rechtsfragen, S. 250.

In Deutschland wird für diese Systeme auch der Begriff Electronic Communication Network verwendet[446], der allerdings mit Blick auf die Rechtslage in den Vereinigten Staaten wenig Klarheit bringt, sondern eher Verwirrung stiftet, da dort der Begriff anders besetzt ist.

Systeme dieser Art sind beispielsweise TradeLink, Maxblue oder XEOS.

Bei ihnen handelt es sich nicht um Börsen im materiellen Sinne[447]. Sie führen nicht die Angebote und Nachfrageaufträge von einer Vielzahl von Marktteilnehmern zusammen, da der Geschäftsabschluß im System stets mit derselben zentralen Gegenpartei zustande kommt, sprich bilateral.

Darüberhinaus liegt auch keine Anlagevermittlung durch diese Systeme vor, da der Kontakt vor dem eigentlichen Geschäftsabschluß zwischen der Gegenpartei und dem Kunden schon über den Rahmenvertrag bestand. Ebenso scheidet eine Abschlußvermittlung aus, da allenfalls bei mehreren emittierten Aktien eine Vermittlung durch das System stattfinden kann, der Kunde aber die jeweilige Aktie anhand der Wertpapierkennummer auswählt, wobei die Vermittlungsleistung mit der einer Telefonzentrale gleichzusetzen ist[448]. Auch hier bestand der Kontakt zwischen den Vertragsparteien schon vorher, auch wenn er sich nur auf unbestimmte Geschäfte bezogen haben mag. Das System ist allenfalls dann ein Wertpapierdienstleister, wenn die Entscheidung, ob das Geschäft zustande kommt, auf das System selbst übertragen wird, so daß die Abschlußvermittlung vom Handelssystem erbracht wird. Dies ist aber regelmäßig nicht der Fall.

b) Besondere Erscheinungsformen von Kontrahentensystemen

Trotz dieser Gemeinsamkeiten bestehen aber im Einzelnen bestimmte Differenzen und Besonderheiten.

aa) Kontrahentensysteme mit Market-Makern

In Kontrahentensystemen mit Market-Makern werden die Wertpapiere in dem elektronischen Handelssystem ausschließlich über einen Market-Maker ge- bzw. verkauft. Er setzt zuvor auch die Handelspreise und -mengen fest[449]. Diese Bestimmungen sind in der Quoteliste ersichtlich, welche in der Regel bis zu einem bestimmten maximalen Ordervolumen gilt[450]. Will der Handelsteilnehmer mit einem größeren Ordervolumen handeln, so muß er sich hierüber mit dem Systembetreiber in Verbindung setzen. Bei dem System CITICATS-OS der Citibank handelt es sich um ein solches Kontrahentensystem mit Market-Makern.

---

[446] Vergl. beispielsweise *Dornau*, Handelssysteme, S. 22.
[447] Siehe auch *Dornau*, Handelssysteme, S. 25.
[448] Vergl. *Dornau*, Handelssysteme, S. 25.
[449] Börsensachverständigenkommission, Empfehlungen, S. 6.
[450] Börsensachverständigenkommission, Empfehlungen, S. 12.

bb) Kontrahentensysteme mit festen Preisfeststellungsregeln

Darüber hinaus bestehen auch Kontrahentensysteme, die über festgelegte Regeln zur Erstellung der Handelspreise verfügen. In ihnen setzt der Anbieter nach diesen fixierten Regeln, wie beispielsweise Orientierung an den Preisen von einem Referenzmarkt, die Preise und Handelsmengen fest[451].

3. Ergebnis

Als Zwischenergebnis läßt sich festhalten, daß die meisten Alternativen Handelssysteme in Deutschland als Finanz- bzw. Wertpapierdienstleister zu qualifizieren sind[452].

III. Unterschied zwischen (börslichen) elektronischen Handelssystemen und ATS

Klassischerweise werden unter dem Begriff des (börslichen) elektronischen Handelssystems die Systeme IBIS und Xetra verstanden. Bei ihnen handelt(e) es sich nicht um Börsen im Sinne des BörsG, sondern lediglich um eine besondere Handelsmodalität einer regulären Börse[453]. Sie bilden dabei sämtliche Prozesse einer regulären Börse ab[454].

Zwar weist auch Xetra bestimmte Charakteristika eines Alternativen Handelssystems auf, jedoch gilt es nicht als solches, da es Bestandteil einer regulären Börse ist und damit nicht auf dem außerbörslichen Markt mit den damit verbundenen Wettbewerbsvorteilen agiert[455]. Im Gegensatz zu Xetra, welches lediglich eine Handelsmodalität einer Börse ist, sind Alternative Handelssysteme eigenständige Marktplätze.

IV. Unterschied zwischen Discount-Brokern und ATS

Häufig wird im Zusammenhang mit dem Problemkreis von Wertpapierhandel und Internet dieser auf Discount-Broker reduziert. Sie sind in den letzen Jahren aufgrund des intensiven Wettbewerbs im Finanzdienstleistungsbereich und des Trends zur automatisierten Abwicklung von Standardleistungen mit stärkerer Kundenorientierung entstanden[456]. Obwohl diese keine Börsen, sondern vielmehr nur einen neuen Vertriebskanal[457] für Wertpapiere darstellen, soll zum besseren Verständnis kurz die Differenz zwischen Discount-Brokern und Alternativen Handelssystemen aufgezeigt werden.

---

[451] Börsensachverständigenkommission, Empfehlungen, S. 6 f.

[452] *Spindler*, WM 2002, 1325 (1337).

[453] *Florian*, Rechtsfragen, S. 269; a.A. *Köndgen/Mues*, WM 1998, 53, 54.

[454] *Schenk*, Börsensysteme, S. 8.

[455] *Scherff*, FAZ vom 17.04.2001, S. 40.

[456] *Wieneke*, Discount-Broking, S. 13, 15 f.; *Wiesgickl*, WM 2000, 1039 ff.; *Florian*, Rechtsfragen, S. 7; *Siller*, Discount-Broking, S. 3. Siehe eingehend zur Entwicklungsgeschichte vom Discount-Brokerage zum Online-Brokerage *Birkelbach*, Cyber Finance, S. 112 ff.

[457] Siehe dazu *Lange*, Internet Banking, S. 15 (17).

1. Begriff des Discount-Brokers[458]

Im Gegensatz zu den herkömmlichen Full Service Brokern bieten die Discount-Broker als Wertpapierdienstleistung im Sinne des § 2 Abs. 3 WpHG typischerweise allein die Abwicklung eines Wertpapiergeschäfts ohne Beratungsleistung an[459]. Sie schaffen für ihre Kunden gewerbsmäßig Wertpapiere an und veräußern diese, und zwar entweder im eigenen Namen und für eigene Rechnung oder als Eigenhandel. Somit erbringen sie Wertpapierdienstleistungen nach § 2 Abs. 3 Nr. 1, 2 WpHG[460]. Die Dienstleistung beschränkt sich auf die Orderausführung und die Depotverwaltung[461]. Daneben stellen die Discount-Broker aber auch noch Informationen über Unternehmen, Kurse, Charts, etc. zur Verfügung[462]. Indem die Beratungsleistung unterbleibt, können sie kostengünstiger für die Anbieter arbeiten und erlangen dadurch einen starken Wettbewerbsvorteil gegenüber den klassischen Brokern. Die beratungslose Kommunikation zwischen Kunde und Wertpapierdienstleister erfolgt dabei nicht über ein Filialnetz, sondern über Kundenselbstbedienungseinrichtungen, wie Telefon oder Computer[463].

Mittlerweile lassen sich auch Discount-Broker auf dem Markt finden, die Beratungsleistungen anbieten[464]. Diese wird allerdings außerhalb des Internet erbracht, wobei man momentan auch an Konzepten arbeitet, um Beratungsleistung online an dem Kunden durchzuführen[465].

2. Unterschied zwischen Discount-Brokern und ATS

Die Discount-Broker leisten keine automatische Zusammenführung von Angebot und Nachfrage. Sie vermitteln lediglich Handelsaufträge an Börsen, ohne jedoch selbst eine Handelsplattform zu sein[466]. Alternative Handelssysteme sind dagegen Handelsplattformen und somit wesensverschieden von den Discount-Brokern[467].

---

[458] Synonym für den Begriff des Discount-Brokers werden auch die Termini Internet-Brokerage (vergl. *Florian*, Rechtsfragen, S. 7), Discount-Broking (vergl. *Schütt*, Die Bank 1995, 101 ff.; *Schwark*, Verhaltensnormen, S. 109 (125 ff.); *Stafflage*, Anlageberatung, S. 36 f.; *Balzer*, DB 1997, 2311; *Köndgen*, ZBB 1996, 361 (364); *Horn*, WM 1999, 1 (8); *Wieneke*, Discount-Broking, S. 12), Discount-Brokering (vergl. *Fischer/Klanten*, Rn. 6.193), Discount-Brokerage (vergl. *Eichhorn/Binsch/Frank*, Die Bank 1997, 410 ff.) und Discount-Broker-Geschäft (*Kienle*, in: Schimansky/Bunte/Lwowski, Bankrecht, § 110 Rn. 30) benutzt.

[459] *Trouet*, Wirtschaftsaufsicht, S. 49; *Koch*, Discount Broker, S. 6; *Wieneke*, Discount-Broking, S. 11, 24;
Siller, Discount-Broking, S. 3; *Kölsch*, WM 1996, 1169.

[460] *Koch*, Discount Broker, S. 46.

[461] *Wieneke*, Discount-Broking, S. 24; *Koch*, Discount Broker, S. 6.

[462] *Florian*, Rechtsfragen, S. 12; *Kröner*, Bankdienstleistungen, S. 59 (70 ff.).

[463] *Wieneke*, Discount-Broking, S. 23; *Florian*, Rechtsfragen, S. 8.

[464] *Birkelbach*, Cyber Finance, S. 114; *Florian*, Rechtsfragen, S. 12; *Koch*, Discount Broker, S.12.

[465] *Florian*, Rechtsfragen, S. 13 m.w.N.

[466] *Florian*, Rechtsfragen, S. 12; *Pfüller/Westerwelle*, MMR 1998, 171 (173).

[467] Vergl. ausführlich für die Rechtsprobleme des Dicount-Broking: *Siller*, Discount-Broking; *Wieneke*, Discount-Broking.

§ 5 Regulierungsprobleme von internetspezifischen Sachverhalten

Bevor sich die Arbeit im weiteren Verlauf den spezifischen Regulierungsproblemen und Regulierungsnotwendigkeiten von Alternativen Handelssystemen, welche aus den Schutzfunktionen des Kapitalmarktrechts resultieren, zuwendet, gilt es, sich der logischen Vorfrage anzunehmen, ob es überhaupt eine Regulierung von internetspezifischen Sachverhalten, wie beispielweise von Alternativen Handelssystemen, die ausschließlich im Internet agieren, geben kann. Nicht wenige Stimmen in der breiten Diskussion über internetbezogene Sachverhalte gehen anscheinend davon aus, daß man die scheinbar virtuelle Welt des Internet nicht oder nur schwer regulatorisch fassen kann. Die Frage nach der Möglichkeit der Regulierung führt daher zu einer abstrakten, vom Einzelrechtsgebiet losgelösten Darstellung[468]. Zwar bestehen für die meisten Bereiche des Internet mittlerweile Regelungen, von denen man generell gesprochen behaupten kann, daß sie die wichtigsten einzelrechtlichen Aspekte im Zusammenhang mit dem Internet geklärt haben[469]. Allerdings bleibt eine zentrale Frage offen[470]: Wie wirkt sich das weltweite Medium Internet auf Grundelemente des materiellen Rechts, wie Raum, Zeit und Handlung aus[471] bzw. kann es vor diesem Hintergrund überhaupt eine Regulierung des Internet geben oder bleiben sämtliche Versuche auf Legionen von einzelnen Rechtsnormen, deren Erfolg ungewiß ist, beschränkt?

A. Problem der Kurzlebigkeit physischer Techniken

Ein großes Rechtsproblem für das Medium Internet liegt in der Schwierigkeit, daß das Recht der schnellen technischen Entwicklung folgen muß, um nicht in Wirkungslosigkeit zu verfallen[472]. In der Regel steuert das Recht die Interessen der Gegenwart. Je unübersichtlicher die Zukunft erscheint und je stärker langfristige

---

[468] Siehe für eine nähere Darstellung von einzelrechtlichen Problemen *Lehmann*, Cyberlaw; *Köhler/Arndt*, Internet; *Hoeren/Sieber*, Handbuch. Vergl. für die Gefahren des Internet für das Recht auf informationelle Selbstbestimmung und Datenschutz *Vesting*, Datenschutz, S. 155 ff.; *Gehrke*, Datenschutz. Für eine nähere Betrachtung von strafrechtlichen Internetproblemen siehe *Marbeth-Kubicki*, Internetstrafrecht; Holznagel/*Werthmann*, Lösungsansätze, S. 191 ff.; *Sieber*, ZRP 2001, 97 ff. Für den Problemkreis Wettbewerbsrecht und Schutz des geistigen Eigentums siehe beispielsweise *Ott*, Linking.

[469] So auch *Hoeren*, Zivilrecht, S. 57 ff., der davon ausgeht, daß die wichtigsten zivilrechtlichen Fragen reglementiert sind und dies beispielhaft für das Marken-, Urheber-, Wettbewerbs-, Haftungs- und Urkundsrecht aufzeigt.

[470] Auf diesen Umstand weist auch *Hoeren* hin, der fragt, ob „nicht die zentralen Fragen offen, ungeklärt und unlösbar" sind. Gerade in der Territorialität des Rechts sieht er die Schwäche der Regulierung des Internet. Vergl. *Hoeren*, Zivilrecht, S. 57 (72 ff.).

[471] *Roßnagel*, MMR 2002, 67 (68). Siehe zu den Wirkungen des Internet auf das Unternehmensrecht *Großfeld/Hoeltzenbein*, NZG 2001, 779.

[472] *Haft/Eisele*, JuS 2001, 112 (113); *Cielusniak*, 22 Fordham International Law Journal 1998, 612 (641). Vergl. zum Gegenpol im Recht - die Langsamkeit - *von Bargen*, Langsamkeit, S. 429 (430 ff.). Auf dieses Problem weist auch *Hoeren* hin, der fragt, ob es möglich sei, daß der Gesetzgeber technische Entwicklungen antizipiere oder ob es möglich sei, die Gesetzgebung von konkreten technischen Ausgestaltungen zu lösen, vergl. *Hoeren*, Cyberspace, S. 109 (112).

Interessen betroffen sind, desto schwächer wird der Regelungsanspruch des Gesetzes[473]. Damit setzt sich das Recht in Widerspruch zu seiner gesteigerten Verantwortung gegenüber den nur schwach artikulierten Interessen zukünftiger Generationen[474]. Dieses Problem wird zusätzlich durch das Dogma einer auf Dauer angelegten Regulierung verschärft. Vielfach wird formuliert, daß staatliche Entscheidungen einen Lebenssachverhalt grundsätzlich endgültig regeln wollen[475]. Allerdings läßt sich diese traditionelle Vorstellung von Recht nicht mehr mit der gewandelten, schnell veränderbaren Wirklichkeit harmonisieren[476]. Jedoch ist nebenbei anzumerken, daß im GG nicht vorgeschrieben ist, daß Gesetze auf unbestimmte Dauer angelegt sein müssen[477].

Der Gesetzgeber muß künftige Normen so gestalten, daß diese zeitoffen sind und die tatsächlichen Veränderungen der Zeit in sich aufnehmen können, ohne daß der Normtext verändert wird. Durch eine gewisse Offenheit im Gesetz, wie beispielsweise unbestimmte Rechtsbegriffe, Generalklauseln oder Ermessenstatbestände, ist es möglich, flexibel und innovativ, auf neue technische Entwicklungen zu reagieren[478]. Problematisch an einer solchen zeitoffenen Gesetzgebung ist allerdings, daß der Gesetzgeber damit weite Teile seines Regelungsanspruchs umfassend an andere Stellen weiter delegiert[479]. Einige Stimmen in der Literatur sehen in diesem Prozeß auch die Gefahr einer fortschreitenden Entrechtlichung trotz Kodifizierung[480] oder gar der Entstehung von „Gesetzesattrappen"[481] sowie eine „Flucht in die Generalklausel"[482].

Nicht nur unbestimmte Rechtsbegriffe, sondern auch die Normierungsdichte bedingt die Zeitoffenheit eines Gesetzes. Je stärker die Regulierung abstrakt, allgemein oder wertausfüllungsbedürftig gestaltet ist, desto zeitoffener gegenüber etwaigen Veränderungen ist sie, da sie über einen breiten Auslegungs- und Konkretisierungsspielraum verfügt[483]. Um Gesetze flexibel zu halten, ist daher eine ausreichende Abstraktionshöhe mit Generalklauseln zum gesetzgeberischen Vor-

---

473 *Schulze-Fielitz*, Gesetzgebung, S. 139 (148).

474 *Henseler*, AöR 108 (1983), 489 (544); *Hofmann*, Rechtsfragen, S. 260 ff., 279 ff.

475 *Lücke*, Staatsakte, S. 1; *Kirchhof*, in: Isensee/Kirchhof, HbStR III, § 59, Rn. 11; *Rupp*, Gesetzgebungslehre, S. 42 (48 ff.); *Huber*, Betrachtungen, S. 11 (14 ff.).

476 *Schulze-Fielitz*, Gesetzgebung, S. 139 (168). *Stolleis* spricht auch davon, daß Recht „ein vergängliches (...) Produkt mit relativ kurzem Verfallsdatum" sei, vgl. FAZ vom 30.12.2003, S. 7.

477 *Achternberg*, Gesetzesbegriff, S. 295 (314).

478 *Schmidt-Aßmann*, Ordnungsidee, S. 171; *Schulze-Fielitz*, Gesetzgebung, S. 139 (172 ff.).

479 *Schulze-Fielitz*, Gesetzgebung, S. 139 (178).

480 *Calliess*, Prozedurales Recht, S. 64.

481 *Maus*, Verrechtlichung, S. 277 (278).

482 Vergl. ausführlich dazu *Hedemann*, Generalklauseln; *Calliess*, Prozedurales Recht, S. 62.

483 *Schulze-Fielitz*, Gesetzgebung, S. 139 (178 f.). *Calliess*, Prozedurales Recht, S. 61 stellt dabei auf den abstrakt-generellen Charakter von Normen ab. Diese sind darüber hinaus präzise gefaßt und leben kaum von Generalklauseln.

bild zu erheben[484]. Die Normierungsdichte wiederum wird maßgeblich durch das Gebot rechtsstaatlicher Bestimmtheit und den Grundsatz des Gesetzesvorbehalts bestimmt[485]. Dabei sind Bestimmtheit und der begriffliche Abstraktionsgrad einer Norm nicht identisch[486]. Die Regulierung muß nicht so bestimmt wie möglich erfolgen, sondern nur so bestimmt wie nötig nach den Eigengesetzlichkeiten ihres Sachbereichs. Der Regulierungsinhalt muß sich zumindest durch Auslegung ermitteln lassen, denn andernfalls können die Regelungsadressaten ihr Verhalten nicht an den Normen orientieren[487].

Die Regulierung des Internet muß so gestaltet sein, daß es nicht nachträglich zu einem hohen Anpassungsprozeß des Rechts an die Wirklichkeit kommt. Ein solcher Anpassungsprozeß ist stets bedroht durch die Kraft des Faktischen. Dieses Risiko kann durch eine rechtswissenschaftliche Tecknikfolgenforschung minimiert werden, die die Folgen der innovativen Technik abschätzt und bewertet[488].

Versagt die Regulierung, kann schließlich auch das Gesetz nachgebessert werden. Das Bundesverfassungsgericht hat dogmatisch eine grundrechtlich gebotene Nachbesserungspflicht für Gesetze, die komplexe, in der Entwicklung begriffene Sachverhalte betreffen, entwickelt[489]. Dahinter steht der Grundgedanke einer lern- und revisionsbereiten Gesetzgebung[490]. In der Gesetzgebungspraxis spielt dieser Gedanke allerdings praktisch keine Rolle, sofern nicht im Einzelfall das Bundesverfassungsgericht in seinen Entscheidungen ausdrücklich eine solche Pflicht formuliert hat[491]. Neben die verfassungsrechtlichen Nachbesserungspflichten treten gesetzliche Evaluations- oder Revisionsklauseln. Sie verpflichten den Gesetzgeber von vornherein zu einem Überprüfungsverfahren[492]. Problematisch sowohl an einer Nachbesserungspflicht als auch an gesetzlichen Evaluations- und Revisionsklauseln ist die damit verbundene zeitliche Belastung eines stets neu zu durchlaufenden Gesetzgebungsänderungsverfahrens[493].

---

484 *Schmidt*, Kodifikationsidee, S. 44; *Braun*, VerwArch 76 (1985), S. 24 (40 ff.); *Wagener*, VVDStRL 37 (1979), 215 (254); *Hufen*, VVDStRL 47 (1989), S. 142 (147 ff.).

485 Die Konsequenz daraus ist aber nicht, daß offene Normen mit unbestimmten Gesetzesbegriffen nicht formuliert werden dürfen, vergl. BVerfGE 87, 234 (263); 84, 133 (149); 80, 103 (108); 78, 205 (212); *Osterloh*, Gesetzesbindung, S. 96 ff., 109 ff.; *Dreier*, Verwaltung, S. 168 ff.; *Geitmann*, Bundesverfassungsgericht, S. 24 ff., 136 ff.

486 *Noll*, Gesetzgebungslehre, S. 255. Vergl. zur sprachlichen Normklarheit als Voraussetzung für die rechtliche Bestimmtheit *Böckel*, Einpassung, S. 109 f.

487 BVerfGE 87, 234 (263); 84, 133 (149); 78, 205 (212); *Berg*, ZLR 1993, 455 (459 ff.).

488 Siehe dazu eingehend *Roßnagel*, Technikfolgenforschung, S. 139 (141 ff.); *Roßnagel*, Gestaltung, S. 139 (140 ff.); *Heine*, Herausforderungen, S. 57 (67).

489 BVerfGE 43, 291 (321); 54, 173 (202); 85, 80 (91); 25, 1 (13); 50, 290 (335 f.); *Stettner*, NVwZ 1989, 806 (807 f.); *Bernd*, Prognosen, S. 122 ff.; *Roßnagel*, JZ 1985, 714 ff.; *Badura*, Nachbesserung, S. 481 (484 ff.).

490 *Schulze-Fielitz*, Gesetzgebung, S. 139 (163); *Pitschas*, DÖV 1989, 785 (786 f.); *Herzog*, Gesetzgeber, S. 103 (111).

491 Siehe dazu *Schulze-Fielitz*, Gesetzgebung, S. 139 (163).

492 Dazu ausführlich *Schulze-Fielitz*, Gesetzgebung, S. 139 (164 ff.)

493 *Schulze-Fielitz*, Gesetzgebung, S. 139 (171).

Zusammenfassend läßt sich feststellen, daß gesetzestechnisch, trotz der Schnellebigkeit des zu regulierenden Sachgebietes, eine Regulierung möglich ist. Sie darf aber aufgrund der Kurzlebigkeit der physischen Techniken nicht funktionsbezogen erfolgen, will sie nicht zum Scheitern verurteilt sein[494]. Vielmehr bedarf es einer Art „ganzheitlicher" Regulierung, die von der jeweiligen Technik abstrahiert. Die Regulierung hat das Detail zu meiden. Nur durch die Konzentration auf abstrakte Prinzipien kann die Regulierung mit der Geschwindigkeit des technologischen Fortschritts mithalten[495].

Andernfalls bleibt der zeitoffenen Gesetzgebung nur, unterhalb der kodifizierten Rechtskonkretisierung anzusetzen. Das Umweltrecht kann insoweit als ein vorbildliches Beispiel an sachbereichsspezifischer Flexibilität gelten. Sowohl die wesentliche inhaltliche als auch die zeitliche Anpassung geschehen unterhalb der parlamentarischen Ebene in Form von Rechtsverordnungen, Verwaltungsvorschriften und Verwaltungspraxis, durch die die unbestimmten Rechtsbegriffe in den Umweltgesetzen konkretisiert werden[496].

B. Problem der Globalisierung und Internationalität des Internet

Mit Blick auf Teilbereiche des Rechts, wie Datenschutzrecht oder Urheberrecht, fordern Teile der Literatur eine schnelle Internationalisierung des Rechts, um einen effektiven weltweiten Rechtsschutz zu schaffen, da die Entwicklungen im Informations- und Kommunikationsbereich die national geprägten Rechtsordnungen in Frage stellen würden[497].

Dahinter steht die Erkenntnis, daß Normen an Raum und Territorialität anknüpfen[498], während es sich bei dem Internet um eine dezentrale Struktur handelt[499]. Staatliche Grenzen spielen im Internet weder technisch noch ökonomisch eine Rolle[500]. Somit laufen Normen, die an Raum, Territorium oder Sitz anknüpfen, im Internet, wie *Hoeren* schreibt, „ins Nichts"[501]. Das Recht werde deterritorialisiert[502]. Dies gelte selbst für den Fall, daß das Recht nicht explizit

---

494 *Graefe*, FAZ vom 1.6.1999, S. B 6. *Ladeur* weist zu Recht auf den Umstand hin, daß zum Zeitpunkt der Regulierung die Perspektiven und künftigen Erscheinungsformen der technologischen Entwicklung im einzelnen nicht bekannt sind, vergl. *Ladeur*, CR 1999, 395 (396).

495 *Dreier*, CR 2000, 45 (49). *Jäger*, NZG 2000, 1049 (1050) sieht in dem Evaluationsverfahren des Informations- und Kommunikationsdienstegesetzes (IuKDG) erste Ansätze, um zeitnah auf die fortschreitende technologische Entwicklung reagieren zu können.

496 *Schulze-Fielitz*, Gesetzgebung, S. 139 (172); *Lübbe-Wolff*, ZG 6 (1991), 219 (224 ff.).

497 Vergl. allein *Müller-Hengstenberg*, NJW 1996, 1777 ff.

498 *Christiansen*, MMR 2000, 123.

499 Hintergrund dieser Struktur war die Erhaltung von Kommunikationswegen für den Fall eines Nuklearkrieges, vergl. *Engel*, Internet, S. 201 (205). *Heckmann* nennt es einen „virtuellen Raum", vergl. *Heckmann*, NJW 2000, 1370.

500 *Grzeszick*, AöR 123 (1998), 173 (186); *Osthaus*, AfP 2001, 13; *Engel*, Internet, S. 201 (233).

501 *Hoeren*, NJW 1998, 2849 (2850).

502 *Christiansen*, MMR 2000, 123. Generell zur Deterritorialisierung *Vief*, Digitales Geld, S. 117 (130).

einen territorialen Bezug hat, da Recht sich gegenüber anderen Sollensvorschriften dadurch auszeichnet, daß es im Konfliktfall vom Staat durchgesetzt werden kann, allerdings völkerrechtlich bedingt nur auf dem jeweiligen Territorium des betreffenden Staates[503]. Das Internet scheint dagegen losgelöst von einem bestimmten geographischen Ort. Gerade bei der Datenübertragung werden die Datenpakete durch diverse Staaten geschickt, so daß auch verschiedene Rechtsordnung berührt werden[504]. Zudem rekurrieren viele Normen auf materielle Objekte oder physikalisch bestimmte Tatbestände, für die es in der virtuellen Welt kein Äquivalent gibt[505].

Durch diese Deterritorialisierung stelle sich gerade für das Kollisionsrecht, welches bei privatrechtlichen Streitigkeiten das anwendbare Recht bestimmt, die Frage, woran dieses anknüpfen soll. Bedingt durch ihre Herkunft aus der Idee der Nationalstaaten weisen die Normen meist einen lokalen Bezug auf[506].

So wird zusammenfassend vorgebracht, bedingt durch die Globalität entziehe sich das Internet einer Meta-Ebene, auf welcher einheitliches Recht gesetzt werden könne[507].

Bei rechtshistorischer Betrachtung zeigt sich jedoch, daß das Problem der Ubiquität nicht neu ist. Als in der Geschichte die Römer das Eigentum, also eine virtuell geschaffene Kategorie, an einer bestimmten beweglichen Sache, beispielsweise einem Sklaven übertrugen, wurde dieser Übertragungsakt mit Hilfe eines Handlungs- und Spruchrituals, eines Vertrages, vorgenommen[508]. Insofern wurde das virtuelle Rechtsphänomen lokalisiert und durch einen realgegenständlichen Akt fixiert, so daß eine Verbindung zwischen virtueller und realer Welt geschaffen wurde[509]. Indem sich die Regulierung auf die Verbindungen des Internet mit der „realen" Welt besinnt, kann sie dem Problem der Grenzenlosigkeit begegnen. So ging beispielsweise unter diesem Gesichtspunkt die bayerische Staatsanwaltschaft gegen einen Provider, welcher Zugang zu Kinderpornographie eröffnete, vor[510].

Außerdem zeigt gerade die Erfahrung mit der Non-Profit-Organisation Internet Cooperation for Assigned Names and Numbers (Icann)[511] als Aufsichtsgremium für das Internet, daß bestimmte Schlüsselressourcen des Internet kontrollierbar sind. Icann entscheidet als letzte Instanz über Domainnamen, Adressen, Proto-

---

503 *Höller*, Rahmenbedingungen, S. 351 (353).

504 *Christiansen*, MMR 2000, 123; *Roßnagel*, MMR 2002, 67 (68).

505 *Stransfeld*, Herausforderungen, S. 684 (685).

506 *Hoeren*, NJW 1998, 2849 (2850).

507 *Graefe*, FAZ vom 1.6.1999, S. B 6.

508 Ebenso *Paulus*, MMR 1999, 443.

509 Vergl. auch *Paulus*, Herausforderungen, S. 1 (5).

510 Vergl. dazu AG München, MMR 1998, 429 ff. mit Anm. *Sieber*. Siehe ausführlich zur Verhinderung verbotener Internetinhalte *Greiner*, Gefahrenabwehr.

511 *Kegel*, FAZ vom 25.7.2000, S. 56; *Kegel*, FAZ vom 18.7.2000, S. 49. Siehe für eine ausführliche Darstellung *Kleinwächter*, MMR 1999, 452 ff.; *Steinbeis*, Handelsblatt vom 10.1.2000, S. 10.

kolle sowie den Root Server[512]. Gerade die Kontrolle über den A-Root-Server, über den die zentrale Datenbank-Software, die der Adreßvergabe zugrunde liegt, läuft, verleiht Icann eine enorme Macht- und Kontrollposition über das Internet[513]. Denn der A-Root-Server weist den Usern den Weg zu den nationalen Rootservern, über die die Websites mit den diversen Domainendungen erreicht werden, so daß aufgrund der Kontrolle über den A-Root-Server theoretisch einzelne Staaten aus dem Internet ausgesperrt werden können. Daran wird deutlich, daß das Internet zwar als dezentral gesteuertes Medium funktioniert, aber zugleich auch auf zentralen Funktionen aufbaut.

Allerdings sei nicht verschwiegen, daß sich die technischen Grundlagen des Internet regelmäßig einer nationalen Regulierung entziehen[514]. *Depenheuer* sieht als Reaktion auf die Informationsgesellschaft einen Zustand „staatlicher Ohnmacht"[515].

Bisher dürfte es aber an der kulturellen und politischen Vielfalt innerhalb der Völkergemeinschaft scheitern, dieser Situation durch weltweit legitimierte Regulierungsstandards entgegenzuwirken[516]. Ein umfassendes Regime durch völkerrechtliche Verträge zu schaffen, welches das Internet reguliert, ist bisher illusorisch[517]. Unabhängigen Institutionen, wie beispielsweise der WTO, fehlt für eine solche Maßnahme zudem die demokratische Legitimation sowie eine notwendige Systembegrenzung durch checks and balances seitens der Judikative[518].

C. Problem der Virtualität des Internet

Als weiteres Problem stellt sich die Virtualität des Mediums[519], in dem es weder ein staatliches Gewaltmonopol noch staatliche Zwangsmittel gibt. Das Internet stellt so betrachtet die Souveränität des klassischen Nationalstaates in Frage[520]. Die Erzwingung des Vollzugs von normierten Handlungsgeboten scheint äußerst schwierig. Daran knüpft die Frage an, welchen Einfluß eine erschwerte obrigkeitliche Durchsetzbarkeit von Normen auf die Geltung dieser selbst hat. Anders gewendet: Hat Recht eine selbständige Existenz, oder hängt sein Bestehen von staatlicher Durchsetzbarkeit ab?

---

512 *Kleinwächter*, FAZ vom 25. Juli 2000, S. 56; *Kleinwächter*, MMR 1999, 452.
513 *Steinbeis*, Handelsblatt vom 10.1.2000, S. 10.
514 *Groß, JZ 1999, 326 (334).*
515 *Depenheuer*, AfP 1997, 669 (671). Er sieht die fehlende staatliche Kompetenz allerdings kompensiert durch die Selbstverwaltung der Cybergesellschaft.
516 *Kaiser*, FAZ vom 10.1.2001, S. 8; *Vec*, NJW 2002, 1535 (1539).
517 *Christiansen*, MMR 2000, 123; *Vec*, NJW 2002, 1535 (1539).
518 *Christiansen*, MMR 2000, 123 f.
519 Es ist, wie *Roßnagel* schreibt, „ein körperloser Sozialraum (.), in dem nahezu alle Aktivitäten, die in der körperlichen Welt möglich sind, in unkörperlicher Weise realisiert werden", vergl. *Roßnagel*, MMR 2002, 67; *Roßnagel*, ZRP 1997, 26 ff.
520 *Vec*, NJW 2002, 1535.

Die Geltung von Rechtsnormen ist mehr als nur ihre staatliche Durchsetzbarkeit[521]. Es ist insbesondere zwischen verschiedenen Geltungsebenen zu differenzieren. Diese teilen sich in juristische, faktische und moralische Geltung[522]. Die juristische Geltung von Normen beansprucht generelle Gültigkeit. Sie ist ein an die Adressaten gerichtetes Sollen[523]. Unabhängig davon ist die Frage nach der tatsächlichen, also faktischen Geltung von Rechtsnormen. Sie stellt dar, ob und inwieweit die Norm von den Adressaten auch befolgt wird. Anhand einer solchen Betrachtung kann festgestellt werden, wie wirksam bzw. effizient Recht ist[524]. Schließlich stellt die moralische Geltung von Normen auf die moralischen Fundamente des Rechtsgehorsams ab. Sie besteht, wenn die Norm mit der Rechtsüberzeugung der Adressaten, die auf anerkannten Grundwerten der Sozialmoral beruht, übereinstimmt[525]. Die verschiedenen Geltungsarten können divergieren. Als Folge der fehlenden Akzeptanz, also einer fehlenden moralischen Geltung der Norm, besteht zumindest die Gefahr einer sinkenden faktischen Geltung. Realisiert sich dieses Risiko, so wird auch die juristische Geltung funktionslos[526]. Im Umkehrschluß bedeutet dies, daß eine umfassende und dauerhafte Wirkung von Recht erst durch die moralische und faktische Geltung bei den Normadressaten gewährleistet ist[527]. Wenn Normen nur noch mit Hilfe staatlicher Sanktionsgewalt durchgesetzt werden können, kann zwar mitunter ihre Einhaltung erzwungen werden, ihre Anerkennung durch die Rechtsgemeinschaft ist jedoch dauerhaft in Frage gestellt[528]. Es gehören aber nur solche Normen zur Rechtsordnung, die zumindest eine bestimmte, wenn auch vielleicht minimale, Wirksamkeitschance besitzen[529]. Normen, die im demokratischen Rechtssetzungsverfahren ordnungsgemäß zustandegekommen sind, ist eine solche Wirksamkeitschance auch gegeben[530].

Mithin hängt die Wirksamkeit des Rechts nicht von seiner vollkommenen Akzeptanz ab, denn andernfalls könnten bestimmte gesellschaftliche (Minder-

---

521 *Rüthers*, Rechtstheorie, S. 188.

522 *Rüthers*, Rechtstheorie, S. 190; *Heckmann*, Geltungskraft, S. 30 f.

523 *Rüthers*, Rechtstheorie, S. 190; *Heckmann*, Geltungskraft, S. 31.

524 *Rüthers*, Rechtstheorie, S. 190f.; *Heckmann*, Geltungskraft, S. 31; *Röhl*, Rechtslehre, S. 298 f. Daß die Wirksamkeit oder Effizienz nicht unmittelbar auf die Geltung von Rechtsnormen Einfluß hat, zeigt ein Blick auf das Strafrecht. Trotz einer hohen Dunkelziffer in bestimmten Kriminalitätsbereichen ist davon die Geltung des Strafrechts nicht unmittelbar berührt. Erst mittelbar, als Reaktion auf Vollzugsdefizite, zeigt sich ein Einfluß auf die Geltung von Normen, wenn diese beispielsweise reformiert werden. Siehe dazu auch *Heckmann*, Geltungskraft, S. 177.

525 *Rüthers*, Rechtstheorie, S. 191; *Heckmann*, Geltungskraft, S. 31; *Braun*, JuS 1994, 727 ff.

526 *Rüthers*, Rechtstheorie, S. 193; *Heckmann*, Geltungskraft, S.34.

527 *Rüthers*, Rechtstheorie, S. 194.

528 *Rüthers* beschreibt diesen Zustand zutreffend mit dem Satz: „Mit Bajonetten kann man vieles machen, aber man kann nicht dauerhaft darauf sitzen.“, vergl. *Rüthers*, Rechtstheorie, S. 194.

529 *Heckmann*, Geltungskraft, S. 34; *Dreier*, NJW 1986, 890 (896).

530 *Heckmann*, Geltungskraft, S. 36.

heits-)Gruppen durch Nicht-Akzeptanz Normen zu Fall bringen. Jedoch zeichnet Rechtsnormen gerade im Gegensatz zu anderen Verhaltensnormen der Gesellschaft, welche auf Sitte, Moral, Sozialethik oder Konvention beruhen, aus, daß sie mittels staatlichen Zwangs durchgesetzt werden können[531]. Dort, wo sich auf Dauer ein öffentliches Vollzugsdefizit einstellt, wird im erheblichen Maße die Rechtsqualität in Frage gestellt. Allerdings ist anzumerken, daß bloße isolierte Vollzugsdefizite den Normen nicht die Wirksamkeit nehmen können[532]. Zwar ist ein selektiver Vollzug von Rechtsnormen mit Blick auf den Gleichbehandlungsgrundsatz nicht unproblematisch, jedoch sind die Probleme der Vollzugsdefizite (gerade im Umwelt- und Technikbereich) zu vielschichtig, um gleich der Rechtsnorm die Geltung abzusprechen[533]. Erst mit Blick auf besondere Umstände, aufgrund derer das Vollzugsdefizit dem Gesetzgeber zuzurechnen ist und er zudem seine Beobachtungs- und Nachbesserungspflicht verletzt hat, kann eine solche Konsequenz gezogen werden[534].

Es läßt sich somit festhalten, daß trotz einer möglichen reduzierten Durchsetzbarkeit von Recht im Internet aufgrund der Virtualität das Recht nicht seine Existenzberechtigung verliert.

Dennoch wirkt das Internet auf die Grundelemente des Rechts, wie Handlung, Zeit und Raum ein. Die überragende Zahl von Normen des materiellen Rechts sind Direktiven. Sie versuchen Handlungen von bestimmten Normadressaten zu erzwingen oder zu beeinflußen[535].

Desweiteren ist der Faktor Zeit von entscheidender Bedeutung für die Normen[536]. Zeit ist ein Struktur- und Qualifikationselement des Rechts[537]. Nicht nur die Normadressaten befinden sich in Raum und Zeit, sondern auch die Intentiona-

---

531 *Rüthers*, Rechtstheorie, S. 38. So auch R. *von Jhering*: „Der vom Staat in Vollzug gesetzte Zwang bildet das absolute Kriterium des Rechts, ein Rechtssatz ohne Rechtszwang ist ein Widerspruch in sich selbst, ein Feuer, das nicht brennt, ein Licht, das nicht leuchtet.", vergl. *von Jhering*, Zweck, S. 250 f.

532 *Heckmann*, Geltungskraft, S. 37 Fn. 81. Anders sah es das BVerfG in der aufsehenserregenden Entscheidung zur Zinsbesteuerung (vergl. BVerfG, JZ 1991, 1133 ff.). In dem der Entscheidung zugrundeliegenden Sachverhalt ging es darum, daß aufgrund mangelhafter Vorkehrungen hinsichtlich der staatlichen Durchsetzung des Zinsanspruchs, einige Steuerschuldner zahlten, während andere dies – ohne weitere Sanktionen – unterließen. Als Konsequenz dieser Sanktionslosigkeit sprach das BVerfG der Norm die Verfassungsmäßigkeit ab. Siehe näher zu der Entscheidung *Bryde*, Effektivität; *Goerlich*, JZ 1991, 1139; *Fröhler*, Gestaltungsfreiheit, S. 339 ff.

533 *Heckmann*, Geltungskraft, S. 470.

534 *Heckmann*, Geltungskraft, S. 470; *Bryde*, Effektivität, S. 19 f.

535 *Rönck*, Normen, S. 21; *Eckhoff/Sundby*, Rechtssysteme, S. 45; *Lachmayer*, Normentheorie, S. 36; *Rüthers*, Rechtstheorie, S. 77.

536 So spricht auch beispielsweise *Lachmayer* von einer „nicht zu unterschätzende(n) Bedeutung", vergl. *Lachmayer*, Normentheorie, S. 20.

537 *Schulze-Fielitz*, Gesetzgebung, S. 139 (149); *Oertel*, Zeitfaktor, S. 12; ähnlich *Hesse*, Schriften, S. 19.

lität der Normen ist zeitlich erfaßbar[538]. Normen bestimmen, was an einem bestimmten Ort (räumliche Intention) zu einer bestimmten Zeit (zeitliche Intention) Recht sein soll[539]. Durch diese normative Bewertung von Zeitabläufen wird Zeit rechtsrelevant[540]. Gerade diese Beziehungen „verflüchtigen" sich im Internet[541]. Insbesondere scheint sich das Internet von zeitlichen Bezügen zu lösen[542]. So greifen beispielsweise Normen nicht mehr, die auf zeitliche Verzögerungen abstellen.

Auch die vom Recht zu erzwingenden Handlungen sind in der „realen" Welt hinsichtlich des Internet regelmäßig nur in Form von Tastatureingaben und Mouseclicks wahrnehmbar, während der Handlungsinhalt sich nicht nach außen hin manifestiert. Eine präventive Gefahrenabwehr und soziale Kontrolle ist nur schwierig möglich und bleibt auf die Schnittstelle von Internet zur „realen" Welt beschränkt[543]. Gerade an diese hat Regulierung, wie oben aufgezeigt, anzusetzen. Wenn sich der Gesetzgeber darüber hinaus bei der Regulierung auf das abstrakte Steuerungselement besinnt, kann er das losgelöste Internet wieder mit dem Recht zusammenführen. Mit Blick auf die Schnittstelle zur „realen" Welt kann er dann bestimmen, welches Recht zur welchen Zeit am Ort der Schnittstelle gilt.

D. Zwischenergebnis

Es bleibt festzuhalten, daß das Internet beim ersten Augenschein neue Probleme für die Rechtsordnung stellt. Diese entpuppen sich zwar bei näherer Betrachtung als wenig gravierend. Jedoch stellen sie an den regulierenden Gesetzgeber hohe Ansprüche, indem er sich künftig auf abstrakte Steuerungselemente zu beschränken hat. Anzumerken ist noch, daß die Lösung von internetspezifischen Problemen keiner eigenen Rechtsordnung bedarf. Vielmehr sind problemadäquate Regelungen, die geeignet sind, die spezifischen Probleme zu lösen, erforderlich[544].

E. Steuerungskonzepte

In Verbindung mit den Regulierungsschwierigkeiten stellt sich auch die Frage, durch wen bzw. wie künftig internetspezifische Sachverhalte gesteuert werden sollte. Einigkeit herrscht darüber, daß komplexe Systeme ein hohes Maß an Steuerung erfordern[545]. Es werden grundsätzlich drei verschiedene Modelle unterschie-

---

538 *Lachmayer*, Normentheorie, S. 20.

539 *Rüthers*, Rechtstheorie, S. 36; *Großfeld/Hoeltzenbein*, NZG 2001, 779; *Coing*, Rechtsphilosophie, S. 213 ff.

540 *Schulze-Fielitz*, Gesetzgebung, S. 139 (149); *Kirchhof*, Zeit, S. 1.

541 *Stransfeld*, Herausforderungen, S. 684.

542 *Hoeren*, NJW 1998, 2849 (2851); *Roßnagel*, MMR 2002, 67 (68).

543 *Roßnagel*, Informationstechnik, S. 8 (12).

544 *Roßnagel*, MMR 2002, 67 (69).

545 *Schmidt-Aßmann*, Gesetzesbindung, S. 359 (373).

den[546]: Hoheitliche Regulierung, gesellschaftliche Selbstverwaltung und hoheitlich regulierte Selbstverwaltung[547].

I. Hoheitliche Regulierung

Zwar wird der Begriff der Regulierung erst weiter unten eingehend behandelt[548]. Jedoch kann es hier bei der Feststellung bleiben, daß hoheitliche Regulierung ein Regulierungskonzept meint, bei dem der Staat bzw. konkret der Gesetzgeber selbst Regeln setzt, um ein bestimmtes Regulierungsziel zu erreichen[549]. Dementsprechend soll nach der Auffassung mancher das Internet vollständig einer nationalen oder internationalen hoheitlichen Regulierung unterworfen werden[550]. Etwaige Rechtslücken seien im Wege der analogen Rechtsanwendung oder durch Schaffung neuer Gesetze zu schließen. Mitunter soll die Betätigung im Internet von einer staatlichen Genehmigung abhängig gemacht werden[551].

Die Schwachstelle dieses Modells liegt in der grenzüberschreitenden Wirkung des Mediums Internet, wodurch sich das Problem der Durchsetzbarkeit der Normen stellt[552]. Um internationale Regelungen zu schaffen, bedarf es meist jahrelanger Verhandlungen, so daß diese bei Verabschiedung technisch bereits wieder überholt sein könnten[553]. Zudem bestehen kaum internationale Übereinkommen, auf die für eine internationale Regulierung zurückgegriffen werden kann.

Schon allein bei nationaler hoheitlicher Regulierung zeigt sich die Schwierigkeit, diese an die schnellen Weiterentwicklungen und innovative Techniken anzupassen, was entsprechend kompliziert und zeitaufwendig sein kann[554].

Auch darf nicht vergessen werden, daß grundsätzlich jede Regulierung die Gefahr einer Überregulierung mit negativen Folgen für die Volkswirtschaft und Innovationen in sich birgt[555].

Daher spielt die hoheitliche Regulierung im Bereich der Information und Kommunikation seit einiger Zeit eine untergeordnete Rolle. Vielmehr setzt sich in diesen Bereichen eine Eigenlogik der Wirtschaft durch[556].

---

546 Der Rechtsinformatiker nennt die drei Grundmodelle auch das Verrechtlichungs-, das Selbstverwaltungs- und das Nutzerschutzmodell, vergl. *Kilian*, Verkehrsregeln, S. 263 (273 ff.).
547 *Hoffmann-Riem/Schulz/Held*, Konvergenz, S. 48.
548 Siehe unten Teil 2. § 6 B.
549 *Hoffmann-Riem/Schulz/Held*, Konvergenz, S. 48.
550 *Kilian*, Verkehrsregeln, S. 263 (273).
551 Dies wird auch als chinesisches Modell bezeichnet, vergl. *Haft/Eisele*, JuS 2001, 112 (114).
552 *Haft/Eisele*, JuS 2001, 112 (114).
553 *Kilian*, Verkehrsregeln, S. 263 (276).
554 So auch festgestellt für das deutsche und österreichische Börsenrecht von *Hopt/Baum*, WM 1997, Sonderbeilage Nr.4, S. 6.
555 *Haft/Eisele*, JuS 2001, 112 (114); *Osthaus*, AfP 2001, 13 (14).
556 *Hoffmann-Riem/Schulz/Held*, Konvergenz, S. 48.

II. Gesellschaftliche Selbstverwaltung

Mit dem Konzept der gesellschaftlichen Selbstverwaltung[557], welches seinen Ursprung in der Theorie des Liberalismus[558] hat, wird die Schaffung eines sozialen und marktmäßigen Gleichgewichts bzw. die eigene Steuerung durch die Gesellschaft und den Markt unter Abwesenheit von staatlichen Eingriffen verstanden[559]. Einer weitergehenden Konkretisierung entzieht sich der Begriff bis heute[560]. Durch Selbstverwaltung soll staatliche Regulierung vermieden werden[561].

Insbesondere im Zusammenhang mit internetspezifischen Rechtsproblemen erwacht die Diskussion über eine Selbstverwaltung zu neuem Leben[562]. War sie einst aufgrund starker Kritik beendet[563], so sehen ihre Anhänger jetzt die Herausforderung in der Praxis gekommen[564].

Da die Evolution des Internet unabhängig von staatlicher Regulierung erfolgte, steht auch eine Mehrheit der Nutzer einer hoheitlichen Regulierung eher ablehnend gegenüber[565].

Ihrer Meinung nach kann staatliche Steuerung durch Selbstverwaltung der Netzwerkbetreiber, Diensteanbieter und Nutzer ersetzt werden. Als ein Selbstverwaltungsbeispiel führen sie die Netiquette an, die Benimmregeln im Internet, und die diversen Ansätze zur freiwilligen Selbstkontrolle der Provider[566].

Diese Argumente vermögen jedoch nicht das Selbstverwaltungskonzept zu stützen. Zunächst einmal ist zu beachten, daß es so etwas wie „die" Netiquette nicht gibt[567]. So verfügt jeder Dienst über eigene Verhaltensregeln, die in Abhängigkeit von der Gruppe unterschiedlich definiert sind[568]. Auch bei der freiwilligen Selbstkontrolle verwenden die Selbstkontrolleinrichtungen unterschiedliche

---

557 Schon in der Weimarer Zeit sprach man richtigerweise von wirtschaftlicher Selbstverwaltung und nicht von Selbstregulierung, vergl. *Huber*, VerwArch. 37 (1932), 301 ff.

558 Der begriffshistorische Hintergrund der Selbstverwaltung basiert auf der Idee von der Dichotomie von Staat und Gesellschaft in der bürgerlichen Staatslehre des 19. Jahrhunderts. Dabei beschäftigte sich die liberale Theorie der Selbstverwaltung mit der Frage, wie gesellschaftlich die dem Staat entzogenen Aufgaben gelöst werden können, siehe im einzelnen *Langhart*, Rahmengesetz, S. 85 f. Siehe ferner für die Dichotomie von Staat und Gesellschaft *Kahl*, Staatsaufsicht, S. 366 ff.

559 *Langhart*, Rahmengesetz, S. 93.

560 *Schwark*, Anlegerschutz, S. 214; siehe *Badura*, Wirtschaftsverfassung, S. 176 für die Selbstverwaltung.

561 *Langhart*, Rahmengesetz, S. 95.

562 Siehe *Teubner*, Recht; *Teubner*, ARSP 1982, 13 ff.

563 Vergl. zur Kritik *Habermas*, Faktizität, S. 68 ff.; *Tonner*, KJ 1985, 107 ff.

564 So beispielsweise die Veröffentlichungen von *David R. Johnson* und *David Post* der Electronic Frontier Foundation ((EFF), vergl. http://www.eff.org); *Johnson/Post*, 48 Stanford Law Review 1996, 1367 (1387).

565 *Blaurock*, Regelungsfragen, S. 167; *Jung*, GRUR Int. 1998, 841 (849).

566 *Haft/Eisele*, JuS 2001, 112 (114). Siehe zum Problemkreis Wettbewerbsrecht und Netiquette *Jung*, GRUR Int. 1998, 841 (842 ff.). Kritisch dazu auch *Mayer*, NJW 1996, 1782 (1790, Fn. 101 a.E.).

567 Ausführlich bei *Hoeren*, Wettbewerbsrecht, S. 35 ff. dargestellt.

568 Vergl. zur netzinternen Regulierungsmöglichkeit *Christiansen*, MMR 2000, 123 (125).

Regelwerke. Gerade diese Einzelgänge lassen das Regulierungskonzept als großes Modell fragwürdig erscheinen. Zudem ist auch die Effektivität einer solchen Selbstverwaltung zweifelhaft, da deren Sanktionsmechanismen nicht an staatliche Vollstreckungsnormen anknüpfen[569].

Die Anhänger des Selbstverwaltungskonzepts bringen weiter vor, eine nationale Regulierung berge die Gefahr, das weltweite Medium Internet zu depotenzieren und durch Regionalisierungen zu zersplittern[570]. Auch würde eine Selbstverwaltung durch die Beteiligten auf eine größere Akzeptanz treffen, da sie einen Ausgleich zwischen den verschiedenen Einzelinteressen herstellen können[571]. Desweiteren würden im Falle der Selbstverwaltung diejenigen die Regeln aufstellen, die am meisten Sachverstand hinsichtlich der Materie besitzen.

Ferner könnten die so gesetzten Standards einfacher und schneller der technischen Entwicklung angepaßt werden. Dabei schwebt ihnen vor, daß die Selbstverwaltung für eine gerechte Marktordnung weltweit einheitlich erfolgen sollte. Der bedeutende Vorteil einer weltweit einheitlichen Ordnung liege für die Beteiligten darin, sich nur mit einem Steuerungskonzept auseinandersetzen und nicht alle nationalen Rechtsordnungen im Blick haben zu müssen[572]. Indem nationale Sonderwege ausscheiden, würde zugleich auch das Vertrauen in das Medium gestärkt. *Johnson* und *Post* gehen davon aus, daß es möglich sei, durch Selbstverwaltung Regeln zu schaffen, die durch eine komplette Nicht-Territorialität gekennzeichnet sind[573]. Anknüpfungspunkt sei nicht mehr ein bestimmtes Staatsgebiet, sondern der Cyberspace an sich[574]. Dieser wird durch Screens und Paßwörter begrenzt.

Mit Blick auf die Struktur des Internet, dem sogenannten Netz der Netze[575], zeigt sich, daß es auf der Ebene des Internet an einer Rechtssetzungs- und Rechtsdurchsetzungsauthorität fehlt. Es ist unmöglich, die einzelnen Internet-Nutzer

---

569 *Hoeren*, NJW 1998, 2849 (2852).

570 *Blaurock*, Regelungsfragen, S. 167; *Reidenberg*, 45 Emory Law Journal 1996, 911 (929); *Gibbons*, 6 Cornell Journal of Law and Public Policy 1997, 475 (509); *Jung*, GRUR Int. 1998, 841 (849) m.w.N.

571 *Blaurock*, Regelungsfragen, S. 168; *Jung*, GRUR Int. 1998, 841 (850). Ebenso die Argumente im Bereich Selbstverwaltung des Datenschutzes bei *Mankowski*, AfP 1999, 138 (139 f.).

572 *Blaurock*, Regelungsfragen, S. 168.

573 *Johnson/Post*, 48 Stanford Law Review 1996, 1367 (1387 ff.).

574 Der Begriff Cyberspace wurde erstmals von *William Gibson* Mitte der achtziger Jahre des letzten Jahrhunderts geprägt. Er verwendete den Ausdruck in seiner Novelle „Neuromancer" (1984). Die Handlung spielt in einer Zukunft, in der das menschliche Bewußtsein direkt mit einem Computer verbunden werden kann und so Zugang zu einer virtuellen Welt, der Matrix im Cyberspace, erlangt. Diese Welt besteht nur in der Vorstellung der Teilnehmer. Vorlage für den Begriff bildete der Terminus Cybernetics, der von dem Mathematiker *Norbert Wiener* 1948 geschaffen wurde. Vergl. dazu *Mayer*, NJW 1996, 1782 (1783).

575 Vergl. *Kilian*, Verkehrsregeln, S. 263 (269); *Engel*, Internet, S. 201 (205); *Hoffmann-Riem*, Kommunikation, S. 53 (62).

vertraglich zu binden, daß, wie beispielsweise in einem Netz[576], sie sich bestimmten Bedingungen unterwerfen und ihre Einhaltung zusagen. Ebensowenig kann man softwarebasierte Zugangsrestriktionen einführen[577].

In den USA rechnet man damit, daß sich maximal 40% der Internetunternehmen selbstregulierten Codes of Conduct unterwerfen würden[578]. Die Regulierungssysteme verfügen auch über keine wirksamen Kontroll- und Zwangsmechanismen, um die Einhaltung der selbstgeschaffenen Regeln zu gewährleisten[579]. Insoweit bieten die Regeln im Konfliktfall auch keinen effektiven Schutz. Darin liegt der größte Schwachpunkt der Selbstverwaltung.

Hinzukommt, daß es illusorisch ist, für die Meta-Ebene Internet Regeln zu schaffen, die effektiv Konflikte lösen und Einzelinteressen harmonisieren können[580]. Die einzelnen Interessengruppen können sich gegenseitig die Gefolgschaft durch Nichtbefolgung verweigern und ihr eignen Netze aufbauen, gerade vor dem Hintergrund, daß eine allgemeine Bereitschaft, sich zum Nutzen Dritter oder zur Risikominimierung bestimmte Kosten aufzuerlegen, begrenzt sein dürfte[581]. Daraus erklärt sich auch, warum es bisher als internationale Standardisierungen für das Internet lediglich Maßnahmen gegeben hat, die zwar den Nutzen des Internet für die Allgemeinheit gesteigert haben, nicht aber konfliktbeladene Bereiche thematisiert haben. Bei den bisherigen Regeln handelt es sich meistens um technische Standards[582].

Weiter besteht im Falle einer Selbstverwaltung die Gefahr, daß sich regelmäßig die wirtschaftlich stärksten Interessengruppen zu Lasten anderer Interessen, wie beispielsweise Mitbewerber oder Verbraucher, durchsetzen. Insofern kann es schnell zu einer Benachteiligung von Individual- und Minderheiteninteressen kommen[583]. An einer adäquaten Interessenrepräsentanz fehlt es meist[584].

Insbesondere im Kapitalmarktbereich hat sich die Gefahr einer Selbstverwaltung gezeigt. Im Jahre 1995 wurde an der Nasdaq ein jahrzehntelanges kollusives Verhalten von Market-Makern aufgedeckt, die der Selbstverwaltung überlassen waren. Dort, wo der Staat sich in seiner Regulierungs- und Aufsichtsfunktion zurückzieht, kann es zu einem kollusiven Zusammenwirken von Marktteilnehmern kommen[585]. Daher wurde auch die Forderung laut, daß sich hinsichtlich

---

[576] Die Selbstverwaltungsmöglichkeiten in einem geschlossenen Netz sind weitaus höher als in einem offenen Netz, wie dem Internet, so auch *Roßnagel*, MMR 2002, 67 (69).

[577] *Christiansen*, MMR 2000, 123 (125).

[578] *Roßnagel*, MMR 2002, 67 (69) m.w.N.

[579] *Osthaus*, AfP 2001, 13 (15 f.); *Roßnagel*, MMR 2002, 67 (69).

[580] *Kilian*, Verkehrsregeln, S. 263 (275 f.); *Jung*, GRUR Int. 1998, 841 (850).

[581] *Christiansen*, MMR 2000, 123 (127); *Roßnagel*, MMR 2002, 67.

[582] *Christiansen*, MMR 2000, 123 (126). Siehe ausführlich zum Bereich Selbstverwaltung durch Setzung technischer Standards *Mayer*, K&R 2000, 13 ff.

[583] *Roßnagel*, MMR 2002, 67 (69); *Osthaus*, AfP 2001, 13 (16).

[584] *Roßnagel*, MMR 2002, 67 (69); *Mankowski*, AfP 1999, 138 (140).

[585] Dennoch für eine Selbstverwaltung im Börsenbereich *Hopt/Rudolph/Baum*, Börsenreform, S. 4 f.; *Baums, Theodor / Segna, Ulrich*, Börsenreform, Arbeitspapier Nr. 65 des Instituts für Han-

Wertpapiertransaktionen eine Selbstverwaltung verbiete[586]. Dieser Auffassung ist beizupflichten, da mit einer Selbstverwaltung des Marktes stets auch das Risiko verbunden ist, den einbrechenden Krisen an den Märkten nicht Herr zu werden, da eventuell die Möglichkeiten der beteiligten Handelsteilnehmer zu begrenzt sind[587].

Schon *Hoeren* gibt richtigerweise zu bedenken, daß man nicht vorschnell internetspezifische Sachverhalte der Selbstverwaltung überantworten dürfe[588]. Eine umfassende Anwendung des bestehenden Rechts habe noch nicht stattgefunden, so daß eine Vielzahl von Problemen möglicherweise effizient durch das bestehende Recht gelöst werden können, ohne daß es einer Selbstverwaltung bedürfe.

III. Hoheitlich regulierte Selbstverwaltung

Schließlich besteht mit der hoheitlich regulierten Selbstverwaltung ein weiteres Steuerungskonzept[589]. Im Detail zerfällt dieses Konzept in unterschiedliche Steuerungsmodelle, die von divergierender Reichweite sind[590]. Einig sind sich die Anhänger der diversen Konzepte darin, daß es sich bei der hoheitlich regulierten Selbstverwaltung um staatliche Steuerung handelt, die hinsichtlich der eigenverantwortlichen (öffentlichen) Aufgabenerfüllung durch Private den rechtlichen

---

dels- und Wirtschaftsrecht der Universität Osnabrück, 1998, S. 14, vergl. http://www.jura.uni-osnabrueck.de/institut/hwr/pdf/papier65.pdf (Stand 20.01.2001).

586 *Baum/Breidenbach*, WM 1990, Sonderbeilage Nr. 6, S. 7. Weitere sensible Bereiche, die aufgrund ihrer überragenden Bedeutung für die Rechtsgemeinschaft nicht der Bereitschaft der Beteiligten überantwortet werden dürfen, sind das Strafrecht, vergl. *Haft/Eisele*, JuS 2001, 112 (114) sowie das Wettbewerbsrecht, siehe dazu LG Berlin, CR 1999, 187 (189); *Lehmann*, E-Commerce, S. 169 (172 f.).

587 Vergl. *Blommestein*, Handelsblatt Investor vom 9./10.6.2000, S. 12, der diese Gefahr an der Krise des Hedgefond Long-Term Capital Management aufzeigt. Eine Erkenntnis, die aber verallgemeinert werden kann.

588 *Hoeren*, Cyberspace, S. 109 (110).

589 Die dogmatische Begründung ist nicht in sich stringent, vielmehr stellt sie eine Verbindung von systemtheoretischen Steuerungsmodellen des reflexiven Rechts bzw. der (dezentralen) Kontextsteuerung (vergl. für den Begriff der dezentralen Kontextsteuerung *Willke*, Ironie, S. 185; *Teubner/Willke*, ZfRSoz 1984, 4ff.; *Willke*, ZfRSoz 1995, 94 (97 f.)) der moderne Institutionen- (siehe vertiefend *Mayntz/Scharpf*, Institutionalismus, S. 39 ff.; ferner für die ökonomische Betrachtung der Theorie *Richter/Furubotn*, Institutionenökonomik, S. 33 ff.) und Diskurstheorie (siehe hierzu *Habermas*, Faktizität, S. 151 ff.) sowie Rechtsgedanken des Common Law (vergl. *Lepsius*, Common Law, S. 31ff. (34); *Lepsius*, Steuerungsdiskussion, S. 39) dar. So *Voßkuhle*, Verwaltungsarchiv 92 (2001), 184 (214).

590 Vergl. *Voßkuhle*, Verwaltungsarchiv 92 (2001), 184 (213). Inhaltlich bestehen partielle Parrallelen zu dem Konzept der „Prozeduralisierung" und dem der „Verantwortungsteilung". Vergl. für die „Prozeduralisierung" *Eder*, Prozeduralisierung, S. 155 ff.; *Ladeur*, Rechtstheorie, S. 200 ff.; *Callies*, Prozedurales Recht; *Hagenah*, Umweltschutz, S. 40 ff. Siehe ferner für die „Verantwortungsteilung" *Trute*, DVBl. 1996, 950 (951 ff.); *Trute*, Verantwortungsteilung, S. 13 ff.; *Voßkuhle*, Regelungsstrategien, S. 47 ff.; *Schuppert*, Die Verwaltung 31 (1998), 415 ff. Kritisch dazu *Röhl*, Die Verwaltung 1999, Beiheft 2, S. 33 ff.; *Schmidt*, VerwArch. 91 (2000), 149 (157 f.).

Rahmen vorgibt und so das Verhalten der Privaten initiiert und steuert[591]. Gegebenenfalls greift der Staat in den Selbstverwaltungsprozeß ein, sobald und soweit die Steuerungsziele durch die Selbstverwaltung nicht erreicht werden oder unerwünschte Nebeneffekte auftreten[592].

In den Bereich der hoheitlich regulierten Selbstverwaltung fallen auch die Theorien des reflexiven[593] und prozeduralen Rechts[594].

Sie begreifen unsere Gesellschaft als eine hochkomplexe, die in verschiedene selbstreferentielle und eigendynamische Teilsysteme, welche einer zentralen staatlichen Steuerung entgegenstehen, zerfalle[595]. Diese Teilsysteme, wie beispielsweise Wirtschaft, Recht oder Wissenschaft, hätten sich weitestgehend spezialisiert und ausdifferenziert[596]. Gleich einer Zelle im biologischen Organismus würden sie sich selbst reproduzieren, indem sie sich stets auf sich beziehen würden, also selbstreferenziell seien, und an bestehendes Wissen und Erfahrung anknüpfen. Die Politik bilde dabei nur eines von vielen Subsystemen und könne diese operativ geschlossenen - autopoietischen - Syteme nicht mehr kausal steuern, sondern allenfalls Selbstverwaltungsmaßnahmen anregen[597]. Wo autopoietische Systeme[598] nicht mehr von außen steuerbar seien, könne Gesellschaftssteuerung lediglich als hoheitlich regulierte Selbststeuerung stattfinden[599].

Diese Sichtweise verdeutlicht die Theorie des reflexiven Rechts am Beispiel des Zusammentreffens von staatlicher Wirtschaftspolitk und der Eigenlogik ökonomischer Prozesse[600]. Normen würden in dieser Eigenlogik regelmäßig als Preise gelesen, wodurch es zu Vollzugsdefiziten oder Normübertretungen kommt, wenn diese als ökonomisch effizient erscheinen. Vollzugsdefizite können nur dadurch vermieden werden, daß die Systeme Steuerung nicht mehr als Fremdsteuerung erfahren[601]. Diesen Ansatz vertritt auch das reflexive Recht, welches ein Rechts-

---

591 *Voßkuhle*, Verwaltungsarchiv 92 (2001), 184 (213 f.); *Hoffmann-Riem/Schulz/Held*, Konvergenz, S. 50.

592 Vergl. *Roßnagel*, MMR 2002, 67 (69); *Kilian*, Verkehrsregeln, S. 263 (274, 276). Siehe für Beispiele der hoheitlich regulierten Selbstverwaltung *Voßkuhle*, Verwaltungsarchiv 92 (2001), 184 (214 f.).

593 *Teubner*, ARSP 1982, 13 ff.; *Teubner/Willke*, ZfRSoz 1984, 4 ff. Siehe auch *Luhmann*, ZfRSoz 1985, 1 ff. Kritisch zur Theorie des reflexiven Rechts mit dem Vorwurf ihrer „politischen Gefährlichkeit" siehe *Nahamowitz*, Staatsinterventionismus, S. 169 ff.

594 *Wiethölter*, Rechtsbegriff, S. 38 (42 ff.); *Teubner*, Verrechtlichung, S. 289 (334 ff.); *Hart*, AG 1984, 66 (75 ff.).

595 *Teubner/Willke*, ZfRSoz. 1984, 4 (4).

596 Die moderen Theorie sozialer Systeme wurde von *Luhmann* begründet. Vergl. *Luhmann*, Systeme.

597 *Teubner*, Recht, S. 21 ff., 87; *Willke*, Ironie, S. 60 ff.

598 Autopoietische Systeme sind operativ geschlossene Systeme, die sich gleich einer Zelle selbst reproduzieren, vergl. eingehend dazu *Calliess*, Prozedurales Recht, S. 145 ff. Siehe für die Herkunft des Begriffs Autopoiese *Nocke*, KJ 1986, 363 (364 ff).

599 *Calliess*, Prozedurales Recht, S. 128.

600 *Calliess*, Prozedurales Recht, S. 75, 124.

601 *Calliess*, Prozedurales Recht, S. 89.

system ist, das sich als autopoietisches System in einer Vielzahl von Teilsystemen versteht und dementsprechende Konsequenzen für den eigenen Handlungsanspruch ableitet[602]. So sollen Wirtschaftssubjekte internen Informations-, Lern- und Selbstkontrollprozessen ausgesetzt werden, die zu den bezweckten, nunmehr freiwilligen, Gemeinwohlbeiträgen führen sollen[603]. Der hoheitlichen Regulierung kommt dabei die Rolle zu, die horizontale Koordination der selbstverwalteten Teilsysteme zu übernehmen sowie Strukturvorgaben für den Reflexionsprozeß der Teilsysteme zu formulieren[604]. Staatliches Recht soll also nicht durch Selbstverwaltung ersetzt werden, sondern vielmehr durch eine regulierte Selbstverwaltung[605]. Indem staatliches Recht die selbstverwalteten Teilsysteme fördert und gegebenenfalls korrigierend auf diese einwirkt, erlange es den verlorengegangen Steuerungsanspruch zurück[606]. Die staatliche Steuerung beschränkt sich aber auf die Kontrolle bzw. Überwachung der Selbstkontrolle[607]. Auf konkrete gesetzgeberische Eingriffe in das selbstverwaltete System wird weitestgehend verzichtet. Der Gesetzgeber gibt stattdessen die Rahmenbedingungen vor, innerhalb derer das Teilsystem eigenständige Problemlösungen entwickelt[608]. Indem das reflexive Recht auf Lernfähigkeit angelegt ist, kann es auf neue Anforderungen der Informationsgesellschaft reagieren[609].

Einen ähnlichen Ansatz vertritt die Theorie vom prozeduralen Recht. Sie begreift Recht als ein Kommunikationssystem, dessen Komponenten darauf zielen, die Rationalität des Rechts durch Verfahren zu steigern[610]. Zu den Komponenten eines prozedural-rationalen Rechtssystems zählen sämtliche rationalitätsfördernden Normen, durch die das Recht sich als System konstituiert, sämtliche Kommunikation, die beansprucht, den richtigen Rechtscode zu verwenden sowie ein Rechtsparadigma zur Bestimmung von Identität und Grenzen des Rechts. Prozedurales Recht regelt die Anwendung und Entstehung von materiellen bzw. inhaltlichen Normen durch Kompetenz-, Organisations- und Verfahrensvorschriften[611]. Dabei reguliert es aber nicht die jeweiligen Systemprobleme[612]. Der vom Recht verfolgte Zweck soll nicht unmittelbar durch staatliche Regulierung erreicht werden, sondern vielmehr mittelbar durch ein von dem System selbst durchgeführtes Verfahren. Das prozedurale Recht beschränkt sich während des Verfahrens auf

---

602 *Teubner*, Recht, S. 87. Siehe eingehend zum reflexiven Recht *König/Dose*, Klassifikationsansätze, S. 71 ff.

603 *Teubner/Willke*, ZfRSoz 1984, 4 (6); *Schmidt-Preuß*, VVDStRL 56 (1997), 160 (192) mit weiteren Nachweisen für das Umweltrecht.

604 *Teubner/Willke*, ZfRSoz 1984, 4 (4).

605 *Teubner/Willke*, ZfRSoz 1984, 4 (15).

606 *Teubner/Willke*, ZfRSoz 1984, 4 (24); *Teubner*, ARSP 1982, 13 (14).

607 *Teubner*, Verrechtlichung, S. 289 (S. 334 ff.).

608 Vergl. *Calliess*, Prozedurales Recht, S. 130.

609 *Aulehner*, Informationskompetenz, S. 195 (201).

610 *Eder*, Prozeduralisierung, S. 155 (156); *Calliess*, Prozedurales Recht, S. 180.

611 *Calliess*, Prozedurales Recht, S. 175; *Weinreich*, Recht, S. 119 f.

612 *Eder*, Prozeduralisierung, S. 155 (172).

dessen Kontrolle[613]. Somit handelt es sich um eine hoheitlich regulierte Selbstverwaltung[614].

Der Vorteil dieses Steuerungsmodells besteht darin, daß so der öffentliche Sektor von bestimmten Aufgaben entlastet wird[615]. Ferner zielt das Konzept auf eine Arbeitsentlastung der politischen Entscheidungsträger. Als weiteren Vorteil bietet es eine erhöhte Anpassungs- und Reaktionsfähigkeit des Systems. Schließlich können durch das Selbstverwaltungselement in diesem Konzept bestimmte gesellschaftliche Kapazitäten zur Problemlösung mobilisiert und so in den Steuerungsprozeß eingebunden werden[616].

Obwohl sich die hoheitlich regulierte Selbstverwaltung im Steuerungsdiskurs großer Beliebtheit erfreut, birgt das Modell auch strukturelle Probleme in sich[617]. So wird die Entlastungswirkung des öffentlichen Sektors und der politischen Entscheidungsträger überschätzt, da es immer noch Aufgabe des Gesetzgebers ist, den Regelungsrahmen zu bestimmen bzw. die Verwaltung die Wirksamkeit der Selbstverwaltung zu überwachen hat. Zudem besteht die nicht unbegründete Gefahr, der Staat verliere seine Steuerungsfähigkeit und die Herrschaft über die Entscheidungsprozesse. Insofern bringt das Selbstverwaltungskonzept mitunter Legitimationsdefizite und Gefährdungen des Gemeinwohls mit sich[618].

Desweiteren stellt sich auch die Gefahr einer erheblichen Rechtsunsicherheit für die Regelungsadressaten, da diese nicht immer einer vorhersehbaren staatlichen Maßnahme unterliegen[619]. Bisher fehlt es auch an praktischen Erfahrungen, anhand derer man die Eignung und Effizienz des Steuerungsmodells verifizieren könnte[620].

Ohne den nachfolgenden Forschungsergebnissen vorweggreifen zu wollen, sei an dieser Stelle der vollständigkeitshalber angemerkt, daß die häufig für dieses Steuerungskonzept verwendete Begrifflichkeit der hoheitlich regulierten Selbst*regulierung* verfehlt ist. Wie nachfolgend gezeigt wird, ist unter Regulierung allein der vom Gesetzgeber vorgenommene gestaltende oder ordnende Ausgleich Rechtsverhältnisse Privater zu verstehen[621]. Zwar besitzt der Staat kein Rechtsetzungsmonopol im engeren Sinne, da auch Private, beispielsweise durch Verträge, Rechtssätze aufstellen können. Jedoch wird diese Möglichkeit nur durch die staatliche Rechtsordnung gewährt. Erst sie erkennt den Rechtscharakter zu und

---

613 *Hart*, AG 1984, 66 (76).
614 *Calliess*, Globale Kommunikation, S. 61 (78).
615 *Meier-Schatz*, Wirtschaftsrecht, S. 54 ff.; *Voßkuhle*, VerwArch. 92 (2001), 184 (214); *Voßkuhle*, Regelelungsstrategien, S. 47 (49 ff.).
616 *Hart*, AG 1984, 66 (75 f.).
617 Siehe dazu *Voßkuhle*, VerwArch. 92 (2001), 184 (215).
618 *Trute*, DVBl. 1996, 950 (955); *Lepsius*, Steuerungsdiskussion, S. 23 ff.
619 Dies wurde für das japanische Börsenrecht von *Hopt/Baum*, WM 1997, Sonderbeilage Nr.4, S. 6; *Baum*, Japan, S. 1314 ff.; *Baum/Hayakawa*, Finanzmarkt, S. 495 (516 ff.) festgestellt.
620 *Meier-Schatz*, Wirtschaftsrecht, S. 55.
621 Siehe unten Teil 2. § 6 I. 1.

reguliert, was Private in Rechtssätzen regeln können[622]. Mithin handelt es sich bei Selbststeuerung um gesetzgeberisch legitimierte und determinierte Steuerung. Mit eigener Regulierung hat dies aber nichts zu tun.

IV. Ergebnis

Trotz der eben aufgezeigten Gefahren einer hoheitlich regulierten Selbstverwaltung ist dieser grundsätzlich der Vorzug gegenüber den beiden anderen Steuerungsmodellen zu geben. Bezogen auf den Wertpapierhandel im Internet dürfte das Steuerungskonzept jedoch kaum praktikabel sein. Gerade aufgrund der enormen volkswirtschaftlichen Bedeutung der Kapitalmärkte erscheint es nicht angebracht, lediglich den rechtlichen Rahmen für eine Selbstverwaltung der Kapitalmärkte vorzugeben. Inwiefern tatsächlich eine hoheitliche Regulierung für Kapitalmärkte unabdingbar ist, kann erst vor dem Hintergrund der Schutzgüter des Kapitalmarktrechts entschieden werden. Dieser Schritt erfolgt in der Untersuchung weiter unten[623].

§ 6 Regulierung und Aufsicht im allgemeinen

Bevor sich die Untersuchung den konkreten Problemen von Regulierung und Aufsicht bei Alternativen Handelssystemen zuwenden kann, ist es notwendig, sich rechtsdogmatisch den Begriffen Regulierung und Aufsicht zu nähern, um diese aus sich heraus zu erhellen.

Beispielsweise der Begriff der Regulierung findet sich in unzähligen Bereichen der juristischen und ökonomischen Diskussion. Meist wird er als Gegenpol zu der vielbeschworenen Deregulierung genannt[624]. Auffallend unklar sind jedoch die Vorstellungen, die generell den Begriff prägen. Eine allgemeingültige Definition fehlt und Begriffe wie Aufsicht, Regelung und Regulierung werden synonym benutzt, ohne sich in einem Reflexionsmoment die Arbeit des Begriffs zu machen. Dabei ist die Grundlage einer juristischen Betrachtung die rechtsdogmatische Klarheit der Begriffe. Juristische Begriffe werden im Laufe der Zeit jedoch aufgrund ihres Alters vage und porös. So verlangt ihre weitere Verwendung die Präzisierung der Begriffe[625]. Nachfolgend wird diese Arbeit unternommen und es werden die Begriffe Aufsicht und Regulierung einer begrifflichen Klarheit zugeführt.

---

[622] Vgl. *Augsberg*, Rechtsetzung, S. 28 m.w.N, 42.

[623] Siehe unten Teil 2. § 7 A. III.

[624] Vergl. aus der unzähligen Literatur allein *Hedrich*, Privatisierung, S. 22. Vergl. ferner zur allgemeinen Begriffsbestimmung *Kruse*, Ordnungstheorie, S. 9 (28); *Möschel*, JZ 1988, 885 ff.; *Stober*, DÖV 1995, 125 ff.

[625] *Röhl*, Rechtslehre, S. 42 f.

A. Aufsicht

I. Begriff der Aufsicht

Der Begriff der Aufsicht entzieht sich einer einheitlichen juristischen Definition, da er im rechtlichen Diskurs vielfältig Anwendung findet[626]. Dennoch wird heutzutage der Begriff im wissenschaftlichen Diskurs überwiegend formal-zweckbezogen definiert[627]; eine Begriffsauffassung, die auf *Heinrich Triepel* zurückgeht[628]. Bestimmte Voraussetzungen sind für den Begriff der Aufsicht kennzeichnend.

Zunächst einmal setzt Aufsicht begriffslogisch zwei Beteiligte voraus: Denjenigen, der beaufsichtigt, also den sogenannten Aufsichtsführenden, und denjenigen, der beaufsichtigt wird, mithin den sogenannten Beaufsichtigten[629]. Dabei wird ein Objekt vorausgesetzt, das entweder gegenwärtig oder künftig tätig oder in Bewegung sein wird[630]. Tätigkeit oder Bewegung müssen ihren Grund in einem realiter oder fiktiv in dem Objekt wirkenden selbständigen Willen haben[631]. Insofern scheidet eine Aufsicht im Rechtssinne an unbewegten Sachen oder Zuständen aus[632].

Das Verhältnis der Beteiligten ist bestimmt von der Beobachtung und Besichtigung des Verhaltens des Beaufsichtigten[633].

Allerdings verbleibt es nicht nur bei der Wahrnehmung des Beaufsichtigten. Vielmehr nimmt der Beaufsichtigende auch eine Beurteilung bzw. Prüfung des wahrgenommenen Verhaltens vor, ob es mit aufgestellten Maßstäben übereinstimmt[634]. Voraussetzung für einen berichtigenden, repressiven Eingriff ist eine negative Abweichung des Ist- vom Soll-Zustand[635]. Die Prüfung ist dem Eingriff

---

626 *Schröder*, Wertpapierhandelsaufsicht, S. 30 f., der für die Vielfältigkeit die Beispiele Rechtsaufsicht, Fachaufsicht, Bundesaufsicht und Kommunalaufsicht anführt. Vergl. auch die Darstellung bei *Kahl*, Staatsaufsicht, S. 350 ff. Siehe zur Wortbedeutung der Allgemeinsprache *Kahl*, Staatsaufsicht, S. 349.

627 Vergl. *Elleringmann*, Kommunalaufsicht, S. 45 f.; *Fleiner*, Institutionen, S. 116; *Peters*, Grenzen, S. 218. Dagegen für eine material-funktionsbezogene Begriffsbestimmung, die auch das Verhältnis zu dem Beaufsichtigten beachtet *von Stein*, Verwaltungslehre, S. 69 f.; *Borchert*, Kommunalaufsicht, S. 18 f.

628 *Triepel*, Reichsaufsicht, S. 111 f. So auch *Kahl*, Staatsaufsicht, S. 353, 174 ff.

629 *Schröder*, Wertpapierhandelsaufsicht, S. 31; *Meyer*, Staatsaufsicht, S. 166 m.w.N.

630 Vergl. *Kahl*, Staatsaufsicht, S. 353 m.w.N.

631 *Triepel*, Reichsaufsicht, S. 111; *Kahl*, Staatsaufsicht, S. 353 m.w.N.

632 *Kahl*, Staatsaufsicht, S. 353. Weitergehend ist dagegen der Begriff der Aufsicht in der Allgemeinsprache. Nach Brockhaus, S. 79 ist Aufsicht nicht nur gegenüber Menschen möglich, sondern auch gegenüber Sachen, um diese beispielsweise zu erhalten oder damit sie nicht einen Schaden verursachen.

633 *Kahl*, Staatsaufsicht, S. 565; *Triepel*, Reichsaufsicht, S. 110 f., 117 ff. Vergl. zum Begriff des Besichtigens *Kiefer*, Aufsichtsrecht, S. 5.

634 *Kahl*, Staatsaufsicht, S. 355, 566; *Schröder*, Wertpapierhandelsaufsicht, S. 31 m.w.N.

635 Für einen präventiven Eingriff ist zumindest die konkrete Gefahr der Abweichung zu fordern, siehe dazu *Kahl*, Staatsaufsicht, S. 355. Vergl. ferner zum Aspekt der Inkongruenz *Kiefer*, Aufsichtsrecht, S. 7.

logisch vorgeschaltet. Um einer effektiven Beobachtung und einer umfassenden Beurteilung gerecht zu werden, muß die Aufsicht eine derart starke Position innehaben, daß es ihr möglich ist, die für ihre Tätigkeit relevanten Informationen zu erlangen[636].

Schließlich tritt neben Beobachtung und Beurteilung als letztes begriffsbestimmendes Kriterium die Berichtigungsfunktion der Aufsicht[637]. Die Aufsicht wäre sinnlos, wenn sie eine rein deskriptive Funktion hätte und nicht auch auf die Einhaltung der vorgegebenen Maßstäbe hinwirken könnte[638]. Die Berichtigungsfunktion ist eine Befugnis zum Einwirken auf das Objekt der Aufsicht, um dessen Verhalten in Kongruenz mit dem Aufsichtsmaßstab zu bringen[639]. Dies impliziert zugleich, daß der Beaufsichtigende sowohl physisch als auch räumlich fähig ist, auf den Beaufsichtigten berichtigend einzuwirken[640]. Die Einwirkungsmöglichkeiten der Aufsicht bestehen dabei in Verwaltungsakten, Weisungen oder tatsächlichen Maßnahmen[641]. Der Beaufsichtigende kann also entweder auf die Willensbildung des Aufsichtsobjekts einwirken oder, wie beispielsweise bei der Ersatzvornahme, den Willensvollzug auch selbst vornehmen[642]. Dies verdeutlicht zudem das Über-/Unterordnungsverhältnis zwischen den Beteiligten[643].

Dabei darf aber nicht verkannt werden, daß die Aufsicht ein in Grundzügen eigenverantwortliches Verhalten des Beaufsichtigten bzw. ein Verhältnis zwischen Subjekt und Objekt der Aufsicht, welches ein Willenbeeinflussungsmoment in sich trägt, voraussetzt[644]. In diesem Willensbeeinflussungselement zeigt sich erneut, daß unbewegte Sachen und Zustände nicht beaufsichtigt werden können[645]. Die Ausübung der Maßnahmen im Über-/Unterordnungsverhältnis dürfen

636 *Schröder*, Wertpapierhandelsaufsicht, S. 31; *Battis/Gusy*, Wirtschaftsrecht, S. 197.

637 *Kahl*, Staatsaufsicht, S. 566. Anders noch die ältere naturrechtliche Lehre vom ius supremae inspectionis (vergl. dazu *Triepel*, Reichsaufsicht, S. 118 f. m.w.N.) und Teile der Staatsrechtslehre des Kaiserreichs (vergl. insbesondere *Haenel*, Staatsrecht, S. 299; *Laband*, Staatsrecht 1, S. 109; *Laband*, Staatsrecht 2, S. 200), die davon ausgingen, daß die (Ober-)Aufsicht nur das Recht der Beobachtung nicht aber das Recht zum Berichtigen umfasse. Dieses sei vielmehr nur ein Annex des ius inspiciendi.

638 *Schröder*, Wertpapierhandelsaufsicht, S. 31; *Triepel*, Reichsaufsicht, S. 116 ff.

639 Eine Erkenntnis, die auf *Triepel*, Reichsaufsicht, S. 111, 116 ff., 378 zurückgeht. Dieser Ansicht folgt der überwiegende Teil des Schrifttums, vergl. *Kahl*, Staatsaufsicht, S. 354 m.w.N.

640 *Kahl*, Staatsaufsicht, S. 354 m.w.N.

641 *Bullinger*, VVDStRL 22, 264 (268); *Wolff/Bachof*, Verwaltungsrecht II, S. 101.

642 *Kahl*, Staatsaufsicht, S. 354.

643 Ebenso zum Über-/Unterordnungsverhältnis *Kahl*, Staatsaufsicht, S. 354; *Meyer*, Staatsaufsicht, S. 167; *Schröder*, JuS 1986, 371.

644 *Stößner*, Staatsaufsicht, S. 37 ff.; *Bullinger*, VVDStRL 22, 264 (285); *Schröder*, JuS 1986, 371.

645 Vergl. allein *Kahl*, Staatsaufsicht, S. 355, der zutreffend schreibt, daß „man (.) zwar ein Gewitter, einen Vulkanausbruch oder einen Sonnenuntergang beobachten, aber nicht auf diese einwirken (kann), ergo sie nicht beaufsichtigen (kann)".

somit dem Beaufsichtigten nie die Selbständigkeit vollends nehmen, sondern lediglich diese einschränken[646].

Zusammenfassend ist für den Rechtsbegriff der Aufsicht kennzeichnend, daß der Beaufsichtigende durch Beobachtung und Berichtigung des Verhaltens des Beaufsichtigten die Einhaltung von vorgegebenen Maßstäben erreichen möchte[647].

II. Abgrenzung zu anderen Rechtsinstituten

Eine weitere Klarheit erlangt der Begriff durch die Abgrenzung zu anderen Rechtsinstituten, wie Kontrolle, Überwachung, Leitung und Lenkung, die auch begriffsbestimmende Merkmale der Aufsicht in sich tragen[648]. Ihnen allen gemeinsam ist die Unterordnung unter den Oberbegriff Steuerung[649]. Steuerung meint dabei in der Verwaltungswissenschaft das bewußte Einwirken auf Organisationen bzw. ihre Umwelt und ihre Entscheidungsabläufe und -situationen, um vorgegebene oder selbst festgelegte Ziele zu erreichen[650].

1. Aufsicht und Kontrolle

Kontrolle wird im rechtswissenschaftlichen Diskurs unterschiedlich aufgefaßt. Es bestehen vielfältige Kontrollbegriffe[651]. Das Verhältnis von Kontrolle und Aufsicht, insbesondere der Staatsaufsicht, zueinander wird ebenso vielfältig beschrieben[652].

Im Schrifttum geht eine Meinung, die sogenannte Synonymitätstheorie, von der Gleichbedeutung der Begriffe Aufsicht und Kontrolle aus[653]. Sie führt für ihre Theorie an, daß in der Allgemeinsprache die Wörter Kontrolle und Aufsicht gleichbedeutend verwendet würden[654]. Außerdem könne man in der Praxis die

---

646 *Meyer*, Staatsaufsicht, S. 167; *Schröder*, Wertpapierhandelsaufsicht, S. 32.

647 *Kahl*, Staatsaufsicht, S. 354; *Schröder*, Wertpapierhandelsaufsicht, S. 32; *Schröder*, Jus 1986, 371; *Triepel*, Reichsaufsicht, S. 110 f.

648 So auch *Schröder*, Wertpapierhandelsaufsicht, S. 32.

649 *Kahl*, Staatsaufsicht, S. 355 f. Vergl. ferner zum Begriff der Steuerung *Emde*, Selbstverwaltung, S. 49; *Müller*, Rechtsformenwahl, S. 105; *Schuppert*, DÖV 1987, 757 (761 ff.); *Tomerius*, Hochschulautonomie, S. 95 ff. Einen engeren Steuerungsbegriff vertritt *Mayntz*, Soziologie, S. 73 ff., die die Kontrolle aus dem Steuerungsbegriff raushält und zwischen „politischer Steuerung" und Kontrolle differenziert. Einen engen Steuerungsbegriff vertritt auch *Oebbecke*, Verwaltung, S. 12. Eine völlig andere Aufteilung nimmt *Benz*, Verwaltung, S. 53 ff. vor, der unter Steuerung als Oberbegriff Regulierung, Leistungen, Persuasion und Kooperation faßt.

650 *Kahl*, Staatsaufsicht, S. 355 m.w.N.

651 *Schulte*, DÖV 1996, 497 (498); *Thieme*, VerwArch. 74 (1983), 305 ff.

652 *Kahl*, Staatsaufsicht, S. 402 spricht in diesem Zusammenhang auch von Anarchie hinsichtlich der begrifflichen Zuordnung. Vergl. ferner *Bullinger*, VVDStRL 22 (1965), 264 (264 f.).

653 *Triepel*, Reichsaufsicht, S. 109 ff.; *Brunner*, Kontrolle, S. 139 ff.; *Lecheler*, Verwaltungslehre, S. 218 ff., 222, 247 ff., 251 ff.; *Puppel*, Staatsaufsicht, S. 97; *Emde*, Selbstverwaltung, S. 48; *Kirchhof*, in: Isensee/Kirchhof, HbStR III, § 59, Rn. 202 f. Vergl. für die politikwissenschaftliche Betrachtung allein *Zinterer*, Verwaltungskontrolle, S. 690 f.

654 So beispielsweise in *Wahrig*, Wörterbuch, S. 474.

Begriffe meist nicht voneinander trennen, so daß eine Differenzierung unzweckmäßig sei[655]. Gegen diese Gleichsetzung der Begriffe ist jedoch einzuwenden, daß in ausländischen Rechtsordnungen durchaus zwischen den Begriffen unterschieden wird. Das englische Recht trennt zwischen „control" und „supervision". Ebenso differenzieren die Franzosen zwischen „contrôle" und „surveillance". Sowohl im englischen als auch im französischen Recht haben die Begriffe jeweils unterschiedliche Bedeutungen[656]. Insofern ist eine Gleichsetzung der Begriffe durchaus nicht so üblich, wie von den Anhänger der Synonymitätstheorie vorgebracht. Bei der Betrachtung des deutschen Rechts fällt auf, daß sofern Gesetze beide Begriffe verwenden, der Normtext stets eine begriffliche Trennung durchhält[657]. Schließlich muß sich die Synomymitätstheorie auch einiger begrifflicher Kunstgriffe bedienen, um Aufsicht und Kontrolle synonym verwenden zu können. Damit der Begriff der Aufsicht, welcher unstreitig stets auch eine Berichtigungsfunktion als wesensbestimmendes Element in sich trägt, mit dem Kontrollbegriff, wonach Kontrolle grundsätzlich die Beobachtung und der Vergleich des Ist- mit dem Soll-Zustand ist[658], gleichgesetzt werden kann, werden die Begriffe „unechte Kontrolle"[659] oder „Führungskontrolle"[660] künstlich geschaffen[661]. Dadurch aber werden die Begriffe einer dogmatischen Klarheit nicht nähergebracht, sondern vielmehr ihres begrifflichen Wahrheitsgehalts genommen, mithin depotenziert.

Die herrschende Meinung im Schrifttum differenziert dagegen zwischen Aufsicht und Kontrolle[662]. Diese sogenannte Differenztheorie sieht in der Aufsicht einen Spezialfall der Kontrolle[663]. Dabei besteht aber Streit über das entscheidende Differenzierungskriterium zwischen Aufsicht und Kontrolle.

Eine starke Ansicht innerhalb der Differenztheorie nimmt die Unterscheidung anhand einer formal-begrifflichen Abgrenzungsmethode vor. Ausgehend von der etymologischen Wortbedeutung[664] meint Kontrolle ausschließlich eine verglei-

---

655 *Thieme*, Verwaltungslehre, S. 155 ff.

656 *Kahl*, Staatsaufsicht, S. 402.

657 *Kahl*, Staatsaufsicht, S. 402 f.

658 So wird gemeinhin auch der Begriff der Kontrolle verstanden. Vergl. beispielsweise *Thieme*, Verwaltungslehre, S. 153; *Schröder*, Wertpapierhandelsaufsicht, S. 32; *Berendes*, Staatsaufsicht, S. 25.

659 *Brunner*, Kontrolle, S. 159, 164.

660 *Oebbecke*, Verwaltung, S. 18.

661 *Kahl*, Staatsaufsicht, S. 403.

662 Statt vieler *Kahl*, Staatsaufsicht, S. 403 ff. m.w.N.

663 *Mayer*, Verwaltungsrecht, S. 392 ff.; *von Stengel*, Verwaltungsrecht, S. 205 f.; *Kahl*, Staatsaufsicht, S. 403.

664 Der Begriff Kontrolle leitete sich im 18. Jahrhundert von dem französischen Wort „contrôle" ab, welches die zusammengezogene Form von „contre-rôle" war. „Contre-rôle" bedeutet Gegenrolle, Gegenregister oder Zweitregister (vergl. auch lat. contra rotulus), so *Kahl*, Staatsaufsicht, S. 403 m.w.N.

chende Prüfung des Ist- mit dem Soll-Zustandes[665]. Am Ende des Kontrollverfahrens steht das Kontrollergebnis[666]. Alles darüber Hinausgehende, wie beispielsweise etwaige Sanktionen bei einer Inkongruenz von Ist- und Soll-Zustand, wird nicht mehr dem Begriff der Kontrolle zugerechnet[667]. Allein im Rahmen der Aufsicht könne auf das Beobachtungsobjekt korrigierend eingewirkt werden. Insofern ist die Kontrolle, als vorbereitende Instanz, eine Art Handlanger der Aufsicht. Im Umkehrschluß wird deutlich, daß die Aufsicht die Wesensmerkmale der Kontrolle, nämlich Beobachtung und Prüfung, beinhaltet, aber aufgrund der Berichtigungsfunktion über diese hinausgeht[668]. *Kahl* weist zurecht darauf hin, daß eine solche Auffassung von Kontrolle an der Realität vorbeigeht[669]. Er nimmt dabei insbesondere Bezug auf die Habilitationsschrift von *Georg Brunner*, die zeigt, daß es auch vielfältige Formen von Kontrolle gibt, die eine Berichtigungsfunktion beinhalten[670]. *Brunner* führt als Beispiele die Verfassungsgerichtsbarkeit, die gerichtliche Verwaltungskontrolle und die Rechtsprechungskontrolle sowie die parlamentarische Kontrolle mit dem Instrument des Mißtrauensvotums an[671]. Daher ist die Berichtigungsfunktion eben keine Ausnahme beim Rechtsinstitut der Kontrolle, sondern vielmehr ein Grundelement und Wesensmerkmal, welches ausnahmsweise fehlen kann[672]. Beinhaltet das Rechtsinstitut eine Berichtigungsfunktion, so schließt das mithin die Kontrolle nicht aus, fehlt dagegen die Berichtigung, so ist lediglich klar, daß es sich nicht um das Rechtsinstitut der Aufsicht handeln kann. Folglich ist die formal-begriffliche Abgrenzungsmethode zum Scheitern verurteilt.

Als weitere Differenzierungsmöglichkeit wird vorgeschlagen, Kontrolle und Aufsicht nach den Aufgaben des Überwachten zu trennen. Kontrolle soll vorliegen, wenn der Kontrollierte eigene Aufgaben erfüllt, während es sich um einen Fall der Aufsicht handele, wenn der Beaufsichtigte fremde Aufgaben wahr-

---

[665] *Brunner*, Kontrolle, S. 74 f.; *Krebs*, Kontrolle, S. 5, 14 ff., 34; *Oebbecke*, Verwaltung, S. 18; *Püttner*, Verwaltungslehre, S. 340; *Voßkuhle*, Rechtsschutz, S. 256 ff.; *Wolff/Bachof*, Verwaltungsrecht III, S. 397 f.

[666] Vergl. hierzu *Brunner*, Kontrolle, S. 81; *Eichhorn/Friedrich*, Verwaltungsökonomie, S. 251 ff. *Thieme*, Verwaltungslehre, S. 153 zählt dagegen auch noch die Bewertung der Inkongruenz zur Kontrolle.

[667] Siehe VerfGH NW, OVGE 9, 74 (77); *Ellwein*, Verwaltungslehre, S. 96, Fn 13; *Knöpfle*, Kontrolle, S. 259 (278); *Liermann*, Staatsaufsicht, S. 211 (216); *Neitz*, Rechnungsprüfung, S. 427; *Peters*, Grenzen, S. 221; *Picozzi*, Aufsicht, S. 148; *Püttner*, Verwaltungslehre, S. 341 f.; *Schoenborn*, Oberaufsichtsrecht, S. 34, 60 ff.

[668] Diese Konsequenz zeigt *Kahl*, Staatsaufsicht, S. 404 auf.

[669] *Kahl*, Staatsaufsicht, S. 405 f.

[670] Vergl. *Brunner*, Kontrolle, S. 197. Ebenso wird die Berichtigungsfunktion der Kontrolle von *Voßkuhle*, Rechtsschutz, S. 257 f., 259; *Becker*, Verwaltung, S. 869; *Eichenberger*, Staat, S. 416; *Gehring*, Parlament, S. 4 f. 8; *Kirchhof*, in: Isensee/Kirchhof, HbStR III, § 59, Rn 188; *Krebs*, Kontrolle, S. 44 f.; *Meyn*, Kontrolle, S. 26; *Scheuner*, Verantwortung, S. 293 (303 f.); *Schwarze*, DVBl. 1974, 893 (894 f.) betont.

[671] *Brunner*, Kontrolle, S. 139 ff., 146 ff., 153 ff., 173 ff., 197.

[672] *Kahl*, Staatsaufsicht, S. 406.

nimmt[673]. Dabei wird aber übersehen, daß in der gesetzgeberischen Praxis die Überwachung der Erfüllung eigener Aufgaben als Rechtsaufsicht, Kommunlaufsicht oder allgemein als Aufsicht bezeichnet wird, und nicht als Kontrolle[674]. Insofern scheidet auch dieses Unterscheidungsmerkmal aus.

Eine weitere Ansicht im Schrifttum trifft die Abgrenzung anhand des Verhältnisses zwischen Überwacher und dem Überwachungsobjekt[675]. So sei für die Aufsicht ein Subordinationsverhältnis (bzw. Über-/Unterordnungsverhältnis) zwischen Aufsehenden und Aufsichtsobjekt kennzeichnend[676]. Dagegen zeichne sich die Kontrolle durch ein Koordinationsverhältnis zwischen den Beteiligten aus, in dem der Kontrollierte Entscheidungsfreiheit besäße. Als Argument für diese Theorie wird angeführt, daß es innerhalb von juristischen Personen eine Selbst- oder Eigenkontrolle gebe, nicht aber eine Selbst- oder Eigenaufsicht[677]. Dem ist jedoch entgegen zu halten, daß die Unterscheidung anhand eines Subordinationskriteriums heutzutage aufgrund der Zunahme von Gleichordnungsverhältnissen, wie beispielsweise im Wirtschaftsverwaltungsrecht, nicht immer tauglich ist[678]. Ein Gegenargument, welches sich mit Blick auf die Diskussion über die Abgrenzung von Öffentlichem Recht und Privatrecht erhärtet[679].

Vielmehr ist die Abgrenzung von Aufsicht und Kontrolle anhand des von *Kahl* entwickelten Ansatzes, der funktional-institutionellen Theorie, vorzunehmen[680]. *Kahl* hat diese Theorie zwar für die Abgrenzung von Staatsaufsicht und Kontrolle entwickelt. Sie ist jedoch auch auf eine generelle Differenzierung von Aufsicht und Kontrolle übertragbar. Kontrolle versteht er als „die Überwachung (Beobachtung, Prüfung und ggf. Berichtigung) einer Gewalt durch eine funktional-institutionell *außerhalb* [so im Original, Anmerk. des Verfassers] dieser Gewalt positionierte Kontrastgewalt im weiteren Sinne“[681]. Das Überwachungsobjekt hat dabei eine eigene Sachverantwortung[682], auf welche die vom Objekt ge-

---

673 *Forsthoff*, Verwaltungsrecht, S. 478 f.

674 *Kahl*, Staatsaufsicht, S. 406 f.

675 *Nawiasky*, Staatslehre, S. 186 f.; *Frick*, Staatsaufsicht, S. 27 ff.; *Gierke*, Genossenschaftstheorie, S. 641, 663 f.; *Jeß*, Körperschaften, S. 14 ff.; *Kiefer*, Aufsichtsrecht, S. 9; *Elleringmann*, Kommunalaufsicht, S. 79; *Merten*, VVDStRL 55 (1996), S. 7 (15); *Oexmann*, Beanstandung, S. 64; *Scheuner*, Kontrolle, S. 11; *Scheuner*, Verantwortung, S. 292 (303); *Schmitt*, Rechtsaufsicht, S. 71, 73, 78; *Schröder*, JuS 1986, 371; *Wilke*, DÖV 1975, 509 (514).

676 *Berendes*, Staatsaufsicht, S. 25.

677 *Bracker*, Kommunalaufsicht, S. 459 (462); *Kirchhof*, in: Isensee/Kirchhof, HbStR III, § 59, Rn. 194 ff.; *Krebs*, Kontrolle, S. 47 f.; *Weingarten*, Wirtschaftsaufsicht, S. 9; *Stößenreuther*, Kontrolle, S. 71 ff.

678 *Kahl*, Staatsaufsicht, S. 408 führt zusätzlich noch an, daß insbesondere für die Staatsaufsicht die Auffassung, nach der Aufsicht ein Subordinationsverhältnis sei, verfassungsrechtlich nicht haltbar sei. Ebenso *Preuß*, Amtsrecht, S. 139, 296 ff.

679 Hier ist die Subordinationstheorie kaum noch erkenntnisfördernd, vergl. insofern allein *Bull*, Verwaltungsrecht, Rn. 99 ff. (101).

680 Siehe *Kahl*, Staatsaufsicht, S. 408 ff.

681 *Kahl*, Staatsaufsicht, S. 409.

682 BVerfGE 81, 310 (332).

trennte Überwachungsstelle von außen einwirkt[683]. Kontrollinstanz bzw. Überwachungssubjekt sind im klassischen Sinne[684] Rechtsprechung[685], parlamentarische Kontrolle[686] und Rechnungshofkontrolle[687] auf der staatlichen Ebene. Politische Kontrolle[688], die beispielsweise durch Parteien, Verbände, Bürgerinitiativen, Medien, Öffentlichkeit oder engagierte einzelne Bürger ausgeübt wird, wirkt dagegen auf der gesellschaftlichen Ebene.

Demgegenüber findet die Staatsaufsicht innerhalb einer staatlichen Gewalt statt[689]. Folglich ist sie stets eine Verwaltungstätigkeit[690]. Bei der Staatsaufsicht beaufsichtigt eine Verwaltungsbehörde einen anderen Verwaltungsträger unabhängig von dessen Rechtsform. Deutlicher wird diese Unterscheidung am Beispiel der Judikative. Die Überwachung durch sie ist als Kontrolle, aber niemals als Aufsichtsmittel zu begreifen, da die Funktion der Judikative eine andere als die der (Staats-)Aufsicht ist[691]. Gerichte sind gerade aufgrund der richterlichen Unabhängigkeit (vergl. Art. 97 GG, § 1 GVG) außerhalb eines, wie *Kahl* es nennt, „allgemeinen Kräftespiels und Interessengeflechts"[692] stehend. Im Gegensatz dazu sind die Aufsichtsbehörden eben nicht neutrale Dritte, sondern in dem ihnen vorgegebenen Rahmen parteiisch. Im Falle eines Streites zwischen Aufsichtsbehörde und Aufsichtssubjekt wird dieser durch die außerhalb stehenden Gerichte ent-

---

683 Die Überwachung von außen folgt unter anderem aus dem Trennungsdogma, welches charakteristisch für die Kontrolle ist. Vergl. hierzu *Püttner*, Verwaltungslehre, S. 342 f.; *Kirchhof*, in: Isensee/Kirchhof, HbStR III, § 59, Rn 203; *Scheuner*, Kontrolle, S. 10 f.

684 Daneben gibt es noch als besondere Kontrolleinrichtungen diverse Beauftragte (z.B. Datenschutzbeauftragter). Eingehend dazu *Fuchs*, Beauftragte.

685 Siehe dazu *Voßkuhle*, Rechtsschutz, S. 65 ff., 255 ff.

686 Vergl. *Eichenberger*, Staat, S. 415 ff.; *Masing*, Untersuchungen, S. 33 ff., 61 f., 70 ff., 228 ff.

687 Eingehender zu den Rechnungshöfen *Kahl*, Staatsaufsicht, S. 410, Fn. 427, S. 418 ff.

688 Weiterführend zur politischen Kontrolle und ihrer Bedeutung *Lecheler*, Verwaltungslehre, S. 255 ff.; *Masing*, Untersuchungen, S. 234 ff., 313 ff.; *Wolff/Bachof*, Verwaltungsrecht III, S. 465 ff.); *Eichenberger*, Staat, S. 135.

689 *Kahl*, Staatsaufsicht, S. 410 ff.

690 *Kahl*, Staatsaufsicht, S. 415; *Piloty*, DJZ 1910, Sp. 1308; *Peters*, Grenzen, S. 36; *Puppel*, Staatsaufsicht, S. 79; *Schmitt*, Rechtsaufsicht, S. 118.

691 So schon *Gierke*, Genossenschaftstheorie, S. 649 f.; *Forsthoff*, AöR 58 (1930), S. 61 (71); *Hatschek*, Selbstverwaltung, S. 136 f.; *Laband*, Staatsrecht 1, S. 110; *Peters*, Grenzen, S. 36, 218 ff.; *Dux*, Bundesaufsicht, S. 23 ff.; *Frowein*, Bundesaufsicht, S. 19; *Klüber*, Gemeinderecht, S. 349; *Lee*, Kommunalaufsicht, S. 64 f.; *Oexmann*, Beanstandung, S. 48, 55 ff.; *Stein*, Wirtschaftsaufsicht, S. 9, 16 f.; *Schmitt*, Rechtsaufsicht, S. 116 ff.; a.A. die Theorie der richterlichen Aufsicht, welche von *Triepel*, Reichsaufsicht, S. 453 ff.; *Anschütz*, Reichsaufsicht, S. 363 (364, 373 ff.); *Kiefer*, Aufsichtsrecht, S. 47 f., 69 ff.; *Brohm*, Wirtschaftsverwaltung, S. 220, Fn. 16; *Bullinger*, VVDStRL 22 (1965), 264 (298 f.); *Mösbauer*, Staatsaufsicht, S. 637 ff., 711 vertreten wird. Sie verkennt aber die funktional-institutionellen Unterschiede zwischen Aufsicht und Kontrolle, so *Kahl*, Staatsaufsicht, S. 416.
Auch für die Rechtsprechungskontrolle im Instanzenzug ergibt sich keine Ausnahme. Es handelt sich hierbei um eine atypische unechte Kontrolle aufgrund der richterlichen Unabhängigkeit und der Bindung an den Klägerwillen, vergl. dazu *Kahl*, Staatsaufsicht, S. 417 f. m.w.N.

692 *Kahl*, Staatsaufsicht, S. 417.

schieden, die somit Kontrolle ausüben[693]. Die Rolle des Gerichts als außenstehende Instanz wird auch dadurch deutlich, daß das Gericht nur aufgrund eines Antrags eines Betroffenen hin handelt[694]. Obwohl der Stein des Anstoßes für ein Tätigwerden der Aufsichtsbehörde meist auch von außen kommt, sei es durch die Presse oder einzelne Bürger, so ist sie juristisch nicht an einen Antrag gebunden und kann auch von Amts wegen tätig werden[695].

Auch wenn *Kahl* diese Erkenntnisse für die Staatsaufsicht herausgearbeitet hat, so kann ihr Kern, nämlich die funktional-institutionelle Betrachtung, generalisiert werden[696]. Es zeigt sich, daß Aufsicht, sofern sie staatlich erfolgt, eben reine Verwaltungstätigkeit ist, während Kontrolle als etwas von außen kommendes, beispielsweise durch Gerichte, ausgeübt wird. Daher ist, abstrakt gesprochen, Kontrolle etwas von außen kommendes, neutrales, während Aufsicht innerhalb einer Gewalt oder eines Bereichs, als etwas durchaus parteiisches wirkt.

Desweiteren unterscheiden sich Aufsicht und Kontrolle auch dadurch, daß letztere auch an unbewegten Objekten stattfinden kann, während die Aufsicht stets ein tätiges oder in Bewegung befindliches Objekt voraussetzt[697].

2. Aufsicht und Überwachung

Der Begriff der Überwachung wird meist synonym für Aufsicht und Kontrolle verwendet[698]. Eine genaue Abgrenzung zwischen den Begriffen fehlt[699]. Dies folgt aus dem Wesensmerkmal des Beobachtens, welches für die Aufsicht charakteristisch ist[700]. Kennzeichnend für die Überwachung ist ebenfalls die Beobachtung, wenn auch mehr von oben herab im Sinne eines Besichtigens[701].

Allerdings findet sich im Schrifttum ein enger und ein weiter Überwachungsbegriff. Der enge Begriff der Überwachung sieht in ihr nur das Beobachtungselement[702], während der weite Überwachungsbegriff Überwachung als Synonym für Aufsicht betrachtet[703]. Nur vereinzelt wird Überwachung als Steuerungsmittel

---

693 *Kahl*, Staatsaufsicht, S. 417; *Peters*, Grenzen, S. 220; *Frowein*, Bundesaufsicht, S. 57.

694 Es gilt, außer im Strafrecht, die Dispositionsmaxime bzw. „wo kein Kläger, da kein Richter", vergl. *Kahl*, Staatsaufsicht, S. 417.

695 *Kahl*, Staatsaufsicht, S. 417 m.w.N.

696 Vergl. beispielsweise *Breitkreuz*, Ordnung, S. 205 ff. für das Verhältnis von Börsenaufsicht und Rechtsschutz bzw. gerichtlicher Kontrolle.

697 *Kahl*, Staatsaufsicht, S. 353, der als Beispiel, die Möglichkeit nennt, eine Uhr dahingehend zu kontrollieren, ob sie richtig funktioniert. Vergl. ferner *Schmitt*, Rechtsaufsicht, S. 70; *Schoenborn*, Oberaufsichtsrecht, S. 9.

698 Vergl. allein *Kahl*, Staatsaufsicht, S. 349, der allerdings auf den Alltagsgebrauch der Wörter abstellt.

699 *Schröder*, Wertpapierhandelsaufsicht, S. 33; *Bullinger* VVDStRL 22, 264 (264 f.).

700 *Kahl*, Staatsaufsicht, S. 353.

701 *Kiefer*, Aufsichtsrecht, S. 5.

702 *Schmidt*, Wirtschaftspolitik, S. 3 (52); *Stein*, Wirtschaftsaufsicht, S. 17; *Jecht*, Anstalt, S. 86.

703 Vergl. *Gröschner*, Überwachungsrechtsverhältnis, S. 127 ff.

zwischen Kontrolle und Aufsicht eingeordnet[704]. Vorliegend wird Überwachung als Oberbegriff für Aufsicht und Kontrolle angesehen[705].

3. Aufsicht und Lenkung

Unter Lenkung versteht man die vorgängig-offensive und generelle Bildung von Recht- oder Zweckmäßigkeitsmaßstäben[706]. Kennzeichnend für die Lenkung ist somit eine, wie *Kahl* es nennt, „Zielformulierungsfunktion"[707]. Insbesondere in Form von Rechtsnormen und durch die Zuweisung von Haushaltsmitteln wird lenkend eingegriffen[708].

Dagegen kommt der Aufsicht eine, mit *Kahls* Worten, „Zielerreichungsfunktion" zu[709]. Sie ist die nachgängige-defensive und punktuelle Überprüfung hinsichtlich der Erreichung von zuvor formulierten Maßstäben, mit der Aufgabe, Negativ-Abweichungen des Ist-Zustandes von diesen Maßstäben zu korrigieren. Diese Definitionen sollen aber nicht darüber hinwegtäuschen, daß es gerade im Wirtschaftsbereich, also bei der Wirtschaftslenkung[710] und der Wirtschaftsaufsicht, Abgrenzungsprobleme gibt[711]. Nichtsdestotrotz hält ein Großteil des Schrifttums an einer Trennung der Begriffe fest[712]. Der Kritik daran ist zwar insoweit recht zu geben, als die Grenze zwischen Lenkung und Aufsicht im Einzelfall fließend sein kann[713]. Dennoch sind beide Rechtsbegriffe von unterschiedlicher Qualität. Dies folgt insbesondere daraus, daß die Lenkung als wesensbestimmendes Moment die Berücksichtigung außerrechtlicher, sachlich-politischer Maßstabs- und Zielformulierungen in sich trägt; im Gegensatz zur Aufsicht, welche

---

704 So beispielsweise *Schüssler*, Aufsichtsrecht, S. 17 f., demzufolge Überwachung aus Beobachtung und Prüfung besteht. Damit ist Überwachung ein Plus gegenüber der Kontrolle, aber ein Minus gegenüber der Aufsicht.

705 So auch *Berendes*, Staatsaufsicht, S. 26.

706 *Kahl*, Staatsaufsicht, S. 358; *Bullinger*, VVDStRL 22 (1965), 264 (287); *Schmitt*, Rechtsaufsicht, S. 94 ff.; *Tettinger*, Wirtschaftsverwaltungsrecht, S. 251 f.

707 *Kahl*, Staatsaufsicht, S. 358.

708 *Kahl*, Staatsaufsicht, S. 358.

709 *Kahl*, Staatsaufsicht, S. 358.

710 Gegen den Begriff *Schmidt*, Wirtschaftsrecht AT, S. 298 f. *Schmidt* spricht sich stattdessen für den Begriff der Wirtschaftspolitik aus.

711 Vergl. dazu *Schmidt*, Verfassung, S. 56 ff., 62 ff.; *Kluth*, ZHR 162 (1998), S. 657 ff. Von Teilen des Schrifttums werden die Begriffe sogar synonym benutzt. Vergl. beispielsweise *Brohm*, Wirtschaftsverwaltung, S. 207 f.; *Püttner*, Unternehmen, S. 261; *Stober*, Handbuch, S. 620; *Stein*, Wirtschaftsaufsicht, S. 15. Begründet wird dies mit der vermeintlich praktischen Undurchführbarkeit einer Separation der Begriffe sowie mit dem Hinweis auf die Versicherungs- und Bankenaufsicht, deren zentrale Aufsichtsaufgabe in der generellen Sicherung der Funktionsfähigkeit des jeweiligen Wirtschaftsmarktes liegt.

712 So beispielsweise *Kahl*, Staatsaufsicht, S. 359 ff. m.w.N.

713 *Kahl*, Staatsaufsicht, S. 359 f., der einige Beispiele für diese fließenden Übergänge anführt. Insbesondere verdeutlicht er diese anhand von Dienst- und Behördenaufsicht, der Verwendung unbestimmter Rechtsbegriffe und der ehemaligen Sonderbehörde BAKred. Siehe ferner für das Wirtschaftsverwaltungsrecht *Brohm*, Wirtschaftsverwaltung, S. 207 f.; *Scholz*, Wirtschaftsaufsicht, S. 15, 40 ff.; *Ziekow*, WUR 1991, 243 (244).

nur ausnahmsweise solche beinhaltet[714]. Oder anders gesprochen: Die Lenkung steht als maßstabssetzende Steuerungsmethode über der lediglich maßstabsumsetzenden Aufsicht[715].

4. Aufsicht und Leitung

Schließlich sind die Begriffe Aufsicht und Leitung gegenüberzustellen. Leitung ist die Steuerung des Verhaltens eines anderen mittels Direktion, die mitunter den Willen des Leiters an die Stelle des Willens des Geleiteten setzen kann[716]. Gemeinsam ist den Begriffen die Möglichkeit, das Verhalten eines anderen in rechtlich verbindlicher Weise zu steuern. Sie trennt allerdings, daß die Leitung allein das Verhalten des anderen steuern kann, während die Aufsicht, wie bereits dargestellt, ein Mindestmaß an Eigenverantwortlichkeit des Beaufsichtigten voraussetzt[717]. Ob das Aufsichtsobjekt dabei eigene oder fremde Angelegenheiten wahrnimmt, spielt für die Abgrenzung von Aufsicht und Leitung keine Rolle[718].

B. Regulierung

I. Begriff der Regulierung

Der zweite zentrale Begriff der Untersuchung ist der der Regulierung. Obwohl die Diskussion über regulierende Eingriffe in den Marktprozeß bis weit in die Entwicklung des englischen Common Law zurückreicht und ihren Ursprung in der kirchenrechtlichen Lehre vom gerechten Preis hat[719], besteht heutzutage keine

---

[714] *Kahl*, Staatsaufsicht, S. 360 m.w.N.

[715] *Kahl*, Staatsaufsicht, S. 360.

[716] *Kahl*, Staatsaufsicht, S. 357, der diese allgemeine Beschreibung der Leitung anhand der Sachverantwortung von Ministern gegenüber den nachgeordneten öffentlichen Verwaltungsträgern präzisiert. Siehe allgemein zum Begriff der Leitung *Böckenförde*, Organisationsgewalt, S. 144; *Bull*, Verwaltungsrecht, Rn. 149; *Emde*, Selbstverwaltung, S. 48, 343 ff.; *Heun*, Staatshaushalt, S. 20 ff.; *Schröder*, Verwaltung, § 67, Rn. 4 f.

[717] *Schröder*, Wertpapierhandelsaufsicht, S. 33; *Schröder*, JuS 1986, 371; *Berendes*, Staatsaufsicht, S. 25 f.; *Kahl*, Staatsaufsicht, S. 357 f. nimmt diese Abgrenzung gegenüber dem Begriff der Kontrolle vor. Seiner Meinung nach liegt die Aufsicht zwischen der Kontrolle und der Leitung. Er leitet dies aus dem Umstand ab, daß die rein repressive Rechtsaufsicht eine Subform der Kontrolle (ebenso *Fichtmüller*, AöR 91 (1966), 297 (335 f.)) darstellt, während die Fach-, Behörden- und Dienstaufsicht als eine Art von Leitung (so auch *Forsthoff*, Verwaltungsrecht, S. 478 f.; *Wolff/Bachof*, Verwaltungsrecht II, S. 103) anzusehen sei. Für eine strikte Trennung der Begrifflichkeiten Aufsicht und Leitung sind dagegen *Burmeister*, Gesetzesvorbehalt, S. 259 ff.; *Jecht*, Anstalt, S. 87.

[718] *Kahl*, Staatsaufsicht, S. 360 Fn. 86; a.A. *Forsthoff*, Verwaltungsrecht, S. 478 f.; *Berendes*, Staatsaufsicht, S. 25 f.; *Ossenbühl*, Verwaltungsvorschriften, S. 369, 456; *Oebbecke*, Verwaltung, S. 35.

[719] Aufschlußreich zur Geschichte des Begriffs der öffentlichen Regulierung: *Kaufer*, Öffentliche Regulierung, S. 2 ff.
Die wissenschaftliche Rezeption des Begriffs „staatliche Regulierung“ fand allerdings wesentlich später statt. In den Vereinigten Staaten nahm sich die Wissenschaft dem Begriff weitaus eher und intensiver an, als in Deutschland, was allein durch das Standardwerk von *Kahn*, Re-

allgemeingültige Definition des Begriffs Regulierung[720]. Nachfolgend wird der Begriff einer weiteren Klarheit zugeführt und auch gegenüber dem Begriff der Aufsicht, so wie er zuvor herausgearbeitet wurde, abgegrenzt.

1. Bisheriger Begriff der Regulierung und Kritik

Während sich der ökonomische und der juristische Begriff der Regulierung nicht decken[721], bestand innerhalb der juristischen Diskussion weitgehend Einigkeit über die Grundvoraussetzungen der Regulierung. Regulierung meinte dabei regelmäßig eine hoheitliche Einschränkung individueller Verfügungsrechte, insbesondere der Vertrags- und Gewerbe- bzw. Wettbewerbsfreiheit[722]. Regulierung bestimmte die Marktstruktur, das Marktverhalten und die Marktergebnisse durch Ge- und Verbote[723].

Bei dieser Kerndefinition blieb die Literatur jedoch nicht stehen. Durch unterschiedlichste Facetten gaben verschiedene Ansichten dem Begriff seine besondere individuelle Prägung, mit der Folge, daß eine allgemeingültige Definition weder damals bestand noch heute besteht.

So begreift eine Ansicht Regulierung als eine spezifisch kartellrechtliche Terminologie für die Ausnahmebereiche[724] des GWB[725]. Für diese Einschränkung mag es in der Vergangenheit plausible Gründe gegeben haben. Seit sich aber in der rechtspolitischen Diskussion die Forderung nach Deregulierung breit machte, ist der Begriff Regulierung nicht mehr an die kartellrechtlichen Ausnahmeberei-

---

gulation, (erstmals 1970 erschienen) deutlich wird. So auch *Müller/Vogelsang*, Regulierung, S. 17 m.w.N., 341.

720 Der Begriff staatlicher Regulierung stammt dagegen von *Emil Sax*, vergl. *Sax*, Verkehrsmittel, S. 65. Vergl. ferner zur Geschichte: *Kaufer*, Öffentliche Regulierung, S. 2 ff.; *Rieger*, Bankensektor, S. 69. Auf den kaum eindeutigen Inhalt des Regulierungsbegriffs im heutigen juristischen Diskurs weisen auch *Damrau*, Selbstregulierung, S. 8; *Ruffert*, AöR 1999, 237 (241) und *Schmidt*, Wirtschaftsrecht AT, S. 48 hin. *Eisenblätter*, Regulierung, S. 19 spricht von einem Sammelbegriff.

721 Vergl. beispielweise *Pauger*, Regulierung, S. 40.

722 So *Müller/Vogelsang*, Regulierung, S. 342; *Soltwedel*, Deregulierung, S. 3; *Rieger*, Bankensektor, S. 69, der insbesondere darauf hinweist, daß Regulierung nicht gleichbedeutend mit allgemeinen Regeln für den Wettbewerbsprozeß bzw. Rahmenbedingungen des Wettbewerbs im Sinne Euckens ist, ebenso *Pauger*, Regulierung, S. 39 f.; *Schulte*, Regulierung, S. 9; *Borrmann/Finsinger*, Regulierung, S. 8; *Etling-Ernst*, TKG, § 2 Rn. 2; *Kaufer*, Regulierung, S. 11; *Schneider*, ZHR 164 (2000), 513 (516); *Ewers/Wein*, Wirtschaftsdienst 1990, 320 (321); *von Weizsäcker*, SZVS 1982, 325 (326); *Schmidt*, Wirtschaftsrecht AT, S. 48 f.; *Jarass*, Die Verwaltung 20 (1987), 413 (414 ff.); *Möschel*, Regulierung, S. 277 (277 f.); *Schneider*, ORDO 37 (1986), 155 (156); *Koenig*, Verteilungslenkung, S. 289; *Eickhof*, JSW 1985, 63 (64); Deregulierungskommission, Marktöffnung, S. 1.

723 *Rieger*, Bankensektor, S. 69; *Schmidt*, Wirtschaftsrecht AT, S. 48. Eine scharfe Grenze ist freilich nicht immer zu ziehen zwischen den Rahmenbedingungen und der Regulierung, so auch *Pauger*, Regulierung, S. 40. Insbesondere sind Abgrenzungen nach Abstraktheit und Konkretheit zum Scheitern verurteilt.

724 Vergl. zum alten und neuen Kartellrecht *Emmerich*, Kartellrecht, S. 346 ff.

725 *Schneider*, ORDO 37 (1986), 155 (156); *Weber*, Wirtschaftsregulierung.

che gebunden. Vielmehr wird Regulierung richtigerweise als Gegenbegriff zur Deregulierung aufgefaßt[726]. Da die Deregulierungsforderung sich aber nicht mehr nur auf die damaligen Monopolbereiche, Energie, Bahn, Post, Telekommunikation, bezieht, sondern auch generell eine Rechts- und Verwaltungsvereinfachung im Blick hat, wäre es verfehlt, den Gegenbegriff, also Regulierung, nur auf kartellrechtliche Ausnahmebereiche zu beschränken[727]. Folglich ist der kartellrechtliche Regulierungsbegriff abzulehnen.

Eine andere Meinung sieht Regulierung als *direkte* hoheitliche Einschränkungen der wirtschaftlichen Betätigungsfreiheit von Unternehmen[728]. Mit direkter hoheitlicher Einschränkung ist ausschließlich die *unmittelbare* Festlegung oder nachträgliche Kontrolle durch staatliche Institutionen oder ihre Beauftragten gemeint. Insofern könnten nur die Verwaltungsträger regulierend tätig werden, da der Gesetzgeber aufgrund des Einzelfallverbots aus Art. 19 Abs. 1 Satz 1 GG in der Regel keine direkten einzelfallbezogenen Eingriffe vornehmen darf[729]. Diese Einschränkung auf Verwaltungstätigkeit wird dem Begriff Regulierung jedoch nicht gerecht. Die Einschränkung der individuellen Verfügungsrechte, also insbesondere der unternehmerischen Betätigungsfreiheit, somit das, was man als Wirkung der Regulierung versteht, hat ihre Grundlage in den parlamentarischen Gesetzen. Sie werden von der Verwaltung lediglich umgesetzt[730].

Zwar kommt dem Verwaltungsapparat im Rahmen der Gesetze vielfach ein Ermessensspielraum zu, dieser erfährt aber wiederum seine Grenze durch das Gesetz. Insofern findet ein gesetzesunabhängiges Verhalten der Verwaltung nicht statt bzw. kann ein solches mit Blick auf den Vorbehalt und Vorrang des Gesetzes

726 So auch *Stober*, Deregulierungsdebatte, S. 1; *Eisenblätter*, Regulierung, S. 20; *Jäger*, Gemeinwohl, S. 4. Dabei ist anzumerken, daß der Begriff Deregulierung meist falsch angewandt wird. Regelmäßig wird mit dem Begriff ein Vorgang bezeichnet, der eine Reregulierung darstellt, da nicht Normen abgebaut, sondern nur neue aufgestellt werden. Vergl. dazu allein *Hoffmann-Riem/Schulz/Held*, Konvergenz.

727 *Möschel* weist auf den historischen Ursprung des Wortes aus den Vereinigten Staaten hin und beschreibt den Abbau staatlicher Eingriffe in bestimmte Märkte als Deregulierung (vergl. JZ 1988, 885 (888)). Diese Begriffsbestimmung ist historisch zwar korrekt, mittlerweile aber zu eng aufgrund der Deregulierungsforderungen auf breiter Flur, die nicht mehr auf bestimmte Märkte begrenzt sind.

728 *Soltwedel*, Deregulierung, S. 3; *Eickhof*, JSW 1985, 63 (64).

729 Das Einzelfallverbot aus Art. 19 Abs. 1 Satz 1 GG gilt nicht uneingeschränkt. Die Vorschrift verbietet dem Gesetzgeber aus einer Reihe gleichartiger Sachverhalte willkürlich einen Fall herauszugreifen und zum Regelungsgegenstand einer Sonderregelung zu machen. Gegen das Einzelfallverbot wird freilich nicht verstoßen, wenn der Sachverhalt von singulärer Art ist und die Regelung von sachlichen Gründen getragen wird. Ein Verstoß kommt desweiteren nicht in Betracht, wenn im Zeitpunkt des Normerlasses nur ein Fall von der Norm betroffen ist, die Vorschrift aber künftig weitere Anwendungsfälle haben kann (vergl. BVerfGE 13, 225 (228f.); 24, 33 (52); 25, 371 (399); 85, 360 (374); *Jarass/Pieroth*, GG, Art. 19 Rn. 1a).

730 *Schmidt-Aßmann*, Gesetzesbindung, S. 359, weist zu Recht auf die Fremdsteuerung der Verwaltung durch das parlamentarische Gesetz hin.

aus Art. 20 Abs. 3 GG auch gar nicht stattfinden[731]. Anders gewendet ist die Einschränkung der individuellen Verfügungsrechte stets schon im Gesetz angelegt und wird bloß noch von der Verwaltung umgesetzt[732]. *Battis* und *Gusy* sprechen deshalb davon, daß das formelle Gesetz die Verwaltung positiv determiniert[733].

Diesem Ergebnis stehen auch nicht die Rechtsnormen Rechtsverordnung und Satzung entgegen. Rechtsverordnungen werden von Exekutivorganen, wie beispielsweise Verwaltungsbehörden, erlassen[734]. Sie dienen der Entlastung des Gesetzgebers und kommen für weniger bedeutsame Regelungssachverhalte in Betracht[735]. Allerdings kann die Exekutive nicht kraft eigenen Rechts diese Normen erlassen, sondern nur aufgrund einer Ermächtigung durch ein formelles Gesetz. Nach Art. 80 Abs. 1 GG sind Inhalt, Zweck und Ausmaß von Rechtsverordnungen schon im parlamentarischen Gesetz vorzugeben. Daher wirkt das formelle Gesetz auf die Rechtsverordnung ein und gibt den Rahmen und die Zielsetzung der zu erlassenden Rechtsverordnung vor[736]. Die Ermächtigung ist so eng gestaltet, daß sich absehen läßt, welchen Inhalt die Rechtsverordnung haben wird[737]. Insofern kann die Verwaltung auch nicht durch Rechtsverordnungen selbständig regulierend tätig werden.

Auch Satzungen vermögen diese Sichtweise nicht zu ändern. Sie sind Rechtsnormen, die von einer juristischen Person des öffentlichen Rechts zur Re-

---

[731] So auch *Schmidt-Aßmann*, Ordnungsidee, S. 48, 161; *Böckenförde*, Entstehung, S. 53 (59); *Grimm*, Staatsaufgaben, S. 291 (293); *Pietzcker*, JuS 1979, 710 ff. Der Vorbehalt des Gesetzes meint das Erfordernis einer gesetzlichen Grundlage für das Handeln der Verwaltung. Dieser Grundsatz steht zwar nicht explizit in Art. 20 Abs. 3 GG, wird jedoch von der Norm vorausgesetzt, da andernfalls die Bindung der Verwaltung an das Gesetz leer laufen würde, könnte die Verwaltung nach ihrem Ermessen ohne Bindung an eine gesetzliche Ermächtigung tätig werden (vergl. auch BVerfGE 40, 237 (248 f.)). Hinzu kommt noch der Vorrang des Gesetzes aus Art. 20 Abs. 3 GG, demzufolge die Verwaltung bei ihrem Handeln nicht gegen Rechtsnormen verstoßen darf (vergl. dazu allein *Degenhart*, Staatsrecht I, Rn. 316 ff.). Die Verwaltung hat die Rechtsnormen auszuführen und anzuwenden. Durch sie soll die parlamentarische Steuerung von Verwaltungsentscheidungen gewährleistet werden, vergl. *Schmidt-Aßmann*, Ordnungsidee, S. 83. Die Ausnahme davon bildet lediglich die Situation, daß kein Gesetzesvorbehalt besteht. Dann darf die Verwaltung auch ohne gesetzliche Grundlage handeln, vergl. dazu *Schmidt-Aßmann*, Gesetzesbindung, S. 359 (361); *Battis/Gusy*, Wirtschaftsrecht, S. 17.

[732] *Eisenblätter*, Regulierung, S. 27. Ebenso *Schmidt-Aßmann*, Ordnungsidee, S. 51, der deutlich macht, daß aufgrund des Gesetzesvorbehalts die parlamentarischen Gesetze das Fundament des Verwaltungshandelns bilden.

[733] Siehe *Battis/Gusy*, Wirtschaftsrecht, S. 17.

[734] *Maurer*, Verwaltungsrecht, § 4 Rn. 10 ff.

[735] *Röhl*, Rechtslehre, S. 547; *Battis/Gusy*, Wirtschaftsrecht, S. 19.

[736] Vergl. *Schneider*, Gesetzgebung, S. 164 f.; *Maurer*, Verwaltungsrecht, § 4 Rn. 11. Allerdings hat das Bundesverfassungsgericht diese Anforderungen im Laufe der Zeit erheblich gesenkt. Entscheidend ist nahezu ausschließlich der Zweck der Ermächtigung. Ist dieser erkennbar und kommt er hinreichend zur Geltung, so geht das Gericht von der Verfassungsmäßigkeit der Ermächtigung aus. Vergl. insbesondere BVerfGE 8, 274 (307 ff.); siehe aber auch BVerfGE 20, 257 (268 ff.).

[737] *Röhl*, Rechtslehre, S. 548.

gelung ihrer Angelegenheit erlassen werden. Satzungen dürfen nur im Rahmen der gesetzlich verliehenen Autonomie der juristischen Person des öffentlichen Rechts erlassen werden[738]. Ebenso hier handelt es sich um eine vom parlamentarischen Gesetzgeber abgeleitete Rechtsquelle. Satzungen vermögen das Ergebnis, daß hoheitliche Regulierung nur in Form von formellen Gesetzen geschehen kann, nicht zu erschüttern.

Satzung und Rechtsverordnung eint, daß sie allenfalls als Nachsteuerungsinstrumente anzusehen sind, um eine etwaige begrenzte Steuerungsfähigkeit von parlamentarischen Gesetzen zu korrigieren[739]. Eine solche Nachsteuerung kann insbesondere in technischen Bereichen notwendig sein, da diese von großer Ungewissheit hinsichtlich künftiger Entwicklungen betroffen sind[740]. Eine Nachsteuerungsmöglichkeit durch die Verwaltung macht diese jedoch nicht zu einer regulierenden. Sie ist stets gesetzesgebunden und dadurch in ihrer Tätigkeit determiniert und eingeschränkt[741].

Der Ansicht, Regulierungsmaßnahmen könnten nur von der Verwaltung ausgeübt werden, steht zudem der Parlamentsvorbehalt entgegen. Er beschreibt den Bereich, dessen Regelungen ausschließlich dem Parlament vorbehalten sind und nicht weiter delegiert werden können. Zur Bestimmung dieses Bereichs wurde die Wesentlichkeitstheorie entwickelt, die bestimmt, daß der Gesetzgeber alle wesentlichen Bereiche selbst regeln muß[742]. Könnte nur die Verwaltung regulierend tätig werden, würde sie gerade auch diese wesentlichen Bereiche ordnen und steuern, die dem parlamentarischen Gesetzgeber zur Entscheidung vorbehalten sind.

Auch mit Blick auf die sogenannte lenkende Verwaltung kann von einer administrativen Regulierung nicht die Rede sein. Zwar wird als lenkende Verwaltung die umfassende Steuerung und Förderung von kompletten Bereichen wirtschaftlicher, sozialer und kultureller Art bezeichnet[743]. Es geht hier nicht um die Steuerung von Einzelfällen, sondern vielmehr um Konzepte, die sich in komplexen Verwaltungsentscheidungen manifestieren[744]. Doch auch hier gibt stets das parlamentarische Gesetz Auftrag und Grenze jeder administrativen Tätigkeit vor[745]. Das formelle Gesetz verleiht der Verwaltung die Handlungsbefugnisse und bestimmt ihre Handlungsziele[746].

---

738 *Maurer*, Verwaltungsrecht, § 4 Rn. 16; *Röhl*, Rechtslehre, S. 550.

739 *Schmidt-Aßmann*, Ordnungsidee, S. 52.

740 *Schmidt-Aßmann*, Ordnungsidee, S. 83.

741 *Schmidt-Aßmann*, Ordnungsidee, S. 84 f. m.w.N.

742 BVerfGE 34, 165 (192 f.); 40, 237 (249); 45, 400 (417 f.); 47, 46 (78 ff.); 48, 210 (221); 49, 89 (126); 61, 260 (275); *Schmidt-Aßmann*, Gesetzesbindung, S. 359 (362).

743 *Schmidt-Aßmann*, Ordnungsidee, S. 152; *Badura*, DÖV 1966, 624 (630); *Maurer*, Verwaltungsrecht, § 1 Rn. 17.

744 *Schmidt-Aßmann*, Ordnungsidee, S. 152. Für die dogmatischen Grundlagen von komplexen Verwaltungsentscheidungen vergl. *Schmidt-Preuß*, Verwaltungsrecht, S. 495 ff., 550 ff.

745 *Schmidt-Aßmann*, Ordnungsidee, S. 161; *Schmidt-Aßmann*, Gesetzesbindung, S. 359 (360); *Scheuner, DÖV 1969, 585 ff. König/Benz*, Regulierung, S. 13 (45, 47), trennen anschaulich zwischen der Regulierung welche durch Recht geschieht und der Aufgabenerfüllung durch die

Die dominierende Rolle hat dabei also stets der Gesetzgeber[747], ein Umstand, der nicht zum Ausdruck kommt, wenn man den Begriff der Regulierung auf die Verwaltung begrenzt. Allein aus diesem Grund ist ein solcher Regulierungsbegriff zu verwerfen.

Hinzu kommt, daß ein solches Regulierungsverständnis schwer mit dem Demokratieprinzip bzw. der damit zusammenhängenden Legitimationskette zu vereinbaren ist.

Nach Art. 20 Abs. 2 Satz 1 GG geht alle Staatsgewalt vom Volke aus. Kern des Demokratieprinzips bildet damit die Volkssouveränität[748]. Daher verlangt das, insbesondere durch das *BVerfG* geformte, Legitimationsmodell des Demokratieprinzips eine ununterbrochene Legitimationskette vom Volk zu den mit staatlichen Aufgaben betrauten und sie wahrnehmenden Organen[749]. Die Legitimationskette wird über verschiedene Legitimationsformen vermittelt[750].

Nach ganz herrschender Meinung bilden eine personelle und eine sachlich-inhaltliche Legitimation die Legitimationskette, wobei umstritten ist, ob zusätzlich noch eine institutionelle Legitimation erforderlich ist[751]. Zusammen müssen die Legitimationsformen ein ausreichendes Legitimationsniveau ergeben[752], dessen Anforderungen aber in Abhängigkeit zu der jeweiligen staatlichen Stelle variieren[753]. Dabei ist zu beachten, daß es nicht entscheidend ist, auf welchem Wege sich das Legitimationsniveau ergibt. Entscheidend ist allein die Höhe des Niveaus, so daß bestimmte Legitimationsfaktoren auch kompensiert oder substituiert werden können[754].

Verwaltung. Allerdings bleiben sie hinter dem Erkenntniswert ihrer (wohl unbewußten) Differenzierung zurück, wenn sie schreiben, daß das Gesetz ein wesentliches Regulierungsinstrument sei (vergl. *König/Benz*, Regulierung, S. 13 (47)). Es ist vielmehr das *einzige* Regulierungsmittel.

746 *Schmidt-Aßmann*, Ordnungsidee, S. 161. An anderer Stelle (vergl. *Schmidt-Aßmann*, Ordnungsidee, S. 164) schreibt er: „Was gesetzlich nicht zuvor erschlossen ist, kann administrativ nicht geregelt werden".

747 Kritisch zur Rolle des Gesetzgebers *Engelbert*, Demokratieprinzip, S. 156 f.

748 *Brosius-Gersdorf*, Deutsche Bundesbank, S. 31; *Jestaedt*, Demokratieprinzip, S. 155 f.

749 BVerfGE 47, 253 (275); 77, 1 (40); 83, 60 (73); 93, 37 (66); *Jestaedt*, Demokratieprinzip, S. 266.

750 *Kahl*, Staatsaufsicht, S. 480; *Brosius-Gersdorf*, Deutsche Bundesbank, S. 32.

751 Vergl. *Brosius-Gersdorf*, Deutsche Bundesbank, S. 32; *Böckenförde*, in: Isensee/Kirchhof, HbStR I, § 22 Rn. 14 ff.; *Emde*, Selbstverwaltung, S. 327 f.; *Jestaedt*, Demokratieprinzip, S. 265 ff.

752 BVerfGE 83, 60 (72); 93, 37 (66 f.); *Emde*, Selbstverwaltung, S. 328; *Kahl*, Staatsaufsicht, S. 481; *Brosius-Gersdorf*, Deutsche Bundesbank, S. 51 f.

753 BVerfGE 83, 60 (72); 93, 37 (67); BVerwG, NVwZ 1999, 870 (873); *Schulte*, Verwaltungshandeln, S. 164 f.; *Kahl*, Staatsaufsicht, S. 481.

754 *Kahl*, Staatsaufsicht, S. 481, der als anschauliche Beispiele hierfür das Parlament, dem nur eine personelle Legitimation, und den Beliehenen, dem nur eine sachlich-inhaltliche Legitimation zukommt, nennt. Vergl. ferner zu dem Problemkreis der Kompensation und Totalsubstitution von Legitimationsfaktoren *Brosius-Gersdorf*, Deutsche Bundesbank, S. 66 f.; *Dreier*, in Dreier, GG, Art. 20 (Demokratie), Rn. 108; *Jestaedt*, Demokratieprinzip, S. 283 ff.; a.A. BVerwG,

Nach der personellen Legitimation[755] muß sich die öffentliche Gewalt bei der Ausübung ihrer Befugnisse zumindest mittelbar auf eine Herleitung dieser Befugnisse vom Volk beziehen können[756]. Durch die Anknüpfung an das Volk als Legitimationssubjekt wird sowohl der konkrete Amtswalter als auch seine konkrete Entscheidung demokratisch legitimiert[757]. Diese personelle Legitimation des Amtswalters liegt nur vor, wenn er verfassungsgemäß sein Amt durch eine Wahl des Volkes oder das Parlament oder dadurch erlangt hat, daß er durch einen personell legitimierten Amtsträger ernannt worden ist[758].

Eine personelle Legitimation für sich genommen reicht jedoch nicht aus. Ungeachtet des Streits über das Erfordernis einer institutionellen Legitimation[759] bedarf es nach einhelliger Auffassung jedenfalls zusätzlich zur personellen die sachlich-inhaltliche Legitimation[760]. Gerade diese sachlich-inhaltliche Legitimation der staatlichen Funktionsträger[761] ist vorliegend von besonderem Interesse. Sie bezweckt die demokratische Legitimation der konkreten Entscheidung des mit der Ausübung von Staatsgewalt betrauten Verwaltungsträgers[762]. Diese Legitmation wird primär durch die parlamentarischen Gesetze und den mit Sanktionen bewehrten Grundsatz der demokratischen Verantwortlichkeit hergestellt[763]. Nach Art. 20 Abs. 3 GG ist die Verwaltung an die parlamentarischen Gesetze gebunden. In ihnen wiederum äußert sich der Wille des Volkes in Form der durch den

---

NVwZ 1999, 870 (873); *Böckenförde*, in: Isensee/Kirchhof, HbStR I, § 22 Rn. 23; *Emde*, Selbstverwaltung, S. 329 f., 331.

755 *Böckenförde*, in Isensee/Kirchhof, HbStR I, § 22, Rn. 16 f. nennt sie organisatorisch-personelle demokratische Legitimation, während *Jestaedt*, Demokratieprinzip, S. 267 ff. von personell-demokratischer Legitimation spricht.

756 *Kahl*, Staatsaufsicht, S. 481; *Brosius-Gersdorf*, Deutsche Bundesbank, S. 41; *Herzog*, Staatslehre, S. 210; *Herzog*, in: Maunz/Dürig, GG, Art. 20 II, Rn. 46 ff.

757 *Brosius-Gersdorf*, Deutsche Bundesbank, S. 41; *Herzog*, Staatslehre, S. 210; *Herzog*, in Maunz/Dürig, GG, Art. 20 II, Rn. 50 ff.

758 BVerfGE 47, 253 (275 f.); 83, 60 (73); 93, 37 (67 f.); VerfGH NW, NWVBl. 1997, 333 (337); OVG NW, NWVBl. 1996, 254 (260); *Böckenförde*, in: Isensee/Kirchhof, HbStR I, § 22 Rn. 16.

759 Die Existenz der institutionellen und funktionellen Legitimation wird von VerfGH NW, NWVBl. 1997, 333 (337); *Herzog*, in Maunz/Dürig, GG, Art. 20 II, Rn. 46 ff.; *Jestaedt*, Demokratieprinzip, S. 276 ff.; *Lepsius*, Steuerungsdiskussion, S. 14, 21 ff.; *Jarass/Pieroth*, GG, Art. 20, Rn. 9 ff. bestritten. Dagegen sprechen BVerwG, NVwZ 1999, 870 (873); *Böckenförde*, in: Isensee/Kirchhof, HbStR I, § 22 Rn. 15; *Czybulka*, Legitimation, S. 182 ff.; *Oebbecke*, Verwaltung, S. 69 der institutionellen und funktionellen Legitimation die Kompensationsfähigkeit im Rahmen von Art. 20 Abs. 2 GG ab.

760 *Brosius-Gersdorf*, Deutsche Bundesbank, S. 41; *Böckenförde*, in: Isensee/Kirchhof, HbStR I, § 22 Rn. 15; *Jestaedt*, Demokratieprinzip, S. 279; *Oebbcke*, Verwaltung, S. 69.

761 *Brosius-Gersdorf*, Deutsche Bundesbank, S. 44.

762 *Emde*, Selbstverwaltung, S. 43; *Böckenförde*, in: Isensee/Kirchhof, HbStR I, § 22 Rn. 21; *Brosius-Gersdorf*, Deutsche Bundesbank, S. 44.

763 *Kahl*, Staatsaufsicht, S. 483; *Brosius-Gersdorf*, Deutsche Bundesbank, S. 45 ff.

Wahlakt unmittelbar demokratisch legitimierten Repräsentanten des Volkes, das Parlament[764].

Die öffentliche Aufgabenwahrnehmung durch eine regulierende Verwaltung wirft die Frage nach deren demokratischer Legitimation auf[765]. Je größer die Lücken in der gesetzgeberischen Vorgabe sind, je mehr Entscheidungsspielraum die Verwaltung also bei der Ausübung des Gesetzes hat, desto dringender wird die Notwendigkeit, die schwache sachlich-inhaltliche Legitimation durch andere Steuerungsmaßnahmen, wie Weisungsrechte, herzustellen[766]. Weisungsrechte sind nur dann entbehrlich, wenn die Entscheidung der Verwaltungsträger bereits aus dem Gesetz folgt. Haben diese jedoch einen Ermessens- und Interpretationsspielraum bei der Anwendung des Gesetzes, so muß das Steuerungsdefizit an sachlich-inhaltlicher Legitimation durch eine Weisungsbefugnis kompensiert werden[767]. Anders kann nicht gewährleistet werden, daß die konkrete Entscheidung auf das Volk als Souverän rückführbar ist. Die Weisung muß ihrerseits aber auch aufgrund einer gesetzlichen Ermächtigung ergehen, da andernfalls an dieser Stelle die Legitimationskette unterbrochen ist. Somit zeigt sich, daß eine regulierende Verwaltung mit für die Regulierung notwendigen Entscheidungskompetenzen ein erhebliches Problem der demokratischen Legitimation bedingt. Je größer die Entscheidungskompetenz und der Ermessensspielraum einer solche Behörde, um so größer ist das Legitimationsproblem[768]. Eine so - untechnisch gesprochen - gebundene Verwaltung kann aus sich heraus aber nicht regulierend tätig werden. Sie kann allenfalls umsetzen, was das formelle Gesetz schon vorgegeben hat. Dann wirkt aber nicht sie, sondern schon das parlamentarische Gesetz regulierend.

Schließlich ist noch kritisch anzumerken, daß bei dem Verständnis von einer regulierenden Verwaltung eine Differenzierung zwischen Regulierung und Aufsicht erschwert wird und die Begriffe an Schärfe und Kontur verlieren[769]. Aufsicht ist unstreitig ein reines Verwaltungshandeln. Wie bereits oben dargestellt, ist Aufsicht im Rechtssinne nicht nur Beobachtung, sondern stets auch die Beeinflussung und Berichtigung des Verhaltens des Beaufsichtigten durch den Beaufsichtigenden. Verstünde man dazu noch die Regulierung als eine ausschließlich verwaltungsbezogene Tätigkeit, so würden sich letztlich beide Begriffe hinsichtlich der Berichtigungsfunktion von Aufsicht überschneiden. Dagegen gibt gerade die Re-

---

764 *Brosius-Gersdorf*, Deutsche Bundesbank, S. 46; *Kriele*, VVDStRL 29 (1971), 46 (64).

765 *Grande*, Regulierung, S. 576 (589); *Majone*, Regulatory State, S. 77 (92 ff.).

766 *Böckenförde*, in: Isensee/Kirchhof, HbStR I, § 22 Rn. 22; *Jestaedt*, Demokratieprinzip, S. 273; *Braun*, VerwArch 76 (1985), 24 (36 ff.); *Schmidt-Eichstaedt*, DVBl. 1985, 645 ff.; *Brosius-Gersdorf*, Deutsche Bundesbank, S. 98 ff.; ähnlich *Dreier*, Verwaltung, S. 185.

767 *Brosius-Gersdorf*, Deutsche Bundesbank, S. 100.

768 Vergl. *Majone*, Regulatory State, S. 77 (92 ff.). Siehe ausführlicher zum Abweichen der Verwaltung von ihrer demokratischen Legitimation *von Brünneck*, Demokratieprinzip, S. 253 ff.

769 Dies erklärt auch, warum ausgehend vom falschen Begriffsverständnis teilweise Regulierung mit Aufsicht gleichgesetzt wird. So beispielsweise *Kühlwetter*, Regulierungsbehörde, S. 93 (94).

gulierungsmaßnahme den Maßstab der Aufsicht vor und ist insoweit wesensverschieden[770].

Mittlerweile hat sich die Diskussion um den Begriff der Regulierung weiterentwickelt. Eine neue Strömung in der Rechtswissenschaft versteht nunmehr Regulierung als staatlicherseits vorgenommene besondere Form rechtlicher Steuerung von Rechtsverhältnissen Privater, mit der ein über den Einzelfall hinausgehender Ordnungszweck verfolgt wird[771]. Damit hat sich diese Strömung von der früheren Grundlage, Regulierung habe stets eine freiheitsbeschränkende Wirkung, gelöst. Insbesondere *Kämmerer* legt instruktiv dar, weshalb die früher vorherrschende restriktive Begriffsbestimmung dem Wesen der Regulierung nicht mehr gerecht wird[772]. Das frühere Verständnis von Regulierung war maßgeblich von dem anglo-amerikanischen Rechtskreis geprägt. Dort wurde und wird weiterhin unter „regulation" die Überwachung von Monopolunternehmen verstanden[773]. Hiervon inspiriert sah die früher herrschende Meinung lediglich das freiheitsbeschränkende Moment in dem Regulierungsbegriff. Eine solche enge Definition kann aber vor dem Hintergrund der vielfältigen Erscheinungsformen der staatlichen Einwirkung auf das wirtschaftliche Geschehen keinen Bestand mehr haben. Insbesondere verpflichtet auch Art. 12 Abs. 1 GG den Staat zu schützenden und fördernden Maßnahmen[774]. Desweiteren spricht gegen den freiheitsbeschränkenden Regulierungsbegriff, daß hierzulande klassische Regulierungsmaßnahmen wie beispielsweise Marktzutrittsbeschränkungen oder Kontrahierungszwang nicht in erster Linie der Wettbewerbsbeschränkung, sondern vielmehr der Schaffung von Wettbewerb dienen[775]. Schließlich ist der enge Regulierungsbegriff blind für die Rechte und Interessen der Kunden als Marktteilnehmer, da er sich allein auf die Anbieter am Markt konzentriert, deren Freiheit beschränkt wird. Auch hier zeigt sich vor dem Hintergrund der staatlichen Schutzpflichten, daß der freiheitsbeschränkende Bezug des früheren Regulierungsbegriffs keinen Bestand mehr haben kann[776].

Obwohl die Abkehr vom freiheitsbeschränkenden Moment des neuartigen Regulierungsbegriffs zu begrüßen ist, krankt der Begriff an der Auffassung, Re-

---

770 Siehe dazu unten Teil 2. § 6 B. III.

771 *Kämmerer*, NVwZ 2004, 28 (30, Fn. 25); ders., Privatisierung, S. 487; *Voßkuhle*, VVDStRL 62 (2003), 266 (304, Fn. 156); wohl auch *Horn*, RdE 2003, 85; noch weitergehend *Damrau*, Selbstregulierung, S. 9, der unter den Begriff der Regulierung auch die nicht-staatliche Verhaltenssteuerung faßt. Schon unter dem Gesichtspunkt des Bezugs auf den Gesetzgeber als Regulierungsinstanz kann dieses weite Verständnis nicht überzeugen.

772 Vgl. *Kämmerer*, Privatisierung, S. 479 ff.

773 Siehe *Kämmerer*, Privatisierung, S. 480 m.w.N.

774 *Kämmerer*, Privatisierung, S. 481 m.w.N.

775 So *Kämmerer*, Privatisierung, S. 482 m.w.N.

776 *Kämmerer*, Privatisierung, S. 483. Auf den Gesichtspunkt staatlicher Gewährleistung weist auch *Bullinger*, DVBl. 2003, 1355 (1357) hin.

gulierung sei staatliche, also auch von der Verwaltung vorgenommene Fremdsteuerung[777]. Die bereits zuvor getroffene Kritik gilt hier entsprechend.

Auch wenn innerhalb des neuartigen Regulierungsbegriffs Einigkeit darüber besteht, daß Regulierung nicht zwangsläufig freiheitsbeschränkend ist, sondern vielmehr einen ordnenden und gestaltenden Ausgleich von Rechtsverhältnissen Privater bezweckt, ist streitig, ob damit ein bestimmter Ordnungszweck verfolgt wird. Während eine Ansicht sich nicht auf einen konkreten Ordnungszweck festlegt, sondern diesen abstrakt läßt[778], knüpft eine andere Meinung an die Beeinflussung oder Konstituierung von Märkten als Ordnungsziel an[779]. Richtigerweise kann der Ordnungszweck der Regulierung aber nicht näher bestimmt werden, zumindest wenn es um die abstrakte Bestimmung des Regulierungsbegriffs geht. Die Vertreter der gegenteiligen Ansicht begehen den methodischen Fehler, daß sie ihre Definition von Regulierung vor dem Hintergrund bestimmter Wirtschaftszweige treffen[780]. Durch die Einbeziehung dieser konkreten Ordnungsfelder nehmen sie dem Regulierungsbegriff aber seine Abstraktheit und brechen ihn herunter auf einen konkreten Bereich. Zwar ist der Ordnungszweck aus dem konkreten Ordnungsfeld heraus zu bestimmen. Dies kann jedoch erst auf der konkreten Anwendungsebene geschehen, nicht schon im Rahmen einer abstrakten Begriffsfindung.

2. Eigener Ansatz

Nachdem deutlich wurde, daß der bisherige Ansatz, Regulierung als direkte hoheitliche, also durch Verwaltung ausgeübte, Einschränkung der wirtschaftlichen Betätigungsfreiheit von Unternehmen oder Ordnung privater Rechtsverhältnisse zu begreifen, abzulehnen ist, ist nunmehr ein neuer Regulierungsbegriff zu entwerfen.

Wie oben dargestellt, ist unter der hoheitlichen Einschränkung der individuellen Verfügungsrechte allein die gesetzgeberische Tätigkeit in Form des Erlasses formeller Gesetze zu verstehen[781]. Die Rechts- und Wirtschaftsordnung wird letztlich durch den demokratisch legitimierten Gesetzgeber gesteuert, da dieser die umzusetzenden Vorgaben macht und der Verwaltung den Handlungsrahmen vorgibt. Insofern ist auch die Bezeichnung der „Regulierungsbehörde für Telekommunikation und Post“ vom Begriff her völlig verfehlt[782]. Deren sogenannten

---

[777] *Kämmerer*, Privatisierung, S. 487 spricht explizit von dem Erlaß exekutivischer Einzelakte.

[778] So *Voßkuhle*, VVDStRL 62 (2003), 266 (304 Fn. 156).

[779] Vgl. *Schneider*, Liberalisierung, S. 37; *Bullinger*, DVBl. 2003, 1355.

[780] *Bullinger* trifft seine Begriffsbestimmung beispielsweise in bezug auf liberalisierte Wirtschaftszweige, siehe *Bullinger*, DVBl. 2003, 1355 (1360).

[781] *Ruffert*, AöR 1999, 237 (242) sieht Regulierung auch als *Normierung* [kursiv vom Verfasser] von Lebensbereichen an. Allerdings bleibt der diesem Gedanken nicht treu, da er häufig auch von der „regulierenden Verwaltung“ spricht (vergl. *Ruffert*, AöR 1999, 237 (246)).

[782] Ebenso verfehlt ist die Legaldefinition der Regulierung in § 3 Nr. 13 TKG, wonach als Regulierung rein administrative Maßnahmen der „Regulierungsbehörde“ angesehen werden.

regulierenden Eingriffe finden ihren Grund und ihre Grenzen im TKG, einem parlamentarischen Gesetz.

Der Bezugspunkt des demokratisch legitimierten Gesetzgebers wird auch nicht durch Rechtsmaterien und Rechtsregeln, die sich nicht auf staatliche Setzung beziehen, in Frage gestellt. Nur beispielhaft seien hier zwei dieser Rechtsmaterien genannt. Zum einen das Kirchenrecht, welches von den Kirchen gemäß Art. 140 GG i.V.m. Art. 137 Abs. 3 WRV selbständig zur Regelung ihrer eigenen Angelegenheiten gesetzt wird. Allerdings kann das Kirchenrecht die Beschränkung des Regulierungsbegriffs auf gesetzgeberische Tätigkeit nicht entkräften, da die Kirchen ihre Angelegenheiten, also nur etwas Partielles, innerhalb der Schranken der allgemein für alle geltenden Gesetze regeln können (vergl. Art. 137 Abs. 3 Satz 1 WRV). Mit anderen Worten ist auch für das Kirchenrecht der Handlungsrahmen schon durch den demokratisch legitimierten Gesetzgeber vorgegeben.

Zum anderen ist das Tarifvertragsrecht zu nennen. Es handelt sich bei Tarifverträgen um Rechtsnormen, vergl. §§ 1, 4 TVG. Sie sind privatrechtliche Vereinbarungen zwischen einzelnen Arbeitgebern oder deren Vereinigungen auf der einen und Arbeitnehmervertretungen auf der anderen Seite, um normativ die einzelnen Arbeitsverhältnisse zu ordnen. Die Rechtssetzungsgewalt ist allerdings wiederum vom Gesetzgeber durch die Normen des TVG abgeleitet. Es handelt sich bei § 1 TVG staatsrechtlich gesehen um eine Delegationsnorm[783].

Bezugspunkt der Regulierung durch den Gesetzgeber ist ein bestimmter Gesellschafts- oder Wirtschaftsbereich, wie beispielsweise die Energiewirtschaft oder die Kapitalmärkte. Sie trifft einen gesetzlich fixierten Adressatenkreis und schafft den institutionellen Rahmen für dieses Gesellschafts- oder Marktsegment[784].

Bei Regulierung handelt es sich demnach um den gesetzgeberischen ordnenden und gestaltenden Ausgleich von Rechtsverhältnissen Privater, mit der ein über den Einzelfall hinausgehender Ordnungszweck verfolgt wird. Um welchen konkreten Ordnungszweck es sich dabei handelt, ist wiederum anhand des konkreten Ordnungsfeldes zu bestimmen.

II. Verhältnis von Regulierung und Rechtsnorm

Nachdem Klarheit über den Begriff der Regulierung gewonnen wurde, gilt es in einem nächsten Schritt zu untersuchen, wie sich Regulierung und (parlamentarische) Rechtsnorm zu einander verhalten[785]. Das Recht besteht aus einzelnen

---

Der Begriff, so wie von *Schuppert* verwendet und besetzt, eignet sich aber auch nur zur Beschreibung, vergl. *Schuppert*, Staatsverständnis, S. 19 (46 ff.). Siehe ausführlich zum Regulierungsbegriff im TKG *Spoerr/Deutsch*, DVBl. 1997, 300 (302 f.).

[783] *Lieb*, Arbeitsrecht, Rn. 477.

[784] *Müller/Vogelsang*, Regulierung, S. 342; *Eisenblätter*, Regulierung, S. 23.

[785] Es geht hier logischerweise nur um das Verhältnis von parlamentarischen Rechtsnormen zur Regulierung, da, wie bereits oben dargelegt, Regulierung nur die gesetzgeberischen Maßnahmen erfaßt.

Rechtsnormen[786]. Nach der vorherrschend vertretenen Imperativentheorie ist eine Rechtsnorm (im engeren Sinne[787]) jedes Gebot und Verbot, welche mittels staatlicher Sanktionen durchsetzbar sind[788]. Anders formuliert ist das Wesensmerkmal eines Rechtssatzes[789] sein Geltungsanspruch im Sinne einer verbindlichen Verhaltensanforderung oder eines verbindlichen Beurteilungsmaßstabs[790]. Zudem ist charakteristisch für eine Rechtsnorm, daß sie einen generellen Charakter hat und somit nicht nur für einen konkreten Einzelfall gilt[791].

Rechtssätze oder Rechtsnormen sind jedoch nicht stets eine Regelung. Dies wird allein schon anhand der erläuternden Rechtssätze, die Begriffe oder allgemein gehaltene Ausdrücke näher beschreiben[792] und den verweisenden Rechtssätzen, die auf andere Tatbestände verweisen[793], deutlich. Sie sind isoliert betrachtet wenig aussagekräftig und gewinnen ihre Bedeutung für die Rechtsordnung erst im Zusammenspiel mit anderen Normen. Gerade in diesem Zusammenspiel bilden sie eine Regelung oder eine Regulierungsmaßnahme[794]. Die Regulierung ist eben nicht die bloße Aneinanderreihung von einzelnen Rechtssätzen, sondern die Rechtsnormen werden gebildet und zueinander in Bezug gesetzt unter bestimmten leitenden Gesichtspunkten[795]. Diese sind fundamental wichtig für das Verständnis der einzelnen Rechtssätze, da sie sozusagen den Ausfluß dieses Regelungsgedankens bilden[796]. Darin zeigt sich die Differenz von Rechtssatz und Regulierung[797].

---

786 *Röhl*, Rechtslehre, S. 191, nennt die Normen auch „die Elementarteilchen des Rechts".

787 Vergl. zur Unterscheidung von Rechtsnorm im engeren und im weiteren Sinne *Röhl*, Rechtslehre, S. 191 f.

788 Die Imperativentheorie wurde von dem englischen Juristen *Jeremy Bentham* in seinem Werk „Of Laws in General" entwickelt, vergl. *Bentham*, Laws, S. 1 ff. Vergl. allgemein zur Geschichte der Imperativentheorie *Röhl*, Rechtslehre, S. 226 ff.; *Engisch*, Einführung, S. 20 ff.; *Rödig*, Makrostruktur, S. 592 ff. Zur Kritik an der Imperativentheorie vergl. allein den Überblick bei *Röhl*, Rechtslehre, S. 230 ff. Den Aspekt der staatlichen Durchsetzbarkeit betont *Augsberg*, Rechtsetzung, S. 31 m.w.N.

789 Rechtssatz und Rechtsnorm werden hier *Larenz/Canaris*, Methodenlehre, S. 71, Fn 1 folgend synonym benutzt.

790 *Larenz/Canaris*, Methodenlehre, S. 71.

791 *Larenz/Canaris*, Methodenlehre, S. 71.

792 Vergl. dazu *Larenz/Canaris*, Methodenlehre, S. 79 f. und *Rüthers*, Rechtstheorie, S. 80.

793 Siehe dazu *Larenz/Canaris*, Methodenlehre, S. 81f. und *Rüthers*, Rechtstheorie, S. 81.

794 *Larenz/Canaris*, Methodenlehre, S. 85. Diese Sichtweise ist verwandt mit der Unterscheidung in vollständige und unvollständige Rechtssätze, darf aber nicht mit ihr verwechselt werden. Bei unvollständigen Rechtssätzen müssen diese für die Rechtsanwendung zusammengefügt werden. Dagegen enthält ein vollständiger Rechtssatz schon einen Imperativ und kann somit unmittelbar das menschliche Verhalten steuern, vergl. *Rüthers*, Rechtstheorie, S. 71. Der einzelne vollständige Rechtssatz ist damit aber noch keine Regulierung im hier verstandenen Sinne.

795 *Larenz/Canaris*, Methodenlehre, S. 85.

796 *Larenz/Canaris*, Methodenlehre, S. 85 ff. verdeutlichen dies anschaulich an dem Beispiel der Regelung des Gefahrübergangs im Kaufrecht.

797 Eine Ahnung, daß es einen Unterschied zwischen Regulierung und einzelnen Rechtssätzen gibt, gewinnt man auch bei *Schmidt-Aßmann*, Ordnungsidee, S. 170, wenn er einerseits von der

Zwar besteht die Regulierung aus einzelnen Rechtsnormen. Durch die bloße Schaffung von einzelnen Rechtssätzen können diese als Summe aber noch lange nicht als Regulierung angesehen werden, solange sie ohne leitenden Gedanken beziehungslos und nicht in die Tiefe gehend nebeneinander bestehen.

Regulierung meint mehr als die materiell-rechtliche Regelung in Form von Normen, es geht darüber hinaus auch um das Zusammenspiel von Organisation, Verfahren, Programm in Form von Zielen und Programmumsetzung. So versteht beispielsweise die Steuerungstheorie im Bereich des Staats- und Verwaltungsrechts Regulierung als ganzheitliches System[798].

III. Verhältnis von Regulierung und Aufsicht

Wie bereits dargelegt, ist unter Regulierung allein der gesetzgeberische Ausgleich von Rechtsverhältnissen Privater zu verstehen. Vergegenwärtigt man sich vor diesem Hintergrund, daß die Aufsicht einen maßstabsverwirklichenden Charakter hat, so wird deutlich, daß Aufsicht und hoheitliche Regulierung zwei verschiedene Rechtsinstitute sind[799]. Aufsicht ist eine reine Verwaltungstätigkeit, die beobachtet, prüft und eventuell korrigierend eingreift[800]. Die Legislative dagegen setzt gerade in Form von Regulierung den Maßstab und den Handlungsrahmen der Aufsicht fest[801]. Eine normsetzende Aufsicht, oder auch Aufsicht in Gesetzesform genannt, besteht entgegen einer früher im Kaiserreich und der Weimarer Republik vertretenen Ansicht nicht[802]. Daher stellt die Regulierung die Rahmenbedingungen auf und steuert, während der Aufsicht die Rolle zukommt, die Einhaltung der durch Regulierung vorgegebenen Rahmenbedingungen zu beaufsichtigen.

IV. Ökonomische Theorien der Regulierung

Für den weiteren Verlauf der Untersuchung sind die nachfolgend dargestellten ökonomischen Theorien der Regulierung von großer Bedeutung. Sie zeigen abstrakt auf, warum Regulierung stattfindet bzw. notwendig ist. Da es bisher noch keine geschlossene Theorie der Börsenregulierung gibt[803], liefern sie das theore-

---

„Einordnung der einzelnen Gesetzesbestimmungen" und andererseits dem „gesamte(n) gesetzliche(n) Bindungsprogramm" schreibt.

798 *Hoffmann-Riem*, Problemskizze, S. 9 (20).

799 Deutlich auch *Kahl*, Staatsaufsicht, S. 361: „Aufsicht und *Gesetzgebung* [kursiv im Original, Anm. des Verfassers] sind zweierlei".

800 *Kahl*, Staatsaufsicht, S. 361, 415 ff.

801 *Kahl*, Staatsaufsicht, S. 361. Vergl. ferner *Gierke*, Genossenschaftstheorie, S. 648 f.; *Haenel*, Staatsrecht, S. 138 f; *Peters*, Grenzen, S. 220 f.; *Triepel*, Reichsaufsicht, S. 126 ff., 134.

802 Vergl. die Darstellung bei *Kahl*, Staatsaufsicht, S. 361. Siehe ferner *Wittmayer*, Reichsverfassung, S. 186 f. für die normsetzende Staatsaufsicht nach Artt. 10, 11 WRV. Heutzutage wird die Lehre von der normsetzenden Aufsicht oder Aufsicht in Gesetzesform nur noch vereinzelt vertreten, so z.B. *von Stein*, Wirtschaftsaufsicht, S. 112 ff.; *Zinterer*, Verwaltungskontrolle, S. 690; *Held*, Verhältnis, S. 21 (23).

803 *Klenke*, Börsendienstleistungen, S. 39. So auch für den Bereich der Banken *Baltensperger*, Banking Regulation, S. 1 ff.

tische Rüstzeug für den weiteren Gang der Arbeit, wenn es um die Frage nach der Regulierungsbedürftigkeit von Kapitalmärkten und Handelssystemen geht.

Es bestehen dabei zwei ökonomische Theorien: Zum einen die positive, historische Theorie und zum anderen die normative, analytische. Beide wurden für Ausnahmebereiche entworfen, die dem Wettbewerb fast vollständig entzogen waren[804].

1. Positive Theorie

a) Darstellung der Theorie

Die positive Theorie der Regulierung stellt die historischen Ursachen der Regulierung dar[805]. Sie wird auch historische Theorie genannt. Dementsprechend sucht die positive Theorie nicht nach Gründen für künftige Regulierungsmaßnahmen[806]. Ihren Ursprung hat die Theorie bei Vertretern der Chicago-School[807].

Sie erkannten anhand von Fallstudien, daß Regulierung nicht primär wettbewerbstheoretische Ursachen hatte oder ihr Bedenken des Staates um das Gemeinwohl zugrundelagen, sondern vielmehr lobbyistische Gruppeninteressen bzw., wie *Möschel* schreibt, „politischer Kuhhandel“[808].

Insbesondere zwei historische Sachverhalte dienten der Theorie als Fallmaterial[809]: Zum einen die seit 1879 verstärkt vorangetriebene Verstaatlichung der Eisenbahnen in Deutschland[810] und zum anderen die Entstehung des Postmonopols in Deutschland[811].

---

804 *Möschel*, JZ 1988, 885 (890).

805 *Möschel*, JZ 1988, 885 (890); *Borrmann/Finsinger*, Regulierung, S. 9; *Soltwedel*, Deregulierung, S. 4. Vergl. näher für die einzelnen theoretischen Ansätze innerhalb der positiven Theorie: *Rieger*, Bankensektor, S. 73 ff. Die bedeutendsten positiven Theoretiker sind *Stigler*, 2 The Bell Journal of Economics and Management Science 1971, 3 ff.; *Posner*, 2 The Bell Journal of Economics and Management Science 1974, 335 ff. und *Peltzman*, 19 The Journal of Law and Economics 1976, 211 ff.

806 *Schulte*, Regulierung, S. 32; *Eisenblätter*, Regulierung, S. 43.

807 Vergl. *Demsetz*, Utilities, S.267 ff.; *Stigler*, Regulation, S. 209 ff.; *Posner*, 2 The Bell Journal of Economics and Management Science 1974, S. 335 ff.; *Posner*, 83 Journal of Political Economy 1975, 807 ff.; *Peltzman*, 19 The Journal of Law and Economics 1976, 211 ff.; *Becker*, Quarterly Journal of Economics 1983, 371 ff. Aufgrund dieses Ursprungs wird die positive Theorie auch von einigen als "Chicago theory of regulation" bezeichnet, vergl. *Winston*, 31 Journal of Economic Literature 1993, S. 1263 (1267).

808 *Möschel*, JZ 1988, 885 (890); *Kaufer*, Regulierung, S. 15 ff.

809 *Möschel*, JZ 1988, 885 (890).

810 Die damalige Reichsverfassung machte das Reich von den Ländern finanziell abhängig. Diese Abhängigkeit sollte nach dem Bestreben der Reichsregierung unter Bismarck durch die Verstaatlichung der Eisenbahnen gemildert werden. Die Regierung versprach sich dadurch direkte Einnahmen und Zölle. Um dieses Vorhaben zu realisieren, war die Reichsregierung allerdings auf andere Stimmen angewiesen, die zum einen vom katholischen Zentrum mit dem Versprechen erkauft wurden, den Kulturkampf zu beenden. Zum anderen suchte die Regierung Rückendeckung bei der deutschen Industrie und Landwirtschaft, deren Interesse durch Schutzzölle und diskriminierende Frachtraten für ausländische Anbieter geweckt werden sollte. Letztlich scheiterte das Vorhaben auf Reichsebene, konnte aber beispielsweise in Preußen

Die staatlichen Regulierungsorgane werden von der positiven Theorie nicht als autonome Instanzen begriffen, sondern als endogene Elemente des politisch-ökonomischen Systems[812]. Die für die Regulierung maßgeblichen Entscheidungen der Beteiligten werden hauptsächlich durch Umwelteinflüsse sowie persönliche Präferenzen und Bedürfnisse bestimmt[813]. Es existiert ein Markt für Regulierungsmaßnahmen, auf dem Politiker als Anbieter und Lobbyisten als Nachfrager aufeinandertreffen[814]. Die Politiker bieten staatliche Begünstigungen gegen Wahlunterstützung von den nachfragenden Unternehmen[815]. Insofern stellt Regulierung stets das Produkt des Einflusses von Interessengruppen bzw. Unternehmen dar[816]. Mithin wird Regulierung nicht von einer Orientierung am Gemeinwohl geleitet, sondern vom Eigennutz der politischen Akteure. Nach *Niskanens* Bürokratismus-Theorie erklärt sich die Zunahme von Regulierung durch das Bestreben der Politiker, die Bedeutung ihrer Organisation zu stärken, um so auch wiederum ihr Einkommen zu steigern, was freilich nicht-gemeinwohl-orientiere Eigeninteressen sind[817]. In die gleiche Richtung geht auch die Capture-Theory von *Stigler*, derzufolge die Regulierungsmaßnahmen von Interessengruppen getroffen werden, um leistungsfremde Einkommen zu erlangen[818]. Die Initiative für die Regulierung geht von den zu regulierenden Unternehmen aus, welche die zuständigen Regulierungsorgane beeinflussen.

---

verwirklicht werden. Vergl. dazu *Kaufer*, Regulierung, S. 15; *Möschel*, JZ 1988, 885 (890); *Haustein*, Eisenbahnen, S. 34 ff.

811 Die Gründe für die Entstehung der Postmonopole lagen anfangs, zum einen in der Bestrebung eine umfassende polizeistaatliche Zensur zu ermöglichen und zum anderen in dem Streben des Souveräns ein hohes Einkommen zu erzielen. Später trat noch die militärische Überlegung hinzu, effektiv die Telegraphen für militärische Zwecke zu nutzen. Vergl. dazu *Eisenblätter*, Regulierung, S. 48 ff. m.w.N.; *Möschel*, JZ 1988, 885 (890); *Kaufer*, Regulierung, S. 16 f. sowie *Müller/Vogelsang*, Regulierung, S. 192 zur Rolle des Norddeutschen Bundes bei der Verstaatlichung der Post.

812 *Frey*, Wirtschaftspolitik, S. 789 ff.

813 *Loevinger*, 11 The Antitrust Bulletin 1966, 101 (117); *Hilton*, 62 American Economic Review 1972, S. 47 ff.

814 *Stigler*, Citizen, S. 114 ff.; *Peltzman*, 19 The Journal of Law and Economics 1976, 211 ff.

815 *Schmidt*, Wettbewerbspolitik, S. 44; *Stigler*, Citizen, S. 114 ff. Vergl. zum wahltaktischen Regulierungsverhalten *Hamm*, Ordo 1978, 156 (162). So auch die Darstellung bei *Rieger*, Bankensektor, S. 73, der diese Theorie als Public-Choice-Ansatz bezeichnet.

816 Dieser Vorgang wird auch „Capture-Theory" genannt, da die steuernden Behörden von den Interessengruppen für ihre Zwecke instrumentalisiert werden. Vergl. dazu *Kaufer*, Öffentliche Regulierung,, S. 150 f.;
Posner, 2 The Bell Journal of Economics and Management Science 1974, 335 ff.; *Peltzman*, Regulation, S. 371 (371 f.).

817 *Niskanen*, 18 Journal of Law and Economics 1975, S. 617 (618 ff.).

818 *Stigler*, 2 The Bell Journal of Economics and Management Science 1971, 3 ff.; *Peltzman*, 19 The Journal of Law and Economics 1976, 211 ff. Vergl. auch *Müller/Vogelsang*, Regulierung, 113 ff. Siehe für Vertreter der Theorie in der deutschen Literatur beispielsweise *Blankart*, Deregulierung, S. 133 (134 ff.); *Kaufer*, Öffentliche Regulierung, S. 150 f.

b) Kritik an der positiven Theorie

Die positive Theorie ist dem Vorwurf mangelnder Wissenschaftlichkeit ausgesetzt, da es schwer fällt, ihre Aussagen empirisch zu stützen[819]. Desweiteren wird an ihr kritisiert, daß es an ableitbaren Handlungsempfehlungen für die wirtschaftspolitische Praxis fehle. Insbesondere lassen sich durch sie keine klaren Vorhersagen über künftige Regulierungsbereiche ableiten[820]. Zudem erkläre sie nicht, warum nur bestimmte Gruppen von Unternehmen ihre Interessen durchzusetzen vermögen[821].

Trotz dieser kritischen Einwände ist der positiven Theorie zugute zu halten, daß sie verdeutlicht, daß auch die staatlichen Entscheidungsträger nicht selbstlos handeln, sondern primär Eigeninteressen verfolgen[822].

2. Normative Theorie

a) Darstellung der Theorie

Interessanter für die weitere Arbeit ist die normative Theorie, da sie unter ökonomischen Gesichtspunkten analysiert, warum Regulierungsmaßnahmen ergriffen werden[823]. Die Ursache für regulierende Eingriffe sieht sie in einem Versagen des Marktes[824]. Marktversagen liegt ihr zufolge bei einer Differenz von ökonomischer Realität und dem Idealbild der vollkommenen Konkurrenz vor, welche beispielsweise bei natürlichen Monopolen, ruinöser Konkurrenz, externen Effekten und öffentlichen Gütern gegeben ist[825]. Da Regulierungen stets dieser Rechtfertigungen bedürfen, wird zugleich auch die Prämisse einer marktwirtschaftlichen Wirtschaftsordnung dieser Theorie deutlich[826].

---

819 *Krakowski*, Regulierung, S. 108; *Joskow/Noll*, Regulation, S. 1 (39).

820 *Krakowski*, Regulierung, S. 108.

821 *Eisenblätter*, Regulierung, S. 47; *Knieps*, Regulierung, S. 39 (56); *Lange*, Regulierung, S. 161 (182).

822 *Krakowski*, Regulierung, S. 108. Deutlich auch *Tietzel*, ZfWPol 1981, S. 207 (229): „Offenbar ist die „öffentliche Hand" kein perfektes Substitut für die „unsichtbare Hand"".

823 *Soltwedel*, Deregulierung, S. 4. Ihren Namen verdankt die Theorie dem Umstand, daß sie analysiert, in welchen Konstellationen des Marktversagens eine staatliche Intervention gesamtwirtschaftlich optimal ist. Vergl. dazu *Eisenblätter*, Regulierung, S. 29; *Krakowski*, Wirtschaftsdienst 1985, 404 (407); *Pies*, Institutionenökonomik, S. 38 ff.

824 *Eisenblätter*, Regulierung, S. 29. Kritisch zum Begriff des Marktversagens: *Eickhof*, Wirtschaftsdienst 1986, 468 ff.; *Woll*, Marktversagen, S. 449 ff.; *Peters*, Wirtschaftsdienst 1984, 512 ff.

825 Vergl. dazu *Rieger*, Bankensektor, S. 69 f., 71; *Soltwedel*, Deregulierung, S. 4 f.

826 Im wesentlichen sind vier Gründe für die Annahme dieser Prämisse ausschlaggebend: Das Freiheitsargument, das Argument der Effizienz, das Demokratieargument und das Rechtsstaatsargument. Mit dem Freiheitsargument meint man die Zugehörigkeit der ökonomischen Handlungsfreiheit des Individuums zu seiner allgemeinen Freiheit. Dem Effizienzargument zufolge erzielt eine dezentrale, nicht autoritär gelenkte Wirtschaftsordnung ökonomisch allgemein als positiv zu wertenden Ergebnisse. Das Argument der Demokratie meint, daß durch dezentrale Verteilung ökonomischer Macht in der Gesellschaft dies auch wesentliche Auswirkungen auf die Gewaltenteilung in der Gesellschaft hat. Nach dem Rechtsstaatsargument leistet eine solche Wirtschaftsordnung zugleich einen positiven Beitrag für die Ausgestaltung der

Die Rechtfertigungsgründe für den staatlichen Eingriff in die marktwirtschaftliche Wirtschaftsordnung werden in drei Gruppen unterteilt: Die wohlfahrtsökonomischen, die stabilitäts- und die verteilungspolitischen Rechtfertigungsgründe.

Unter wohlfahrtsökonomischen Rechtfertigungsgründen betrachtet man zunächst die Funktionsfähigkeit des Marktes[827]. Dabei liegt ein wohlfahrtsökonomisch-theoretisches Marktversagen bei einer Abweichung vom gesamtwirtschaftlichen Pareto-Gleichgewicht vor[828]. Bei insbesondere drei Marktbegebenheiten besteht ein Marktversagen, welches die Regulierung rechtfertigt[829].

Zunächst führen natürliche Monopole zu einem Marktversagen[830]. Bei einem natürlichen Monopol kann die Menge der nachgefragten Güter und Waren in einem Markt von einem einzigen Anbieter günstiger produziert werden als von einer größeren Anzahl von Konkurrenzunternehmen[831]. Das kann dazu führen, daß auf lange Sicht nur ein einziger Anbieter auf dem Markt bestehen bleibt. Ursachen eines solchen natürlichen Monopols sind Größenvorteile (economies of scale) und Verbundvorteile (economies of scope)[832]. In einer solchen Situation wäre die Produktion des Outputs durch mehrere, konkurrierende Unternehmen eine volkswirtschaftliche Ressourcenverschwendung[833]. Zudem hat die Monopolstellung

---

subjektiven Rechte der Individuen. Vergl. dazu *Möschel*, JZ 1988, 885 (890); *Möschel*, Oligopolmissbrauch, S. 9 ff.; *Möschel*, Rechtsordnung, S. 13 ff.

827 *Möschel*, JZ 1988, 885 (891).

828 *Soltwedel*, Deregulierung, S. 4. Das gesamtwirtschaftliche Pareto-Gleichgewicht besteht, wenn es nicht mehr möglich ist, durch Umverteilungsmaßnahmen den Nutzen eines Individuums zu steigern, ohne zugleich den Nutzen anderer Individuen zu schmälern. Vergl. dazu *Müller/Vogelsang*, Regulierung, S. 31; *Ritsert*, Gerechtigkeit, S. 50 ff.

829 Weitere Formen des Marktversagens sind Informationsasymmetrie, Sondergewinne, ungenügende Informationen, ungleiche Verhandlungsmacht, Rationalisierung, Vermeidung von Transaktionskosten, Paternalismus, Risikoverschiebung, Förderung sozialer Ziele und Schutz bestehender Regulierung. Vergl. *Schmidt*, Wettbewerbspolitik, S. 36.

830 *Kruse*, Ordnungstheorie, S. 9 (13). Das Konzept des natürlichen Monopols findet sich schon bei *John Stuart Mill*, Principles, in dem Problem der verschwenderischen Verdoppelung von Netzen. Ca. 100 Jahre später stellte erstmals *Leon Walras* in seinem Werk *Études d'Économie Sociale: Théorie de la Répartition de la Richesse Sociale (1936)* die Verbindung zwischen dem Vorliegen eines natürlichen Monopols und Regulierung dar, vergl. *Walras*, Économie Sociale. Siehe dazu auch *Eisenblätter*, Regulierung, S. 31; *Spulber*, 12 Yale Journal on Regulations 1995, 25 (31 ff.); *Krakowski*, Regulierung, S. 19 (27).

831 Vergl. *Soltwedel*, Deregulierung, S. 5; *Kaufer*, Regulierung, S. 12; *Krakowski*, Regulierung, S. 19 (27); *Müller/Vogelsang*, Regulierung, S. 36 ff.; *Eisenblätter*, Regulierung, S. 31 f.; *Möschel*, JZ 1988, 885 (891). Eine solche Situation war lange Zeit als Rechtfertigung für die Monopolstellung der Eisenbahn, im Telekommunikationsbereich und in der Versorgungswirtschaft (Strom, Gas, Wasser) angeführt worden. Eine Argumentation die mittlerweile, nach der Öffnung der Märkte empirisch widerlegt wurde. Eine andere Betrachtung rechtfertigt sich eventuell noch für die leitungsgebundene Versorgungswirtschaft, da grundsätzlich die Verlegung von mehr als einer Leitung pro Versorgungsgut teurer als eine einzige Leitung ist; vergl. dazu *Schmidt*, Wettbewerbspolitik, S. 36.

832 Siehe dazu ausführlich *Eisenblätter*, Regulierung, S. 32 ff. m.w.N.

833 *Kruse*, Ordnungstheorie, S. 9 (13).

Marktineffizienzen zur Folge, indem die gewinnmaximalen Preise höher und die Produktmengen geringer sind, als die allokativ effizienten Mengen[834].

Weiter liegt ein Versagen des Marktes bei ruinöser Konkurrenz vor[835]. Unter ruinöser Konkurrenz wird als Sammelbegriff ein Sachverhalt verstanden, bei dem es auf einem Markt so viel Wettbewerb gibt, daß leistungsfähige Anbieter von diesem verdrängt werden[836]. Es kommt durch einen solchen Wettbewerb mithin zu einer volkswirtschaftlich negativen Entwicklung[837]. Eine solche Entwicklung liegt beispielsweise bei einer Angebotssteigerung vor, obwohl die Preise rückgängig sind. Ein Sachverhalt, der sich in der Landwirtschaft oder dem Markt für Arbeitsleistungen beobachten läßt[838].

Ferner läßt sich ein Marktversagen bei sogenannten externen Effekten diagnostizieren[839]. Diese liegen vor, wenn die Vor- und Nachteile für Dritte, die durch die Produktion oder den Konsum der Ware entstehen, nicht in die Marktbeziehung der Marktteilnehmer eingehen und somit bei der Preisbildung nicht berücksichtigt werden[840]. Dadurch kann ein Unternehmen am Markt Vorteile erlangen und so andere schädigen[841]. Der Regulierungsbedarf resultiert hier aus dem Umstand, daß staatliche Intervention in dieser Situation am besten geeignet ist, ein gesamtwirtschaftliches Optimum herzustellen[842].

---

834 *Kruse*, Ordnungstheorie, S. 9 (14). Allerdings ist auch anzumerken, daß nicht jede natürliche Monopolstellung zu einem Marktversagen führen muß, denn auch potentielle Konkurrenz kann ökonomisch disziplinierend auf das Monopol einwirken, solange die Markteintrittsbarrieren gering sind, verl. dazu auch *Kruse*, Ordnungstheorie, S. 9 (14 f.). Siehe ferner ausführlich zur allokativen Effizienz generell *Kruse*, Monopolregulierung, S. 70 ff.

835 Der Begriff ist in der wirtschaftswissenschaftlichen Literatur nicht eindeutig definiert; so allein *Soltwedel*, Deregulierung, S. 9 f.; *Koch*, Regulierung, S. 8 sowie *Breyer*, Regulation, S. 29 ff., der den Begriff auch als „empty box" bezeichnet .Vergl. zu den verschiedenen Definitionen der ruinösen Konkurrenz: *Tolksdorf*, Wettbewerb, S. 28 ff.; *Willeke*, ORDO 1977, 155 (156 ff.).

836 *Möschel*, JZ 1988, 885 (891), der aber auch auf die Unschärfe des Begriffs hinweist sowie ferner *Schmidt*, Wettbewerbspolitik, S. 39; *Kruse*, Ordnungstheorie, S. 9 (21); *Soltwedel*, Deregulierung, S. 10; *Koch*, Regulierung, S. 8; *Krakowski*, Regulierung, S. 59.

837 Vergl. zu den einzelnen volkswirtschaftlich schädlichen Entwicklungen *Soltwedel*, Deregulierung, S. 10 ff.

838 Weitere Beispiele bilden die Überkapazität der Verkehrsmärkte, die ruinöse Konkurrenz durch asymmetrische Informationen mit der Folge von adverse selection und von moral hazard (vergl. zu den Begriffen: *Schmidt*, Wettbewerbspolitik, S. 40; *Ekkenga*, Anlegerschutz, S. 34; *Rieger*, Bankensektor, S. 72) im Versicherungs- und Bankenbereich sowie die staatlichen Zwangsversicherungssysteme. Siehe dazu *Möschel*, JZ 1988, 885 (891).

839 Vergl. zu den externen Effekten: *Lange*, Regulierung, S. 161 (172); *Dahlmann*, Journal of Law and Economics 1979, 141 ff.

840 *Schmidt*, Wettbewerbspolitik, S. 37; *Soltwedel*, Deregulierung, S. 13; *Möschel* JZ 1988, 885 (891).

841 *Eisenblätter*, Regulierung, S. 31; *Bonus*, Öffentliche Güter, S. 51 (59 f.).

842 *Kruse*, Ordnungstheorie, S. 9 (24).

Negative externe Effekte führen zu Überproduktion, während positive externe Effekte eine Unterversorgung bewirken[843]. Einen „Grenzfall" der externen Effekte bilden die öffentlichen Güter[844].

Unter öffentlichen Gütern versteht man solche, die von einer anderen Partei zu minimalen oder gar keinen Kosten gewinnbringend genutzt werden können, wobei ein Ausschluß dieser Partei von dem Gut sehr schwierig oder unmöglich ist[845]. Die öffentlichen Güter entstehen unabhängig von dem gezahlten Betrag oder die Kosten sind nicht auf die produzierte Menge bezogen. Wirtschaftspolitisch ist eine Fehlversorgung die Folge[846].

Eine stabilitätspolitische Rechtfertigung für die Regulierung liegt vor, wenn die marktwirtschaftliche Wirtschaftsordnung derart instabil ist, daß es regelmäßig zu Ungleichgewichten kommt[847]. Als Gründe für diese Instabilität werden exogene Störungen, Erschwerungen, die ihre Wurzeln im Geldkreislauf haben und solche, die durch einen Nachfragemangel bedingt sind sowie ein Überhang auf der Angebotsseite des Marktes angeführt[848].

Letztlich kommt eine Regulierungsrechtfertigung unter verteilungspolitischen Gesichtspunkten in Betracht[849]. Der Rechtfertigungsgrund liegt hier nicht in einem ökonomischen Marktversagen, sondern in der Bestrebung, Marktergebnisse aus ethischen Gründen zu korrigieren[850]. Mit den ethischen Umverteilungserwägungen kann zugleich auch eine Analyse der ökonomischen Marktfolgen einhergehen[851]. In der Praxis spielen die ethischen Umverteilungsmotive gerade in

---

843 *White*, International Regulation, S. 211 f. Negative externe Effekte versucht man durch Steuern, Gebote, Verbote und Auflagen zu steuern, während die positiven beispielsweise durch Subventionen gelenkt werden sollen, so *Möschel*, JZ 1988, 885 (891); *Eisenblätter*, Regulierung, S. 31, Fn. 70.

844 *Eisenblätter*, Regulierung, S. 31.

845 *White*, International Regulation, S. 212.

846 *Bonus*, Öffentliche Güter, S. 51 (57).

847 *Möschel*, JZ 1988, 885 (891); Beirat, Interventionen, S. 8; *Hardes/Rahmeyer/Schmid*, Volkswirtschaftslehre, S. 77 ff.

848 Vergl. dazu *Möschel*, JZ 1988, 885 (891). *Möschel* weist zu Recht auf die keynesianische Wurzeln dieser Betrachtungsweise hin und die Konsequenzen für eine staatliche Regulierung, die sich aus dieser Sicht ergeben können: „Wer den Staat in der Verantwortung für Preisstabilität, Vollbeschäftigung, außenwirtschaftliches Gleichgewicht und angemessenes Wachstum sieht, öffnet die Tür zu ggf. weitreichenden Eingriffen".

849 *Soltwedel*, Deregulierung, S. 15; *Möschel*, JZ 1988, 885 (891); *Koch*, Regulierung, S. 8 f.

850 *Krakowski*, Regulierung, S. 82 ff.; *Schmidt*, Wettbewerbspolitik, S. 41; *Koch* spricht auch von sozialer Regulierung und nennt als ihre Ziele Umweltschutz, Verbraucherschutz, Arbeitsplatzsicherheit sowie allgemeine Gesundheit und Sicherheit, so *Koch*, Regulierung, S. 4 ff. *Möschel* führt im Zusammenhang mit Regulierung aus verteilungspolitischen Gesichtspunkten ein indirektes Zitat von *Giersch* an: „Ein Marktsystem ohne jedes Umverteilungselement könnte dazu führen, daß zwar die Katzen der Reichen genügend Milch haben, Kinder der Armen dabei aber verhungern", vergl. JZ 1988, 885 (891).

851 Vergl. *Möschel*, JZ 1988, 885 (891); *Engels*, Freiheit, S. 134 ff.; *Enderle*, Ethik; *Schlecht*, Ethische Betrachtungen.

der Preisregulierung in der Landwirtschaft zum Zwecke der Einkommenssicherung eine große Rolle[852].

Um Marktversagen zu beseitigen, nennt die Theorie zwei verschieden Regulierungsansätze: Zum einen den allokationstheoretischen und zum anderen den politischen Regulierungsansatz[853]. Der allokationstheoretische Regulierungsansatz verfolgt die Steigerung der allgemeinen Wohlfahrt über die Schaffung effizienter Märkte bei Erreichen einer optimalen Ressourcenallokation[854]. Der politische Regulierungsansatz verfolgt dagegen die Realisierung von übergeordneten, sozialpolitischen Zielen, wobei auch eine suboptimale Ressourcenallokation in Kauf genommen wird. Beide Ansätze orientieren sich am öffentlichen Interesse.

b) Kritik an der normativen Theorie

In der Orientierung am öffentlichen Interesse liegt der Kritik zufolge auch die maßgebliche Schwäche der normativen Theorie[855]. Die zuständigen Steuerungsstellen sind eben nicht selbstlose, lediglich am öffentlichen Interesse orientierte Personen, wie von der Theorie unterstellt, sondern von eigenen Zielen und Motiven geleitetet[856]. Insofern blieb die praktische Bedeutung der normativen Theorie stets gering[857].

Eine weitere Schwachstelle der Theorie liegt in ihrem Bezug auf das Idealbild der vollkommenen Konkurrenz[858]. Den wirtschaftlichen Zustand, den die Theorie der vollkommenen Konkurrenz beschreibt, kann es in der Realität nicht geben[859]. Wird nun gerade dieser zum Leitbild erklärt und jede ökonomische Abweichung davon als Marktversagen angesehen, so ist man durch den unwirklichen Ver-

---

852 Vergl. zur Regulierung in der Landwirtschaft: *Koch*, Regulierung. Ein Beispiel aus der Vergangenheit bildeten auch die nicht kostenorientierten Tarife des Monopolmarktes Telekommunikation; vergl. *Möschel*, JZ 1988, 885 (891).

853 *Eickhof*, Wirtschaftsdienst 1986, 468 (469); *Eickhof*, JNPÖ 1986, 122 (124 ff.).

854 Der Regulierungsansatz wird deshalb auch von *Carl Christian von Weizsäcker* als praktizierte Wohlfahrtsökonomik bezeichnet, vergl. *von Weizsäcker*, SZVS 1982, 325 (326).

855 *Möschel*, JZ 1988, 885 (892); *Winston*, 31 Journal of Economic Literature 1993, 1263 (1266).

856 *Loevinger*, 11 The Antitrust Bulletin 1966, 101 (137). Insofern ist der positiven Theorie in ihrer Grundanalyse beizupflichten.

857 *Rieger*, Bankensektor, S. 70.

858 Die Theorie der vollkommenen Konkurrenz postuliert als Marktform einen Zustand mit vielen Anbietern und vielen Nachfragern. Der Preis wird durch Gesamtangebot und -nachfrage bestimmt und ist für die einzelnen Marktteilnehmer nicht beeinflußbar. Siehe ausführlich dazu *Grosser*, Wettbewerbspolitik, S. 61 (85).

859 Vergl. dazu *Soltwedel*, Deregulierung, S.5 und *Grosser*, Wettbewerbspolitik, S. 61 (85 f.), die mit Recht darauf hinweisen, daß die Theorie der vollkommenen Konkurrenz einen Zustand postuliert bzw. beschreibt, in dem eine Gleichgewichtssituation zwischen den Marktteilnehmern besteht, welche diesen den Anreiz und die Möglichkeiten zu wettbewerblicher Initiative nehmen. Gerade erst durch die Abweichung von dieser Gleichgewichtssituation entsteht der für wettbewerbliches Handeln notwendige Freiraum.

gleichsmaßstab allzu vorschnell dabei, ein Marktversagen anzunehmen[860]. *Möschel* wirft dementsprechend dem methodischen Ansatz der Theorie ein Nirwana-approach vor[861]. Der Blick für die ökonomischen Realitäten sei versperrt.

§ 7 Regulierung und Aufsicht von Kapitalmärkten und Börsen

Vorstehend wurde allgemein aufgezeigt, was unter Regulierung und Aufsicht zu verstehen ist. Insbesondere wurden die ökonomischen Theorien für Regulierung dargestellt. Nachfolgend geht es darum, sich im Besonderen der Regulierung und Aufsicht von Kapitalmärkten und Börsen sowie Handelssystemen anzunehmen. Dabei soll zunächst untersucht werden, worin die Ursachen für eine Regulierung der Kapitalmärkte bestehen, bevor sich die Untersuchung in einem weiteren Schritt kurz der Kapitalmarktaufsicht zuwendet. Bereits zuvor wurde ausgeführt, daß Regulierung abstrakt betrachtet einen über den Einzelfall hinausgehenden Ordnungszweck verfolgt. Will man aber bestimmen können, was im Bereich der Kapitalmärkte und Börsen reguliert werden muß, so kann es bei dieser abstrakten Begriffsbestimmung nicht bleiben. Vielmehr ist der Ordnungszweck der Kapitalmarktregulierung, welcher zugleich Aufschluß darüber gibt, was reguliert werden muß, aus den Ordnungsfeldern Kapitalmarkt und Börse heraus zu bestimmen. Die nachfolgende Untersuchung bildet dabei die Grundlage für Teil 3 der Arbeit, da ohne die Bestimmung des Ordnungszwecks der Kapitalmarktregulierung die Frage nicht geklärt werden kann, welche Problemfelder im Zusammenhang mit Alternativen Handelssystemen reguliert werden müssen.

---

[860] Diesem Leitbild widerspricht auch *Soltwedel*. Er betrachtet Wettbewerb vielmehr als einen dynamischen Prozeß des Entdeckungsverfahrens im von *Hayekschen* Sinne, so daß er Marktversagen als eine Fehlsteuerung im wettbewerblichen Koordinationsprozeß von Einzelentscheidungen und Gewinnutzungsmöglichkeiten begreift, vergl. dazu *Soltwedel*, Deregulierung, S. 5. Inwiefern die traditionellen wohlfahrtsökonomischen Erscheinungsformen des Marktversagens, wie natürliche Monopole, ruinöse Konkurrenz und externe Effekte vor diesem Wettbewerbsverständnis noch Bestand haben können, ist unter *Soltwedel*, Deregulierung, S. 5 ff. weiter nachzulesen.

[861] Vergl. *Möschel*, JZ 1988, 885 (892). Der Begriff „Nirwana-approach" stammt von *Demsetz*, Journal of Law and Economics 1969, 1 ff. Ebenfalls verständlich dargestellt wird der Begriff bei *Müller/Vogelsang*, Regulierung, S. 18: Der „Nirwana-approach" nimmt als Vergleichsmaßstab ein unrealistisches und unerreichbares Wirtschaftsideal ohne Transaktionskosten und Friktionen. Der Staat in einer solchen Wirtschaftsgemeinschaft ist omnipotent hinsichtlich der Bedürfnisse seiner Bürger sowie der vorhandenen Technologien. Die ihm zur Verfügung stehende Macht setzt er kostenfrei für die Gesellschaft zur Wohlfahrtsmaximierung ein. Dieses unerreichbare Ideal staatlichen Verhaltens bildet *Müller/Vogelsang* zufolge „das institutionelle Analogon zur vollständigen Konkurrenz". Der „Nirwana-approach" ist eine eigenständige Theorie zur Beschreibung staatlichen Verhaltens. Er entspricht hinsichtlich der Realität für die staatliche Sphäre der Theorie der vollständigen Konkurrenz, welche einen unerreichbaren Zustand für den wirtschaftlichen Bereich beschreibt.

A. Regulierung der Kapitalmärkte und Börsen

Auf den Kapitalmärkten treffen die unterschiedlichen Interessen von Emittenten und Anlegern aufeinander. Während der Emittent eine möglichst hohe Kapitalaufnahme bei geringen Kosten und niedriger Einflußnahme anstrebt, geht es dem Investor um eine relativ große Sicherheit des investierten Kapitals bei möglichst hoher Rendite. Diese widerstreitenden Interessen zu harmonisieren, ist regulatorische Aufgabe der den Kapitalmarkt konstituierenden Rechtsordnung, des Kapitalmarktsrechts[862]. Dabei wird der Begriff des Kapitalmarktrechts unterschiedlich weit ausgelegt. Einige verstehen darunter aus streng ökonomischer Sicht sämtliche Regulierungen, die kausal auf Kapitalmärkte einwirken, so daß auch beispielsweise steuerrechtliche Regelungen so dem Kapitalmarktrecht zugerechnet werden[863]. Dagegen verstehen die Anhänger eines engen Kapitalmarktrechts-Begriffs unter diesem allein das Recht, welches die Beziehung der Marktseiten zum Regelungsobjekt hat[864]. Welchem Kapitalmarktrechts-Begriff zu folgen ist, kann hier offen bleiben, da es in der weiteren Untersuchung vielmehr darum geht, welche Gründe für eine Regulierung der Kapitalmärkte und Handelsteilnehmer sprechen bzw. inwieweit auch die oben dargestellten ökonomischen Theorien der Regulierung auf die Situation an den Kapitalmärkten zutreffen[865]. Aufgrund der verschiedenen Blickwinkel - historisch, ökonomisch und Schutzgut-bezogen - wiederholen bzw. decken sich dabei teilweise auch die diversen Gründe im Kern.

I. Historische Gründe

Waren Börsen zur Zeit ihrer Entstehung kaum Gegenstand von regulierenden Maßnahmen, führten Zusammenbrüche von Emittenten und Betrugsfälle im Zusammenhang mit dem Vertrieb von Wertpapieren im 19. Jahrhundert dazu, diese Sichtweise zunehmend aufzugeben[866]. Gerade dem deutschen Börsengesetz ging eine Welle von Bankenzusammenbrüchen, unsoliden Börsenspekulationen und Depotveruntreuungen voraus[867]. Um die Anfälligkeit des Börsenhandels für diese Betrugsfälle in den Griff zu bekommen, wurde das Börsenrecht im Gewerbepolizeirecht verankert. Zu Beginn des 20. Jahrhunderts wurde schließlich eine grundsätzliche Gefahr des Börsenhandels für Anleger und die Gesamtwirtschaft erkannt[868].

---

862 *Grundmann*, ZSchwR 1996, 103 (121).

863 *Assmann/Buck*, EWS 1990, 110 (110 f.); *Hüffer*, Prospektpflicht, S. 5 f.; *Hopt*, ZHR 141 (1977), 389 (431 f.).

864 *Weber*, Investmentrecht, F III, Rn. 6; *Deckert/von Rüden*, EWS 1998, 46; *Grundmann*, ZSchwR 1996, 103 (121); *Heinze*, Primärmarkt, S. 4 f.

865 Siehe oben Teil 2. § 6 B. IV.

866 *Klenke*, Börsendienstleistungen, S. 40.

867 *Nußbaum*, BörsG, Einl. I.c).

868 *Klenke*, Börsendienstleistungen, S. 41; Börsen-Enquête-Kommission, Bericht, S. 3.

II. Ökonomische Gründe

Heute wird gemeinhin die Regulierung des Börsenhandels mit dessen erheblicher volkswirtschaftlicher Bedeutung begründet[869]. Im öffentlichen Interesse müsse der Staat regulierend auf den Börsenhandel einwirken.

Die Regulierung kann sich dabei auf die oben entwickelten Kriterien der normativen Theorie der Regulierung stützen. Zwar bilden Börsen keine natürlichen Monopole und tendieren auch nicht in diese Richtung, da regelmäßig eine Vielzahl von Marktplätzen Handelsmöglichkeiten in demselben Titel anbieten[870]. Außerdem stehen der Eröffnung von außerbörslichen Handelssystemen im Internet niedrige Markteintrittsbarrieren entgegen, so daß dieses Segment stark kompetitiv ist[871].

Auch scheidet die Theorie der ruinösen Konkurrenz zur Regulierungsbegründung im Börsenhandel aus[872]. Durch Marktfragmentierungen und Liquiditätszersplitterungen kann es zwar zu negativen volkswirtschaftlichen Folgen kommen, allerdings stehen dieser Entwicklung auch positive Wettbewerbseffekte gegenüber[873]. Desweiteren ist der Wettbewerb im Börsenhandel nicht derart stark, daß gerade leistungsfähige Anbieter von diesem verdrängt werden.

Jedoch kann sich die Regulierung der Kapitalmärkte auf die Gefahr eines Marktversagens aufgrund von externen Effekten beziehen[874]. So sind negative externe Effekte insbesondere denkbar, wenn Investoren aufgrund von anfänglichen Kursverlusten Panikverkäufe vornehmen und so einen Börsencrash auslösen. Ferner kann es durch kurzzeitige Handelsunterbrechungen, beispielsweise durch einen Systemausfall, zu erheblichen Beeinträchtigungen des Wirtschaftsablaufs kommen[875]. Diese Risiken hätten auch weitere Kettenreaktionen zur Folge, bedingt durch die wechselseitige Abhängigkeit der Handelsplätze. Als Konsequenz könnte das gesamte Finanzsystem instabil werden und die Weltwirtschaft in eine Krise stürzen.

III. Schutzgüter als Gründe

Das Kapitalmarktrecht soll die Rahmenbedingungen und Grundlagen für einen effizienten und funktionsfähigen Kapitalmarkt schaffen[876]. Die Funktionsfähigkeit

---

869 So auch *Klenke*, Börsendienstleistungen, S. 41; *Schöne*, Dienstleistungsfreiheit, S. 15; *Baums, Theodor / Segna, Ulrich*, Börsenreform, Arbeitspapier Nr. 65 des Instituts für Handels- und Wirtschaftsrecht der Universität Osnabrück, 1998, S. 14, vergl. http://www.jura.uni-osnabrueck.de/institut/hwr/pdf/papier65.pdf (Stand 20.01.2001); *Hopt/Baum*, Börsenrechtsreform, S. 362; *Rudolph/Röhrl*, Börsenorganisation, S. 249 ff.; 256 ff.

870 *Klenke*, Börsendienstleistungen, S. 43 f.

871 *Klenke*, Börsendienstleistungen, S. 88.

872 *Klenke*, Börsendienstleistungen, S. 44 f.

873 Siehe dazu unten Teil 3. § 11.

874 *Klenke*, Börsendienstleistungen, S. 45 f.

875 So für die Bankenregulierung *Möschel*, Bankenregulierungsziele, S. 1065 (1075 f.).

876 *Assmann*, in: Assmann/Schütze, Kapitalanlagerecht, § 1 Rn 23; *Assmann*, Kapitalmarktrecht, S. 251 (263).

des Kapitalmarktes als solche und der Anlegerschutz stellen dabei die Schutzgüter des Kapitalmarktrechts dar[877]. Drohen sie verletzt zu werden, muß dieser Gefahr durch Regulierung begegnet werden. Anders gesprochen, folgt aus der Verpflichtung des Staates, die Funktionsfähigkeit des Kapitalmarktes und den Anlegerschutz zu gewährleisten, die Aufgabe der wirksamen normativen Steuerung[878].

1. Funktionsfähigkeit des Kapitalmarktes

Das Hauptschutzgut des Kapitalmarktrechts ist die Funktionsfähigkeit des Kapitalmarktes[879].

Dies erklärt sich aus der besonderen Bedeutung der Kapitalmärkte für die bestehende marktwirtschaftliche Wirtschaftsordnung[880].

Sie sorgen für die Befriedigung zweier einander entsprechender Bedürfnisse: Während die Wirtschaftsunternehmen und der Staat Kapital für neue Investitionen brauchen, suchen die Investoren eine geeignete Anlagemöglichkeit. Diese beiden Bedürfnisse werden auf den Kapitalmärkten zueinander gebracht und befriedigt[881]. Auf den Kapitalmärkten kommt es zu einer Kapitalkonzentration des Kapitals der privaten Anleger. Das so gebündelte Kapital gelangt über den Verkauf von Wertpapieren an die Kapitalnehmer[882]. Wird die Funktionsfähigkeit dieses Prozesses gestört, entstehen für die Betroffenen enorme Nachteile, da ihre Kapitalbedürfnisse nicht mehr befriedigt werden können. Die negativen Folgen bleiben jedoch nicht auf den Kapitalmarkt beschränkt, sondern wirken sich mitunter auf die Gesamtwirtschaft und das Wachstum einer Volkswirtschaft aus[883]. Bei Kapitalmangel können Unternehmen ihre Investitionen nicht vornehmen, wodurch wiederum beispielsweise Lieferanten und Zulieferer betroffen sind. Insofern ist ein funktionierender Kapitalmarkt von essentieller Bedeutung für die gesamte Marktwirtschaft. Das öffentliche Interesse an der Funktionsfähigkeit des Kapitalmarkts folgt also primär aus seiner Finanzierungsbeschaffungsfunktion[884].

---

877 *Schröder*, Wertpapierhandelsaufsicht, S. 35; *Hopt*, ZHR 141 (1977), 389 (431); *Kümpel*, WM 1993, 2025. Allerdings stehen diese Schutzgüter sich nicht streng getrennt gegenüber. So hat auch der Schutz des Kapitalmarkts den Anleger im Blick, um den Handel mit Finanzprodukten zu optimieren, vergl. *Ekkenga*, Anlegerschutz, S. 30; *Assmann*, Einleitung, Rn. 357 ff.; *Assmann*, in: Assmann/Schütze, Kapitalanlagerecht, § 1 Rn. 23 ff., 62; *Hopt*, Kapitalanlegerschutz, S. 336 f.; *Hopt*, ZGR 1991, 17 (26 f.).

878 *Augsberg*, Rechtsetzung, S. 41.

879 *Ekkenga*, Anlegerschutz, S. 31; *Hopt*, Insiderwissen, S. 289 (303).

880 Allerdings ist der Funktionenschutz der Börse erst seit den sechziger Jahren des letzten Jahrhunderts ein anerkanntes Regelungsziel deutscher Börsengesetzgebung. Diese Entwicklung wurde durch die europäische Kapitalmarktdiskussion ausgelöst. Vergl. *Mues*, Börse, S. 46.

881 *Häuser/Rosenstock*, Börse, S. 88, 91; *Claussen*, Börsenrecht, § 9 Rn. 1.

882 *Claussen*, Börsenrecht, § 9 Rn. 1; *Häuser/Rosenstock*, Börse, S. 76 ff.

883 *Wolf*, WM 2001, 557; *Höhns*, Aufsicht, S. 53; *Schröder*, Wertpapierhandelsaufsicht, S. 40; *Häuser/Rosenstock*, Börse, S. 76; *Funke*, WM 1998, 758.

884 *Höhns*, Aufsicht, S. 53; Reg-Begr. zum Zweiten Finanzmarktförderungsgesetz, BT-Drucks. 12/6679, S. 33.

Dementsprechend ist der Staat allein schon aus ökonomischer Sicht verpflichtet, für die Funktionsfähigkeit dieser wirtschaftlich wichtigen Einrichtung zu sorgen[885]. Vor diesem Hintergrund scheidet eine hoheitlich regulierte Selbstverwaltung von Kapitalmarkteinrichtungen grundsätzlich aus.

Zudem fragt auch der Staat in großem Umfang Kapital nach, indem er Schuldverschreibungen emittiert. Die Funktionsfähigkeit des Kapitalmarkts wirkt sich somit auch auf die Finanzierung der öffentlichen Haushalte aus[886].

Darüber hinaus nutzen die privaten Anleger die Kapitalmärkte zur privaten Vorsorge, wodurch die Kapitalmärkte in Anbetracht des Abbaus der öffentlichen Sozialversicherungssysteme besonders schutz- und förderungswürdig sind[887]. Wenn die private Vorsorge gefährdet ist, droht eine stärkere Nachfrage von Sozialfürsorge im Alter.

Da schon ein Vertrauensverlust der Anleger in die Kapitalmärkte zu schweren ökonomischen Schäden führen kann, ist eine umfassende Sicherung notwendig[888]. Diese muß für leistungsfähige Strukturen auf den Kapitalmärkten, ein solides Handelsverhalten der Marktteilnehmer und dadurch auch für ein starkes Vertrauen der Anleger sorgen[889]. Regelmäßig kann dies nur durch hoheitliche Regulierung erreicht werden.

Im einzelnen müssen verschiedene Funktionsfähigkeiten des Kapitalmarktes gewährleistet werden, um einen umfassenden Funktionenschutz des Kapitalmarktes zu erreichen.

a) Allokative Funktionsfähigkeit

Von besonderer Bedeutung für die Funktionsfähigkeit des Kapitalmarktes ist die sogenannte Allokationsfunktion. Die allokative Funktionsfähigkeit des Kapitalmarktes ist gegeben, wenn die privaten Ersparnisse bzw. das anlagefähige Kapital zu denjenigen Kapitalnehmern fließt, die den dringendsten Bedarf an Kapital für unternehmerische Investitionen haben oder abstrakter gesprochen, wenn Ressourcen in effizienter Weise ihrer produktivsten Verwendung zugeführt werden[890]. Grundsätzlich fließt das Kapital dorthin, wo auch die höchste Rendite[891] erzielt

---

885 *Kübler*, Gesellschaftsrecht, S. 390.

886 *Höhns*, Aufsicht, S. 54.

887 *Höhns*, Aufsicht, S. 54; *Kümpel*, Kapitalmarktrecht, Rn. 8.181.

888 *Weber*, Insiderrecht, S. 30; *Schröder*, Wertpapierhandelsaufsicht, S. 40.

889 *Schröder*, Wertpapierhandelsaufsicht, S. 40.

890 *Schröder*, Wertpapierhandelsaufsicht, S. 35; *Mues*, Börse, S. 46; *Kübler*, AG 1977, 88 (89); *Horn*, Kapitalmarkt, S. 3; *Ekkenga*, Anlegerschutz, S. 31; *Schacht*, Kapitalmarktaufsicht, S. 15; *Assmann*, Einleitung, Rn. 358; *Assmann*, in: Assmann/Schütze, Kapitalanlagerecht, § 1 Rn. 24; *Hopt*, Anlegerschutz, G 48; *Wagner*, ZGR 1988, 210 (212 ff.).

891 Rendite meint den auf das eingesetzte Kapital bezogenen Ertrag des Anlageobjekts, der nach einer bestimmten Zeit erzielt wird. Die Rendite wird als Prozentwert dargestellt und ist meist auf den Zeitraum von einem Jahr bezogen (Annualisierung), um dem Anleger durch diese Standardisierung einen besseren Vergleich der verschiedenen Anlageformen zu ermöglichen. In Abhängigkeit von der Anlageform wird die Rendite von verschiedenen Faktoren bestimmt:

oder zumindest von den Anlegern erwartet wird[892]. Der Anleger braucht für diese Anlageentscheidung umfassende Informationen über die verschiedenen Anlagemöglichkeiten und über die mit der Anlage verbundenen Risiken sowie über die Möglichkeiten einer Minimierung des Anlagerisikos[893]. Diese notwendigen Informationen können dem Investor aufgrund von staatlichen Publizitätsanforderungen verschafft werden[894]. Mithin hilft die Transparenz der Kapitalmärkte deren allokative Funktionsfähigkeit zu sichern[895].

Neben der rationalen Information ist für die Anlageentscheidung des Investors aber auch das Vertrauen in den Kapitalmarkt entscheidend. Dieses Vertrauen wird dem Anleger gegenüber durch faire, integre Kapitalmärkte aufgebaut[896].

Da der Schutz auf die Kapitalausstattung der Unternehmen zielt, bezieht sich der allokative Funktionenschutz direkt nur auf den Primärmarkt. Allerdings ist der Schutz des Sekundärmarkts für die allokative Funktionsfähigkeit insoweit mittelbar relevant, als die Kurse der Wertpapiere auf dem Sekundärmarkt wiederum die Absatzchancen von Neuemissionen derselben Wertpapiergattung auf dem Primärmarkt beeinflußen[897].

b) Institutionelle Funktionsfähigkeit

Desweiteren ist für die Kapitalmärkte die institutionelle Funktionsfähigkeit von Bedeutung. Mit dem Begriff werden die Grundvoraussetzungen eines wirksamen Marktmechanismus bezeichnet[898]. Dabei ist strittig, wovon diese abhängen. Nach einer Ansicht stehen sie in Abhängigkeit von primär externen Faktoren, wie beispielsweise dem Steuerrecht, die den Handel rechtlich oder wirtschaftlich von außen her beeinflußen[899]. Dagegen stellt eine andere Ansicht auf die Rahmenbedingungen ab, die einen Kapitalmarkt entstehen lassen, also auf Vorschriften über den Marktzutritt von Handelsteilnehmern, über die Finanzmarkt-

---

durch An- und Verkaufskosten, Verwaltungskosten, laufende Erträge der Anlage (z.B. Dividendenzahlungen bei Aktien und durch Kurs- bzw. Marktpreisveränderungen), vergl. *Beike/Schlütz*, Finanznachrichten, S. 10 f.

892 *Ekkenga*, Anlegerschutz, S. 32; *Kübler*, AG 1977, 88 (89); *Kübler*, Gesellschaftsrecht, S. 391; *Assmann*, in: Assmann/Schütze, Kapitalanlagerecht, § 1 Rn. 24; *Assmann*, Einleitung, Rn. 358; *Assmann*, Prospekthaftung, S. 25; Baudenbacher-Tandler, Anlegerrisiken, S. 39; *Reuter*, Aktienmarkt, S. 9; *Schacht*, Kapitalmarktaufsicht, S. 15.

893 *Kübler*, AG 1977, 88 (89); *Schröder*, Wertpapierhandelsaufsicht, S. 35 f.; *Assmann*, in: Assmann/Schütze, Kapitalanlagerecht, § 1 Rn 24.

894 *Schröder*, Wertpapierhandelsaufsicht, S. 36; *Kübler*, Gesellschaftsrecht, S. 391.

895 *Höhns*, Aufsicht, S. 54; *Kübler*, Gesellschaftsrecht, S. 391.

896 *Schröder*, Wertpapierhandelsaufsicht, S. 36; *Weber*, Insiderrecht, S. 30; *Caspari*, ZGR 1994, 530 (533).

897 *Ekkenga*, Anlegerschutz, S. 31; *Mülbert*, Aktiengesellschaft, S. 120; *Reuter*, Aktienmarkt, S. 10; *Hopt*, Anlegerschutz, S. G 48.

898 *Assmann*, in: Assmann/Schütze, Kapitalanlagerecht, § 1 Rn 26; *Kübler*, AG 1977, 88 (89).

899 *Assmann*, Einleitung, Rn. 360.

aufsicht und über die Handelszulassung von Finanzprodukten[900]. Diese Rahmenbedingungen fordern, daß der Markt sowohl für Anleger als auch für Emittenten, also für Kapitalnachfrager, ungehindert zugänglich ist. Darüber hinaus ist erforderlich, daß der Markt Stabilität und Aufnahmefähigkeit aufweist und die den Anlegern gesetzlich möglichen Anlageformen zur Verfügung stehen[901].

Beide Ansichten eint, daß die institutionelle Funktionsfähigkeit des Kapitalmarkts durch marktexogene Rechtsvorschriften bestimmt wird.

Schließlich setzt die Institution Kapitalmarkt voraus, daß die Anlagerisiken berechenbar sind[902].

c) Operationale Funktionsfähigkeit[903]

Als letztes entscheidendes Moment für die Funktionsfähigkeit von Kapitalmärkten ist die operationale Funktionsfähigkeit zu nennen. Sie zielt auf eine optimale Kapitalnutzung[904] und wird bestimmt durch die Kosten der Transaktionen bzw. der Anlagevermittlung und -beschaffung[905]. Zu diesen Kosten gehören die der Vertragsanbahnung, des Vertragsabschlusses, der Vertragsabwicklung sowie der Pflichtenkontrolle[906]. Je höher die Transaktionskosten sind, desto geringer fällt die Rendite der jeweiligen Anlage aus. Daher ergibt sich im Umkehrschluß, daß die Minimierung der Kosten zu einer höheren Rendite führt und dadurch eine stärkere Effizienz und Akzeptanz des Kapitalmarktes bei dem Anleger bewirkt[907]. Dementsprechend kann eine Transaktionskosteneinsparung auch das Angebot von Finanzierungsmitteln der Unternehmen steigern und somit auch die allokative Funktionsfähigkeit des Kapitalmarkts positiv beeinflußen[908]. Unter Umständen kann sich in diesem Bereich auch die staatliche Publizitätspflicht auswirken, indem sich die Kosten für die Informationsbeschaffung verringern[909]. Im Internet-Zeitalter mit geringen Zugangsgebühren dürfte die Wirkung allerdings recht schwach ausfallen.

---

900 *Kübler*, AG 1977, 88 (89); *Höhns*, Aufsicht, S. 54; *Schröder*, Wertpapierhandelsaufsicht, S. 36; *Hopt*, Anlegerschutz, G 49; *Assmann*, Einleitung, Rn 360.

901 *Schröder*, Wertpapierhandelsaufsicht, S. 36; *Kübler*, Gesellschaftsrecht, S. 390; *Assmann*, in: Assmann/Schütze, Kapitalanlagerecht, § 1 Rn 26.

902 *Schröder*, Wertpapierhandelsaufsicht, S. 36; *Assmann*, in: Assmann/Schütze, Kapitalanlagerecht, § 1 Rn 26; *Assmann*, Kapitalmarktrecht, S. 251 (264).

903 *Ekkenga*, Anlegerschutz, S. 31 spricht dagegen von operativer Funktionsfähigkeit, wobei dies im Ergebnis keinen Unterschied macht.

904 *Ekkenga*, Anlegerschutz, S. 31; *Kübler*, AG 1977, 88 (89); *Höhns*, Aufsicht, S. 54.

905 *Schröder*, Wertpapierhandelsaufsicht, S. 36; *Kübler*, AG 1977, 88 (89); *Ekkenga*, Anlegerschutz, S. 31; *Hastenpflug*, Securitizationsphänomen, S. 76; *Van Horne*, Kredit und Kapital 1986, 453 ff.; *Assmann*, Prospekthaftung, S. 25f.

906 *Ekkenga*, Anlegerschutz, S. 32; *Schlüter*, Wertpapierhandelsrecht, S. 27; *Hastenpflug*, Securitizationsphänomen, S. 114; *Weichert*, Risikokapitalmarkt, S. 9.

907 *Schröder*, Wertpapierhandelsaufsicht, S. 37; *Kübler*, Gesellschaftsrecht, S. 390 f.; *Schwark*, Kapitalmarktrecht, S. 1087 (1091).

908 *Ekkenga*, Anlegerschutz, S. 32; *Löffler*, Finanzintermediär, S. 81.

909 *Schröder*, Wertpapierhandelsaufsicht, S. 37; *Kübler*, Gesellschaftsrecht, S. 390 f.

2. Anlegerschutzfunktion

Neben der eben beschriebenen Funktionsfähigkeit des Kapitalmarktes verfolgt das Kapitalmarktrecht als Regelungsziel den Anlegerschutz[910]. Beide Schutzrichtungen lassen sich nicht streng voneinander trennen[911]. Der Schutz der Investoren soll bei ihnen Vertrauen in die Kapitalmärkte aufbauen. Bei mangelndem Vertrauen der Investoren kann sich dies zu einem Rückzug oder Fernbleiben von den Kapitalmärkten auswirken. Dadurch wird die Funktionsfähigkeit der Kapitalmärkte nachhaltig tangiert. Deshalb ist Anlegerschutz auch eine Grundbedingung für die Funktionsfähigkeit des Kapitalmarkts[912]. Darüber hinaus folgt er auch aus dem verfassungsrechtlichen Sozialstaatsprinzip[913]. Die Anleger sind regelmäßig gegenüber den Kapitalnachfragern schützwürdig(er) aufgrund ihrer strukturellen Unterlegenheit. Dieser Unterlegenheit entgegenzuwirken, ist Aufgabe des Staates aufgrund des Sozialstaatsprinzips, da es unter anderem die staatliche Inschutznahme der wirtschaftlich Schwachen beinhaltet[914]. Die anlegerschützenden Maßnahmen zielen auf die Sicherung der Altersversorgung, sollen das Eigentum an Produktivvermögen streuen und das Wachstum durch Anregung von privater Investitionsneigung fördern[915].

Zum Bereich der staatlichen Schutzpflichten gehören ebenfalls sämtliche Freiheitsgrundrechte, also auch das Eigentumsgrundrecht[916]. Der Schutzbereich der Eigentumsfreiheit aus Art. 14 Abs. 1 GG umfaßt unter anderem die Vermögenswerte der Anleger[917]. Dabei folgt die Schutzbedürftigkeit der Anleger insbesondere aus der Informationsasymmetrie gegenüber den Finanzdienstleistern[918].

---

910 Vergl. ausführlich zu den verschiedenen Anlegerschutztheorien *Mues*, Börse, S. 46 ff.

911 *Schröder*, Wertpapierhandelsaufsicht, S. 39; *Assmann*, ZGR 1994, 494 (499). Die Bedeutung des Anlegerschutzes als Aufsichtsziel ist strittig. Die sogenannte Strukturtheorie sieht den Anlegerschutz als einen bloßen Reflex des Funktionsschutzes, während die sogenannte Schutztheorie Funktionsschutz und Anlegerschutz als gleichrangige Ziele der Aufsicht bzw. zwei Seiten einer Medaille ansieht. Vergl. zum Streit *Höhns*, Aufsicht, S. 54 ff. m.w.N.

912 *Hopt*, Kapitalanlegerschutz, S. 336; *Schröder*, Wertpapierhandelsaufsicht, S. 39; *de Vries*, Delisting, S. 31; *Schwark*, Kapitalmarktrecht, S. 1087 (1092); *Hopt*, Anleger, Spalte 118 f.; *Kümpel*, WM 1993, 2025. Dies zeigt sich beispielsweise auch in der Präambel der Insiderrichtlinie, wo es heißt, daß das reibungslose Funktionieren des Marktes weitgehend von dem Vertrauen der Anleger abhängt, vergl. Abl. 1989 L 334, S. 30.

913 *Schacht*, Kapitalmarktaufsicht, S. 33 ff.; *Mues*, Börse, S. 46; *Hopt*, Kapitalanlegerschutz, S. 261 ff. (insb. 267, 284, 286 f.); *Augsberg*, Rechtsetzung, S. 40.

914 *Schacht*, Kapitalmarktaufsicht, S. 34.

915 *Assmann*, ZBB 1989, 49 (52); *Hopt*, Kapitalanlegerschutz, S. 82, 336; *Mues*, Börse, S. 46 f.

916 *Klein*, DVBl. 1994, 489 (491); *Isensee*, in: Isensee/Kirchhof, HbStR V, § 111 Rn. 93; *Starck*, in: von Mangoldt/Klein/Starck, GG, Art. 1 Rn. 158. Vergl. zu den Abgrenzungsproblemen, welche aus der Unschärfe des Eigentumsbegriffs in Art. 14 Abs. 1 GG resultieren *Dietlein*, Schutzpflichten, S. 78 ff.

917 *Schenke/Ruthig*, NJW 1994, 2324 (2326 ff.).

918 *Höhns*, Aufsicht, S. 61. Der Grad der Informationsasymmetrie gibt an, welche Gruppen von Handelsteilnehmern welche Informationen erhalten. Dabei bezieht sich die Asymmetrie sowohl auf die Informationsinhalte als auch auf die Geschwindigkeit der Informationsdarstellung, vergl. *Schenk*, Börsensysteme, S. 31.

Die Grundrechte der Investoren sind aufgrund dieser strukturellen Ungleichheit besonderen Gefahren ausgesetzt, welche vom Staat durch die Schaffung einer effektiven Aufsicht minimiert werden können[919]. Die Errichtung eines zivilrechtlichen Aufklärungs- und Haftungssystems reicht dabei alleine nicht, da ein solches in der Regel erst zum Tragen kommt, wenn sich die Gefahr bereits realisiert hat und möglicherweise eine Schadenskompensation für den Anleger, weil etwa der Finanzdienstleister insolvent ist, nicht mehr möglich ist[920].

a) Anlegerrisiken

Bei Investitionen auf Kapitalmärkten erzielen die Anleger nicht nur eine Rendite; vielmehr sind mit der Anlage diverse Risiken für sie verbunden. Auf diese Risiken versucht der Anlegerschutz einzuwirken bzw. sie zu minimieren. Dabei wird mehrheitlich nach *Hopt* zwischen fünf Risikoarten differenziert, die sich in die Kategorien Anlagerisiken, also solche, die sich auf den Zeitraum nach der Anlageentscheidung beziehen, und Entscheidungsrisiken, die vorkonstitutiv, mithin vor der Anlageentscheidung auftreten können, einteilen lassen[921]. Diese fünf Risiken sind das Risiko der Substanzerhaltung, das Abwicklungs- und Verwaltungsrisiko, das Interessenvertretungsrisiko, das Informationsrisiko und das Konditionenrisiko[922].

Von diesen Risiken bildet das Substanzerhaltunsrisiko das größte für den Anleger, da es die Gefahr beschreibt, das investierte Kapital teilweise oder sogar ganz zu verlieren[923].

Indem den Anlegern Kontroll- und Mitentscheidungsrechte eingeräumt werden und eine staatliche Markt- und Handelsaufsicht gewährleistet ist, kann dieses Risiko beschränkt werden[924].

Desweiteren treffen den Investor ein Abwicklungs- und Verwaltungsrisiko sowie ein Interessenvertretungsrisiko[925]. Dabei liegt ein Abwicklungs- und

---

919 Die Schutzpflicht bindet insbesondere auch die Legislative und ist durch den Erlaß von Gesetzen zu erfüllen. Vergl. BVerfGE 88, 203 (252); 39, 1 (44); *Klein*, NJW 1989, 1633 (1637); *Möllers*, Rechtsgüterschutz, S. 149 f.

920 *Höhns*, Aufsicht, S. 61.

921 Vergl. für diese Einteilung *Ekkenga*, Anlegerschutz, S. 26 f. Siehe generell für die Unterteilung in fünf Anlegerrisiken *Hopt*, Kapitalanlegerschutz, S. 82 ff., 337 ff.; *Assmann*, Einleitung, Rn. 367 ff.; *Schwark*, Anlegerschutz, S. 10 f.

922 *Hopt*, Anlegerschutz, G 15 f.; *Mues*, Börse, S. 47.

923 *Schröder*, Wertpapierhandelsaufsicht, S. 37 spricht deshalb auch von der Gefahr eines Kapitalverlustes, was aber synonym mit dem Substanzerhaltungsrisiko ist. Vergl. ferner *Hopt*, Kapitalanlegerschutz, S. 338; *Hopt*, Anlegerschutz, G 16; *Beike/Schlütz*, Finanznachrichten, S. 14; *Hopt*, Anleger, Spalte 116; *Schwark*, Anlegerschutz, S. 10 f. *Ekkenga*, Anlegerschutz, S. 27 sieht dagegen in dem Substanzerhaltungsrisiko kein anlegertypisches Risiko, da es alle Kapitalgeber unabhängig von ihrem Einfluß auf das unternehmensinterne Geschehen treffe, und erst anlegertypisch mit der Bestimmungs- und Verfügungshoheit über die gestellte Vermögenssubstanz würde. Ebenso *Koch/Schmidt*, BFuP 1981, 231 (232 f.).

924 *de Vries*, Delisting, S. 32 f.

925 *Hopt*, Kapitalanlegerschutz, S. 132 ff., 137 ff., 338; *Ekkenga*, Anlegerschutz, S. 27.

Verwaltungsrisiko vor, wenn es sich bei dem auf das investierte Vermögen einflußnehmenden Dritten um ein Verwaltungs- oder Kontrollorgan der Gesellschaft handelt, während ein Interessenvertretungsrisiko bei der Einflußnahme von unternehmensexternen Treuhändern, beispielsweise depotführenden Kreditinstituten, besteht. Das Abwicklungs- und Verwaltungsrisiko kann auch daraus resultieren, daß der Anleger keinen direkten Zugang zum Kapitalmarkt hat und Kreditinstitute als Marktintermediäre zwischenschalten muß. Durch die Zwischenschaltung besteht für den Investor das Risiko, daß die Aufträge nicht interessengerecht ausgeführt und abgewickelt werden[926].

Daneben besteht ein Konditionenrisiko, welches aus den Bedingungen resultiert, zu denen der Investor sein Geld anlegen kann[927]. Ihn trifft das Risiko einer preis- und sachgerechten Anlageentscheidung.

Die Anlage in Effekten[928] ist zusätzlich mit einem Informationsrisiko verbunden[929]. Es entsteht aus der asymmetrischen Verteilung von persönlicher Fachkompetenz oder situationsabhängiger Kenntnis von entscheidungserheblichen Tatsachen[930]. Dieses Risiko wirkt sich auf die Anlageentscheidungen des Investors aus, da durch unbekannte Risiken und Chancen der Anlagemöglichkeit Fehlentscheidungen getroffen werden können. Den Emittenten der Anlage und den Finanzintermediären obliegt die Risikominimierung durch Informationsverschaffung[931].

Sämtliche aufgezeigten Risiken sind allerdings nicht als feststehend und starr von einander unterscheidbar anzusehen[932].

Der Anlegerschutz will und soll dem Investor diese Risiken nicht vollends abnehmen[933]. Der Handelsteilnehmer in der Marktwirtschaft ist gehalten, sich

---

926 *Schröder*, Wertpapierhandelsaufsicht, S. 37; *Hopt*, Anlegerschutz, G 16; *Hopt*, Anleger, Spalte 117.

927 *Hopt*, Kapitalanlegerschutz, S. 338; *Schröder*, Wertpapierhandelsaufsicht, S. 38; *Hopt*, Anlegerschutz, G 16; *Hopt*, Kapitalanlegerschutz, S. 144 ff.; *Hopt*, Anleger, Spalte 117. Dagegen sieht *Ekkenga*, Anlegerschutz, S. 27 in dem Konditionenrisiko keinen Anlaß zu rechtlichen Regulierungsschritten, da unter der Bedingung eines vollkommenen Informationsgleichgewichts, das verbleibende Risiko bei dem Vertragsabschluß nicht von rechtlicher Relevanz ist. Insofern fixiert sich *Ekkenga* auf das Informationsrisiko. Allerdings vermengt er damit zwei von einander zu trennende Bereiche, nämlich allgemeine und regulierungsbedürftige Anlegerrisiken. Nicht jedes Anlegerrisiko ist auch rechtlich regulierungsbedürftig. Insofern verliert das Konditionenrisiko nicht seinen Charakter als Anlegerrisiko nur weil es nicht rechtlich regulierungsbedürftig ist.

928 Effekten sind vertretbare Wertpapiere, wie beispielsweis Aktien oder Anleihen, vergl. *Jeske/Barbier*, Wirtschaftsteil, S. 395; *Häuser/Rosenstock*, Börse, S. 26. Für eine detaillierte Aufzählung der Effekten siehe *Bärmann*, Europäisches Börsenrecht, S. 189.

929 *de Vries*, Delisting, S. 32; *Schröder*, Wertpapierhandelsaufsicht, S. 37; *Schwark*, Anlegerschutz, S. 10.

930 *Ekkenga*, Anlegerschutz, S. 27; *Hopt*, Anlegerschutz, G 16; *Hopt*, Kapitalanlegerschutz, S. 88 ff.; *Spindler*, AG 1998, 53 (58 ff.); *Assmann*, in: Assmann/Schütze, Kapitalanlagerecht, § 1 Rn 63 ff.; *Assmann*, ZBB 1989, 49 (S. 59 ff.).

931 *Schröder*, Wertpapierhandelsaufsicht, S. 37; *Hopt*, Anleger, Spalte 116 f.

932 *Hopt*, Kapitalanlegerschutz, S. 338.

933 *Schröder*, Wertpapierhandelsaufsicht, S. 38; *Hopt*, Anlegerschutz, G 45.

selbst zu informieren und seine Interessen bei der Teilnahme am Markt durchzusetzen[934]. Andererseits soll er auch nicht schutzlos gestellt werden. Dementsprechend bezweckt der Anlegerschutz die Bekämpfung von Risiken, die außerhalb der normalen wirtschaftlichen Entwicklung liegen[935]. So soll der private Investor vor Übervorteilung, Irreführung und Betrug bei Anlageentscheidungen geschützt werden[936]. Dagegen ist ein solcher spezifischer Anlegerschutz für die institutionellen Anleger, wie beispielsweise Investmentgesellschaften, Banken oder Versicherungen, regelmäßig nicht erforderlich, da ihnen aufgrund ihrer Professionalität eine andere Erfahrung zukommt und ihnen andere Informationsmittel als dem privaten Investor zur Verfügung stehen[937].

b) Schutz der Anleger

Der Anlegerschutz verfolgt den Schutz der Individualinteressen der Kapitalanleger[938]. Erreicht wird der Anlegerschutz durch eine hohe Transparenz und Liquidität der Märkte sowie durch eine kostengünstige Geschäftsabwicklung[939].

Gerade im Schutz der Individualinteressen der Kapitalanleger zeigt sich auch eine Schwäche des *Hopt'schen* Anlegerschutzprinzips. Diesem ist nicht zu entnehmen, wer konkret zum schutzwürdigen Personenkreis gehören soll und wie die Intensität des Schutzes gestaltet ist. Die Überwachung und der Schutz haben sich aber an den konkreten Personenkreisen - institutionelle oder private Anleger - und Interessen zu orientieren, andernfalls entstehen für die Handelsteilnehmer marktorganisationsbedingte Kosten, die außer Verhältnis zum Risiko stehen, mit der Folge, daß bestimmte Anlageformen auch verschwinden würden[940].

---

934 Sofern der Anleger sich selbst informiert, greift jedoch schon der Anlegerschutz, da die Informationen dem Anlegerschutz genügen müssen.

935 *Schröder*, Wertpapierhandelsaufsicht, S. 38; *Zahn*, ZGR 1981, 101 (109).

936 *Hopt*, Anleger, Spalte 114; *Schröder*, Wertpapierhandelsaufsicht, S. 38.

937 *Schröder*, Wertpapierhandelsaufsicht, S. 38; *Hopt*, Anleger, Spalte 123; im Ergebnis auch *Wermuth*, Sparkasse 1994, 19 ff. So sieht die Börsensachverständigenkommission auch keinen Regulierungsbedarf für den Schutz von professionellen Marktteilnehmern hinsichtlich einer Regulierung von Alternativen Handelssystemen, vergl. Börsensachverständigenkommission, Empfehlungen, S. 8. Der Bundesgerichtshof hat mittlerweile für eine ähnliche Situation entschieden, daß ein Discount-Broker, der sich explizit nur an gut informierte und erfahrene Investoren richtet, einer reduzierten zivilrechtlichen Aufklärungspflicht unterliegt, da es an der Erforderlichkeit einer umfassenden Aufklärungspflicht fehlt, vergl. BGH, NJW 2000, 359 (361 f.). Siehe auch *Kümpel*, Kapitalmarktrecht, Rn. 16.475 f.; Schäfer/*Schäfer*, WpHG, § 31 Rn. 48; *Bliesener*, Verhaltenspflichten, S. 331 ff. Für eine strengere Beurteilung vergl. *Balzer*, ZBB 1997, 260 (266 f.); *Möllers/Ganten*, ZGR 1998, 773 (791 f.); *Koller*, in: Assmann/Schneider, WpHG, § 31 Rn. 135 f.

938 *Schröder*, Wertpapierhandelsaufsicht, S. 39; *Tippach*, WM 1993, 1269 (1272); *Assmann*, ZGR 1994, 494 (499).

939 *Schröder*, Wertpapierhandelsaufsicht, S. 39; *Breuer*, WM 1990, 1233.

940 *Mues*, Börse, S. 48; *Assmann*, ZBB 1989, 49 (61); *Schmidt*, Kredit und Kapital 16 (1983), 184 (195 ff.).

B. Aufsicht über Kapitalmärkte und Börsen

Die Untersuchung wendet sich nun kurz der Aufsicht über Kapitalmärkte und Börsen zu. Auf europäischer Ebene besteht keine zentrale Aufsicht[941], so daß sich der Blick hier allein auf die nationale Aufsichtsstruktur in Deutschland konzentriert[942]. Dabei erfolgt die Darstellung nur soweit, wie sie für die spätere Untersuchung der Alternativen Handelssysteme erforderlich ist. Im Ganzen ist die deutsche Aufsichtsstruktur weitaus differenzierter, worauf es hier aber nicht ankommt[943].

I. Aufsichtsstruktur in Deutschland

1. Grundsätzliches zur Aufsicht

Die Funktion der Kapitalmarktaufsicht folgt aus dem Kapitalmarktrecht, welches den Aufsichtsmaßstab bildet und die Schutzgüter bestimmt[944]. Um gerade auch im internationalen Wettbewerb der Finanzplätze bestehen zu können, ist ein umfassendes Aufsichtswesen notwendig, welches auf die Einhaltung des bestehenden Kapitalmarktrechts achtet[945]. Schlaglichtartig sei angemerkt, daß die Kapitalmarktaufsicht als Bestandteil der marktwirtschaftlichen Wirtschaftsordnung allerdings nicht zu stark in die wirtschaftliche Betätigungsfreiheit der Marktteilnehmer eingreifen darf[946]. Darüber hinaus verbietet sich auch ein Eingriff in den natürlichen Selektionsprozeß am Kapitalmarkt durch den Wettbewerb[947]. Art. 12 Abs. 1 GG greift diesbezüglich nicht zugunsten der Marktteilnehmer, da er keinen Schutz gegen die Dynamik des Wirtschaftsprozesses bietet. Insofern kann das unternehmerische Risiko auch nicht dahingehend minimiert werden, daß Art. 12 Abs. 1 GG die Sicherung weiterer Erwerbsmöglichkeiten bietet oder eine für den Unternehmer günstige Wettbewerbslage schützt[948].

---

941 Siehe zur Diskussion über eine zentralisierte Aufsicht eingehend unten Teil 4. § 20 B.

942 Auf eine Darstellung der US-amerikanischen SEC wurde hier verzichtet. Siehe dazu ausführlich *Altendorfer*, SEC; *Herz/Dittmar/Lis/Decker/Murray*, SEC Manual; *Langhart*, Rahmengesetz, S. 164; *Graham*, SEC; Göbel, Börsenwesen, S. 2; *Foerster*, Capital Markets, S. 2 ff.; *Gart*, Regulation, S. 48 f.; *Lepsius*, Common Law, S. 21; *Foerster*, Capital Markets, S. 1 ff.; *Redmond*, 47 Yale Law Journal 1938, 622 ff. Vergl. ferner zur Geschichte der SEC *Graham*, SEC, S. 6 ff.; *Khademian*, SEC; *Seligman*, Wall Street. Siehe für eine kritische grundsätzliche Betrachtung der US-amerikanischen Aufsichtsstruktur *Lipton*, 34 Catholic University Law Review 1985, 397 ff.; *Miller*, 42 Washington and Lee Law Review 1985, 853 ff.

943 Siehe für eine ausführliche Darstellung *Schröder*, Wertpapierhandelsaufsicht.

944 Siehe zu den Schutzgütern oben Teil 2. § 7 A. III.

945 *Schröder*, Wertpapierhandelsaufsicht, S. 40; *Hansen*, AG-Report 1991, 224.

946 Vergl. zum Verhältnis von staatlicher Wirtschaftsregulierung und grundrechtlichem Schutz der Unternehmensfreiheit durch die Art. 12 Abs. 1 und Art. 2 Abs. 1 GG, *Hoffmann*, BB 1995, 53 ff.

947 *Schröder*, Wertpapierhandelsaufsicht, S. 40; *Mayer*, BKred, S. 44.

948 BVerwGE 71, 183, 191 ff.; BVerfGE 24, 236, 251; *Hoffmann*, BB 1995, 53 (54).

2. Bestehende Aufsichtsstruktur

Die momentane staatliche Kapitalmarkt- und Börsenaufsicht unterteilt sich in einen mehrstufigen Aufbau[949]. Das zentrale Element dieser Struktur ist die Anfang 2002 errichtete Bundesanstalt für Finanzdienstleistungsaufsicht[950], die in Bonn und Frankfurt am Main sitzt[951]. Daneben stehen die Börsenaufsichtsbehörden der Länder.

a) Aufsicht auf Bundesebene

aa) Schaffung der Bundesanstalt

Mit der neugeschaffenen Bundesanstalt für Finanzdienstleistungsaufsicht hat der Gesetzgeber lediglich formal das Bundesaufsichtsamt für das Kreditwesen (BAKred), das Bundesaufsichtsamt für den Wertpapierhandel (BAWe) und das Bundesaufsichtsamt für das Versicherungswesen (BAV) zusammengefaßt. Das bestehende Aufsichtswesen wurde institutionell neu ausgerichtet, ohne jedoch das materielle Aufsichtsrecht zu ändern. Der Errichtung ging eine strittige Diskussion[952] sowie der Aufbau des Forums für Finanzmarktaufsicht als sektorübergreifendes Gremium[953] der drei Bundesaufsichtsämter mit der Deutschen Bundesbank voraus.

Die Aufgabenbereiche der Bundesanstalt sind mit denen der früheren drei Aufsichtsämter identisch. Sie arbeitet mit denjenigen Stellen und Personen im In- und Ausland zusammen, derer sich schon die bisherigen Aufsichtsämter zur Durchführung ihrer Aufgaben bedient haben (vergl. § 4 FinDAG).

Als Begründung für die Schaffung dieser neuen Allfinanzaufsicht wurde primär auf die sich ändernde Marktstruktur verwiesen. Da mit der Vermarktung von Allfinanzprodukten und der Entwicklung von Allfinanzstrategien zunehmend ein integrierter Finanzmarkt entsteht, sei es wichtig, auch die Aufsichtsziele Solvenzaufsicht, Marktaufsicht und Kundenschutz in einer Aufsichtsbehörde zu vereinen[954]. Die Dynamik und Komplexität im Finanzdienstleistungsbereich erfordere

---

[949] Vergl. für die geschichtliche Darstellung der Finanzmarktaufsichtsbehörden in Deutschland *Höhns*, Aufsicht, S. 71 ff.

[950] Die Bundesanstalt für Finanzdienstleistungsaufsicht wird nachfolgend kurz Bundesanstalt genannt oder als BAFin angeführt. Ausführlich zur BAFin *Hagemeister*, WM 2002, 1773 ff.

[951] Vergl. § 1 Abs. 2 FinDAG.

[952] Siehe dazu *Hagemeister*, WM 2002, 1773. Vergl. für eine rechtsvergleichende Betrachtungsweise zwischen der deutschen und der britischen Allfinanzaufsicht *Binder*, WM 2001, 2230 ff.

[953] Siehe dazu Handelsblatt vom 6.11.2000, S. 8; *Höhns*, Aufsicht, S. 251, 289; *Binder*, WM 2001, 2230.

[954] Vergl. *Höhns*, Aufsicht, S. 255; FAZ vom 26.1.2001, S. 13 (15) sowie *Miletzki*, ZfgKW 2000, 174 ff., der allerdings seine Ausführungen über eine einheitliche Finanzaufsicht auf die Bank- und Versicherungsaufsicht beschränkt. *Assmann* führt in diesem Zusammenhang aus, daß im Interesse des Ansehens des deutschen Kaptialmarkts und des Kapitalmarktrechts eine Vereinheitlichung und Zusammenfassung der Aufsichtsbehörden geboten sei, vergl. *Assmann*, in Assmann/Schneider, WpHG, § 2 WpHG Rn. 81; FAZ vom 12.5.2001, S. 13. Vergl. Begrün-

aufgrund gestiegener Risiken nunmehr eine Aufsicht „aus einem Guß", so daß der ganze Finanzmarkt erfaßt werde. Desweiteren wurden organisatorische Vorteile durch den Zusammenschluß in Form von Synergieeffekten im Bereich von Zentral- und aufsichtlichen Querschnittsaufgaben angeführt sowie die Reduzierung von indirekten Aufsichtskosten durch den Wegfall von doppelten Anzeigepflichten für die beaufsichtigten Finanzinstitute[955].

Kritische Stimmen zur Allfinanzaufsicht kamen insbesondere von der Deutschen Bundesbank[956] und dem Bundesaufsichtsamt für den Wertpapierhandel[957]. Gerade das BAWe wollte lieber selbständig bleiben, da es keine Berührungspunkte mit dem Versicherungswesen sah und zudem Zielkonflikte zwischen den Aufsichtsstrukturen fürchtete. So müsse beispielsweise im Extremfall die Wertpapieraufsicht die Märkte über Zahlungsschwierigkeiten von Banken sofort informieren, während die Bankenaufsicht aus verschieden Gründen dem Markt eine solche Information vorerst vorenthalten könnte[958]. Dieser Kritik wurde entgegengehalten, daß man gerade aufgrund von möglichen Partikularinteressen eine einheitliche Aufsicht brauche[959].

Die Finanzbranche hat dagegen die neue Allfinanz überwiegend positiv aufgenommen und hält es für eine geeignete Perspektive auf europäischer Ebene[960].

bb) Aufgaben der Bundesanstalt

Nach § 4 Abs. 1 FinDAG übernimmt die Bundesanstalt die den Bundesaufsichtsämtern übertragenen Aufgaben. Die Bundesanstalt ist dementsprechend in drei Bereiche eingeteilt, die sich den Aufgaben annehmen, die zuvor den Bundesaufsichtsämtern zustanden: Banken, Versicherungen und Wertpapierhandel (vergl. auch § 6 Abs. 3 FinDAG).

Die übernommenen gesetzlichen Aufgaben der Bundesanstalt sind vielfältiger Natur. Grundsätzlich obliegt der Bundesanstalt die Wahrung der Funktionsfähig-

---

dung des Gesetzes zur Schaffung einer integrierten Finanzmarktaufsicht (Finanzdienstleistungs- und Finanzmarktaufsichtsgesetz, S. 76 (http://www.bundesfinanzministerium.de/fach/abteilungen/geldkred/fdag.pdf (Stand 10.12.2001)). Die Begründung verweist insbesondere auf die Entstehung eines Allfinanz-Konzerns durch die Fusion von Allianz AG und Dresdner Bank AG.

955 Vergl. Begründung des Gesetzes zur Schaffung einer integrierten Finanzmarktaufsicht (Finanzdienstleistungs- und Finanzmarktaufsichtsgesetz, S. 79 (http://www.bundesfinanzministerium.de/fach/abteilungen/geldkred/fdag.pdf (Stand 10.12.2001)).

956 Allerdings bezog sich diese Ablehnung auf die Gefahr, daß die Deutsche Bundesbank möglicherweise aus der Bankenaufsicht herausgedrängt wird. Siehe dazu vertiefend FAZ vom 12.5.2001, S. 13.

957 Vergl. Handelsblatt vom 27.3.2000, S. 46.

958 Ähnlich schon die Reg-Begr. zum Zweiten Finanzmarktförderungsgesetz, BT-Drucks. 12/6679, S. 35 f.

959 Ähnlich *Miletzki*, ZfgKW 2000, 174 (175).

960 FAZ vom 5.08.2002, S. 9.

keit der deutschen Kapitalmärkte. Damit nimmt sie eine bundeseinheitliche Form der Gefahrenabwehr durch die Wirtschaftsverwaltung wahr[961].

Zu den Aufgaben gehören unter anderem die Verfolgung und präventive Bekämpfung von Insider-Geschäften (vergl. §§ 12 ff. WpHG), die Überwachung der Ad-hoc-Publizität von börsenotierten Unternehmen nach § 15 WpHG, die Überwachung der Publizität bei Transaktionen von bedeutenden Beteiligungen an börsennotierten Unternehmen (siehe §§ 21 ff. WpHG), die internationale Zusammenarbeit hinsichtlich der Wertpapierhandelsaufsicht (vergl. §§ 7, 19, 30 WpHG) sowie die Aufsicht über die Einhaltung der Verhaltensregeln für Wertpapierdienstleistungsunternehmen nach den §§ 31 ff. WpHG. Somit beziehen sich die Aufgaben der Bundesanstalt auf Felder, die das Tätigkeitsfeld der einzelnen Börsen überschreiten[962]. Gegenstände der Aufsicht sind im Sinne von § 1 WpHG unter anderem Wertpapierdienstleistungen und Wertpapierdienstnebenleistungen, der Handel an der Börse sowie der außerbörsliche Handel nicht aber die Institution Börse an sich, welche der Zuständigkeit der Börsenaufsichtsbehörden und der Handelsüberwachungsstellen der Länder unterfällt[963]. Die Bundesanstalt für Finanzdienstleistungsaufsicht ist keine Börsenaufsichtsbehörde[964].

Damit ist aber bisher nur die Marktaufsicht beschrieben. Seit dem Zweiten Finanzmarktförderungsgesetz besteht in Deutschland eine dichotome Aufsichtsstruktur, die nach § 1 FinDAG formal zusammengelegt wurde. Während früher die Marktaufsicht beim BAWe angesiedelt war, nahm das BAKred die Solvenzaufsicht war[965]. Diese Aufsichtsbefugnisse werden jetzt durch die Bundesanstalt wahrgenommen. Daneben ist sie für das Zulassungsverfahren von Finanzdienstleistern nach §§ 32 ff. KWG sowie für die Eigenmittel- und Liquiditätskontrolle nach §§ 10 - 12a KWG zuständig.

cc) Kosten der Bundesanstalt

Gemäß § 13 Abs. 1 FinDAG deckt die Bundesanstalt ihre Kosten aus eigenen Einnahmen, welche sie nach den §§ 14 ff. FinDAG erlangt.

Nach § 14 Abs. 1 FinDAG kann die BAFin für Amtshandlungen im Rahmen der ihr zugewiesenen Aufgaben Gebühren bis zu 500.000,- € erheben, soweit nicht andere gesetzliche Gebührenregelungen greifen oder eine Erstattung der Kosten nach § 15 FinDAG vorzunehmen ist. Das Bundesministerium der Finanzen hat gemäß § 14 Abs. 2 FinDAG eine Rechtsverordnung zur Regelung der gebührenpflichtigen Tatbestände und der Gebührensätze erlassen[966]. § 15 Fin-

---

961 Vergl. zum alten Recht *Bliesener*, Verhaltenspflichten, S. 115.
962 Siehe *Claussen*, DB 1994, 969 (970) zum alten Recht.
963 Siehe dazu unten Teil 2. § 7 B. I. 2. b).
964 Vergl. zum BAWe *Schröder*, Wertpapierhandelsaufsicht, S. 86.
965 Reg-Begr. zum Umsetzungsgesetz (=6. KWG-Novelle), BT-Drucks. 13/7142, S. 60.
966 Vergl. Verordnung über die Erhebung von Gebühren und die Umlegung von Kosten nach dem Finanzdienstleistungsaufsichtsgesetz (FinDAGKostV) vom 29.4.2002, BGBl. I 2002, S. 1504 ff.

DAG führt aus, in welchen Fällen die Bundesanstalt Kosten von den betroffenen Unternehmen erstattet bekommt.

Verbleibende, nicht über §§ 14 f. FinDAG gedeckte Kosten werden nach § 16 anteilig auf Finanzdienstleister und andere Marktteilnehmer umgelegt. Diese wiederum legen die Kosten auf die Investoren um. Unter diesem Gesichtspunkt ergibt sich für die Alternativen Handelssysteme, die intermediationsfrei arbeiten, ein enormer Wettbewerbsvorteil gegenüber regulären Börsen.

b) Börsenaufsichtsbehörden der Länder

Die Aufsichtstätigkeit der Landesverwaltung wird durch das Börsengesetz geregelt. Nach § 1 Abs. 1 Satz 1 BörsG sind die Börsenaufsichtsbehörden der Länder oberste Landesbehörden. Ihnen obliegt nach § 1 Abs. 4 BörsG die Aufgabe der Börsenaufsicht.

aa) Rechtliche Struktur der Börsenaufsichtsbehörden

Die Börsenaufsichtsbehörden sind als oberste Landesbehörden Teil der Landesregierung[967]. Zuständig ist regelmäßig der Wirtschaftsminister des jeweiligen Bundeslandes[968].

bb) Aufgaben der Börsenaufsichtsbehörden

Die Börsenaufsichtsbehörden haben nach § 1 Abs. 4 Satz 1 BörsG die Aufsicht über die Börsen nach den Vorschriften des BörsG auszuüben. Durch die Begrenzung der Aufsichtstätigkeit auf Normen des BörsG soll eine Überschneidung mit der Aufsicht durch die Bundesanstalt, welche sich nach den Vorschriften des WpHG und des KWG richtet, verhindert werden[969].

Die Aufsicht der Börsenaufsichtsbehörden erstreckt sich zunächst auf die Einhaltung der börsenrechtlichen Vorschriften und Anordnungen (Rechtsaufsicht)[970]. Daneben erstreckt sie sich nach § 1 Abs. 4 Satz 3 BörsG auch auf die ordnungsgemäße Durchführung des Handels an der Börse und die Börsengeschäftsabwicklung[971].

---

[967] *Claussen*, Börsenrecht, § 9 Rn. 27.

[968] *von Rosen*, in: Assmann/Schütze, Kapitalanlagerecht, § 2 Rn. 189; *Kurth*, ZfgKW 1993, 970.

[969] *Schröder*, Wertpapierhandelsaufsicht, S. 165; Reg-Begr. zum Zweiten Finanzmarktförderungsgesetz, BT-Drucks. 12/6679, S. 59.

[970] Vergl. § 1 Abs. 4 Satz 3 BörsG. Bei der Rechtsaufsicht wird das Verhalten des Beaufsichtigten lediglich auf seine Rechtmäßigkeit kontrolliert. Vergl. *Schröder*, Wertpapierhandelsaufsicht, S. 245.

[971] Handels- bzw. Marktaufsicht ist aber auch grundsätzlich Rechtsaufsicht, vergl. dazu vertiefend *Schröder*, Wertpapierhandelsaufsicht, S. 245 ff.

cc) Aufsicht über börsliche elektronische Handelssysteme

Da die börslichen elektronischen Handelssysteme, wie beispielsweise Xetra, bundesweit ihre Leistungen anbieten, stellt sich die Frage, welche Börsenaufsichtsbehörde für die Aufsicht über das System und die Marktteilnehmer zuständig ist.

Insbesondere hinsichtlich der damaligen DTB entfachte sich ein Streit über die Zulässigkeit solcher „Bundesbörsen". So wurde vorgebracht, daß die DTB nicht mit der verfassungsrechtlichen Kompetenzverteilung der Länder zu vereinbaren sei[972]. Der Teilnehmerkreis des elektronischen Handelssystems bilde nämlich ein elektronisches Börsenpakett, welches sich über die Landesgrenzen hinaus erstreckt. Es handele sich daher um eine Bundesbörse, für deren Genehmigung dem Bund aber aufgrund von § 1 Abs. 1 BörsG die Kompetenz fehle[973]. Allerdings wird dabei verkannt, daß die Börsenaufsicht an den Marktplatz, an dem der Umsatz stattfindet, anknüpft[974]. Denn das Charakteristische an einer Börse ist die organisierte Zusammenführung von Angebot und Nachfrage. Somit ist die Börse dort, wo der Umsatz stattfindet. Dieser ist aber, genau wie bei einer Präsenzbörse auch, der Sitz der Börse bzw. hier der Sitz des Zentralrechners und nicht der Sitz der Handelsteilnehmer.

Ferner wurde angeführt, die DTB sei nach Art. 30 GG eine Gemeinschaftsaufgabe der Länder, so daß für ihre Errichtung eine Vereinbarung in Form eines Verwaltungsabkommens oder eines Staatsvertrages derjenigen Länder, auf deren Gebiet sich die DTB erstreckt, notwendig sei sowie ein verwaltungsrechtliches Abkommen über die Aufsicht, demzufolge ein Land treuhänderisch durch die anderen Bundesländer mit der Wahrnehmung der Aufsicht betraut wird[975]. Zusätzlich wurde bei der Einführung der börslichen elektronischen Handelssysteme IBIS und Xetra argumentiert, daß es sich hierbei um eigenständige Börsen handele, die einer gesonderten Genehmigung nach § 1 Abs. 1 BörsG bedürften[976].

Diese Diskussion in der Literatur hat sich in der Praxis nicht niedergeschlagen. Am 11.9.1989 wurde die DTB vom Wirtschaftsminister des Landes Hessen ohne Mitwirkung der anderen Bundesländer oder des Bundes genehmigt[977]. Ebenso wurden die elektronischen Handelssysteme IBIS und Xetra nicht als eigenständige Börsen im Sinne von § 1 Abs. 1 BörsG genehmigt, sondern nur die entsprechende Fassung der Frankfurter Börsenordnung, die sich auf die Einrichtung der Handelssysteme erstreckt. Dieser Schritt war auch konsequent und rich-

---

[972] *Schwark*, Börsengesetz, § 1 Rn. 25; *Samm*, WM 1990, 1265 (1266 ff.).

[973] *Vaupel*, RIW 1993, 733 (733 f.).

[974] *Schröder*, Wertpapierhandelsaufsicht, S. 168; *Dreyling*, WM 1990, 1529.

[975] *Schwark*, Börsengesetz, § 1 Rn. 25; *Samm*, WM 1990, 1265 (1268); dagegen *Dreyling*, WM 1990, 1529.

[976] Vergl. Hess. Börsenaufsicht, Jahresbericht, S. 9; *Schwark*, Börsengesetz, § 1 Rn. 26; *Köndgen/Mues*, WM 1998, 53 (54).

[977] Vergl. ZfgKW 1989, 919.

tig, da sich die zentrale Organisation der Handelssysteme auf ein Bundesland konzentriert(e), nämlich Hessen[978].

---

[978] *Schröder*, Wertpapierhandelsaufsicht, S. 167. Dies wird auch von *Schwark*, Börsengesetz, § 1 Rn. 25 eingeräumt.

Teil 3. Spezifische Regulierungs- und Aufsichtsprobleme von ATS

In diesem Teil der Arbeit sollen die spezifischen Regulierungs- und Aufsichtsprobleme der Alternativen Handelssysteme untersucht werden. In die Darstellung fanden die Problembereiche Eingang, die in der Diskussion als solche betrachtet werden. Nachfolgend werden sie auf ihren kritischen Gehalt hin untersucht, um festzustellen, inwiefern sie regulierungsbedürftig sind. Das Leitbild der Untersuchung bilden dabei die oben vorgestellten Regulierungsgründe des Anleger- und Funktionenschutzes[979].

Die Ergebnisse der Untersuchung bilden den Maßstab für die Bewertung der Regulierungsmaßnahmen des Vierten Finanzmarktförderungsgesetzes in Deutschland und der europäischen Richtlinie über Märkte für Finanzinstrumente, die im Teil 4 der Untersuchung behandelt werden.

Sofern ein (vermeintliches) Problemfeld nicht regulierungsbedürftig erscheint, sollte es dem Marktprozeß überantwortet bleiben, nicht aber Gegenstand einer staatlichen Regulierung sein[980]. Dies gebietet sich insbesondere vor dem Hintergrund des Regulierungsbegriffs bzw. der der Regulierung zugrundeliegenden Theorien[981]. Eine gesetzliche Regulierung ist nur insoweit erforderlich, wie beispielsweise ein Marktversagen zu befürchten ist[982].

§ 8 Doppelstellung als Börse und Wertpapierdienstleister

Bereits oben wurde deutlich, daß es Alternative Handelssysteme gibt, die nach deutschem Verständnis eine eigenartige Doppelstellung als Börse im materiellen Sinn und Wertpapierdienstleister zugleich einnehmen.

Gemäß § 1 Abs. 1 BörsG bedürfen Börsen im Geltungsbereich des BörsG einer Genehmigung durch die zuständige oberste Landesbehörde, der Börsenaufsichtsbehörde[983]. Der Börsenträger hat keinen Anspruch auf Erteilung der Genehmigung, sondern lediglich einen Anspruch auf eine ermessensfehlerfreie Entscheidung hinsichtlich der Genehmigung[984]. Damit wird ihm eine Befreiung von dem präventiven Verbot des Betreibens einer ungenehmigten Börsenveranstaltung erteilt[985].

---

979 So auch Börsensachverständigenkommission, Empfehlungen, S. 9.

980 So *Hopt/Rudolph/Baum*, Börsenreform, S. 4 f.; *Blum*, Beilage zu NJW Heft 27/2004, S. 45.

981 Siehe oben unter Teil 2. § 6 B.

982 Ebenso *Hopt/Baum*, WM 1997, Sonderbeilage Nr.4, S. 14; *Kilian*, Verkehrsregeln, 263 (275); *Hopt/Baum*, Börsenrechtsreform, S. 287 (361 ff.); Vergl. ferner zur Theorie des Börsenwettbewerbs *Rudolph/Röhrl*, Börsenorganisation, S. 159 ff., 222 ff., 273 ff.; *Giersch/Schmidt*, Beteiligungskapital, S. 73 ff.

983 Siehe für eine ausführliche verfassungsrechtliche Kritik an § 1 Abs. 1 BörsG *Mues*, Börse S. 125 ff. sowie ferner für eine europarechtliche Betrachtung *Mues*, Börse S. 137 ff.

984 *Wastl/Schlitt*, MMR 2000, 387 (391); *Schwark*, Börsengesetz, § 1 Rn. 20; *Wolff/Bachof*, Verwaltungsrecht II, § 98 III 1.

985 *Wastl/Schlitt*, MMR 2000, 387 (391); PrOVGE 34, 315 (327 ff.).

Die Alternativen Handelssysteme, die aufgrund ihrer Struktur Börsen im materiellen Sinne des Börsenbegriffs bilden, müßten demnach um eine Genehmigung nach § 1 Abs. 1 BörsG nachsuchen. Andernfalls üben sie eine nicht genehmigte Börsenveranstaltung aus[986]. Von einer solchen Zulassung als Börse in Deutschland nehmen aber viele Handelsbetreiber Abstand, da sie mit hohen Markteintrittsschranken verbunden ist. So müßten sie die im BörsenG vorgeschriebenen Rahmenbedingungen einer Börsenveranstaltung hinsichtlich der Aufgaben und Organisation einer Börse, wie beispielsweise die Errichtung eines Börsenrates, einer Geschäftsführung und einer Handelsüberwachungsstelle, erfüllen[987]. Daher meiden viele Anbieter Deutschland vollständig oder verlagern die Server-Hardware des Zentralrechners ins Ausland, um so der deutschen Regulierungspraxis zu entgehen[988].

Betroffen von diesem Problem sind die Handelssysteme mit Marktplatzfunktion. Von den regulären Börsen trennt sie regelmäßig allein die formale Zulassung dieser als Börsen, während sie als Wertpapierdienstleister qualifiziert und regulatorisch behandelt werden[989]. Dadurch unterfallen sie den Regelungen des WpHG und des KWG. Zwar gewährleisten diese Gesetze in einem bestimmten Maße den Anlegerschutz und reduzieren Systemrisiken. Allerdings findet sich eine funktionsschutzbezogene Regulierung, die faire, effiziente, transparente und sichere Märkte schaffen soll, primär im BörsG[990]. Da dieses keine Anwendung auf Wertpapierdienstleister findet, besteht die Gefahr, daß die Handelssysteme einen erforderlichen Funktionenschutz nicht aufweisen können.

Auch gegenüber den regulären Börsen ist die Ungleichbehandlung im Vergleich zu Systemen, die dem materiellen Börsenbegriff entsprechen, nicht zu rechtfertigen. So erlangen Alternative Handelssysteme gegenüber den Börsen Wettbewerbsvorteile, weil sie als Wertpapierdienstleister nicht die regulatorische Last des BörsG tragen müssen[991]. Die ATS nutzen zum Teil die Funktionen der regulären Börsen[992], überlassen diesen aber die kostenintensiven Vorgänge, wie beispielsweise Listing, Überwachung des Handels und Informationsverbreitung. Dadurch sind sie in der Lage, die Dienstleistungspreise der regulären Börsen zu unterschreiten[993]. Außerdem kommen die preisimportierenden Handelssysteme durch die Kursübernahme mittelbar in den Genuß der Liquidität der regulären

---

986 Börsensachverständigenkommission, Empfehlungen, S. 7.

987 Börsensachverständigenkommission, Empfehlungen, S. 7.

988 Börsensachverständigenkommission, Empfehlungen, S. 7. Inwiefern sie damit einer deutschen Regulierung entgehen können, soll weiter unten untersucht werden, siehe Teil 4. § 15.

989 So beispielsweise in Deutschland die Instinet GmbH, vergl. *Dornau*, Handelssysteme, S. 26.

990 Börsensachverständigenkommission, Empfehlungen, S. 8.

991 *Dornau*, Handelssysteme, S. 13; *Cohen*, 4 Stanford Journal of Law, Business & Finance 1999, 1 (28).

992 So sind insbesondere die Crossing Systems auf die Referenzpreise der regulären Börsen angewiesen, siehe oben Teil 2. § 4 B. III. 6.

993 *Dornau*, Handelssysteme, S. 13; *Spindler*, WM 2002, 1325 (1330); *Scharf*, Handelsblatt vom 6.12.2000, S. B 3.

Börsen[994]. Bei diesen angesprochenen Wettbewerbsverzerrungen handelt es sich um sogenannte externe Effekte im Sinne der normativen Theorie der Regulierung. Die Nachteile für die regulären Börsen, die durch den Handelsbetrieb und die Aufnahme des Handels entstehen, gegen nicht in die Marktbeziehung zwischen den Alternativen Handelssystemen und ihren Kunden ein. Die Alternativen Handelssysteme erlangen dadurch Vorteile gegenüber den regulären Börsen und können diese so im Wettbewerbsprozeß schädigen.

Aufgrund dieser Wettbewerbsverzerrung bzw. dem Regulation-Free-Riding[995] besteht ein hoher Regulierungsbedarf.

§ 9 Systemsicherheit

Sicherheit ist ein Zustand, in dem Gefahren und Risiken nicht vorhanden sind oder man zumindest vor ihnen geschützt ist[996]. Der zu erwartende Schaden sowie dessen Wahrscheinlichkeit bestimmen dabei das Risiko, wobei beide Determinanten bei Informations- und Kommunikationstechniken nur schwer zu quantifizieren sind[997]. Insofern ist Sicherheit im Bereich der Informationstechnologie auch nicht objektiv meßbar, sondern vielmehr von subjektiven Sicherheitseinschätzungen abhängig. Erschwert wird diese subjektive Einschätzung noch zusätzlich durch das beim betroffenen Teilnehmer oft fehlende Verständnis für die technischen Hintergründe von Sicherheitstechnik im Informations- und Kommunikationstechnologiebereich[998].

Die Risiken und Gefahren im Bereich der Informationstechnologie gewinnen an Konturen, wenn man sich vergegenwärtigt, welche (subjektiven) Erwartungen seitens der Nutzer an die Technologie gestellt werden. Zu diesen Erwartungen gehören Vertraulichkeit, Integrität, Originalität, Verbindlichkeit und Verfügbarkeit[999].

Vertraulichkeit meint, daß nur berechtigte Personen und Programme auf bestimmte Daten und Informationen Zugriff nehmen können, wobei damit nicht nur die inhaltliche Kenntnisnahme gemeint ist, sondern vielmehr auch schon die Kenntnis über die Existenz der Daten und Informationen als solche[1000].

Unter der Integrität des Systems versteht man dessen Eigenschaft, nur legitimierte und willentliche Änderungen an den Daten und Informationen zu gestat-

---

994 *Cohen*, 4 Stanford Journal of Law, Business & Finance 1999, 1 (28).

995 Regulation-Free-Riding liegt vor, wenn eine Einheit das Produkt einer anderen Einheit gebraucht, ohne für die Nutzung zu zahlen, vergl. *Amihud/Mendelson*, New York University Law Review 1996, 1411 (1434 f., Fn 124 m.w.N.).

996 *Baldi/Achleitner*, Sicherheit, S. 235 (239); *Opplinger*, IT-Sicherheit, S. 3.

997 *Baldi/Achleitner*, Sicherheit, S. 235 (239); *Kyas*, Sicherheit, S. 23 ff.

998 Nach *Fittkau/Maaß*, Online, S. 36 halten 50% der Online-Banking-User die Sicherheitsstandards für nicht ausreichend.

999 *Baldi/Achleitner*, Sicherheit, S. 235 (241 f.).

1000 *Baldi/Achleitner*, Sicherheit, S. 235 (241 f.); *Steindecker*, Rechnersicherheit, S. 13 (20 ff.).

ten[1001]. Durch die Originalität soll sichergestellt werden, daß die gespeicherten Daten und Informationen nicht unbefugt dupliziert werden können[1002]. Die Verbindlichkeit des Systems gewährleistet die zweifelsfreie Feststellung von Inhalt und Urheberschaft[1003]. Schließlich ist als letzter Erwartungspunkt die Verfügbarkeit des Systems zu nennen, unter der man die Systemfunktion faßt, einem bestimmten Personenkreis innerhalb einer akzeptablen Frist die Rechneranlagen sowie die gespeicherten Daten und Informationen zur Verfügung zu stellen[1004].

Diese Grunderwartungen können durch diverse Ursachen bedroht werden. Zu den Verursachern einer solchen Bedrohung gehören neben Fehlbedienung durch das Personal im geschädigten Unternehmen auch gerade mutwillige Eingriffe von Dritten[1005].

Im Internet gelten teilweise andere Bedingungen als in der körperlichen Welt. Informationen sind nicht auf materiellen Trägern verkörpert. Es besteht die Gefahr, daß sie jederzeit verändert werden können, ohne daß dies ersichtlich ist. Daher sind umfassende technische und rechtliche Vorkehrungen zu schaffen, wenn die Informationen verläßlich und beweissicher sein sollen[1006].

Desweiteren treffen im Internet die Teilnehmer nicht unmittelbar aufeinander. Insofern können sie auch andere Identitäten annehmen und sich insoweit der Verantwortung entziehen. Diese Unsicherheit gilt es durch Nachweise über Identitäten, Eigenschaften und Berechtigungen zu minimieren[1007].

Ferner sind alle Informationen, die über das Internet transportiert werden, für andere Beteiligte einsehbar. Die Einsehbarkeit kann durch eine Verschlüsselung der Information erschwert werden[1008].

Neben diesen Sicherheitserwartungen kommt es den Handelsteilnehmern bei Alternativen Handelssystemen insbesondere auf die Gewährleistung des jederzeitigen Zugangs zum System an. Wird die Systemsicherheit nicht hergestellt, kann es im Falle einer Störung zu erheblichen Auswirkungen auf den Preisbildungsmechanismus kommen[1009] und Investoren können das Vertrauen in den Handelsplatz verlieren.

Gerade bei den noch teilweise sehr jungen Anbietern bestehen erhebliche Zweifel, ob die Systemkapazitäten ausreichen, um die Aufträge ordnungsgemäß

1001 *Baldi/Achleitner*, Sicherheit, S. 235 (242).

1002 *Baldi/Achleitner*, Sicherheit, S. 235 (242).

1003 *Baldi/Achleitner*, Sicherheit, S. 235 (242).

1004 *Baldi/Achleitner*, Sicherheit, S. 235 (242).

1005 Siehe eingehender zu den Dritten und ihren Motiven *Baldi/Achleitner*, Sicherheit, S. 235 (243). Für die verschiedenen Formen von Firewalls als Abwehrmittel gegen Angriffe von außen siehe *Baldi/Achleitner*, Sicherheit, S. 235 (271 ff.) m.w.N.

1006 *Baldi/Achleitner*, Sicherheit, S. 235 (247); *Roßnagel*, MMR 2002, 67 (68).

1007 *Roßnagel*, MMR 2002, 67 (68). Siehe dazu auch *Baldi/Achleitner*, Sicherheit, S. 235 (247).

1008 *Roßnagel*, MMR 2002, 67 (68); siehe ferner zur Verschlüsselung *Schneier*, Kryptographie; *Huhn/Pfitzmann*, DuD 1996, 23 ff.; *Baldi/Achleitner*, Sicherheit, S. 235 (244 ff.); *Häcker*, Internet-Banking, S. 50 f.

1009 *Spindler*, WM 2002, 1325 (1330); *Florian*, Rechtsfragen, S. 282.

abzuwickeln[1010]. Die amerikanischen Alternativen Handelssysteme sind erst ab einem bestimmten Handelsvolumen verpflichtet, die Funktionsfähigkeit des Systems bei einer Zunahme des Handelsvolumens und einer hohen Volatilität zu gewährleisten. Schaffen die Systeme es nicht, Handelsvolumina von mehr als 50.000 Abschlüssen pro Tag zu bewältigen oder fallen aus, so führt dies für den Anleger, der keine weitere Handelsmöglichkeit hat, zu einem untragbaren finanziellen Risiko[1011]. Zwar sichern einige Alternative Handelssysteme Schadensersatz für den Fall des Systemzusammenbruchs zu, jedoch ist unklar, ob diese Zusicherung auch finanziell gedeckt ist[1012]. Sofern sich diese Risiken realisieren sollten, wäre damit der Anlegerschutz erheblich verletzt. Sie gehören nicht zu den typischen Anlegerrisiken, die mit Investitionen auf Kapitalmärkten verbunden sind, sondern haften dem Handelsplatz an sich an.

Aufgrund dieser starken Risiken für die Handelsteilnehmer besteht im Bereich der Systemsicherheit ein erheblicher Regulierungsbedarf, der zu einer effektiven Aufsicht führen sollte.

§ 10 Diskriminierungsfreier Zugang zum System

Für die (potentiellen) Marktteilnehmer ist der Zugang zum Handelssystem von entscheidender Bedeutung. Ein eingeschränkter Zugang kann unter kartellrechtlichen Gesichtspunkten problematisch sein. Davon unabhängig steht die weitere Frage nach der praktischen Relevanz einer Zugangsverweigerung zum Handelssystem.

A. Kartellrechtliche Probleme des Systemzugangs

Bisher verursachten allgemein betrachtet Internet-Handelsplattformen keine kartellrechtlichen Probleme, insbesondere nicht unter dem Blickwinkel einer diskriminierenden Zugangsverweigerung[1013]. Dennoch handelt es sich beim Zugang um eine „Schlüsselfrage des Kartellrechts im Internetzeitalter“[1014].

Dabei kommen kartellrechtlich zwei verschiedene Anspruchsgrundlagen für den Zugang in Betracht: Zum einen kann ein Anspruch nach der essential facilities-Doktrin[1015] und zum anderen aus dem Diskriminierungsverbot bestehen[1016].

1010 *Dornau*, Handelssysteme, S. 2, 17.
1011 *Dornau*, Handelssysteme, S. 17.
1012 *Dornau*, Handelssysteme, S. 17.
1013 Siehe dazu *Gassner*, MMR 2001, 140 ff.
1014 *Gassner*, MMR 2001, 140 (143).
1015 Vergl. dazu *Eilmansberger*, EWS 2003, 12 ff.; *Tränkle*, Wettbewerbsrecht; *Emmerich*, Kartellrecht, S. 212 ff.; *Bechtold*, GWB, § 19 Rn. 80 ff.; *Fleischer/Weyer*, WuW 1999, 350 ff.; *Holzhäuser*, Essential Facilities, S. 165 ff.; *Schwarze*, Netzzugang.
1016 Siehe dazu *Beck*, WM 2000, 597 (609 ff.); *Emmerich*, Kartellrecht, S. 223 ff.; *Bechtold*, GWB, § 20 Rn. 1 ff.

I. Essential-facilities-Doktrin

Der Zugang zu einem Wertpapierhandelssystem kann im deutschen Kartellrecht nach § 19 Abs. 4 Nr. 4 GWB und im europäischen Recht nach Art. 82 EG[1017] erzwungen werden.

Beiden Regelungen schwebt als Vorbild die US-amerikanische essential-facilities-doctrin vor, nach der der Inhaber einer wesentlichen Einrichtung zur Verhinderung von Monopolen Mitbewerbern den Zugang eröffnen muß[1018]. Die Voraussetzungen der essential-facilities-Doktrin sind dabei äußerst eng. So ist eine Voraussetzung, daß das sich mißbräuchlich verhaltende Unternehmen eine marktbeherrschende Stellung hat. Zwar regeln § 19 Abs. 2, 3 GWB, wann ein Unternehmen marktbeherrschend ist, jedoch kann dies nur anhand des relevanten Marktes bestimmt werden.

Der relevante Markt läßt sich im Kartellrecht sachlich, räumlich und zeitlich[1019] bestimmen. Diese Bestimmung erfolgt nach dem Bedarfsmarktkonzept aus der Sicht des jeweiligen Nachfragers[1020]. Für die Marktabgrenzung nach dem Bedarfsmarktkonzept für Märkte im Internet ist es entscheidend, ob die angebotene Dienstleistung internetspezifisch ist, sprich die Kommunikation über das Internet zum Inhalt hat, oder ob sie das Internet lediglich als neues Medium neben anderen bestehenden Medien, wie beispielsweise dem Telefon, nutzbar macht[1021]. Bei Wertpapierhandelssystemen ist die angebotene Dienstleistung nicht internetspezifisch, sondern es findet vielmehr außerbörslicher Wertpapierhandel über das Internet statt. Ein Vorgang der vor dem Internet-Wertpapierhandel über das Telefon als Telefonhandel durchgeführt wurde. Daher handelt es sich lediglich um ein neues Medium. Die Dienstleistung an sich hat keinen spezifischen Bezug zum Internet.

Fraglich ist, wie der sachlich relevante Markt für den Wertpapierhandel über das Internet zu definieren ist. Zwei mögliche Ansätze kommen in Betracht: Zum einen können die über das Internet gehandelten Wertpapiere mit denen über reguläre Börsen gehandelten austauschbar sein und somit zu demselben Markt gehören. Zum anderen könnten sie aber auch einen eigenen Markt bilden, weil sie nicht mit den anderen Wertpapieren funktional austauschbar sind. Hier gleichen sich aber Verwendungszweck und Ausgestaltung der Wertpapiere, egal auf wel-

---

1017 Eingehend dazu *Haag*, Europäisches Wettbewerbsrecht, S. 57 (61 ff.).

1018 Vergl. dazu ausführlicher *Klimisch/Lange*, WuW 1998, 15 (18 ff.); *Schwarze*, Wirtschaftsrecht, S. 11 (16). Allerdings muß es sich nicht zwangsläufig bei der Verweigerung des Zugangs um einen zu einer wesentlichen Einrichtung handeln, denn grundsätzlich verbietet Art. 82 EG marktbeherrschenden Unternehmen, den Wettbewerb auf nachgelagerten Märkten dadurch zu verfälschen, daß sie ihre Abnehmer ohne sachliche Rechtfertigung ungleich behandeln, vergl. *Haag*, Europäisches Wettbewerbsrecht, S. 57 (62).

1019 Der zeitlich relevante Markt spielt vorliegend keine Rolle und wird daher auch nicht näher behandelt.

1020 *Bechtold*, GWB, § 19 Rn. 5 f.; *Trafkowski*, MMR 1999, 630 (634).

1021 Vergl. *Trafkowski*, MMR 1999, 630 (631).

chem Markt sie gehandelt werden. Somit ist der sachlich relevante Markt der einheitliche Wertpapiermarkt[1022]. Allenfalls unter dem Gesichtspunkt des Bedürfnisses der Investoren nach reduzierten Transaktionskosten könnte man vertreten, daß es sich bei intermediationsfreien Wertpapieren um einen eigenen Markt handele[1023]. Dabei hat man auch zu berücksichtigen, daß die Märkte nicht zu eng gestaltet werden sollten, da man andernfalls schnell eine Marktbeherrschung annehmen müßte und so das Entwicklungspotential des Internet unnötig behindern würde. Gerade das Internet ist ein Bereich, der geringe Markteintrittsschwellen aufweist und auf dem eine hoher Grad an (potentiellem) Wettbewerb besteht[1024]. Wo aber der Wettbewerb besonders intensiv ist, ist es nicht erforderlich, eine strenge Marktabgrenzung vorzunehmen.

Desweiteren fragt sich, welche Grenzen der räumlich relevante Markt aufweist. Für den Wertpapierhandel im Internet über Alternative Handelssysteme ist aufgrund der weltweiten Erreichbarkeit und der Abwesenheit von Einschränkungen, wie beispielsweise Transportkosten oder Importbeschränkungen, von einem weltweiten Marktplatz auszugehen[1025].

Unabhängig von den Kriterien zur Marktbeherrschung aus § 19 Abs. 2, 3 GWB muß man im Rahmen der essential-facilities-Doktrin auch beachten, daß eine Marktmacht des Netzbetreibers dann vorliegt, wenn sein Netz quasi unangreifbar ist bzw. seine potentiellen Mitbewerber ein zu großes Risiko eingingen, wollten sie eigene Netzwerkinfrastrukturen schaffen, um sich ebenfalls auf dem Markt zu betätigen. Der Markteintritt wäre für sie mit hohen irreversiblen Kosten für die Errichtung des Netzwerks verbunden, die beim Marktaustritt unwiederbringlich wären[1026]. Es liegt allerdings keine netzspezifische Marktmacht vor, selbst sofern nur ein Anbieter auf dem Markt agiert, wenn potentielle Wettbewerber ohne Zeitverlust Zugang zu der gleichen kostengünstigen Technologie haben,

---

1022 Ähnlich *Beck*, WM 2000, 597 (601); a.A. *von Olenhusen*, der den außerbörslichen Wertpapierhandel als einen eigenen Markt faßt, da insbesondere die Kursfeststellung ein wesentliches Unterscheidungskriterium zwischen dem börslichen und dem außerbörslichen Handel sei. Ferner würde der außerbörsliche Handel lediglich von Banken benutzt, während der Kundenhandel an den regulären Börsen stattfinde. Vergl. dazu *von Olenhusen*, Börsen, S. 153 f. Die Argumente mögen früher ihre Berechtigung gehabt haben. Heutzutage besteht aber weder die amtliche Kursfeststellung noch ist der außerbörsliche Handel allein in Bankenhand. Dementsprechend ist von einem einheitlichen sachlichen (Wertpapier-)Markt auszugehen.

1023 So auch *Trafkowski*, MMR 1999, 630 (635) für Online-Broking mit dem Argument, daß der Onlinehandel gegenüber der Hausbank dem Kunden eine viel höhere Handlungs- und Reaktionsmöglichkeit bietet und ihn direkt in das Börsengeschehen einbindet.

1024 *Trafkowski*, MMR 1999, 630 (635).

1025 Vergl. *Lange*, EWS 2000, 291 (293 f.), der typische Einschränkungen, die gegen einen Weltmarkt trotz Internet sprechen, aufzählt. Der Wertpapierhandel im Internet unterliegt aber keiner Transportkostenempfindlichkeit oder etwaigen Importbeschränkungen.

1026 *Schwarze*, Wirtschaftsrecht, S. 11 (12).

ein etwaiger Marktaustritt ohne signifikante Kosten oder Zeitverlust möglich ist sowie eine hohe Transparenz zwischen den Mitbewerbern besteht[1027].

Gerade eine solche Situation besteht bei Internetsachverhalten. Hier können Mitbewerber aufgrund von kostengünstiger Technologie leicht in die Märkte eindringen. Dementsprechend scheitert die Anwendbarkeit der essential-facilities-Doktrin regelmäßig an einer fehlenden Marktmacht des jeweiligen Systems.

Doch selbst wenn man eine solche bejahen würde, wäre eine weitere Voraussetzung nicht gegeben. Der Monopolist muß nämlich eine wesentliche Anlage kontrollieren und der Mitbewerber muß unfähig sein, eine solche Anlage mit angemessenem Aufwand zu duplizieren[1028]. Eine wesentliche Einrichtung liegt dann vor, wenn der Zugang eine Grundvoraussetzung dafür ist, daß sich Unternehmen am Wettbewerb in einem Markt beteiligen können bzw. sie aufgrund der Zugangsverweigerung die beabsichtigte Tätigkeit tatsächlich oder wirtschaftlich nicht auf dem Markt ausüben könnten[1029]. Dort wo Monopole aber aufgrund der geringen Marktzutrittschancen angreifbar sind und die Mitbewerber die Netze duplizieren können, ist die essential-facilities-Doktrin nicht anwendbar[1030]. Daher handelt es sich regelmäßig bei den Wertpapierhandelssystemen im Internet nicht um wesentliche Einrichtungen, da die Handelssysteme leicht zu errichten sind.

Desweiteren gilt die essential-facilies-Doktrin für Fälle zwischen Mitbewerbern[1031]. Sie ist nicht anwendbar auf Fälle, in denen der Betreiber des Wertpapierhandelssystems nicht die gleichen Dienstleistungen anbietet bzw. nachfragt wie die Handelsteilnehmer. Auf die Alternativen Handelssysteme bezogen bedeutet dies, daß die essential-facilities-Doktrin allenfalls dann in Betracht kommt, wenn auch der Betreiber des ATS in Konkurrenz zu den Marktteilnehmern eigenen Wertpapierhandel betreibt. Ein solcher Eigenhandel findet in einigen - jedoch nicht in allen - Systemen statt[1032].

II. Diskriminierungsverbot

Sofern der Systembetreiber nicht Wettbewerber der Marktteilnehmer ist, scheidet die Anwendbarkeit der essential-facilities-Doktrin aus. In diesem Fall kann der Anspruch auf Zugang auf das Diskriminierungsverbot gestützt werden. Im deutschen Recht findet sich das Diskriminierungsverbot in § 20 Abs. 1 GWB[1033], während es im europäischen Recht in Art. 82 EG verankert ist. Allerdings gilt das

---

1027 *Knieps*, Wettbewerbspolitik, S. 29 (31).

1028 *Tränkle*, Wettbewerbsrecht, S. 87; *Bechtold*, GWB, § 19 Rn. 84; *Knieps*, Wettbewerbspolitik, S. 29 (38).

1029 *Tränkle*, Wettbewerbsrecht, S. 86; *Bechtold*, GWB, § 19 Rn. 83; *Haag*, Europäisches Wettbewerbsrecht, S. 57 (64).

1030 *Bechtold*, GWB, § 19 Rn. 84; *Knieps*, Wettbewerbspolitik, S. 29 (38).

1031 *Haag*, Europäisches Wettbewerbsrecht, S. 57 (63); *Tränkle*, Wettbewerbsrecht, S. 167 f.

1032 So beispielsweise bei einigen Systemen mit Marktplatzfunktion, siehe oben Teil 2. § 4 C. II. 1.

1033 Vergl. *Tränkle*, Wettbewerbsrecht, S. 168.

Verbot auch wieder nur für marktbeherrschende Unternehmen, so daß es mit Blick auf die oben gemachten Ausführungen in der Regel an dieser Anspruchsvoraussetzung fehlen wird. Ansonsten steht der Anspruch in Abhängigkeit dazu, ob der Systemzugang branchenüblich ist bzw. ob gleichartige Unternehmen überlicherweise zu dem Handelssystem Zugang haben[1034]. Ferner darf für die ungleiche bzw. unbillige Behandlung keine sachliche Rechtfertigung vorliegen[1035]. Dies sind Fragen des Einzelfalls auf die hier nicht näher eingegangen werden muß, da der Anspruch aus § 20 Abs. 1 GWB mangels einer marktbeherrschenden Stellung des Systembetreibers des Alternativen Handelssystems grundsätzlich ausscheidet.

III. Zwischenergebnis

Zusammenfassend läßt sich festhalten, daß primär aufgrund einer fehlenden Marktmacht und der geringen Markteintrittsbarrieren beim Wertpapierhandel im Internet über Alternative Handelssysteme regelmäßig kein Zugang über die kartellrechtliche essential-facilities-Doktrin oder das Diskriminierungsverbot erzwungen werden kann.

B. Praktische Bedeutung der Zugangsbeschränkung

Unabhängig von der rechtlichen Situation stellt sich die Frage, inwieweit sich eine Zugangsbeschränkung überhaupt auf den Markt auswirkt bzw. welche praktische Bedeutung sie hat.

Theoretisch betrachtet kann sich die Zugangsbeschränkung auf die Kapitalmarkteffizienz auswirken, denn eine Teilnehmerbeschränkung kann zu einer Störung der Informationsdistribution im Gesamtmarkt führen, sofern Orders nicht mehr zum bestmöglichen Preis durchgeführt werden können oder auf bestimmte Segmente beschränkt sind[1036].

Allerdings dürfte dieses Problem kaum von praktischer Relevanz sein, da grundsätzlich jedes Handelssystem ein Interesse daran hat, möglichst viele Handelsteilnehmer für sich zu gewinnen, um eine hohe Liquidität zu erzeugen[1037]. Der Erfolg eines Alternativen Handelssystems am Markt hängt davon ab, inwieweit es in der Lage ist, eine hohe Liquidität in seinem System herzustellen. Daher liegt es nicht im ökonomischen Interesse des Systembetreibers, die Zahl der Handelsteilnehmer grundlos einzuschränken, weil dies zugleich eine Liquiditätsschwächung bedeutet. Somit besteht diesbezüglich auch kein weiteres Regulierungsbedürfnis zur Schaffung von objektiven Marktzugangskriterien[1038].

[1034] Siehe dazu ausführlich *Bechtold*, GWB, § 20 Rn. 28 ff.; *Emmerich*, Kartellrecht, S. 235 f.
[1035] Vergl. eingehend *Bechtold*, GWB., § 20 Rn. 36 ff.; *Emmerich*, Kartellrecht, S. 236 ff.
[1036] *Spindler*, WM 2002, 1325 (1330).
[1037] Andernfalls besteht die Gefahr, daß die Systeme vom Markt verdrängt werden.
[1038] Ebenso Börsensachverständigenkommission, Empfehlungen, S. 10 f.

§ 11 Marktfragmentierung

Mit dem Wachstum von Alternativen Handelssystemen ist automatisch auch eine Marktfragmentierung verbunden, da neue Handelsplätze neue eigene Märkte bilden, die entsprechend Liquidität von anderen Märkten abziehen. Nachfolgend soll untersucht werden, welche Auswirkungen dieser Prozeß auf die Kapitalmärkte hat und inwiefern er regulierungsbedürftig ist.

A. Bedeutung der Liquidität für den Wertpapierhandel

I. Begriff der Liquidität

In der wissenschaftlichen Literatur wird der Begriff der Liquidität uneinheitlich verwendet und regelmäßig unzureichend definiert[1039]. Mit Blick auf die Kapitalmarktforschung wird hier folgender Liquiditätsbegriff zugrunde gelegt: Liquidität bezeichnet die Möglichkeit der Handelsteilnehmer, ein Wertpapier sofort und ohne nennenswerte Aufschläge auf den marktgerechten Kurs zu kaufen bzw. ohne entsprechende Abschläge zu verkaufen[1040]. Gemessen wird die Liquidität der Kapitalmärkte mit der Geld-Brief-Spanne (Spread)[1041]. Je geringer der Spread zwischen Kauf- und Verkaufspreis, desto liquider ist der betreffende Markt.

Beeinflußt wird diese Größe nach mehrheitlicher Ansicht in der Literatur durch die Marktbreite, Markttiefe sowie die Sofortigkeit und Erneuerungsfähigkeit eines Marktes[1042]. Von einem tiefen Markt spricht man, wenn große Orders zu einem marktgängigen Preis ausgeführt werden. Bestehen unausgeführte Aufträge nahe am aktuellen Preis in großem Umfang, sind also große Handelsmengen für die jeweils besten Kauf- und Verkaufsangebote vorhanden, so ist der Markt breit. Die Sofortigkeit des Marktes besteht, wenn selbst größere Orders schnell, ohne signifikante Preisschwankungen ausgeführt werden[1043]. Schließlich ist die Erneuerungsfähigkeit des Marktes hoch, wenn aufgrund von orderinduzierten Preisänderungen schnell neue Handelsaufträge auf den Markt kommen, die diese Preisänderungen wieder nivellieren[1044]. Von besonderer Bedeutung ist die Zeit-

---

1039 *Picot/Bortenlänger/Röhrl*, Börsen, S. 26; *Oesterhelweg/Schiereck*, Die Bank 1993, 390. Diese Unzu-länglichkeit wurde schon 1936 von *Keynes* bemängelt: „The conception of what contributes to "liquidity" is a partly vague one, changing from time to time and depending on social practices and institutions.", vergl. *Keynes*, General theory, S. 240.

1040 *Schenk*, Börsensysteme, S. 111; *Schlüter*, Wertpapierhandelsrecht, S. 26 f.; *Kempf*, Wertpapierliquidität, S. 13; *Picot/Sennewald*, I&K-Technik, S. 161 (170); *Picot/Bortenlänger/Röhrl*, Börsen, S. 26.

1041 *Scheffrahn*, Börse, S. 37, 50; *Schlüter*, Wertpapierhandelsrecht, S. 27. Die Begriffe Geld und Brief stehen für Nachfrage und Angebot, vergl. allein „Briefkurs", http://portal.aol.de/finanzen/boerse/boerseaz/contentview.jsp?kuerzel=106 (Stand 15.9.2001).

1042 *Mues*, Börse S. 100; *Beck*, WM 1998, 417 (419, Fn. 30); *Schenk*, Börsensysteme, S. 111; *Scheffrahn*, Börse, S. 38 f.;*Picot/Sennewald*, I&K-Technik, S. 161 (170); *Picot/Bortenlänger/Röhrl*, Börsen, S. 26.

1043 *Picot/Bortenlänger/Röhrl*, Börsen, S. 27; *Oesterhelweg/Schiereck*, Die Bank 1993, S. 390.

1044 *Picot/Bortenlänger/Röhrl*, Börsen, S. 27; *Kempf*, Wertpapierliquidität, S. 18 m.w.N.

und Preisdimension der Liquidität[1045]. Die Zeitdimension drückt aus, wie lange es dauert, bis der Anleger die von ihm gewünschte Transaktion durchführen kann[1046]. Dagegen beschreibt die Preisdimension der Liquidität, welche Kursänderungen zu Ungunsten des handelnden Investors durch seine Transaktion eintreten[1047]. Sie wird maßgeblich durch die Marktbreite und –tiefe bestimmt[1048].

II. Ökonomische Bedeutung der Liquidität

Die Liquidität ist das wichtigste Qualitätsmerkmal für einen Kapitalmarkt und somit entscheidend für das Fortbestehen des jeweiligen Handelsplatzes[1049]. Insbesondere für institutionelle Investoren ist eine hohe Liquidität des Marktes von großer Bedeutung, da sie schnell und kurzfristig am Markt mit großen Ordervolumina handeln wollen[1050]. Ist der Markt wenig liquide, so ist die Ausführung großer Orders schlecht oder gar nicht möglich bzw. eine negative Preisveränderung trifft die Handelsteilnehmer[1051]. Je größer die Liquidität, desto eher können Angebot und Nachfrage ausgeglichen werden[1052].

An den Kapitalmärkten galt bisher stets der Grundsatz, „je höher die Liquidität, desto fairer die Preise“[1053]. Insofern hat man der Liquidität eine kausale Wirkung auf die Preisqualität nachgesagt. Dementsprechend ist eine der zentralen ökonomischen Fragen des Börsenhandels, ob die Transaktionen an einem Handelsplatz konsolidiert oder fragmentiert, an mehreren Handelsplätzen durchgeführt werden sollen[1054]. Besonders Anfang der neunziger Jahre wurde ein Zentralisierungs- und Konzentrationskonzept vertreten, demzufolge der Handel in deutschen Aktien auf dem Börsenplatz Frankfurt konzentriert werden sollte[1055]. Die ökonomischen Vorteile einer solchen Konsolidierung liegen in einem allokationsoptimalen Zusammentreffen der Handelswünsche und in den damit verbundenen Effizienz- und Liquiditätsleistungen. Auch die Betreiberkosten werden zwangsläufig reduziert. Dem steht der Nachteil gegenüber, daß ein solcher Marktplatz nicht alle divergierenden Bedürfnisse der Handelsteilnehmer abbilden kann.

1045 *Mues*, Börse S. 101; *Kempf*, Wertpapierliquidität, S. 16 f., 20.

1046 *Kempf*, Wertpapierliquidität, S. 17; *Picot/Bortenlänger/Röhrl*, Börsen, S. 29.

1047 *Kempf*, Wertpapierliquidität, S. 17.

1048 *Kempf*, Wertpapierliquidität, S. 20.

1049 *Schlüter*, Wertpapierhandelsrecht, S. 26; *Picot/Sennewald*, I&K-Technik, S. 161 (170); *Picot/Bortenlänger/Röhrl*, Börsen, S. 25.

1050 *Schlüter*, Wertpapierhandelsrecht, S. 27; *Picot/Sennewald*, I&K-Technik, S. 161 (170f.); *Picot/Bortenlänger/Röhrl*, Börsen, S. 25.

1051 *Economides*, Liquidity, S. 90 (91); *Scheffrahn*, Börse, S. 36; *Picot/Bortenlänger/Röhrl*, Börsen, S. 26 ff.

1052 *Spindler*, WM 2002, 1325 (1328).

1053 *Zass*, Handelsblatt vom 2.12.1999, S. 55. So beispielsweise vertreten von *Beck*, WM 1998, 417 (419).

1054 Vergl. *Schenk*, Börsensysteme, S. 34 m.w.N.

1055 *Schmidt/Schleef/Simic* ZBB 2001, 69. Beispielsweise vertreten von *Breuer*, ZBB 1990, 101 (104).

Marktfragmentierung ist nämlich stets auch Ausdruck der speziellen Handelsansprüche der Marktteilnehmer[1056]. Dementsprechend vertritt eine andere Ansicht das sogenannte Wettbewerbskonzept, wonach Börsen und andere Handelsplattformen Dienstleistungsunternehmen sind, die miteinander in Wettbewerb um Anleger und Emittenten stehen (sollten)[1057]. Von dem kompetitiven Umfeld können die Handelsteilnehmer hinsichtlich Qualität und Preis profitieren. Ferner können sich im Wettbewerb effizientere Handelsverfahren schneller und einfacher durchsetzen[1058]. Diesem Wettbewerbskonzept sind freilich Grenzen gesetzt, da ab einer gewissen hohen Konkurrenzsituation die einzelnen Handelsplattformen nicht mehr die erforderlichen Umsatzanteile aufweisen können und somit der Kursfindungsprozeß in Mitleidenschaft gerät[1059]. Werden Märkte fragmentiert, indem neue Handelsplätze nebeneinander entstehen, zersplittert die Liquidität des Gesamtmarktes. Es kann dazu kommen, daß nicht für jeden einzelnen Teilmarkt ein hinreichender Orderfluß sichergestellt ist. Dadurch sind eine faire Preisbildung, eine hohe Transaktionsgeschwindigkeit, geringe Transaktionskosten sowie eine hinreichende Markttiefe- und breite gefährdet. Auf unterschiedlichen Märkten können unterschiedliche Preise für dasselbe Wertpapier erzielt werden. Je nach Liquidität kann es auch zu einem (partiellen) Marktversagen kommen[1060]. Eine solche Erscheinung dürfte jedoch nur temporär sein, da der Marktbereinigungsprozeß die ineffektiven Handelsplattformen vom Markt eliminiert.

Den eben aufgeführten negativen Konsequenzen einer solchen Fragmentierung stehen aber auch wettbewerbliche Vorteile gegenüber. Beispielsweise können die direkten Transaktionskosten sinken, wenn zwei Mitbewerber, die ein Market-Maker-System betreiben, unter solchen Wettbewerbsbedingungen dazu gezwungen sind, die Geld-Brief-Spanne möglichst eng zu setzen, um günstigere Kurse und Handelsaufträge zu bilden[1061]. Zudem ist anzumerken, daß gerade die Informationstechnologie es ermöglicht, durch übergreifende Kommunikationsnetze die Nachteile der Fragmentierung auszugleichen[1062].

1056 *Schenk*, Börsensysteme, S. 34.

1057 *Mues*, Börse S. 102; *Schmidt/Schleef/Simic*, ZBB 2001, 69.

1058 *Schmidt/Schleef/Simic*, ZBB 2001, 69 (70); *Schmidt*, Zirkulationsmarkt, S. 328 ff., 364 ff.; *Giersch/Schmidt*, Beteiligungskapital, S. 73; *Amihud/Mendelson*, European capital markets, S. 73 (75 ff.); *Schmidt*, Kredit und Kapital 1992, 233 (235 ff.); *Schmidt/Prigge*, Börsenkursbildung, Sp. 399 f.; *Schmidt/Oesterhelweg/Treske*, Kredit und Kapital 1997, 369 (374 ff.); *Mues*, Börse, S. 31 ff.

1059 *Schmidt/Schleef/Simic*, ZBB 2001, 69 (70); *Kehr*, Preisfindung, S. 19 ff.

1060 *Schenk*, Börsensysteme, S. 35.

1061 *Mues*, Börse S. 102; *Hamilton*, 34 The Journal of Finance 1979, 171 (176 ff.); dagegen *Shapiro*, Equity Markets, S. 19 (22 f.).

1062 Grundsätzlich dem zustimmend, allerdings mit kritischen Anmerkungen *Schenk*, Börsensysteme, S. 35.

B. Liquiditätsprobleme aufgrund Alternativer Handelssysteme

Kernelement des traditionellen Börsenhandels war die räumliche und zeitliche Konzentration von Angebot und Nachfrage, um eine hohe Liquidität zu erreichen[1063]. Mit der Schaffung neuer Handelsplätze in Form von Alternativen Handelssysteme wird die Liquidität räumlich und temporär zersplittert[1064]. Dadurch kann die Preisqualität leiden, denn bei geringer Liquidität reflektiert der Preisbildungsprozeß nicht mehr die Marktlage[1065]. Insbesondere für unerfahrene private Investoren besteht die Gefahr, nicht zu marktgerechten Preisen zu handeln, während sich für die institutionellen Anleger die Möglichkeit eröffnet, durch intensiven Blockhandel die Kurse massiv zu beeinflußen und so mißbräulich davon zu profitieren[1066].

Dadurch kann das Vertrauen der Anleger in die Aktienmärkte sinken, was wiederum die Kapitalmarkteffizienz weiter beeinträchtigt[1067]. Wollen die Anleger sich dagegen wehren und ihre verfügbaren Informationen erhöhen, um sich gegen Transaktionsrisiken zu sichern, so steigen bedingt durch die Informationsbeschaffung die Transaktionskosten[1068].

Verstärkt wird das Problem der geringen Liquidität gerade bei Alternativen Handelssystemen durch die Abwesenheit von Intermediären, wie Market-Maker und Specialists, die sonst eine ausreichende Liquidität schaffen[1069].

So können auch ohne vorsätzliches Handeln zufallsbedingte Mondpreise zustande kommen[1070]. Im außerbörslichen Handel kommen bei geringen Umsätzen zudem Preise zustande, die schwerlich als repräsentativ einzustufen sind. Damit ist auch die Gefahr verbunden, daß vor allem private Anleger Opfer von Betrug werden[1071].

Um diesem Problem Herr zu werden, hat beispielsweise die US-amerikanische SEC ein zentrales Auftragsbuch geschaffen.

1063 *Zass*, Handelsblatt vom 2.12.1999, S. 55.

1064 Sofern nämlich das Alternative Handelssystem nicht mit anderen Alternativen Handelssystemen oder einer Börse vernetzt ist, bildet es einen eigenen Markt, vergl. *Dornau*, Handelssysteme, S. 16. Vergl. auch *Roggemann*, ZfgKW 2002, 302 (305); *Spindler*, WM 2002, 1325 (1328); *Cohen*, 4 Stanford Journal of Law, Business & Finance 1999, 1 (12). Die SEC wirkt dem durch die Errichtung des National Market System entgegen, vergl. *Borelli*, 32 Loyola University Chicago Law Journal 2001, 815 (832 ff., 855 f.); *Macey/O'Hara*, 28 Journal of Legal Studies 1999, 17 (34).

1065 Davon gehen beispielsweise *Mues*, Börse S. 104 ff.; *Spindler*, WM 2002, 1325 (1328); *Schwark*, WM 1997, 293 (297) und *Riehmer/Heuser*, NZG 2001, 385 (386) aus.

1066 *Zass*, Handelsblatt vom 2.12.1999, S. 55.

1067 *Mues*, Börse S. 106.

1068 *Mues*, Börse S. 106; *Schmidt*, Zirkulationsmarkt, S. 22 ff.

1069 *Spindler*, WM 2002, 1325 (1328).

1070 Vergl. *Zass*, Handelsblatt vom 2.12.1999, S. 55. Mondpreise sind willkürlich festgesetzte oder überhöhte Preise, vergl. *Bornkamm/Köhler*, Wettbewerbsrecht, § 1 UWG Rn. 16, § 3 UWG Rn. 312.

1071 *Dornau*, Handelssysteme, S. 16.

Auch ohne zentrales Auftragsbuch zeigt sich bei näherer Betrachtung des Sekundärmarktes, daß die Einzelmärkte, welche durch Marktfragmentierung entstehen, heutzutage nicht mehr kommunikations- und wirkungslos nebeneinander stehen[1072]. Die Verbindungen werden entweder durch allgemein zugängliche Medien, wie Internet, oder bedingt durch spezielle Systeme, wie beispielsweise in den USA das Consolidated Quotation System und das Intermarket Trading System gebildet[1073]. Daher integrieren sich die Märkte zunehmend selbst durch Kommunikation[1074]. Diese Erscheinung läuft den oben beschriebenen Risiken der Marktfragmentierung entgegen und minimiert sie auf ein kaum beachtenswertes Niveau[1075].

Ferner dürfte es sich bei illiquiden Handelsplätzen um eine temporäre Erscheinung handeln, die vom Markt in dem Maße verschwinden, wie sich die Handelssysteme mit der größten Anzahl von Handelsteilnehmern und der größten ökonomischen Leistungsfähigkeit durchsetzen[1076]. Handelssysteme mit geringer Liquidität können in diesem Wettbewerb auf Dauer nicht bestehen. Somit nimmt dann auch die Fragementierung ab[1077]. Wenig liquide Handelsplattformen werden von den Investoren gemieden, ebenso wie solche, deren Preisbildungsmechanismen für die Handelsteilnehmer zu undurchsichtig sind[1078]. Kann ein Markt dagegen Liquidität anziehen, so zieht dies in der Regel automatisch weitere Liquidität nach sich, denn „order flow attracts order flow“[1079]. Neue Handelssysteme können neben einem solchen starken Marktplatz nur bestehen bzw. in den Markt eintreten, wenn sie für die Handelsteilnehmer bestimmte Vorteile, wie beispielsweise niedrigere Transaktionskosten bedingt durch Desintermediation bieten können[1080]. Es handelt sich um einen nicht-regulierungsbedürftigen Marktbereinigungsprozeß, der für die Handelsteilnehmer ein hohes Potential an Innovationen mit sich bringen kann.

Bei der Zersplitterung der Liquidität durch mehrere Märkte darf man auch nicht das schon bestehende Arbitragegeschäft übersehen. Dabei sind Arbitragegeschäfte als Raum- oder Zeitarbitrage möglich. Die Raumarbitrage findet bei dem punktuellen Güteraustausch statt[1081]. Die Gewinne bei Raumarbitragegeschäften werden durch Ausnutzung von Kursunterschieden zum selben Zeitpunkt an sach-

---

1072 So auch *Mues*, Börse S. 106. Siehe für einen Überblick über die bestehenden Marktverbindungen *Cohen/Maier/Schwartz/Whitcomb*, Microstructure, S. 38 f.

1073 Siehe dazu ausführlich *Mues*, Börse S. 107.

1074 Vergl. auch *Schmidt*, Kredit und Kapital 1992, S. 110 (125).

1075 *Cohen/Maier/Schwartz/Whitcomb*, Microstructure, S. 158; *Harris*, Consolidation, S. 269 (284); *Mues*, Börse S. 107.

1076 Börsensachverständigenkommission, Empfehlungen, S. 10.

1077 *Spindler*, WM 2002, 1325 (1329); *Mues*, Börse S. 108.

1078 *Schreiber/Schwartz*, Price Discovery, S. 19 (25 f.).

1079 *Cohen/Maier/Schwartz/Whitcomb*, Microstructure, S. 158; *Onado*, Competition, S. 225 (229); *Rudolph*, WM 1999, 371.

1080 *Mues*, Börse S. 108; *Cohen/Maier/Schwartz/Whitcomb, Microstructure*, S. 158.

1081 *Ekkenga*, Anlegerschutz, S. 311; *Ammann*, Swap, S. 3.

lich oder räumlich getrennten Märkten erzielt[1082]. Dagegen ist für die Zeitarbitrage ihr Charakter als Dauerschuldverhältnis wesensbestimmend[1083]. Die Gewinne werden dabei aus Preisunterschieden am selben Marktplatz zwischen verschiedenen Zeitpunkten realisiert[1084].

Durch die Arbitrage reduziert der Arbitrageur bestehende Preisunterschiede an verschiedenen Marktplätzen und gleicht das Preisniveau aus, indem er ein Überangebot an einem Marktplatz durch Käufe beseitigt und eine Angebotsknappheit an einem anderen Marktplatz befriedigt[1085]. Insofern werden Preisdifferentiale ausbalanciert und Wohlfahrtswirkungen an den Märkten hervorgerufen. Den Ausgleich der Salden und die damit verbundene Möglichkeit zum Arbitrage-Geschäft findet man heute besonders ausgeprägt auf dem Rentenmarkt[1086]. Dieser wird von institutionellen Investoren beherrscht, die außerbörslich handeln. Allerdings werden im börslichen Handel von Bundesanleihen[1087] die selben Preise erzielt, wie im außerbörslichen Markt. Insofern zeigt sich auch, daß die gesamte Liquidität entscheidend ist und nicht die einzelne Liquidität an unterschiedlichen Märkten. Fragmentierte Märkte führen nicht zwangsläufig zu einer schlechteren Preisqualität.

Tatsächlich läßt sich daher eine negative Wirkung durch das Bestehen mehrer Handelsplätze nicht nachweisen[1088]. Insofern besteht auch keine staatliche Notwendigkeit, regulierend in den Marktprozeß einzugreifen. Im Gegenteil könnte sogar ein regulierender Eingriff negative Marktkonsequenzen nach sich ziehen, indem innovative Handelssysteme verhindert werden und letztlich den Handelsteilnehmern Systeme, die auf ihre Bedürfnisse konkret zugeschnitten sind, genommen bzw. vorenthalten werden.

Daher ist im Interesse der Konzentration der Liquidität nicht beschränkend in den Wettbewerb von Börsen und Alternativen Handelssystemen einzugreifen[1089]. Häufig wird das Argument der Liquiditätsbündelung auch mißbraucht, um Wett-

---

1082 *Ekkenga*, Anlegerschutz, S. 26; *Koslowski*, Ethik, S. 71 f.; *Ackermand*, Finanzinnovationen, S. 19 ff.; *Rübel*, Devisengeschäfte, S. 34 ff.; *Siegel/Siegel*, Futures Markets, S. 43 ff.; *Lipfert*, Devisenhandel, S. 47.

1083 Ausführlich dazu *Ekkenga*, Anlegerschutz, S. 311 ff.

1084 Vergl. *Koslowski*, Ethik, S. 72; *Ammann*, Swap, S. 3.

1085 *Koslowski*, Ethik, S. 72.

1086 Vergl. für das Beispiel *Breuer*, FAZ vom 23.11.2000, S. 35. Unter dem Rentenmarkt versteht man den Markt für Teilschuldverschreibungen sowie für längerfristige, zinstragende Wertpapiere. Siehe dazu eingehend *Häuser/Rosenstock*, Börse, S. 31 ff.

1087 Bundesanleihen sind börsennotierte festverzinsliche Wertpapiere, die vom Bund in unregelmäßigen Abständen über die Bietergruppe Bundesemissionen emittiert werden. Ihre Laufzeit beträgt 10 bis 30 Jahre. Vergl. dazu „Bundesanleihe", http://www.commerzbank.de/privat/lexikon/HTML/Bundanl.htm (Stand 2000).

1088 Siehe *Lehn*, Marketplaces, S. 206 (209 f.).

1089 So auch *Baums, Theodor / Segna, Ulrich*, Börsenreform, Arbeitspapier Nr. 65 des Instituts für Handels- und Wirtschaftsrecht der Universität Osnabrück, 1998, S. 14, vergl. http://www.jura.uni-osnabrueck.de/institut/hwr/pdf/papier65.pdf (Stand 20.01.2001); *Hopt/Rudolph/Baum*, Börsenreform, S. 3; *Hopt/Baum*, Börsenrechtsreform, S. 287 (362).

bewerb zu unterbinden und unliebsame Mitbewerber der regulären Börsen auszuschalten[1090].

§ 12 Transparenz

A. Bedeutung der Transparenz für den Wertpapierhandel

I. Begriff der Transparenz

Transparenz ist nicht allein auf den Bereich des Wertpapierhandels begrenzt. Sie spielt auch im Bank- und Medienbereich eine große Rolle[1091]. Dabei wird der Begriff der Transparenz in Abhängigkeit zu der jeweiligen Rechtsmaterie unterschiedlich weit gefaßt. Losgelöst von den spezifischen Rechtsgebieten gibt es jedoch grundsätzliche Prinzipien, die die Notwendigkeit von Transparenz begründen[1092].

Zunächst ergibt sich die Transparenz-Notwendigkeit aus ihrer Rolle als Prämisse für eine selbstbestimmte und eigenverantwortliche Partizipation an Entscheidungsprozessen. Ferner folgt sie aus dem starken öffentlichen Interesse am Erhalt wichtiger gesellschaftlicher Güter, wie beispielsweise der Funktionsfähigkeit der Kapitalmärkte. Schließlich erfordert die Vertragsgerechtigkeit[1093] Transparenz, um die schwächere Vertragspartei gegenüber der stärkeren zu schützen und ihre Dispositionsmöglichkeiten zu erweitern.

Im Bereich des Wertpapierhandels drückt die Transparenz aus, in welchem Ausmaß Informationen über die Handelsaktivitäten zugänglich sind[1094]. Dabei besteht vollkommene Markttransparenz, wenn alle Informationen über das Handelsgeschehen sämtlichen Marktteilnehmern stets unverzüglich zugänglich sind[1095]. Dadurch können regelmäßig die sogenannten Anbahnungskosten[1096] gesenkt werden, wobei eine vollkommene Markttransparenz nicht von allen Marktteilnehmern für ökonomisch sinnvoll gehalten wird. Insbesondere institutionelle Anleger und Market-Maker sehen ihren professionellen Informationsvorsprung durch eine vollständige Markttransparenz gefährdet[1097].

Primär meint Transparenz im Kapitalmarktbereich die Orderbuchtransparenz[1098], welche ausdrückt, inwiefern Handelsteilnehmer in das Orderbuch Einsicht nehmen können[1099].

1090 *Mues*, Börse S. 107.
1091 Siehe dazu *Loddenkemper*, Transparenz.
1092 Vergl. *Loddenkemper*, Transparenz, S. 22 f.
1093 Siehe dazu Palandt/*Heinrichs*, BGB, Einf. v. § 145 Rn. 7, 13 ff.
1094 *Picot/Sennewald*, I&K-Technik, S. 161 (169); *Picot/Bortenlänger/Röhrl*, Börsen, S. 23.
1095 *Picot/Bortenlänger/Röhrl*, Börsen, S. 24.
1096 Siehe dazu *Gerke*, Die Betriebswirtschaft 1993, 725 (735).
1097 *Picot/Bortenlänger/Röhrl*, Börsen, S. 24.
1098 *Schlüter*, Wertpapierhandelsrecht, S. 27.

II. Ökonomische Bedeutung der Transparenz

Das Transparenzgebot im Kapitalmarktrecht verfolgt zwei Ziele. Zum einen sollen versteckte Vorteile[1100], wie sie beispielsweise durch den Insiderhandel entstehen[1101], verhindert werden[1102]. Zum anderen wird die Unterbindung eines Marktversagens bzw. eines sogenannten market for lemons[1103] angestrebt[1104]. Der market for lemons bzw. das Marktversagen entsteht, wenn trotz einer Wettbewerbssituation die Marktteilnehmer die Produktqualität nicht adäquat erkennen und entsprechend werten können. Das Fehlen von Transparenz zieht also Informationsasymmetrien und mögliche uneffiziente Preisbildung nach sich[1105].

Die Tansparenz an den Finanzmärkten wird durch die Zurverfügungstellung von Handels- und Auftragsinformationen für die Handelsteilnehmer beeinflußt[1106]. Anhand der Preistransparenz kann man Ausmaß und Geschwindigkeit, mit der Kurs- und Transaktionsdaten den Marktteilnehmern zugänglich gemacht werden, feststellen[1107]. Je mehr Informationen beschafft werden, desto größer ist auch die Transparenz am jeweiligen Markt. Eine hohe Markttransparenz ist aus verschiedenen Gründen für einen fairen und effizienten Markt notwendig[1108]. Die Anleger sind auf sie angewiesen, um bewußte und informierte Anlageentscheidungen treffen zu können[1109]. Je transparenter der Markt ist, desto geringer sind auch die Chancen für einen Insiderhandel. Schätzungen gehen in diesem Zusammenhang davon aus, daß die Anleger im Internet jährlich infolge von Insiderhandel einen Schaden in Höhe von 100 Millionen US-$ erleiden[1110].

1099 Das elektronische Handelssystem XETRA verfügt beispielsweise über einen offenes und vollständig transparentes Orderbuch, in das alle Handelsteilnehmer jederzeit Einblick nehmen können, vergl. *Schlüter*, Wertpapierhandelsrecht, S. 27.

1100 Stattdessen wird auch die englische Bezeichnung hidden gains benutzt, vergl. *Heinze*, Primärmarkt, S. 7.

1101 Die ökonomische Bedeutung und Auswirkung des Insiderhandels ist umstritten. Während die Chicago School von einer positiven Anreizwirkung durch versteckte Vergütungen, wie sie beispielsweise durch den Insiderhandel entstehen, ausgeht, sehen andere in der Verhinderung von hidden gains und Insiderhandel eine volkswirtschaftliche Nutzungssteigerung, vergl. zum Streit *Krauel*, Insiderhandel, S. 20 ff.; *Hopt*, AG 1995, 353 ff.; *Schmidt/Rittaler*, Chicago School.

1102 Siehe *Reul*, Gleichbehandlung, S. 6 ff.

1103 Der Begriff stammt von *Akerlof*, Quarterly Journal of Economics 1970, 488 ff.

1104 Vergl. *Magnus*, ZfgKW 1994, 543 ff.; *Pfisterer*, Insider, S. 9 ff. Allgemeiner *Schäfer/Ott*, Ökonomische Analyse, S. 420 f.

1105 Börsensachverständigenkommission, Empfehlungen, S. 9.

1106 *Doty*, 60 Fordham Law Review 1992, 77 (79f.); *Picot/Sennewald*, I&K-Technik, S. 161 (169).

1107 Ausführlich dazu *Becker*, Börsenrecht, S. 837 ff.

1108 Es wird auch als das wichtigste Kriterium überhaupt für das Bestehen von fairen, effizienten und sicheren Märkten angesehen, vergl. Börsensachverständigenkommission, Empfehlungen, S. 9.

1109 *Doty*, 60 Fordham Law Review 1992, 77 (79 f.); *Schenk*, Börsensysteme, S. 12; *Thomas/Treutler*, Kapitalmarkt, S. 1206 (1215).

1110 *Cielusniak*, 22 Fordham International Law Journal 1998, 612 (627).

Insofern stärkt die Transparenz auch das Vertrauen der Anleger in die Märkte[1111]. Allerdings besteht bei einer unbegrenzten Transparenz des Orderbuches auch das Risiko, daß marktstarke Teilnehmer die Kenntnis der Orderlage ausnutzen, um den Markt aufzukaufen. Zudem ist nach der Marktprozeßtheorie auch ein gewisses Maß an Intransparenz für das Be- und Entstehen von Märkten notwendig, weil sie den Handelsteilnehmern die Gewinnerzielung durch einen besseren Wissensstand gegenüber Mithandelnden ermöglicht[1112].

B. Transparenzprobleme bei Alternativen Handelssystemen

Durch die Alternativen Handelssyteme werden die Märkte fragmentiert. Je stärker die Märkte fragmentiert und segmentiert werden, desto weniger konzentrieren sich Informationen über Preise und Märkte auf einen Handelsplatz[1113].

Allerdings handelt es sich bei Transparenzproblemen nicht um eine neuartige Erscheinung. Gerade bei OTC-Geschäften oder im Telefonhandel ist die Transparenz traditionell gering. In diesen Segmenten können die Alternativen Handelssysteme sogar eher die Transparenz durch ihre Geschäftstätigkeit erhöhen[1114]. Desweiteren darf man nicht übersehen, daß eine Vielzahl von Alternativen Handelssystemen sich die Informationen von hocheffizienten Wertpapiermärkten zunutze machen, indem sie beispielsweise Preise von Börsen in ihr System übernehmen[1115].

Dennoch ist problematisch, daß reguläre Börsen die Informationen über Quotes, Preise und Umsatzzahlen öffentlich bekannt geben, während die Alternativen Handelssysteme regelmäßig ihre Daten nicht veröffentlichen[1116]. Aufgrund ihrer Regulierung als Wertpapierdienstleister sind die meisten ATS nach § 31 Abs. 2 Nr. 2 WpHG verpflichtet, allein ihren Kunden alle zweckdienlichen Informationen zur Verfügung zu stellen. Öffentlich, also auch gegenüber Nicht-Kunden, müssen weder Preise noch Umsätze bekanntgegeben werden[1117]. Dies wirkt sich besonders negativ auf den Kapitalmarkt und somit auch auf die einzelnen Investoren aus, wenn relativ große Handelsvolumina über das Wertpapierhandelssystem abgewickelt werden[1118]. Sie beeinflußen nämlich zugleich auch den Gesamtmarkt. Insofern besteht Regulierungsbedarf, um eine ausreichende Publizität

---

1111 *Doty*, 60 Fordham Law Review 1992, 77 (80).
1112 *Picot/Sennewald*, I&K-Technik, S. 161 (169).
1113 *Spindler*, WM 2002, 1325 (1328); *Cohen*, 4 Stanford Journal of Law, Business & Finance 1999, 1 (25).
1114 *Spindler*, WM 2002, 1325 (1328).
1115 *Spindler*, WM 2002, 1325 (1328); FESCO, Regulation, S. 14.
1116 Vergl. *Dornau*, Handelssysteme, S. 27.
1117 Börsensachverständigenkommission, Empfehlungen, S. 9. Allerdings trifft sie nach § 9 WpHG eine Mitteilungspflicht gegenüber der Bundesanstalt für Finanzdienstleistungsaufsicht.
1118 Börsensachverständigenkommission, Empfehlungen, S. 9.

und Pflicht zur Informationsweitergabe zu schaffen[1119]. Die Internet-basierten Alternativen Handelssysteme bieten dafür eine ideale Grundlage, denn das Internet ermöglicht die dezentrale Informationsverschaffung und -bündelung in einem System[1120].

Ferner ist zu beachten, daß der Preisbildungsmechanismus von essentieller Bedeutung für die Investoren ist, um die Kurse und Preise einer Marktveranstaltung beurteilen zu können[1121]. Für sie ist von Interesse, ob die Preise und Kurse im System selbst gebildet oder von Drittmärkten importiert werden. Da die Alternativen Handelssysteme in Deutschland als Wertpapierdienstleister keiner börsenrechtlichen Regulierung unterliegen, bestehen für sie keine Vorgaben hinsichtlich der Preisbildung und Offenlegung des Mechanismus für die Handelsteilnehmer[1122]. Nebenbei sei auch angemerkt, daß den ATS als Wertpapierdienstleistern nicht die Pflicht obliegt, Kursmanipulationen oder Mißbräuche aufzudecken[1123]. Auf der anderen Seite ist zubedenken, daß viele Alternative Handelssysteme einen entscheidenden Wettbewerbsvorteil gegenüber den regulären Börsen verlieren würden, sofern der Gesetzgeber verbindliche Regelungen für die Preisbildung bzw. Offenlegung in einem Alternativen Handelssystem aufstellen würde. Insofern ist eine hoheitlich regulierte Vorgabe der Preisbildung nicht wünschenswert[1124]. Dagegen ist jedoch im Interesse der Kapitalmarkteffizienz eine Aufklärungspflicht der Systeme, ob die Preise und Kurse im System selbst gebildet oder von Drittmärkten importiert werden, zu fordern[1125].

§ 13 Interessenkonflikte

Mit dem Agieren von den Alternativen Handelssystemen am Markt kann es zu vielfältigen Interessenkonflikten kommen[1126]. Konflikte können entstehen zwischen dem Kunden und dem Handelsbetreiber eines Quote-getriebenen Systems, wenn dieser selbst ein Market-Maker ist. Ferner zwischen dem Kunden und dem Handelsbetreiber eines Order-getriebenen Systems, wenn der Handelsbetreiber zugleich Eigenhandel über sein System vornimmt. Desweiteren können im Einzelfall Konflikte zwischen den Kunden und dem Systembetreiber auftreten. Hintergrund dieses Konflikts sind die unterschiedlichen Interessen: Auf der einen Seite

---

1119 *Baums, Theodor / Segna, Ulrich*, Börsenreform, Arbeitspapier Nr. 65 des Instituts für Handels- und Wirtschaftsrecht der Universität Osnabrück, 1998, S. 20, vergl. http://www.jura.uni-osnabrueck.de/institut/hwr/pdf/papier65.pdf (Stand 20.01.2001); *Spindler*, WM 2002, 1325 (1328).

1120 FESCO, Regulation, S. 15; *Spindler*, WM 2002, 1325 (1329).

1121 Beispielsweise welche Priorität die Handelsaufträge im System haben, vergl. *Spindler*, WM 2002, 1325 (1329).

1122 *Spindler*, WM 2002, 1325 (1329).

1123 *Scharf*, Handelsblatt vom 6.12.2000, S. B 3; *Spindler*, WM 2002, 1325 (1329).

1124 Ebenso *Spindler*, WM 2002, 1325 (1329).

1125 Börsensachverständigenkommission, Empfehlungen, S. 11; *Spindler*, WM 2002, 1325 (1329).

1126 Börsensachverständigenkommission, Empfehlungen, S. 9; *Spindler*, WM 2002, 1325 (1338).

steht das Kundeninteresse an einer bestmöglichen Orderausführung, während es auf der anderen Seite das Interesse des Systembetreibers ist, möglichst viele Transaktionen über sein Handelssystem abzuwickeln[1127].

Grundsätzlich reichen die Regeln aus §§ 31 ff. WpHG, um diese Interessenkonflikte zu lösen[1128]. Nach § 31 Abs. 2 Nr. 2 WpHG ist der Systembetreiber verpflichtet, den Kunden das Bestehen von Interessenkonflikten mitzuteilen[1129]. Um zusätzlich die Gefahr von Interessenkonflikten zu reduzieren, sollten die Handelsteilnehmer über die Rolle der Systembetreiber aufgeklärt werden, insbesondere darüber, welche möglichen Interessenkonflikte sich ergeben könnten[1130]. Zudem erscheint es sinnvoll, für die Alternativen Handelssysteme in Deutschland eine Pflicht zur bestmöglichen Auftragsdurchführung (Best-Execution) zu statuieren[1131]. Dabei ist die Frage, wann eine Auftragsdurchführung bestmöglich geschieht, höchst komplex. Die SEC schaut in diesem Zusammenhang nicht nur auf die bestmöglich zu erzielenden Preise auf einem Handelsplatz, sondern auch auf die Kosten und Geschwindigkeit einer Auftragsausführung sowie darauf, inwieweit die Anonymität des Investors gewahrt bleibt, welche beim Handel mit großen Volumina eine entscheidende Rolle spielt[1132]. Insoweit besteht im Bereich der Interessenkonflikte noch Regulierungsbedarf.

Gerade in den Vereinigten Staaten wurde die von der Marktzersplitterung ausgehende Gefahr für die bestmögliche Ausführung von Aufträgen, welche den Investoren die Möglichkeit nimmt, zum besten Preis Geschäfte abzuschließen, erkannt[1133]. Zwar sind die US-Broker zur bestmöglichen Ausführung verpflichtet, jedoch ist die Suche nach bestmöglichen Preisen in verschiedenen Märkten mit erhöhten Kosten verbunden. Um diesen Kosten zu entgehen, könnten sowohl Broker als auch institutionelle Anleger versucht sein, die Suche zugunsten einer schnelleren Order-Ausführung zu unterlassen[1134]. Hinzukommt, daß Broker zwar grundsätzlich daran interessiert sind, Aufträge an den Market-Maker weiterzuleiten, der sich durch die Auftragsbezahlung (Payment for order flow) die Liquidität sichert. Jedoch ist der Broker auf der anderen Seite auch versucht, durch die Or-

---

1127 *Spindler*, WM 2002, 1325 (1329).

1128 Ebenso dieser Einschätzung ist die Börsensachverständigenkommission, Empfehlungen, S. 10.

1129 *Spindler*, WM 2002, 1325 (1338).

1130 Börsensachverständigenkommission, Empfehlungen, S. 10, 13.

1131 Vergl. *Spindler*, WM 2002, 1325 (1329).

1132 *Levitt*, Best Execution: Promise of Integrity, Guardian of Competition, Rede vor der Securities Industry Association am 4.11.1999, vergl. http://www.sec.gov/news/speeches/speecharchive/1999/spch315.htm (Stand 1.2.2003); *Macey/O'Hara*, 28 Journal of Legal Studies 1999, 17 (43 ff.); *Spindler*, WM 2002, 1325 (1329).

1133 *Dornau*, Handelssysteme, S. 16; *Levitt*, Best Execution: Promise of Integrity, Guardian of Competition, Rede vor der Securities Industry Association am 4.11.1999, vergl. http://www.sec.gov/news/speeches/speecharchive/1999/spch315.htm (Stand 1.2.2003).

1134 *Dornau*, Handelssysteme, S. 16, 34.

derausführung im eigenen Haus Profit zu erzielen (Internalisierung der Order)[1135]. Der private Investor, der über einen Broker im Alternativen Handelssystem die Geschäfte abschließt, kann aufgrund seines Informationsdefizits nicht nachprüfen, ob bestmöglich ausgeführt wurde[1136].

Die SEC löst dieses Problem nicht durch eine weitere Regelung, sondern hält die Broker dazu an, ihre Kunden über den Ablauf bzw. darüber, ob Best-Execution erreicht wurde, zu informieren. Außerdem sollen die Kunden selbst eine solche Dokumentation von ihren Brokern fordern[1137].

§ 14 Zuständigkeit nationaler Aufsichtsbehörden

In dem global wirkenden Medium Internet stößt das nationale und räumlich beschränkte Aufsichtsrecht an seine Grenzen[1138]. Hier stellt sich insbesondere die Frage, inwiefern das deutsche Wertpapieraufsichtsrecht anwendbar ist, wenn es über das Internet zu einer Verbindung zwischen deutschen Handelsteilnehmern und einem ausländischen Anbieter kommt[1139]. Diese Frage hat nicht nur für die jeweilige Aufsichtsbehörde und das zu beaufsichtigende Handelssystem große Bedeutung, sondern kann zugleich auch international als Gütesiegel für den Finanzplatz Deutschland wirken, da Märkte mit einer ineffektiven Markt- und Handelsaufsicht grundsätzlich nicht in der Lage sind, die Kapitalströme auf ihrem Finanzplatz zu halten oder dort hinzulenken[1140].

A. Grundsätzliches

Unter extraterritorialer Rechtsanwendung versteht man die Erstreckung inländischen Rechts auf Sachverhalte, die zumindest zum Teil im Ausland geschehen[1141]. Im Zuge der Transnationalisierung der Wirtschaft nimmt das Bedürfnis nach einer solchen Rechtsanwendung zu, da die Staaten bestrebt sind, jeweils die eigene Wirtschaftsordnung zur Anwendung kommen zu lassen. Dabei bestimmt sich die Regelungshoheit eines Sachverhalts nach der territorialen Anbindung an den inländischen Markt[1142]. Schwieriger zu beurteilen ist die Frage nach der Anbindung für die Aufsicht, welche den Souveränitätsinteressen anderer Staaten entgegenlaufen könnte.

[1135] *Dornau*, Handelssysteme, S. 34.
[1136] *Dornau*, Handelssysteme, S. 16.
[1137] Vergl. *Dornau*, Handelssysteme, S. 34.
[1138] *Blaurock*, Regelungsfragen, S. 162; *Gramlich*, DuD 1997, 383 (389).
[1139] Davon unabhängig ist die Frage nach dem anwendbaren Privatrecht. Siehe dazu, insbesondere mit Blick auf Art. 29 EGBGB *Borges*, WM 2001, 1542 (1543 ff.).
[1140] *Schröder*, Wertpapierhandelsaufsicht, S. 22; *Gamerdinger*, ZfgKW 1993, 717; *Kümpel*, WM 1997, 1917 (1921).
[1141] *Schnyder*, Verhältnis, S. 211 (213). Vergl. zur vielschichtigen Problematik grenzüberschreitender Anwendungsfälle *Schnyder*, Wirtschaftskollisionsrecht, 58 ff.
[1142] *Schuster*, Börsenrecht, S. 241; *Burmester*, Regelungskollision, S. 54 ff.

Mit der Entstehung der Nationalstaaten wurde die Staatssouveränität verstanden als die unbegrenzte Befugnis der Staaten, ihre inneren und äußeren Angelegenheiten autonom zu regeln[1143]. Mittlerweile ist allerdings allgemein anerkannt, daß es eine solche unbegrenzte Souveränität nicht mehr gibt. Die Grenzen hinsichtlich der inneren Souveränität resultieren aus dem Volkswillen, während die äußere Souveränität durch das Völkerrecht beschränkt ist[1144]. Diese Beschränkung gilt auch für die wirtschaftlichen Bereiche, da die Volkswirtschaften heutzutage engverflochten sind[1145].

Eingeschränkt wird die Aufsichtstätigkeit eines Staates durch den allgemeinen Grundsatz, daß kein Staat ohne seine Zustimmung die Vornahme von fremden Hoheitsakten auf seinem Gebiet dulden muß[1146]. Der Umfang dieses Verbots ist in der Literatur im einzelnen umstritten. Einige Stimmen sehen es als zulässig an, daß Behörden sich im Ausland Informationen verschaffen dürfen, solange sie keinen Zwang ausüben, sprich sie vom ausländischen Staat freiwillig unterstützt werden[1147]. Andere dagegen vertreten die Auffassung, daß es zulässig sei, nichthoheitlich im Ausland zu ermitteln, wenn dies der Vorbereitung oder dem Erlaß eines inländischen Hoheitsaktes dient, der sich ausschließlich gegen einen Inländer richtet[1148]. Ohne auf den Streit näher eingehen zu wollen, ist mit Blick auf die Staatenpraxis festzuhalten, daß regelmäßig die Beschaffung von Informationen aus dem Ausland die Einwilligung des betreffenden Staates aufgrund des Territorialitätsprinzips voraussetzt[1149].

Dies folgt aus dem herrschenden Prinzip der rechtlichen Gleichheit der souveränen Staaten[1150]. Nach diesem Prinzip gilt, daß jeder Staat den anderen souveränen Staat formal gleich achten muß[1151]. Damit korrespondiert das völkerrechtliche Prinzip der gegenseitigen Nichteinmischung in innere Angelegenheiten[1152].

1143 Vergl. zum Begriff der Souveränität *Schlag*, Verwaltungsbefugnisse, S. 80 ff.; *Kelsen*, Souveränität, S. 102 ff.; *von der Heydte*, Studium Generale 10 (1957), S. 166 ff.

1144 *Schuster*, Börsenrecht, S. 9.

1145 *Schuster*, Börsenrecht, S. 10 f.; *Kühnhardt*, Souveränität, S. 293 ff., 328.

1146 *Großfeld*, Unternehmensrecht, S. 29; *Ipsen*, Völkerrecht, S. 245; *Mössle*, Beweisbeschaffung, S. 319; *Bär*, Wirkung, S. 3 (4 f.); *Verdross/Simma*, Völkerrecht, S. 276; *Fikentscher*, Wirtschaftsrecht, S. 75; *Schnyder*, Wirtschaftskollisionsrecht, S. 61; *Schuster*, Börsenrecht, S. 241.

1147 So beispielsweise *Groß*, JZ 1994, 596 (599); *Mössle*, Beweisbeschaffung, S. 321 f.

1148 *Stockmann*, WuW 1975, 243 (252). Kritisch dazu *Althaus*, Amtshilfe, S. 24; *Groß*, JZ 1994, 596 (600) m.w.N.

1149 Vergl. *Althaus*, Amtshilfe, S. 24.

1150 *Schuster*, Börsenrecht, S. 11; *Verdross/Simma*, Völkerrecht, S. 332. Dieses Prinzip ist auch in Art. 2 Abs. 1 UN-Charta enthalten.

1151 *Schuster*, Börsenrecht, S. 12 m.w.N.

1152 *Calliess*, Globale Kommunikation, S. 61 (61 f.).

Die hoheitlichen Entscheidungen werden nach dem jeweiligen inländischen öffentlichen Recht getroffen[1153]. Sofern nicht die Vollstreckung von hoheitlichen Entscheidungen im Ausland ausdrücklich vertraglich zugelassen ist, ist eine solche völkerrechtswidrig[1154].

Daher sieht beispielsweise Art. 24 Abs. 2 WpDRiL vor, daß die zuständigen Behörden des Herkunftsmitgliedstaates die zuständigen Stellen des Aufnahmemitgliedstaates lediglich um die *Überprüfung* bestimmter Sachverhalte ersuchen können. Anderes kann sich allenfalls durch bestimmte bilaterale Verträge sowie Memoranda of Understanding[1155] zwischen den Staaten ergeben. Indem regelmäßig die diversen von einem grenzüberschreitenden Sachverhalt berührten Länder ihr eigenes öffentliches Kapitalmarktrecht anwenden, kommt es zu dem „Effekt der kumulativen Anwendung des öffentlichen Kapitalmarktrechts"[1156]. Inwiefern die einzelnen Anwendungen gerechtfertigt und völkerrechtlich zulässig sind, bestimmt sich insbesondere unter Souveränitätsgesichtspunkten. Dabei dürfen unmittelbar nur staatliche Interessen berücksichtigt werden. Private Interessen und erwerbswirtschaftliche Interessen der Staaten sind dagegen unbeachtlich[1157]. Der extraterritorialen Anwendung des Börsenrechts muß die bewußte Ausübung von börsenrechtlichen Hoheitsbefugnissen zugrundeliegen, wie beispielsweise der Erlaß eines börsenrechtlichen Verwaltungsaktes[1158]. Bewußt ist die Ausübung von Hoheitsbefugnissen dann, wenn die Interessen, die durch einen extraterritorialen Hoheitsakt gefördert werden sollen, sich in dem extraterritorial anzuwendenden Hoheitsakt wiederspiegeln[1159]. Legitimationsgrundlage für die extraterritoriale Anwendung des Börsenrechts ist das Bestehen eines „reasonable link" zwischen dem ausländischen Sachverhalt und dem hoheitlich regelnden Staat[1160]. Das „reasonable link"-Prinzip wird zwar als völkerrechtliches Gebot allgemein anerkannt, unklar ist jedoch aus welcher Rechtsquelle es folgt[1161]. Letztlich wird man das Prinzip aufgrund der herrschenden Praxis und der allgemeinen Akzeptanz als Völkergewohnheitsrecht zu qualifizieren haben[1162]. Als Anknüpfungspunkt kommen dabei nur solche staatlichen Interessen in Betracht, die der regelnde Staat auch umkehrt als vernünftig anerkennen würde, wobei die Wertung, ob vernünftig

1153 *Schneider*, AG 2001, 269 (273).

1154 *Kurth*, WM 2000, 1521 (1522); *Mülbert*, AG 1986, 1 (11); *Schneider*, AG 2001, 269 (273).

1155 Siehe dazu ausführlich *Bergsträsser*, Cooperation, S. 373 (376 ff.).

1156 Vergl. *Schneider*, AG 2001, 269 (273).

1157 *Schuster*, Börsenrecht, S. 23; *Beck*, Wettbewerbsrecht, S. 161 ff.; *Hector*, Abwägungsgebot, 156 ff., 186 ff.

1158 *Schuster*, Börsenrecht, S. 24 f.

1159 *Schuster*, Börsenrecht, S. 31.

1160 *Schuster*, Börsenrecht, S. 38. *Ziegenhain* nennt dieses Prinzip auch „genuine link", vergl. *Ziegenhain*, Genuine-Link, S. 21 ff. Begrifflich kann sich der „reasonable link" auf die Nottebohm-Entscheidung des Internationalen Gerichtshofes stützen, vergl. eingehend zu der Geschichte und Grundlage des Begriffs *Schuster*, Börsenrecht, S. 39 ff.

1161 Siehe dazu *Schuster*, Börsenrecht, S. 46.

1162 *Schuster*, Börsenrecht, S. 52.

oder nicht, stets in Abhängigkeit zu der jeweiligen Materie steht[1163]. Allein aufgrund dieser Legitimationsgrundlage kann jedoch im einzelnen ein konkreter Streitfall nicht gelöst werden. Sie dient vielmehr dazu, bestimmte Anwendungen von hoheitlicher Gewalt als völkerrechtswidrig auszuscheiden. Das „reasonable link"-Prinzip wird weiter konkretisiert durch die diversen, völkergewohnheitsrechtlich anerkannten Anknüpfungsprinzipien[1164]. Bei ihnen handelt es sich um Anknüpfungspunkte, die für das Strafrecht entwickelt wurden. Insofern ist ihre direkte Übertragbarkeit auf das internationale Wirtschaftsrecht fraglich. Dagegen sprechen insbesondere methodische Bedenken. Die Strafrechtsordnungen der verschiedenen Staaten sind einander sehr ähnlich und beruhen regelmäßig auf gleichen Interessenbewertungen, während im internationalen Wirtschaftsrecht eine solche Homogenität und Gleichförmigkeit der Interessenwertung nicht besteht[1165]. Hinzukommt, daß es sich bei dem internationalen Wirtschaftsrecht um gemischte Rechtsgebiete, bestehend aus öffentlich-rechtlichen, strafrechtlichen und zivilrechtlichen Normen, handelt und nicht um ein homogenes Rechtsgebiet, wie es das Strafrecht ist[1166]. Allerdings spricht für die Anwendbarkeit, daß die Anknüpfungsprinzipien im hier verwendeten Zusammenhang nur eine konkretisierende Funktion wahrnehmen. Es handelt sich bei diesen Anknüpfungsprinzipien um das Territorialitätsprinzip, das Personalitätsprinzip, das Schutzprinzip und das Universalitätsprinzip[1167].

Das Territorialitätsprinzip gilt als das beherrschende Prinzip im Internationalen Öffentlichen Recht[1168]. Es knüpft an den Tatort an, so daß derjenige Staat die Regelungskompetenz hat, in dessen Staatsgebiet die Tat begangen wurde, ohne Rücksicht auf die Nationaliät der Beteiligten[1169]. Damit kann das Aufsichtsrecht grundsätzlich nur für Tätigkeiten im Inland eingreifen, denn die staatlichen Befugnisse gründen auf der Souveränität des Nationalstaates[1170]. Zuständig ist ein Staat auch für die in seinem Inland begonnenen Taten, welche aber erst im Ausland verwirklicht wurden sowie für solche, die im Inland verwirklicht wurden, auch wenn sie außerhalb seines Staatsgebietes begonnen wurden[1171].

Problematisch ist die Übertragbarkeit des Territorialitätsprinzips auf das Börsenrecht[1172]. Nur bestimmte Bereiche im Börsenwesen sind an das Inland gebunden, insbesondere fehlt es an einem bestimmten Handelsort bei grenzüberschrei-

---

1163 *Schuster*, Börsenrecht, S. 58f.
1164 *Schuster*, Börsenrecht, S. 75.
1165 *Kaffanke*, Wirtschaftsrecht, 78 f.; *Schuster*, Börsenrecht, S. 64.
1166 *Schuster*, Börsenrecht, S. 64 f.
1167 *Schuster*, Börsenrecht, S. 61.
1168 *Spindler*, ZHR 165 (2001), 324 (327). Kritisch dazu *Neumeyer*, Verwaltungsrecht, S. 115 f.; *Schurig*, Kollisionsnorm, S. 151 ff.
1169 *Schuster*, Börsenrecht, S. 61; *Kondring*, WM 1998, 1369;*Tröndle/Fischer*, StGB, § 3 Rn. 1.
1170 *Spindler*, ZHR 165 (2001), 324 (327).
1171 Die letzgenannte Anknüpfung ist umstritten, vergl. dazu *Schuster*, Börsenrecht, S. 61 m.w.N.
1172 Vergl. dazu *Schuster*, Börsenrecht, S. 68 f.

tenden im Internet arbeitenden Handelssystemen. Insofern findet der Handel nur teilweise in einem bestimmten Territorium statt, an das das Territorialitätsprinzip anknüpfen könnte[1173].

Dagegen knüpft das Personalitätsprinzip an die Staatsangehörigkeit des regelnden Staates an. Zwar kann der Regelungsanspruch nur im Inland durchgesetzt werden. Er erstreckt sich aber auf alle Staatsangehörigen des regelnden Staates, unabhängig vom Begehungsort[1174]. Das Personalitätsprinzip läßt sich ebenfalls schwer durchgängig auf das Börsenrecht übertragen und hilft für die vorliegende Frage, nach der Anwendbarkeit des Aufsichtsrechts auf ausländische Handelssysteme, nicht weiter[1175].

Werden bestimmte Handlungen gleich von wem gegen die Sicherheit, die territoriale Integrität oder die politische Unabhängigkeit eines Staates unternommen, so hat dieser dem Schutzprinzip zufolge die Regelungskompetenz[1176]. Auch dieses Prinzip liefert für die vorliegende Untersuchung keine verwertbaren Erkenntnisse.

Schließlich besteht noch das Universalitätsprinzip, demzufolge derjenige Staat regelnd tätig werden kann, welcher die Person, die international geschütze Rechtsgüter verletzt, ergreift[1177]. Ein weiterer Bezug ist nicht erforderlich. Allerdings gilt dieses Prinzip lediglich für Taten, die den freien Verkehr zwischen Staaten erheblich stören, wie beispielsweise Kriegsverbrechen, grenzüberschreitende Umweltverschmutzung oder Piraterie[1178]. Dieses Prinzip wird für das Börsenrecht zu Recht als unbrauchbar angesehen[1179].

Neben die Anknüpfungsprinzipien tritt das Auswirkungsprinzip, wobei dieses in seiner Reichweite unsicher und nicht allgemein akzeptiert ist. Dort wird danach gefragt, auf welchen Markt sich das tatbestandliche Verhalten auswirkt[1180]. Insbesondere von der US-amerikanischen SEC wird dieses Konzept vertreten, wobei sie es sehr extensiv anwendet. Eine solche Haltung kann natürlich zu Souveränitätskonflikten führen oder auf ausländische Bankgeheimnisse stoßen[1181]. Auch für die Marktteilnehmer kann ein solches Verständnis unter Umständen zu einer prohibitiven Kostenbelastung, beispielsweise für kapitalnachfragende Unternehmen bei der internationalen Kapitalbeschaffung, führen, da sie die unterschiedlichen diversen Rechtsordnungen zu beachten und zu erfüllen haben.

1173 *Schuster*, Börsenrecht, S. 68.
1174 *Schuster*, Börsenrecht, S. 62; *Kondring*, WM 1998, 1369.
1175 *Schuster*, Börsenrecht, S. 69 f.
1176 *Schuster*, Börsenrecht, S. 62;
1177 *Schuster*, Börsenrecht, S. 63; *Oehler*, Strafrecht, S. 147, 533 ff.
1178 *Schuster*, Börsenrecht, S. 63.
1179 *Schuster*, Börsenrecht, S. 64.
1180 *Schnyder*, Verhältnis, S. 211 (220).
1181 Vergl. zum Problemkreis des Bankgeheimnisses *Baum/Breidenbach*, WM 1990, Sonderbeilage Nr. 6, S. 7 ff. Siehe zu den Souveränitätsproblemen *Rehbinder*, in: Immenga/Mestmäcker, GWB, § 130 Abs. 2 Rn. 15 ff.

Verstärkt wird das Problem der extraterritorialen Anwendung von Normen dadurch, daß sich regelmäßig den anzuwendenden materiell-rechtlichen Vorschriften nicht entnehmen läßt, ob der Gesetzgeber ihren Anwendungsbereich auch auf Sachverhalte mit Auslandsbezug bezogen hat. Eine seltene Ausnahme im Kapitalmarktrecht bildet dabei § 31 Abs. 3 WpHG.

Um den Konflikt zwischen eigener und fremder Rechtsordnung zu lösen, muß man grundsätzlich die Kollisionsnormen des jeweiligen Rechtsbereichs betrachten[1182]. Im Börsenrecht bestehen aber solche Kollisionsnormen nicht. Ferner fehlt es meistens an völkerrechtlichen Verträgen über die Zuständigkeit zum Erlaß von börsenrechtlichen Hoheitsakten.

Hier kann nur ein Blick auf die oben dargestellten völkerrechtlichen Grundsätze weiterhelfen, da es kollisionsrechtlich einen Rahmen vorgibt bzw. als Maßstab dient[1183]. Schließlich gibt es auch den Handlungsspielraum des jeweiligen nationalen Gesetzgebers für den Erlaß von auslandsbezogenen Sach- und Kollisionsnormen vor[1184].

B. Anknüpfungspunkte der Aufsicht

Nachdem grundsätzliche Erwägungen für Fälle mit Auslandsbezug dargestellt wurden, gilt es in einem nächsten Schritt, sich dem deutschen Aufsichtsrecht zu zuwenden und dessen Anknüpfungspunkte herauszuarbeiten.

Von besonderem Interesse ist hier die Börsenaufsicht. Sie folgt dem Territorialitätsprinzip, so daß das Verwaltungshandeln der Aufsichtsbehörde an den jeweiligen hoheitlichen Grenzen endet[1185].

Schwierig ist in diesem Zusammenhang, zu beantworten, woran die Börsenaufsicht bei den Alternativen Handelssystemen im Internet anknüpfen soll, unterstellt, sie fallen in den Bereich der Börsenaufsicht[1186]. Eine territoriale Abgrenzbarkeit ihrer Geschäftstätigkeit im Internet scheint aufgrund der globalen Struktur des Internet schwierig zu sein[1187].

Allein schon der Blick auf international agierende Internet-Gesellschaften zeigt die enormen Zuständigkeitsprobleme auf. Es entstehen server farms, die von

---

1182 Siehe dazu beispielsweise den kurzen Überblick bei *Schuster*, Börsenrecht, S. 4 f.

1183 *Schuster*, Börsenrecht, S. 5. Für das generelle Verhältnis von Völkerrecht und Kollisionsrecht siehe *Bleckmann*, Kollisionsrecht, S. 41 f.

1184 Anders, sofern im Forum eine unqualifizierte lex posterior-Regel gilt, vergl. *Schuster*, Börsenrecht, S. 5.

1185 *Florian*, Rechtsfragen, S. 254; *Kurth*, WM 1998, 1715 (1716). Bereits in der Diskussion über die Aufsicht über die DTB wurde deutlich, daß selbst Börsenaufsichtsbehörden nicht hoheitlich auf dem Gebiet eines anderen Bundeslandes handeln können, vergl. *Dreyling*, WM 1990, 1529.

1186 Ob die ATS der Börsenaufsicht unterstehen oder nicht, wird im nächsten Teil der Arbeit im Rahmen der Betrachtungen des Vierten Finanzmarktförderungsgesetzes beantwortet. Vergl. dazu unten Teil 4. § 15.

1187 *Kiel*, Kapitalanlegerschutzrecht, S. 172 geht von einer territorialen Begrenzbarkeit der Geschäftstätigkeit aus.

den entlegensten Plätzen aus ihre Dienste für diverse Gesellschaften zur Verfügung stellen. Damit tritt der Serversitz neben den Sitz der Geschäftstätigkeit. Meist wird der eigentliche Vertrieb dann noch von einem dritten Ort aus vorgenommen[1188].

Als möglicher Anknüpfungspunkt für die Aufsicht über Internet-ATS ist zunächst der Ort, an dem die Willenserklärungen der Handelsteilnehmer zusammengeführt werden (sogenannte organisationsbezogene Anknüpfung), denkbar. Bei den Alternativen Handelssystemen wäre dies der Ort des Zentralrechners, an dem deckungsgleiche Willenserklärungen durch Matching zusammengeführt werden[1189]. Problematisch ist hierbei, daß durch eine Serververlagerung in das Ausland das deutsche Börsenaufsichtsrecht leicht umgangen werden kann[1190]. Zudem fehlt einem Server auch das beispielsweise für eine Niederlassung charakteristische Element der Dauerhaftigkeit, da er jederzeit ersetzt werden kann und somit eigentlich nur eine „Hilfsfunktion" erfüllt[1191]. Der Ort des Servers ist zudem unerheblich für den Datenaustausch im Internet und ist eher ein zufälliges Moment[1192]. Die Kontrolle über den Rechner kann von einem anderen Ort ausgeübt werden. Außerdem ist mitunter der Herkunftsserver nur schwer und nicht eindeutig zu lokalisieren[1193]. Problematisch ist ferner, daß neuere Techniken eines Zentralrechners oder einer zentralen Steuerungseinheit nicht mehr bedürfen[1194]. Eine solche Konstellation besteht bei sogenannten Parallelrechnern. Diese werden differen-

---

1188 Vergl. das Beispiel von *Großfeld/Hoeltzenbein*, NZG 2001, 779 (781), die auf die Internet-Gesellschaft „Playcentric.com" verweisen, welche von einem Bunker auf einer früheren Militärbasis auf den Bermudas agiert, ihren Geschäftssitz in Barbados hat und den Vertrieb von Toronto, Kanada aus vornimmt. Ferner führen sie die server farm „HavenCo" an, welche dreißig Server von einer verlassenen Geschützplattform in der Nordsee aus betreibt.

1189 *Kümpel*, WM 1989, 1313, (1314); *Kümpel*, WM 1990, 45 (47); *Dreyling*, WM 1990, 1529; *Beck*, WM 1998, 417 (423); *Kurth*, ZfgKW 1998, 618 (622).

1190 Siehe *Vaupel*, RIW 1993, 733 (736); *Wastl/Schlitt*, MMR 2000, 387 (390); *Riehmer/Heuser*, NZG 2001, 385 (388 f.); *Florian*, Rechtsfragen, S. 254 f. Da der Wertpapierhandel für das Vertrauen der Anleger aber stets auf Gütesiegel und Seriousität angewiesen ist, dürfte in der Praxis zunächst keine große Umgehungsgefahr bestehen. Einziges bekanntes praktisches Beispiel dieser Art ist der ursprüngliche Sitz von Capital Info Net AG in Kingstown, St. Vincent, die ein deutschsprachiges Handelsangebot aufwies, vergl. *Florian*, Rechtsfragen, S. 254, Fn. 10. Siehe ferner zu dieser Problematik *Picot/Bortenlänger/Röhrl*, Börsen, S. 167; *Blaurock*, Regelungsfragen, S. 153 (154). Dieses Verfahren wird auch Forum-Shopping genannt, vergl. eingehender zu diesem Problemkreis *Kotthoff*, CR 1997, 676 (678f.); *Kort*, GRUR Int. 1994, 594 (597).

1191 *Hoeren*, Internetrecht, S. 5.

1192 Kritisch ebenfalls zu diesem Anknüpfungskriterium *Schuster*, Börsenrecht, S. 240 f.; *Wastl/Schlitt*, MMR 2000, 387 (390); *Dethloff*, JZ 2000, 179 (185); *Borges*, WM 2001, 1542 (1550, 1553); *Spindler*, WM 2002, 1325 (1338).

1193 *Blaurock*, Regelungsfragen, S. 153 (154); *Jung*, GRUR Int. 1998, 841 (848 f.); *Johnson/Post*, 48 Stanford Law Review 1996, 1367 (1369 ff.).

1194 So beispielsweise aufgrund der P2P (peer to peer)-Software, die bei Napster oder Gnutella verwendet wird. Siehe dazu *Großfeld/Hoeltzenbein*, NZG 2001, 779 (781); *Snaith*, Co-operation, S. 391 ff.

ziert nach der Art der Kommunikation zwischen ihren Verarbeitungseinheiten. Haben alle Verarbeitungseinheiten Zugriff auf einen zentralen Hauptspeicher, so spricht man von Multiprozessoren[1195]. Von größerem Interesse sind hier aber die losegekoppelten Parallelrechner, die sogenannten Multicomputer, welche keinen gemeinsamen Hauptspeicher haben. Jede Verarbeitungseinheit verfügt über ihren privaten, lokalen Speicher[1196]. Diese Verarbeitungseinheiten oder Prozessoren wiederum können alle von der Hardware her identisch sein und die gleiche Funktion ausüben. In diesem Fall handelt es sich um homogene, symmetrische Parallelrechner[1197]. Gerade bei diesen losegekoppelten Parallelrechnern zerbricht die zunächst plausibel erscheinende Anknüpfungsidee an der Realität der Rechnerarchitektur. Besteht nämlich keine zentrale Steuerungseinheit mehr, kann auch kein Anknüpfungspunkt bestimmt werden.

Daher ist die Zuständigkeit nicht an dem Sitz des Zentralrechners festzumachen.

Weiter könnte sich die Aufsicht auf den Ort, an dem die Willenserklärung abgegeben wurde, beziehen (sogenannte systembezogene Anknüpfung)[1198]. Die einzelnen Handelsteilnehmer bilden bei diesem Ansatz in ihrer Gesamtheit eine Art überregionales Börsenparkett[1199]. Gegen den Sitz des Nutzers spricht aber, daß dadurch eine erhebliche und unverhältnismäßige Belastung der provider entsteht, weil sie sich aufgrund der Universalität und internationalen Abrufbarkeit von Internet-Diensten mit den Rechtsordnungen aller Staaten auseinandersetzen müßten[1200]. Zudem wären sämtliche Aufsichtsbehörden der Staaten der Handelsteilnehmer zuständig, was im Ergebnis die Zuständigkeit einer internationalen Aufsichtsbehörde fordern würde, die derzeit aber nicht besteht[1201]. Ein solcher Ansatz ist daher abzulehnen.

Desweiteren kommt in Anlehnung an das Wettbewerbsrecht das Marktortprinzip für Internet-Sachverhalte in Betracht[1202]. Hier bestimmt sich die Zuständigkeit nach dem Ort, an dem in das Marktgeschehen eingegriffen bzw. eine

---

1195 *Dal Cin*, Rechnerarchitektur, S. 22; *Jungmann/Stange*, Rechnerarchitektur, S. 170. Ein Prozessor ist ein Hardware-Betriebsmittel, das autonom und nicht von außen den Programmfluß steuert und die datentransformierenden Operationen des Programms ausführt, vergl. *Giloi*, Rechnerarchitektur, S. 29.

1196 *Dal Cin*, Rechnerarchitektur, S. 22 f.; *Jungmann/Stange*, Rechnerarchitektur, S. 171.

1197 *Dal Cin*, Rechnerarchitektur, S. 23; *Richter/Sander/Stucky*, Rechner, S. 168; *Jungmann/Stange*, Rechnerarchitektur, S. 25, 171. Sind die Verarbeitungseinheiten ungleich, so liegt ein heterogener Parallelrechner vor. Bei ungleichen Funktionen der Verarbeitungseinheiten spricht man von einem asymmetrischen Parallelrechner. Siehe vertiefend zum Aufbau von Multiprozessoren *Giloi*, Rechnerarchitektur, S. 345 ff.

1198 *Florian*, Rechtsfragen, S. 254; *Vaupel*, RIW 1993, 733, (734).

1199 *Florian*, Rechtsfragen, S. 254; *Schwark*, Börsengesetz, § 1 Rn. 25; *Samm*, WM 1990, 1265 für die damalige DTB.

1200 *Blaurock*, Regelungsfragen, S. 153 (154); *Hoeren*, Kreditinstitute, 163 (186 f.).

1201 *Florian*, Rechtsfragen, S. 254; *Vaupel*, RIW 1993, 733, (735).

1202 *Hoeren*, Kreditinstitute, 163 (187); *Hoeren*, NJW 1998, 2849 (2851).

bestimmte Gruppe von Marktteilnehmern angesprochen wird[1203]. Dieser wäre nicht mit dem Serversitz gleichzusetzen, da unabhängig vom Serversitz andere Zielmärkte anvisiert werden können[1204]. An welchen Markt sich ein Angebot richtet, ist vor allem an der auf der Website verwendeten Sprache, den Zahlungsmodalitäten und der Währung festzumachen[1205]. Problematisch ist die Anwendung des Zielmarktkonzepts insofern, als ein Zielmarkt gerade bei englischsprachigen Angeboten und internationalen Dienstleistungsangeboten nicht klar ersichtlich sein kann[1206]. Somit wären wiederum eine Vielzahl von Rechtsordnungen anwendbar. Regelmäßig fehlt eine solche Finalität bei Internet-Diensten aufgrund ihrer beabsichtigten weltweiten Abrufbarkeit[1207]. Gerade dieses Folgeproblem läßt sich nicht mit den kollisionsrechtlichen Grundsätzen der Vorhersehbarkeit und Praktikabilität harmonisieren. Zudem bedeutet das Marktortprinzip eine erhebliche Belastung des Anbieters, da er sein Verhalten in Übereinstimmung mit einer Vielzahl von Rechtsordnungen bringen muß[1208]. Es wird daher als nicht praktikabel für das Börsenrecht angesehen[1209].

Schließlich kann die Aufsicht an die Niederlassung des Betreibers anknüpfen[1210]. Niederlassung meint hier nicht zwangsläufig den (gesellschaftsrechtlichen) Sitz des Betreibers, sondern vielmehr den Ort, an dem sich die konkreten Aktivitäten derjenigen entfalten, die das Handelssystem errichten und betreiben sowie die Systemvorgänge steuern. Problematisch ist hierbei, daß dieser nicht zwangsläufig gleichbedeutend mit dem Geschäftsverkehr des Handelssystems ist. Der Handel findet im Zentralrechner statt, nicht aber am Ort der Niederlassung[1211]. Für diesen Anknüpfungspunkt spricht aber, daß sich die Handelsteilnehmer auf die Person des Betreibers bzw. das Unternehmen einstellen, nicht aber auf den ihnen meist unbekannten Ort des Rechners[1212]. Insofern eignet sich dieser Anknüpfungspunkt im Vergleich zu den vorstehend erörterten noch am besten.

1203 Vergl. BGHZ 113, 11 (15); OLG Karlsruhe, GRUR 1985, 556 (557); *Sack*, GRUR Int. 1988, 320 (324, 328); *Kotthoff*, CR 1997, 676 (677); *Dethloff*, NJW 1998, 1596 (1598 ff.).

1204 *Florian*, Rechtsfragen, S. 255; *Vaupel*, RIW 1993, 733, (736 f.).

1205 *Borges*, WM 2001, 1542 (1547 f.); a.A. *Mankowski*, RabelsZ 1999, 203 (245 f.).

1206 Auf diese Gefahr weist auch *Hoeren* hin, der von so entstehenden „Grauzonen" spricht, vergl. *Hoeren*, Zivilrecht, S. 57 (74). Siehe ferner *Borges*, WM 2001, 1542 (1547).

1207 *Blaurock*, Regelungsfragen, S. 153 (155); *Kuner*, CR 1996, 453.

1208 *Blaurock*, Regelungsfragen, S. 153 (155); *Dethloff*, NJW 1998, 1596 (1602); *Jung*, GRUR Int. 1998, 841 (848 f.).

1209 Ausführlich dazu *Spindler*, WM 2001, 1689 (1696 ff.); *Spindler*, WM 2002, 1325 (1339). Anders dagegen *Borges*, WM 2001, 1542 (1548 ff.).

1210 Dafür *Spindler*, WM 2002, 1325 (1339); *Schuster*, Börsenrecht, S. 240; *Wastl/Schlitt*, MMR 2000, 387 (390); *Kümpel*, Kapitalmarktrecht, Rn. 17.73.

1211 *Florian*, Rechtsfragen, S. 254; *Kümpel*, WM 1991, Sonderbeilage Nr. 4, S. 4; *Kümpel*, Kapitalmarktrecht, Rn. 17.40.

1212 *Spindler*, WM 2002, 1325 (1339); ähnlich *Vaupel*, RIW 1993, 733 (737).

Abschließend gilt es, sich den gesetzgeberischen Lösungsansätzen für die oben aufgezeigten Probleme zu zuwenden. Der Blick fällt dabei zunächst auf das deutsche Vierte Finanzmarktförderungsgesetz, das für die Alternativen Handelssysteme einige Regelungen aufweist. In einem weiteren Schritt werden die Überlegungen und Regelungen auf internationaler und europäischer Ebene vorgestellt. Von besonderem Interesse sind dabei die Diskussionsbeiträge des CESR und die neue EG-Richtlinie über Märkte für Finanzinstrumente, die nach Ablauf der Umsetzungsfrist die alte EG-Wertpapierdienstleistungsrichtlinie ersetzen wird und entsprechend in das deutsche Recht umgesetzt werden muß. Die Rechtsakte werden daraufhin untersucht, inwiefern sie geeignet sind, die oben genannten Probleme zu lösen bzw., wo noch Nachbesserungsbedarf besteht.

Sofern die kapitalmarktrechtlichen Vorschriften nämlich nicht weit genug gehen, kann sich die Wettbewerbsfähigkeit des Finanzplatzes Deutschland verschlechtern mit erheblichen Konsequenzen für das gesamtwirtschaftliche Wachstum[1213]. Effiziente und transaktionskostengünstige Sekundärmärkte für Aktien sind gerade ein entscheidender Faktor für die Eigenkapitalbeschaffung der Unternehmen[1214].

Vorab sei angemerkt, daß der Regulierungsanspruch bei Alternativen Handelssystemen sein sollte, die oben beschriebenen Risiken, insbesondere der Marktfragmentierung und Wettbewerbsverzerrung, auszuschalten, ohne zugleich auch die Vielfalt der Systeme und ihre positiven Effekte zu zerstören. Regelmäßig reicht es für eine adäquate Regulierung aus, wenn die Handelsteilnehmer über die Funktionsweise transparent informiert werden, um so rationale Anlageentscheidungen treffen zu können[1215]. Insbesondere darf die kapitalmarktrechtliche Regulierung nicht die Entwicklung neuer Produkte und Handelstechniken behindern[1216]. Sie darf nicht zu starr sein, mit der Folge, daß sie sich der Innovationsdynamik auf den internationalen Finanzplätzen entgegenstellt. So steht auch hier marktwirtschaftliches Agieren zwischen zwei Polen: Zum einen wird aus Gründen der Rechtssicherheit ein Mindestmaß an rechtlich durchsetzbaren Regelungen

1213 *Giersch/Schmidt*, Beteiligungskapital, S. 7 ff.; *Caspari*, Wettbewerb, S. 23 ff.

1214 Kommission der Europäischen Gemeinschaften, Mitteilung der Kommission der Europäischen Gemeinschaften über die Möglichkeit der Schaffung einer bildschirmgestützten europäischen Börse für wachstumsstarke junge Unternehmen, KOM (95) 498 endg., = BR-Drucks. 802/95 vom 21.11.1995 unter Nr. 9.

1215 *Macey/O'Hara*, 28 Journal of Legal Studies 1999, 17 (23 f.).

1216 *Hopt/Baum*, WM 1997, Sonderbeilage Nr.4, S. 15; *Rudolph/Röhrl*, Börsenorganisation, S. 143 (243 f.); *Picot/Bortenlänger/Röhrl*, Börsen, S. 170.

gefordert, zum anderen behindert ein Übermaß an Regulierung auch deren Wirksamkeit[1217].

§ 15 Viertes Finanzmarktförderungsgesetz

Am 1. Juli 2002 ist das Vierte Finanzmarktförderungsgesetz in Deutschland in Kraft getreten[1218]. Das Gesetz soll dazu dienen, zusammen mit weiteren, zum Teil bereits in Kraft getretener Gesetzesinitiativen den Finanzplatz Deutschland in seiner Wettbewerbsfähigkeit zu stärken und ihn zu einem leistungsfähigen, attraktiven Wirtschaftsstandort auszubauen. Im Wesentlichen verfolgt das Gesetz drei Hauptziele[1219].

Zunächst sollen die Funktionsfähigkeit des Finanzmarktes gestärkt und der Anlegerschutz durch Erhöhung der Marktintegrität und -transparenz verbessert werden, gerade vor dem Hintergrund der Nutzung von Aktienemissionen zur Unternehmensfinanzierung und der Verbreitung von Aktien in breiten Teilen der Bevölkerung als Anlageinstrument. Weiter sollen das deutsche Börsenrecht modernisiert und die Handlungsoptionen der Marktteilnehmer flexibler werden im Hinblick auf die Globalisierung sowie den intensiven Wettbewerb der Finanzmärkte untereinander. Schließlich bezweckt das Gesetz einen wesentlichen Beitrag zur Bekämpfung von Geldwäsche und zur Auffindung von Geldern terroristischer Vereinigungen zu leisten[1220].

Hatte es zunächst im Gesetzgebungsverfahren den Anschein, als würde das Vierte Finanzmarktförderungsgesetz nicht näher auf die Alternativen Handelssysteme eingehen, so wurden nach einer entsprechenden Stellungnahme des Bundesrates und im Laufe der Verhandlungen mit den Bundesländern im Finanzausschuß des Bundestages die Alternativen Handelssysteme explizit der Börsenaufsicht der Länder gemäß §§ 58 ff. BörsG n.F. unterstellt[1221]. Ferner wurde ein umfassendes Aufsichtssystem für elektronische Marktplätze eingeführt. Allerdings sind damit noch nicht alle Probleme adäquat gelöst[1222]. Schließlich ist vor

---

1217 *Höller*, Rahmenbedingungen, S. 351. *Grewlich* spricht in diesem Zusammenhang auch davon, daß „das Recht (.) der notwendige Begleiter der freien Marktkräfte (ist)", vergl. *Grewlich*, RIW 2000, 337 (341).

1218 Ein ehemaliger amtlicher Kursmakler hatte Verfassungsbeschwerde gegen das Vierte Finanzmarktförderungsgesetz eingelegt, mit der Begründung, daß Gesetz würde die Berufsfreiheit und Eigentumsfreiheit von Kursmaklern verletzen, vergl. FAZ vom 7.08.2002, S. 19. Seine Verfassungsbeschwerde blieb erfolglos, vergl. BVerfG, NJW 2002, 3460 f. Siehe ausführlich zum Vierten Finanzmarktförderungsgesetz *Hutter/Leppert*, NZG 2002, 649 ff.; *Fleischer*, NJW 2002, 2977 ff.

1219 Vergl. Bundesministerium der Finanzen, „Entwurf für ein Viertes Finanzmarktförderungsgesetz", Monatsbericht 12/2001.

1220 Siehe zu den Neuerungen des Vierten Finanzmarktförderungsgesetzes FAZ vom 28.06.2002, S. 25.

1221 Siehe zur Gesetzgebungsgeschichte *Reuschle/Fleckner*, BKR 2002, 617 (618).

1222 So auch *Spindler*, WM 2002, 1325 (1331) in seiner Einschätzung.

dem Hintergrund der europäischen Diskussion in der CESR[1223] und der neuen EG-Richtlinie über Märke für Finanzinstrumente[1224] davon auszugehen, daß die neu geschaffenen Regelungen des Vierten Finanzmarktförderungsgesetzes überarbeitet und erweitert werden.

A. Vorschläge der Börsensachverständigenkommission

Auf die von Alternativen Handelssystemen ausgehenden Regulierungsprobleme hat in Deutschland erstmals in größerem Umfang die Börsensachverständigenkommission hingewiesen und damit einen wichtigen Beitrag für das Gesetzgebungsverfahren zum Vierten Finanzmarktförderungsgesetz bzw. dessen Bewertung geleistet.

In ihren Empfehlungen zur Regulierung Alternativer Handelssyteme vom Mai 2001 hat sie auf diverse Regulierungspunkte hingewiesen[1225].

Für die Kontrahentensysteme forderte die Börsensachverständigenkommission die Aufnahme einer Legaldefinition in das WpHG[1226]. Diese sollte ein Kontrahentensystem beschreiben als jedes elektronische System, das dem Handel von Wertpapieren über ausschließlich einen Anbieter innerhalb des Systems zu bestimmten vom Betreiber festgelegten Preisen und Volumina mit dem Ziel eines unwiderruflichen Vertragsabschlusses dient. Sie sollte den beteiligten Verkehrskreisen die nötige Klarheit über diese Form eines elektronischen Handelssystems bringen. Weil solche Systeme aber keine Marktveranstaltungen anbieten, sei eine weitergehende Möglichkeit, etwa als Börse oder als Regulierter Markt im Sinne der WpDRiL anerkannt zu werden, nicht zu eröffnen. Dagegen empfahl sie, für die Wertpapierhandelssysteme eine solche Regulierungsmöglichkeit im WpHG zu schaffen[1227]. Sofern ein Wertpapierhandelssystem die Voraussetzungen als Regulierter Markt erfüllt, soll die Anerkennung als solcher durch das Bundesaufsichtsamt für den Wertpapierhandel (jetzt Bundesanstalt für Finanzdienstleistungsaufsicht[1228]) ausgesprochen werden und durch eine entsprechende Meldung an die Europäische Kommission bestätigt werden. Auch sollte es möglich sein, daß ein Wertpapierhandelssystem bei Vorliegen der entsprechenden Voraussetzungen auf Antrag als Börse von der zuständigen Börsenaufsichtsbehörde zugelassen wird. Der Begriff des Wertpapierhandelssystems sollte im WpHG legaldefiniert werden[1229]. Ein Wertpapierhandelssystem wäre jedes elektronische System, das nicht als Börse zugelassen ist, aber Angebot und Nachfrage in Wertpapieren innerhalb des Handelssystems zu bestimmten festgelegten Regeln mit dem Ziel eines unwiderruflichen Vertragsabschlusses zusammenführt.

1223 Siehe dazu unten Teil 4. § 17.
1224 Vergl. unten Teil 4. § 18.
1225 Börsensachverständigenkommission, Empfehlungen, S. 14 ff.
1226 Börsensachverständigenkommission, Empfehlungen, S. 14.
1227 Börsensachverständigenkommission, Empfehlungen, S. 14.
1228 Siehe dazu oben Teil 2. § 7 B. I. 2. a).
1229 Ferner siehe Börsensachverständigenkommission, Empfehlungen, S. 15.

Darüber hinaus hielt die Börsensachverständigenkommission eine Neufassung von § 9 Abs. 2 WpHG für erforderlich. Durch eine Ergänzung der Meldeangaben über die in den Alternativen Handelssystemen geschlossenen Wertpapiergeschäfte wollte sie eine verbesserte Aufsicht durch das Bundesaufsichtsamt für den Wertpapierhandel erreichen. Zudem sollten diese Meldeangaben täglich erfolgen.

Weiter sollten besondere Verhaltenspflichten für Wertpapierhandelssysteme und Kontrahentensysteme in das WpHG aufgenommen werden. Im einzelnen sollten diese Pflichten die unverzügliche Veröffentlichung von im Wertpapierhandelssystem zustandegekommenen Preisen und Umsätzen, die Bekanntmachung der in den Handelssystemen benutzten Regeln zur Preisfeststellung bzw. -ermittlung an das Bundesaufsichtsamt und die Handelsteilnehmer sowie die Benennung des Referenzmarktes für die im System verwendeten Preise und den Ermittlungszeitpunkt gegenüber den Handelsteilnehmern umfassen[1230].

Weiter forderte die Börsensachverständigenkommission den Erlaß von Richtlinien aufgrund von § 35 Abs. 6 WpHG[1231].

Die Richtlinien sollten die Aufklärungspflichten der Systembetreiber aus § 31 Abs. 2 Nr. 2 WpHG und die Anforderungen an die Systemsicherheit aus § 33 Abs. 1 WpHG konkretisieren. Die Richtlinie über die Aufklärungspflichten sollte dem Systembetreiber vorschreiben, daß er die Privatinvestoren über den Charakter des Handelssystems als nicht börsliche Veranstaltung sowie eine fehlende neutrale, hoheitlich überwachte Preisfindung aufklärt. Sofern der private Investor sich eines Wertpapierdienstleistungsunternehmens als Finanzintermediär bedient, sollte diesem die Aufklärung obliegen. Zudem sollte die Richtlinie statuieren, daß der Systembetreiber etwaige Interessenkonflikte, die aus dem Betrieb des Handelssystems resultieren könnten, offenlegt. Schließlich sollte geregelt werden, daß dem Handelsteilnehmer deutlich gemacht wird, mit wem er auf der Marktgegenseite kontrahiert und wie die Preise gebildet werden.

Daneben sollte die Richtlinie für die Systemsicherheit dem Systembetreiber vorschreiben, daß er sicherstellt, daß sein System dem Stand der Technik entspricht, es störungsfrei arbeitet sowie Datenschutz, Stabilität und Erreichbarkeit des Systems gewährleistet sind. Dem Bundesaufsichtsamt sollte eine Beschreibung des Systems vor der Handelsaufnahme übermittelt werden.

B. ATS-Regulierung durch das Vierte Finanzmarktförderungsgesetz

Nachfolgend sollen die neuen Regulierungsansätze für Alternative Handelssysteme aufgrund des Vierten Finanzmarktförderungsgesetzes vorgestellt werden. Sie werden darauf untersucht, inwiefern sie geeignet sind, die oben aufgezeigten Regulierungs- und Aufsichtsprobleme zu lösen. Die Regulierung nach den §§ 58 ff. BörsG sollte nach dem Willen des Gesetzgebers der Vielfalt von Alternativen

---

1230 Börsensachverständigenkommission, Empfehlungen, S. 15.

1231 Börsensachverständigenkommission, Empfehlungen, S. 16.

Handelssytemen Rechnung tragen[1232]. Das Gesetz verwendet den Begriff des Alternativen Handelssystems an keiner Stelle, sondern definiert elektronische Handelssysteme und börsenähnliche Einrichtungen, die allerdings von ihren Merkmalen Alternative Handelssysteme mitumfassen.

I. Aufsicht über Alternative Handelssysteme

Die Aufsicht über die Alternativen Handelssysteme ist gemäß §§ 58 ff. BörsG den Börsenaufsichtsbehörden der Länder zugewiesen. Dabei handelte es sich um eine politische Entscheidung im Verhältnis von Bund und Ländern[1233].

Oberbegriff der neuen Regulierung ist der des elektronischen Handelssystems. Nach § 58 Abs. 1 Satz 1 BörsG betreibt ein elektronisches Handelssystem Handel in börsenmäßigen handelbaren Wirtschaftsgütern und Rechten im Inland. Dieser Begriff differenziert nicht nach den Modalitäten des Vertragsschlusses oder der Preisfeststellung. Allerdings unterscheidet das Gesetz in den §§ 58 ff. BörsG auf der Basis dieses Begriffs weiter zwischen börsenähnlichen Einrichtungen, Börsen und sonstigen Systemen. Der als Börse genehmigte Handel fällt nicht mehr in den Anwendungsbereich der §§ 58 ff. BörsG[1234].

Der Börsenaufsicht der Länder unterfallen die börsenähnlichen Einrichtungen nach § 60 Abs. 1 BörsG und die als Börsen zu qualifizierenden Systeme gemäß § 1 Abs. 4 BörsG, während die sonstigen Systeme der Aufsicht der Bundesanstalt für Finanzaufsicht nach dem WpHG und dem KWG unterliegen, sofern sie Finanz- oder Wertpapierdienstleistungen durchführen[1235]. § 60 Abs. 2 - 4 BörsG statuiert die Aufsichtsbefugnisse gegenüber den börsenähnlichen Einrichtungen und Marktteilnehmern.

1. Begriff des elektronischen Handelssystems

Zunächst soll jedoch der Oberbegriff, der all diese Systeme umfaßt, näher erläutert werden. Der Begriff des elektronischen Handelssystems erfaßt alle elektronischen Marktplätze, die fungible Güter handeln, ohne Rücksicht darauf, ob der Vertragsschluß im System selbst zustande kommt oder nicht[1236] (vergl. § 58 Abs. 1 Satz 1 BörsG). Sofern das System Handel im Inland betreibt, trifft den Betreiber eine Anzeigepflicht nach § 58 Abs. 1 BörsG. Die Anzeige hat nach § 58 Abs. 1 Satz 1 a.E. BörsG gegenüber der zuständigen Börsenaufsichtsbehörde zu erfolgen, wobei diese gemäß § 58 Abs. 1 Satz 2 BörsG nach dem Geschäftssitz des Betreibers bestimmt wird. Der Anzeige sind gemäß § 58 Abs. 1 Satz 4 Nr. 1 - 3 BörsG

[1232] So Bericht des Finanzausschusses zu dem Gesetzentwurf der Bundesregierung, BT-Drucks. 14/8601, S. 15.

[1233] *Spindler*, WM 2002, 1325 (1332).

[1234] *Reuschle/Fleckner*, BKR 2002, 617 (623); *Hoffmann*, WM 2003, 2025.

[1235] Siehe auch Bericht des Finanzausschusses zu dem Gesetzentwurf der Bundesregierung, BT-Drucks. 14/8601, S. 15.

[1236] *Reuschle/Fleckner*, BKR 2002, 617 (620); *Hoffmann*, WM 2003, 2025; *Schwark*, Kapitalmarktrechts-Kommentar, § 58 BörsG Rn. 3.

Informationen über die Geschäftsleitung sowie ein Geschäftsplan, aus dem die Art und die Voraussetzungen des Zugangs für die Handelsteilnehmer, das Handelsverfahren, das Preisermittlungsverfahren, der organisatorische Aufbau des Systems und die internen Kontrollverfahren sowie die Art der gehandelten Güter hervorgehen, beizufügen.

Schon vorher wurde der Begriff der fungiblen Wirtschaftsgüter weit gefaßt. Er setzte lediglich voraus, daß es sich um Waren oder Rechte aus einer Gattung handelt[1237]. Demnach werden unter diesem Gesichtspunkt regelmäßig nur solche Systeme nicht von der Definition erfaßt, die individuell bestimmte Güter handeln. Allerdings fällt auch ein System, an dem solche individuell bestimmten Güter gehandelt werden, unter den Oberbegriff des elektronischen Handelssystems, solange es auch für den Handel in fungiblen Gütern und Rechten benutzt werden kann[1238]. Problematisch an einem solchen weitverstandenen Begriff ist, daß Legionen von Handelssystemen der Anzeigepflicht unterfallen könnten, wie beispielsweise Internet-Auktionen, die ein Wertpapierangebot enthalten oder Chat Foren, da auch sie für den Handel in fungiblen Gütern genutzt werden können. In der Konsequenz würden die Aufsichtsbehörden mit Anzeigen „überschwemmt"[1239]. Hier ist dringend gesetzgeberischer Nachbesserungsbedarf angezeigt. Der Gesetzgeber sollte den weiten Begriff durch die Einführung von Spürbarkeitsschwellen und eine Anbindung des Begriffs an den Kapital- oder Warenmarkt einschränken[1240].

Eine weitere Schwachstelle im Gesetz liegt in der fehlenden Beschreibung, was ein elektronisches System überhaupt ist[1241]. *Spindler* schlägt folgende Definition vor: Ein elektronisches System ist jedes System, in dem die Steuerung des Handels ohne menschlichen Eingriff durch den Betreiber erfolgt, also die Systemteilnehmer allein durch das System selbst zusammengeführt werden[1242].

Fraglich ist auch, ob die Regelung in § 58 Abs. 1 BörsG gegen den Gleichheitssatz aus Art. 3 Abs. 1 GG verstößt, da möglicherweise elektronische Handelssysteme in nicht zu rechtfertigender Weise ungleich gegenüber „normalen" Handelssystemen bzw. Marktplätzen behandelt werden.

Der Gleichheitssatz aus Art. 3 Abs. 1 GG verlangt, Gleiches gleich und Ungleiches entsprechend ungleich zu behandeln, wobei dem Gesetzgeber ein weiter

---

1237 *Schwark*, Börsengesetz, § 1 Rn. 11.

1238 *Spindler*, WM 2002, 1325 (1332).

1239 So zutreffend *Spindler*, WM 2002, 1325 (1332).

1240 *Spindler*, WM 2002, 1325 (1332). *Hoffmann* schlägt für die §§ 58 f. BörsG eine teleologische Reduktion dergestalt vor, daß der Begriff der handelbaren Wirtschaftsgüter und Rechte auf solche begrenzt wird, die nach § 1 Abs. 7 BörsG an Wertpapierbörsen gehandelt werden können, vgl. *Hoffmann*, WM 2003, 2025 (2031).

1241 A.A. *Reuschle/Fleckner*, BKR 2002, 617 (620).

1242 *Spindler*, WM 2002, 1325 (1333); ähnlich *Schwark*, Kapitalmarktrechts-Kommentar, § 58 BörsG Rn. 2 ff.

Ermessensspielraum verbleibt[1243]. Eine Verletzung des Gleichheitssatzes liegt dann vor, wenn für eine gleiche oder ungleiche Behandlung eines unterschiedlichen oder gleichen Sachverhalts keine einleuchtenden Gründe bestehen[1244].

Hier werden die elektronischen Handelssysteme aufgrund der Anzeigepflicht und den damit verbundenen Informationspflichten ungleich gegenüber anderen Handelssystemen behandelt. Alle Handelssysteme gehören auch einem gemeinsamen Oberbegriff an, nämlich dem des Waren oder Rechte handelnden Systems.

Hier ist also zu prüfen, ob die Ungleichbehandlung verfassungsrechtlich gerechtfertigt ist. Das *Bundesverfassungsgericht* stellt in seiner Rechtsprechung an die verfassungsrechtliche Rechtfertigung von Differenzierungen unterschiedliche Anforderungen, die vom bloßen Willkürverbot bis zu einer strengen Bindung an Verhältnismäßigkeitserfordernisse reichen[1245]. Vorliegend handelt es sich um eine Differenzierung, die an unternehmensbezogene Merkmale anknüpft. Art. 3 Abs. 1 GG ist dann verletzt, wenn zwischen den beiden Handelssystemgruppen keine Unterschiede von solcher Art und solchem Gewicht bestehen, daß sie die un-gleiche Behandlung rechtfertigen können.

Die Ungleichbehandlung und der sie rechtfertigende Grund müssen in einem angemessenen Verhältnis zueinander stehen[1246]. Es müssen dafür zunächst Unterschiede zwischen den Handelssystemen bestehen, die eine Ungleichbehandlung rechtfertigen können. Ferner muß das vom Staat mit der Ungleichbehandlung verfolgte Ziel als solches verfassungsrechtlich zulässig sein. Schließlich müssen die Unterschiede zwischen den Handelssytemen einen sachlichen Bezug zu dem verfolgten Regelungsziel aufweisen.

Bei näherer Betrachtung ist die Ungleichbehandlung verfassungsrechtlich gerechtfertigt, da sich die Tätigkeit eines elektronischen Handelssystems aufgrund seiner besonderen Bedeutung für die Volkswirtschaft[1247] und seiner besonderen Risiken für die Kapitalmärkte[1248] sowie der Schutzbedürftigkeit der Investoren[1249] wesentlich von anderen Handelssystemen und Gewerbezweigen unterscheidet[1250]. Allein schon mit dem Anlegerschutz, welcher sich verfassungsrechtlich aus dem Sozialstaatsprinzip ableitet[1251], verfolgt der Gesetzgeber ein verfassungsrechtlich zulässiges Ziel. Die Ungleichbehandlung ist ihrer Art nach auch geeignet, insbesondere aufgrund der Anzeigepflichten, das mit ihr verfolgte Ziel zu erreichen. An

---

1243 BVerfGE 98, 365 (385); 13, 46 (53); *Gubelt*, in: v. Münch/Kunig, GG, Art. 3 Rn. 11. Ausführlich zu Art. 3 GG *Schoch*, DVBl. 1988, 863 ff.

1244 BVerfGE 26, 302 (310).

1245 Vergl. BVerfGE 88, 87 (96 f.); 89, 15 (22 f.); 89, 69 (89); 89, 365 (375); 91, 346 (362 f.); 91, 389 (401).

1246 Siehe auch BVerfGE 82, 126 (146); 88, 5 (12); 88, 87 (97); 89, 15 (23); 89, 69 (89).

1247 Siehe oben Teil 2. § 7 A.

1248 Siehe oben Teil 2. § 7 A.

1249 Siehe oben Teil 2. § 7 A. III. 2.

1250 Vergl. *Spindler*, WM 2002, 1325 (1332, Fn. 90). Ebenso für Finanzdienstleister allgemein *Höhns*, Aufsicht, S. 64; *Möschel*, Banken, S. 321.

1251 Siehe oben Teil 2. § 7 A. III. 2.

der Erforderlichkeit und Zumutbarkeit der Differenzierung bestehen auch keine Zweifel. Somit scheidet eine Verletzung von Art. 3 Abs. 1 GG durch § 58 Abs. 1 BörsG aus.

2. Begriff der börsenähnlichen Einrichtung

a) Definition aus § 59 Satz 1 BörsG

Von dem Begriff des elektronischen Handelssystems ist die börsenähnliche Einrichtung erfaßt. Diese ist in § 59 Satz 1 BörsG legaldefiniert. Darunter fällt jedes Kreditinstitut, Finanzdienstleistungsinstitut und jedes nach § 53 Abs. 1 Satz 1 oder § 53b Abs. 1 Satz 1 KWG tätige Unternehmen, das im Inland ein elektronisches Handelssystem betreibt, in dem Angebot und Nachfrage in börsenmäßig handelbaren, also fungiblen Wirtschaftsgütern oder Rechten mit dem Ziel zusammengeführt werden, Vertragsabschlüsse unter mehrerern Marktteilnehmern innerhalb des Systems zu ermöglichen. Andere Betreiber als die eben genannten, die ein vergleichbares System haben, sind nach Auffassung des Gesetzgebers regelmäßig Börsen und unterliegen somit der Genehmigungspflicht aus § 1 Abs. 1 Satz 1 BörsG[1252].

Die Börsenaufsichtsbehörden haben nach dem Willen des Gesetzgebers das Recht, das Handelssystem des Finanzdienstleisters auch als Börse einzustufen, ohne daß der Betreiber selbst eine solche Regulierung beantragt hat[1253]. Dieser Schritt kann insbesondere dann sinnvoll sein, um etwaigen Wettbewerbsverzerrungen zwischen Alternativen Handelssystemen und regulären Börsen entgegenzuwirken. Insofern ist diese Möglichkeit zu begrüßen.

Nachfolgend sollen zwei Definitionsmerkmale näher betrachtet werden, da sie von weitreichender Bedeutung sind.

aa) Vielzahl der Teilnehmer

Das erste Merkmal ist das der Vielzahl der Teilnehmer bzw. der „Vertragsabschlüsse unter mehreren Marktteilnehmern“, wie § 59 Satz 1 BörsG es formuliert. Hier ist fraglich, welche Anforderungen an die Vielzahl der Teilnehmer zu stellen sind. Weder dem Gesetzeswortlaut noch der Begründung des Finanzausschusses läßt sich entnehmen, ob auch Systeme unter dieses Merkmal fallen, die zwar mehrere Nachfrager, aber nur einen Anbieter haben. Mit Blick auf die frühere Diskussion über solche rein bilateralen Handelsplätze kann das Merkmal nur so verstan-

---

1252 Bericht des Finanzausschusses zu dem Gesetzentwurf der Bundesregierung, BT-Drucks. 14/8601, S. 16. Davon betroffen sind primär Systeme für vertretbare Güter, wie beispielsweise B2B-Marktplätze, da Wertpapiere vom WpHG bzw. dem KWG erfaßt werden, vergl. *Spindler*, WM 2002, 1325 (1333, Fn. 93).

1253 Bericht des Finanzausschusses zu dem Gesetzentwurf der Bundesregierung, BT-Drucks. 14/8601, S. 16.

den werden, daß es sich auf multilaterale Handelsplätze bezieht[1254]. Denn nur diese Handelsplätze entsprechen dem Idealbild einer Börse, an der optimale Preise gebildet werden, die dem Markt entsprechen. Findet sich nicht eine Vielzahl von Handelsteilnehmern auf beiden Marktseiten, so ist eine optimale Preisbildung nicht gewährleistet[1255].

Das Zusammenführen der Handelsteilnehmer muß zudem in einer gewissen Regelmäßigkeit stattfinden, denn nur ein kontinuierliches Zusammenführen von Angebot und Nachfrage kann eine Börse bilden. Dadurch werden einfache Internet-Auktionen als Marktveranstaltungen aus dem Anwendungsbereich des § 59 BörsG ausgenommen[1256].

bb) Vertragsabschluß innerhalb des Systems

Ein weiteres Element einer börsenähnlichen Einrichtung ist die Ermöglichung von Vertragsabschlüssen innerhalb des Systems. Während früher das Matching von Angebot und Nachfrage in kurzen Zeitabständen nach zuvor für alle Teilnehmer einheitlich festgelegten Bedingungen als wesentliches Element einer Börse angesehen wurde[1257], spricht § 59 BörsG nunmehr lediglich von der *Ermöglichung* des Vertragsabschlusses. Nicht mehr erforderlich ist, daß das System selbst den Vertrag im Sinne des Matching schließt[1258]. Insofern werden auch Systeme erfaßt, die lediglich Angebote auf dem Bildschirm anzeigen und den Teilnehmern die Möglichkeit verschaffen, selbst den Vertrag mit dem Anbieter innerhalb des Systems abzuschließen (Hit-or-Take-Systeme), denn auch sie ermöglichen den Vertragsabschluß. Sofern ein Anbieter der Genehmigungspflicht nach § 1 Abs. 1 Satz 1 BörsG oder den Pflichten aus § 59 BörsG entgehen möchte, muß er sicherstellen, daß kein Vertragsabschluß innerhalb des Systems zustande kommen kann. Bulletin Boards, die lediglich Kontakte zum Geschäftsabschluß außerhalb des Systems vermitteln, werden nicht vom Begriff der börsenähnlichen Einrichtung erfaßt.

b) Auswirkungen auf den Börsenbegriff

Auch wenn es nicht die Intention des Gesetzgebers war[1259], hat er durch die Schaffung von § 59 Satz 1 BörsG indirekt auch Elemente eines Börsenbegriffs

---

1254 Ebenso *Spindler*, WM 2002, 1325 (1334); *Schwark*, Kapitalmarktrechts-Kommentar, § 59 BörsG Rn. 8; a.A. *Hoffmann*, WM 2003, 2025 (2028).

1255 *Spindler*, WM 2002, 1325 (1334).

1256 *Spindler*, WM 2002, 1325 (1334).

1257 *Schwark*, Börsengesetz, § 1 Rn. 6; *Wastl/Schlitt*, MMR 2000, 387 (394); *Stenzel*, Aktienhandel, S. 32 ff.

1258 *Spindler*, WM 2002, 1325 (1334).

1259 Vergl. Stellungnahme des Bundesrates zum Vierten Finanzmarktförderungsgesetz, BT-Drucks. 14/8017, S. 146.

durch die Merkmale „Vielzahl von Teilnehmern“ und „Vertragsschluß innerhalb des Systems“ bestimmt[1260].

Zwar könnte man § 59 BörsG auch dahingehend verstehen, daß diese Elemente lediglich in Bezug auf die Eigenschaft des Betreibers als Finanzdienstleister gelten und nicht auf den Börsenbegriff wirken, da der Gesetzgeber weiter zwischen börsenähnlichen Einrichtungen (von Finanzdienstleistern) und Börsen differenziert. Dagegen spricht jedoch, daß, wie der Gesetzgeber betont, börsenähnliche Einrichtungen, die nicht von einem Finanzdienstleister betrieben werden, als Börsen genehmigungspflichtig wären[1261]. Insofern beziehen sich diese Merkmale auch auf den Börsenbegriff. Außerdem würde sich bei einem engen Börsenbegriff ohne diese Elemente die Frage stellen, ob nicht Art. 3 Abs. 1 GG zu Lasten der Finanzdienstleister, die der weiten Definition in § 59 BörsG unterfallen, verletzt wäre, da andere Systembetreiber nicht von diesem Aufsichtssystem erfaßt wären. Hinzukommt, daß ein enger Börsenbegriff und ein weiter Begriff der börsenähnlichen Einrichtungen ein Systembruch im Börsenrecht darstellen würde[1262]. Daher wirken die Merkmale aus § 59 BörsG auch auf den Börsenbegriff in § 1 Abs. 1 BörsG ein.

Ein so verstandener Börsenbegriff wirft allerdings die Frage auf, wie Börsen künftig gegenüber anderen Marktveranstaltungen abgegrenzt werden können, so daß nicht jede Internet-Plattform, die Angebot und Nachfrage von vertretbaren Wertpapieren, Devisen und Waren im System selbst zusammenführt, unter den Börsenbegriff fällt[1263]. Noch ist unklar, ob über das oben aufgezeigte Einschränkungskriterium der Regelmäßigkeit des Handels eine solche Abgrenzung gelingen kann. Im Interesse der Rechtssicherheit ist hier dringend Handlungsbedarf geboten[1264]. Feststeht jedenfalls, daß der Betreiber einer Börse im materiellen Sinne nunmehr zwischen der Regulierung als genehmigte Börse im Sinne von § 1 Abs. 1 BörsG oder als börsenähnliche Einrichtung wählen kann.

c) Pflichten der börsenähnlichen Einrichtungen

Da die Betreiber der börsenähnlichen Einrichtungen als Finanzdienstleister und Kreditinstitute schon der Regulierung nach dem KWG und dem WpHG unterliegen, war im BörsG nur die Schaffung von ergänzenden marktbezogenen Auf-

---

1260 So auch *Reuschle/Fleckner*, BKR 2002, 617 (624). Der Gesetzgeber hat sich damit indirekt für einen funktionalen Börsenbegriff, wie von *Hopt/Baum*, Börsenrechtsreform, S. 287, (377 ff.); *Köndgen*, ZHR 164 (2000), 648 (653); *Hellwig*, ZGR 1999, 781 (788 ff.); *Mues*, ZBB 2001, 353 (355 f.); *Merkt*, NJW-Beilage 23/2002, S. 41 (43) beschrieben, entschieden, so *Mülbert*, JZ 2002, 826 (829).

1261 Vergl. Bericht des Finanzausschusses zu dem Gesetzentwurf der Bundesregierung, BT-Drucks. 14/8601, S. 16 f.

1262 *Spindler*, WM 2002, 1325 (1333).

1263 Vergl. zu dieser Diskussion Schäfer/*Peterhoff*, WpHG, § 1 BörsG Rn. 19; *Hopt/Baum*, Börsenrechtsreform, S. 287 (377 ff.); *Riehmer/Heuser*, NZG 2001, 385 ff.; *Schwark*, WM 1997, 293 (299 f.).

1264 So auch *Wastl/Schlitt*, WM 2001, 1702 (1707).

sichtspflichten erforderlich[1265]. Damit reagiert das Gesetz adäquat auf die oben aufgezeigte Gefahr der Wettbewerbsverzerrung zwischen regulären Börsen und Alternativen Wertpapierhandelssystemen[1266].

Die Pflichten ergeben sich aus § 59 Satz 1 Nr. 1 - 7 BörsG. So sind die börsenähnlichen Einrichtungen verpflichtet, organisatorische Vorkehrungen zur Gewährleistung des Systembetriebs zu treffen (Nr. 1), Regeln für eine ordnungsgemäße Durchführung des Handels und der Preisermittlung, für die Verwendung von Referenzpreisen, sofern diese einbezogen werden, und für eine vertragsgemäße Abwicklung der abgeschlossenen Geschäfte festzulegen sowie Vorkehrungen zu treffen, welche die Einhaltung der Regeln sicherstellen (Nr. 2). Zudem müssen die Systeme über angemessene Kontrollverfahren zur Verhinderung von Marktpreismanipulationen verfügen (Nr. 3) und sicherstellen, daß die Preise im System entsprechend den Anforderungen von § 24 Abs. 2 Satz 1 - 3 BörsG zustande kommen (Nr. 4), sowie dafür Sorgen tragen, daß die Aufzeichnungen über die erteilten Aufträge und abgeschlossenen Geschäfte in der börsenähnlichen Einrichtung eine lückenlose Überwachung durch die Börsenaufsichtsbehörde gewährleistet (Nr. 5). Die Aufzeichnungen sind sechs Jahre aufzubewahren[1267]. Schließlich sind die Betreiber verpflichtet, Regeln über die Veröffentlichung von Preisen und den ihnen zugrunde liegenden Umsätzen festzulegen (Nr. 6) sowie den Marktteilnehmern alle die für die Nutzung des Systems zweckdienlichen Informationen bekannt zu geben (Nr. 7). Mit der letztgenannten Pflicht reagiert das Gesetz adäquat auf den zuvor aufgezeigten Regulierungsbedarf welcher aus der fehlenden Transparenz von Alternativen Handelssystemen resulierte[1268].

Im wesentlichen stellen diese Pflichten damit die adäquaten Antworten auf die oben aufgezeigten Risiken dar. Ob diese Regulierung zur Risikominimierung ausreicht, wird erst die Praxis zeigen. Jedoch ist positiv an diesem Regulierungskonzept hervorzuheben, daß die Regulierungsmaßnahmen nicht zu detailreich sind, sondern vielmehr die zu erreichenden Regulierungsziele statuieren, wodurch den betroffenen Alternativen Handelssystemen ein ausreichender Handlungsspielraum verbleibt.

Allerdings ist jetzt schon kritisch anzumerken, daß dem Betreiber nach § 59 Satz 1 Nr. 6 BörsG lediglich die Pflicht trifft, Regeln über die Veröffentlichung von Preisen festzulegen. Wie detailreich und in welcher Form, wird dagegen vom Gesetz - an dieser Stelle leider - nicht weiter präzisiert. Bereits oben wurde aufgezeigt, daß die Transparenz von Preisen, die in einem Alternativen Handelssystem gebildet werden, von essentieller Bedeutung für die Minimierung der Marktsegmentierungen ist[1269]. Hier ist daher weiterer Handlungsbedarf gegeben, um die

---

1265 *Spindler*, WM 2002, 1325 (1333).

1266 Siehe oben Teil 3. § 8.

1267 Nach § 59 Satz 1 Nr. 5 a.E. BörsG gelten § 257 Abs. 3, 5 HGB entsprechend.

1268 Siehe dazu oben Teil 3. § 8 B.

1269 Siehe oben Teil 3. § 12.

Pflicht genauer zu formulieren. Jedoch ist auch anzumerken, daß nach § 59 Abs. 2 BörsG die Börsenaufsichtsbehörde die Form der Veröffentlichung anordnen kann. Insofern kann das gesetzgeberische Defizit auch durch ein konsequentes Handeln der Börsenaufsicht kompensiert werden.

Schließlich läßt das deutsche vierte Finanzmarktförderungsgesetz die oben empfohlene Einführung einer Pflicht zur bestmöglichen Auftragsausführung vermissen[1270].

II. Regulierung ausländischer ATS

Gerade vor dem Hintergrund der Globalisierung der Kapitalmärkte und den Internet-basierten Alternativen Handelssystemen mußte das deutsche Aufsichtsrecht auch auf ausländische Handelsplattformen reagieren[1271]. Daher wurden durch das Vierte Finanzmarktförderungsgesetz zwei Neuerungen eingeführt, die die Anwendbarkeit deutschen Rechts auf elektronische Handelssysteme, die im Ausland ihren Sitz haben, aber auf das deutsche Inland einwirken, regeln: Zum einen § 58 Abs. 1 BörsG, zum anderen die §§ 37i ff. WpHG.

1. Handelssystem wird im Inland betrieben (§ 58 Abs. 1 BörsG)

Die Anzeigepflicht aus § 58 Abs. 1 Satz 1 BörsG gilt nur für Unternehmen, die ein elektronisches Handelssystem im Inland betreiben wollen. Darunter ist die Organisation des Handels im Inland zu verstehen, nicht aber ein ausländisches Handelssystem mit bloßem Zugang im Inland[1272]. Die Anzeige hat gegenüber der zuständigen Börsenaufsichtsbehörde zu erfolgen, wobei sich die Zuständigkeit grundsätzlich gemäß § 58 Abs. 1 Satz 2 BörsG nach dem Geschäftssitz des Betreibers richtet. Bei ausländischen Handelssystemen befindet sich dieser aber im Ausland und eignet sich daher nicht als Anknüpfungspunkt für die Zuständigkeit. Daher stellt § 58 Abs. 1 Satz 3 BörsG für die Zuständigkeit auf den Ort, an dem das System betrieben wird, ab. In diesem Zusammenhang wird die alte Diskussion über den Ort, an dem eine Börse bzw. ein Marktplatz betrieben wird, relevant[1273]. Entsprechend den obigen Ausführungen ist der Ort als derjenige zu verstehen, an dem sich die Niederlassung des Betreibers befindet, also dort, wo das System errichtet, gesteuert und verwaltet wird[1274]. Im Rahmen von § 58 Abs. 1 Satz 3 BörsG ist somit auf den Ort der Niederlassung im Sinne von konkreter

---

1270 Siehe oben Teil 3. § 13. Allerdings hat der europäische Gesetzgeber mit der Schaffung der Richtlinie über Märkte für Finanzinstrumente auf dieses Problem reagiert. Siehe dazu unten Teil 4. § 18 B. II. 7.

1271 Siehe hinsichtlich früherer, aber noch gültiger Aufsichtsgrundsätze *Spindler*, WM 2001, 1689 ff.

1272 So Bericht des Finanzausschusses zu dem Gesetzentwurf der Bundesregierung, BT-Drucks. 14/8601, S. 15.

1273 Siehe oben Teil 2. § 7 B. I. 2. b) cc).

1274 So auch *Reuschle/Fleckner*, BKR 2002, 617 (620); *Schwark*, Kapitalmarktrechts-Kommentar, § 58 BörsG Rn. 7.

Tätigkeit vor Ort, beispielsweise in Form von Verwaltungspersonal, abzustellen[1275]. Findet keine konkrete Tätigkeit im Inland statt, so scheidet auch eine Anzeigepflicht nach § 58 Abs. 1 BörsG aus. Gesetzgeberischer Wille war es, die börsenaufsichtsrechtlichen Regeln nicht automatisch bei jeder Ausstrahlung eines Angebots ins Inland zur Geltung zu bringen[1276]. Damit reagiert das Gesetz adäquat auf die zuvor aufgezeigte Aufsichtsproblematik[1277].

2. Ausländische organisierte Märkte nach §§ 37i ff. WpHG

Dieses Ergebnis bedeutet jedoch nicht, daß die als organisierte Märkte anerkannten ausländischen Handelssysteme keiner weiteren Regulierung unterliegen. Neu und richtigerweise vor dem Hintergrund der Bedeutung des Anlegerschutzes wurden in das WpHG zudem die Regeln der §§ 37i ff. WpHG aufgenommen. Gemäß § 37i Abs. 1 WpHG bedürfen ausländische organisierte Märkte oder ihre Betreiber der schriftlichen Erlaubnis der Bundesanstalt, wenn sie Handelsteilnehmern mit Sitz im Inland über ein elektronisches Handelssystem einen unmittelbaren Marktzugang gewähren.

Der Antrag an die Bundesanstalt auf Erlaubnis hat nach § 37i Abs. 1 Satz 2 WpHG Angaben über die Geschäftsleitung oder den Betreiber, einen Geschäftsplan, die Zustellungsbevollmächtigten im Inland, die Herkunftslandkontrollstelle und die Handelsgüter sowie über die Handelsteilnehmer zu enthalten.

Vor Erteilung der Erlaubnis hat die Bundesanstalt gemäß § 37i Abs. 2 Satz 2 WpHG den Börsenaufsichtsbehörden der Länder Gelegenheit zur Stellungnahme zu geben. Nach § 37i Abs. 3 WpHG ist die Erlaubnis im Bundesanzeiger bekannt zu machen. Sie kann gemäß § 37i Abs. 2 Satz 1 WpHG auch unter Auflagen erteilt werden.

Sie ist allerdings nach § 37j WpHG zu versagen, wenn entweder Tatsachen vorliegen, die ergeben, daß die Geschäftsleitung nicht zuverlässig ist (Nr. 1) oder Handelsteilnehmern mit Sitz im Inland ein unmittelbarer Marktzugang gewährt werden soll, ohne daß diese die Voraussetzung des § 16 Abs. 2 BörsG erfüllen (Nr. 2). Zudem muß gewährleistet sein, daß die Überwachung des organisierten Marktes und der Anlegerschutz im Herkunftsstaat dem deutschen Recht gleichwertig ist (Nr. 3) sowie ein Informationsaustausch mit den für die Überwachung des organisierten Marktes zuständigen Stellen des Herkunftsstaates besteht (Nr. 4). Anderfalls ist die Erlaubnis nicht zu erteilen oder kann nach § 37k WpHG wieder aufgehoben werden. Um Vollzugsschwierigkeiten gegenüber ausländischen organisierten Märkten, die ohne Erlaubnis handeln, zu minimieren, räumt § 37l WpHG der Aufsichtsbehörde die Befugnis ein, inländischen Handelsteilnehmern zu untersagen, für Kunden Aufträge an einem organisierten, ungeneh-

---

1275 *Spindler*, WM 2002, 1325 (1339).

1276 Bericht des Finanzausschusses zu dem Gesetzentwurf der Bundesregierung, BT-Drucks. 14/8601, S. 15 f.

1277 Siehe zur Aufsichtsproblematik oben Teil 3. § 14 B.

migten Markt abzuwickeln. Regelungsadressaten sind damit Unternehmen, die ihre Kunden an solche Handelssysteme indirekt anschließen, ohne daß die Kunden selbst Handelsteilnehmer sind[1278].

Die Genehmigungspflicht gilt nach § 37i Abs. 4 WpHG aber nicht für ausländische organisierte Märkte in einem anderen Vertragsstaat des Europäischen Wirtschaftsraums[1279], an denen Wertpapiere, Geldmarktinstrumente oder Derivate gehandelt werden[1280]. Diese trifft nach § 37m Satz 1 WpHG lediglich eine Anzeigepflicht gegenüber der Bundesanstalt. Gemäß § 37m Satz 2 Nr. 1 - 4 WpHG hat die Anzeige den Namen und die Anschrift der Geschäftsleitung oder des Betreibers, einen Geschäftsplan über den Marktzugang, den organisatorischen Aufbau und die internen Kontrollverfahren zu enthalten, sowie Angaben über die Handelsgegenstände und die Handelsteilnehmer.

Die §§ 37i ff. WpHG sollen primär ausländische Handelssysteme bzw. Börsen erfassen, die inländische Handelsteilnehmern als sogenannte Remote Members über einen Handelsbildschirm am Handel teilnehmen lassen[1281]. Dabei stellt sich die Frage, welche Anforderungen an einen solchen Zugang zu einem ausländischen Handelssystem zu stellen sind.

a) Minimun Contact

Die Vorschriften dehnen den Bereich der genehmigungspflichtigen Handelssysteme stark aus, da bereits der Zugang eines Teilnehmers aus dem Inland reicht, sofern das System den Kriterien eines organisierten Marktes entspricht. Statt auf den Marktort abzustellen[1282], genügt ein minimum contact zwischen den inländischen Handelsteilnehmern und dem ausländischen Markt[1283]. Dieser minimum contact bedeutet jedoch für den Betreiber, sich mit sämtlichen berührten Rechtsordnungen auseinander zu setzen. Da eine solche intensive Auseinandersetzung für keinen Betreiber machbar ist, haben diese eine Anwendbarkeit der Rechtsordnung bzw. den minimum contact durch Disclaimer, die deutlich machen, an wen sich das betreffende Angebot nicht richtet, auszuschließen[1284].

1278 Kritisch dazu *Spindler*, WM 2002, 1325 (1341).

1279 Dazu gehören neben den EU-Mitgliedsstaaten auch Island, Liechtenstein und Norwegen.

1280 Der Begriff des organisierten Marktes ist in § 2 Abs. 5 WpHG definiert und basiert auf der EG-Wertpapierdienstleistungsrichtlinie.

1281 Reg-Begr. zum Vierten Finanzmarktförderungsgesetz, BT-Drucks. 14/8017, S. 97.

1282 Siehe dazu *Spindler*, WM 2001, 1689 (1699).

1283 Damit gehen die Vorschriften weit über die Auswirkungslehre im Kartellrecht hinaus, so *Spindler*, WM 2002, 1325 (1340). Siehe ausführlich für eine kritische Betrachtung *Spindler*, WM 2002, 1325 (1340).

1284 Siehe dazu sogleich unten Teil 4. § 16 B.

b) Unmittelbarkeit des Marktzugangs

Für die Unmittelbarkt des Marktzugangs reicht jede Verbindung bzw. jeder Zugang, mit der oder dem der Handelsteilnehmer ohne Inanspruchnahme eines Finanzintermediärs seine Aufträge plazieren und abwickeln kann[1285].

§ 16 Diskussion in der IOSCO

Nachdem das deutsche Regulierungssystem für die Alternativen Handelssysteme vorgestellt wurde, gilt es, sich der europäischen Lösung zu zuwenden. Bevor dies jedoch weiter unten vorgenommen wird, ist zunächst der Blick auf die internationale Diskussion in der International Organisation of Securities Commissions (IOSCO) und anschließend auf die europäische Ebene in dem Committee of European Securities Regulators (CESR) zu lenken.

A. Bedeutung der IOSCO

Bei der IOSCO handelt es sich nicht um eine Internationale Organisation im Sinne des Völkerrechts, sondern um einen privatrechtlichen Zusammenschluß von nationalen Börsenaufsichtsbehörden und anderen Organisationen[1286].

Die International Organisation of Securities Commissions hat ihren Ursprung in der 1974 von den Wertpapieraufsichtsbehörden einiger latein-amerikanischer Staaten gegründeten Inter-American Association of Securities Commissions[1287]. 1983 wurde diese regionale Organisation in eine internationale umgewandelt. Sie hat über 150 Mitglieder[1288], die aus über 50 Nationen, unter anderem Deutschland, stammen und von denen die meisten Aufsichtsbehörden für den Wertpapierhandel und selbstregulierende Organisationen sind[1289]. Sie tauschen im Rahmen der IOSCO Informationen aus und streben eine internationale Zusammenarbeit hinsichtlich der Regulierung und Aufsicht des Wertpapierhandels an[1290]. Somit dient die IOSCO unter anderem der Verbesserung und gegenseitigen Hilfe bei der Verfolgung von Kapitalmarkt- und Börsenrechtsverstößen[1291].

1285 *Spindler*, WM 2002, 1325 (1340).

1286 *Hoppmann, Carsten*, Europarechtliche Entwicklungen im Börsenrecht, Arbeitspapier Nr. 60 des Instituts für Handels- und Wirtschaftsrecht der Universität Osnabrück, 1998, S. 11 (http://www.jura.uni-osnabrueck.de/institut/hwr/pdf/papier60.pdf (Stand: 20.1.2001)).

1287 *Sommer*, 17 Journal of International Law & Business 1996, 15; *Althaus*, Amtshilfe, S. 11; *Schröder*, Wertpapierhandelsaufsicht, S. 140.

1288 Die Mitglieder setzen sich aus stimmberechtigten Vollmitgliedern, assoziierten Mitgliedern und sogenannten „affiliate members" zusammen. Vergl. dazu *Althaus*, Amtshilfe, S. 11 f., insbesondere Fn. 33.

1289 Vergl. http://www.bawe.de/internat.htm (Stand 27.5.2001); *Radtke*, ZfgKW 1992, 10.

1290 *Schröder*, Wertpapierhandelsaufsicht, S. 140; *Schwartz*, 8 Florida State University Journal of Transnational Law & Policy 1998, 79 (100).

1291 *Radtke*, ZfgKW 1992, 10; *von Rosen*, in: Assmann/Schütze, Kapitalanlagerecht, § 2 Rn 227.

Die Mitglieder der IOSCO haben sich der Befolgung von vier Prinzipien verschrieben[1292]: Zunächst wollen sie zusammenarbeiten, um einen fairen und effizienten Kapitalmarkt zu erhalten. Desweiteren streben sie einen Informationsaustausch an, um die jeweiligen eigenen nationalen Kapitalmärkte zu fördern. Ferner wollen sie Standards für eine effektive Überwachung von internationalen Wertpapiertransaktionen errichten. Schließlich beabsichtigen sie, sich gegenseitige Hilfe bei der Vollstreckung von Maßnahmen zu gewähren und die beschlossenen Standards umzusetzen.

Die IOSCO hat weder eine Charta noch wurde sie durch einen Vertrag errichtet, sondern beruht vielmehr auf einem private bill der Quebec National Assembly[1293]. Deswegen kann die IOSCO ihre Mitglieder auch nicht durch völkerrechtlich verbindliche Rechtsakte verpflichten, sondern lediglich eine Basis schaffen, auf der die Mitglieder bzw. ihre Staaten eigenständig handeln.

Obwohl die IOSCO selbst keine Aufsichtsfunktionen wahrnimmt, hat sie eine Vielzahl von Resolutionen für Regulierungsstandards erlassen, die auf bilateraler Ebene zwischen den einzelnen nationalen Behörden bzw. Staaten in Form von memoranda of understanding umgesetzt wurden[1294]. Diese memoranda of understanding sind Vereinbarungen der nationalen Aufsichtsbehörden miteinander, welche die internationale Zusammenarbeit, das Verfahren und die Voraussetzungen für den Austausch von Informationen zwischen ihnen regeln[1295].

B. Empfehlungen der IOSCO

Auch die IOSCO hat sich den Herausforderungen, die das Internet an den Wertpapierhandel stellt, angenommen. Extra dafür wurde eine Internet Task Force geschaffen, die gemeinsame Regulierungsprobleme identifizieren und den IOSCO-Mitgliedern bei der Bewältigung dieser Aufgabe helfen soll[1296].

Bereits im September 1997 veröffentlichte diese Internet Task Force einen Bericht über Schwierigkeiten, die durch den Gebrauch von elektronischen Kommunikationsmitteln im Bereich der securities- und futures-Industrie entstehen[1297]. Dieser Bericht zeigte die Problem im Bereich Internet und Wertpapierhandel sowie die sich stellenden Regulierungsherausforderungen auf. Als Lösungsansatz sah der Report eine Zusammenarbeit auf internationaler Ebene vor.

1292 *Zaring*, 33 Texas International Law Journal 1998, 281 (293); *Sommer*, 17 Journal of International Law & Business 1996, 15 (16).

1293 *Zaring*, 33 Texas International Law Journal 1998, 281 (292). Bei diesem private bill handelt es sich um den Act Respecting the International Organization of Securities Commissions, ch. 143, 1987 S.Q. 2437 (Can). Sie wurde als nonprofit organization unter einem private act gegründet, vergl. *Sommer*, 17 Journal of International Law & Business 1996, 15.

1294 *Norton*, 20 Michigan Journal of International Law 1999, 133 (145); *Zaring*, 33 Texas International Law Journal 1998, 281 (296); *Schröder*, Wertpapierhandelsaufsicht, S. 141.

1295 *Gamerdinger*, ZfgKW 1993, 976 (978); *Schröder*, Wertpapierhandelsaufsicht, S. 141.

1296 *Quinn/Jarmel*, Electronic Media, 1-119.

1297 IOSCO, Report, vergl. http://www.iosco.org/docs-public/1997-report_on_enforcement_issues.html (Stand 2.1.2003).

Ein Jahr später, im September 1998, gab das Technical Committee der IOSCO einen Bericht bezüglich genereller Probleme beim internet-basierten Wertpapierhandel, welche von den einzelnen regulierenden Staaten beachtet werden sollten, heraus[1298]. Darin legte die IOSCO den Staaten nahe, bei Regulierungsmaßnahmen folgende Schlüsselpunkte zu beachten[1299]:

Die Grundprinzipien der Wertpapierregulierung ändern sich nicht durch den Einsatz eines anderen bzw. neuen Übertragungsmittles. D.h. der Wertpapierhandel im Internet sollte einer Regulierung unterworfen werden, welche die Grundprinzipien des Wertpapierhandels, wie Anlegerschutz, Marktfairness, Effizienz, Transparenz und Verringerung von Systemrisiken beachtet und umsetzt[1300]. Ferner haben die Staaten im Rahmen der Regulierung darauf zu achten, nicht die berechtigten Nutzungsmöglichkeiten des Internets für Märkte und Handelsteilnehmer zu behindern oder einzuschränken. Desweitern sollten sie stets die Regulierungsmaßnahmen und ihre Wirkungsweise in dem Internet-Umfeld beobachten. Darüber hinaus müssen die regulierenden Staaten sich der Kurzlebigkeit und dem Innovationspotential von elektronischen Mitteln bewußt sein sowie zusammenarbeiten und Informationen austauschen, um der Internationaliät des Mediums zu entsprechen.

In dem Bericht entwickelte die IOSCO auch ein Modell, wie die grenzüberschreitende Regulierung und Aufsicht für den internetspezifischen Wertpapierhandel aussehen sollte.

Sie lehnte dabei den Ansatz ab, die Wertpapierhandelssysteme einer weltweiten Registrierung und Regulierung zu unterwerfen, da dies unverhälnismäßig sei und zudem das Risiko in sich berge, dem Wertpapierhandel im Internet das Innovationspotential zu nehmen[1301].

Vielmehr sieht ihr Ansatz vor, daß die Staaten ihre Regulierungsmaßnahmen auf den Wertpapierhandel anwenden können, sofern die Angebote des Wertpapierhandelssystem den jeweiligen nationalen Investoren zugänglich sind oder die Auslandsaktivitäten des Handelssystems einen bedeutenden Einfluß auf die Einwohner oder Märkte des jeweiligen Staates haben[1302].

Ferner legte die IOSCO den Staaten nahe, ihre Zuständigkeit von diversen Punkten abhängig zu machen, die weder kumulativ noch alternativ vorliegen müs-

---

1298 IOSCO, Internet, vergl. http://www.iosco.org/docs-public/1998_internet_security.html (Stand 21.01.2001).

1299 Siehe IOSCO, Internet, S. 27 ff., vergl. http://www.iosco.org/docs-public/1998_internet_se curity.html (Stand: 21.01.2001). Siehe erläuternd *Quinn/Jarmel*, Electronic Media, 1-121f.; *Mann/Carney*, Jurisdiction, 5-30 f.

1300 IOSCO, Internet, S. 27, vergl. http://www.iosco.org/docs-public/1998_internet_security.html (Stand: 21.01.2001).

1301 IOSCO, Internet, S. 34, vergl. http://www.iosco.org/docs-public/1998_internet_security.html (Stand: 21.01.2001).

1302 Siehe IOSCO, Internet, S. 34, vergl. http://www.iosco.org/docs-public/1998_internet_se curity.html (Stand: 21.01.2001). Siehe erläuternd dazu *Quinn/Jarmel*, Electronic Media, 1-125.; *Mann/Carney*, Jurisdiction, 5-32 f.

sen, sondern vielmehr eine starke Indizwirkung für die Anwendbarkeit entfalten[1303]. Zu diesen Punkten gehört zunächst, ob es offensichtlich ist, daß sich die Angebote oder Informationen an Staatsangehörige des jeweiligen Staates wenden. Dabei ist unter anderem darauf zu achten, ob der Anbieter von Wertpapieren oder Informationen ein Verteilernetzwerk in dem jeweiligen Staat hat, ob er sich anderer Medien für dieselben Angebote in dem betreffenden Land bedient sowie, in welcher Sprache die Angebote verfaßt sind und welche Währung benutzt wird, sofern es sich nicht um eine Weltsprache, wie beispielsweise Englisch handelt. Englisch ist als grenzüberschreitende Sprache wenig aussagekräftig, welche Staatsangehörigen konkret angesprochen werden sollen. Grenzüberschreitenden Sprachen kann allenfalls eine Indizwirkung beigemessen werden[1304].

Des weiteren kann mitentscheidend sein, ob das Wertpapierhandelssystem Angebote von Staatsangehörigen des jeweiligen Staates annimmt, sofern ein öffentlicher Handel stattfindet.

Ein weiteres Indiz kann sein, ob das Handelssystem gezielt Emails oder ähnliches benutzt, um seine Informationen in den fraglichen Staat zu leiten.

Der IOSCO zufolge sollte eine Zuständigkeit verneint werden, wenn der Systembetreiber explizit erklärt, an wen sich seine Angebote richten und die jeweilige Nationalität nicht davon erfaßt ist oder er auf seiner Web-Seite deutlicht macht, in welchen Staaten er befugt ist, Wertpapiergeschäfte durchzuführen. Außerdem ist eine Zuständigkeit des jeweiligen Staates zu verneinen, wenn das Handelssy-stem Vorsichtsmaßnahmen trifft, die es ermöglichen, die Staatsangehörigkeit vor dem Handel zu identifizieren und nicht erfaßte Staaten auszuschließen[1305]. Damit schlägt die IOSCO im wesentlichen das von den Vereinigten Staaten verfolgte Zielmarktkonzept vor[1306].

Exkurs: Zielmarktkonzept der SEC

In der US-amerikanischen Aufsichtspraxis der SEC hat sich das Zielmarktkonzept durchgesetzt[1307]. D.h. das US-amerikanische Bundeswertpapieraufsichtsrecht mit all seinen Registrierungs-, Publizitäts- und Verhaltenspflichten findet Anwen-

---

1303 Siehe IOSCO, Internet, S. 35 f., vergl. http://www.iosco.org/docs-public/1998_internet_security.html (Stand: 21.01.2001). Erklärend dazu *Quinn/Jarmel*, Electronic Media, 1-125 f.; *Mann/Carney*, Jurisdiction, 5-33 f.

1304 Vergl. dazu *Spindler*, NZG 2000, 1058 (1062). Im Jahre 1997 fanden ungefähr 80% der Internetauftritte und -kommunikationen in Englisch statt. Ferner handelt es sich bei Englisch um die Standard-Wirtschaftssprache. Daher kann aufgrund einer englischsprachigen Gestaltung der Homepage kaum eine Aussage über den Zielmarkt getroffen werden, vergl. ebenso *Rice*, 21 University of Pennsylvania Journal of International Economic Law 2000, 585 (647).

1305 Siehe IOSCO, Internet, S. 35, vergl. http://www.iosco.org/docs-public/1998_internet_security.html (Stand: 21.01.2001). Vertiefend dazu *Quinn/Jarmel*, Electronic Media, 1-126; *Mann/Carney*, Jurisdiction, 5-34.

1306 So auch *Moon*, 21 Journal of International Law & Business 2000, 131 (173).

1307 Ausführlich dazu *Weber*, MMR 1999, 385 (386 f.); *Steck*, ZBB 2000, S. 112 (117); *Wilske/Myer/Barker*, CRi 2001, 161 (161 ff.).

dung, wenn sich ein Wertpapierangebot an Personen mit Sitz in den USA richtet[1308].

Die SEC hat dabei einen release herausgegeben, indem sie klarstellt, daß sich ausländische Börsen, die real-time-Informationen zur Verfügung stellen und einen Handel über das Internet ermöglichen, sich nicht bei der SEC registrieren lassen müssen, sofern sie vernünftige Maßnahmen ergreifen, die verhindern, daß US-Personen[1309] Handelsaufträge über ihre Seiten plazieren[1310]. Zu diesen Maßnahmen zählt insbesondere, daß die Börse auf ihrer Web-Site eine Erklärung veröffentlicht, aus der hervorgeht, in welchen Ländern Personen direkt an ihr handeln können bzw., ob US-Staatsangehörige handelsberechtigt sind[1311]. Sofern US-Personen nicht an dem Marktplatz handel dürfen, muß durch einen sogenannten Disclaimer, einer Ausschlußklausel, deutlich gemacht werden, daß sich das Angebot nicht an US-Personen richtet[1312]. Darüber hinaus muß tatsächlich gewährleistet sein, daß das Angebot nicht für US-Personen verfügbar ist[1313]. Aufgrund der Anonymität im Internet mögen die Sicherheitsvorkehrung im Einzelfall umgangen werden. Kommt es dazu und konnte der Anbieter dies nicht erkennen, ist das US-amerikanische Recht nicht anwendbar[1314]. Weiter sind von den Registrierungspflichten Veröffentlichungen, die nicht über allgemeine Werbung und bloße Nachrichten hinausgehen, nicht erfaßt.

Auch wenn das Bestreben der SEC, ihre Aufsicht möglichst weit auszudehnen, verständlich ist und durch die bestehenden Regeln auch Rechtssicherheit für die Betroffenen geschaffen wird, ist das Zielmarktkonzept der SEC nicht unproblematisch. Sie zwingt damit Wertpapierhandelssystemen außerhalb der USA ihren

---

1308 Vergl. Statement of the Commission Regarding Use of Internet Web Sites to Offer Securities, Solicit Securities Transactions, or Advertise Investment Services Offshore, Release No. 33-7516, 34-39779, IA-1710, IC-23071, International Series Release No. 1125, (23. März 1998) der SEC, vergl. http://www.sec.gov/rules/interp/33-7516.htm.

1309 U.S. Personen sind nach Securities Exchange Act Rule 902(k) der Regulation S (17 C.F.R. 230.902(k)) alle natürlichen Personen, die in den Vereinigten Staaten ansässig sind oder jede Gesellschaft die nach U.S.-Recht errichtet wurde. Vergl. dazu auch *Weber*, MMR 1999, 385 (387).

1310 Vergl. Statement of the Commission Regarding Use of Internet Web Sites to Offer Securities, Solicit Securities Transactions, or Advertise Investment Services Offshore, Release No. 33-7516, 34-39779, IA-1710, IC-23071, International Series Release No. 1125, (23. März 1998) der SEC, VII B, vergl. http://www.sec.gov/rules/interp/33-7516.htm.

1311 Vergl. Statement of the Commission Regarding Use of Internet Web Sites to Offer Securities, Solicit Securities Transactions, or Advertise Investment Services Offshore, Release No. 33-7516, 34-39779, IA-1710, IC-23071, International Series Release No. 1125, (23. März 1998) der SEC, VII B, vergl. http://www.sec.gov/rules/interp/33-7516.htm. *Moon*, 21 Journal of International Law & Business 2000, 131 (146); *Mann/Carney*, Jurisdiction, 5-28 f.; *Steck*, ZBB 2000, S. 112 (118); *Florian*, Rechtsfragen, S. 258.

1312 Nicht ausreichend ist folgende Klausel: "The offer is not being made in any jurisdiction in which the offer would or could be illegal", da sie für den Adressaten nicht eindeutig genug ist.

1313 *Steck*, ZBB 2000, S. 112 (118).

1314 *Steck*, ZBB 2000, S. 112 (118).

Willen auf und unterwirft sie im Einzelfall unangemessenen Regelungen[1315]. Zudem ist mit Blick auf das Völkerrecht und Wirtschaftskollisionsrecht fraglich, ob eine solche Regelung von den Befugnissen der SEC gedeckt ist. Es handelt sich nämlich um eine einseitige, extraterritoriale Anwendung des US-amerikanischen Aufsichtsrechts[1316]. Jeder Staat unterliegt jedoch auch bei der Anwendung des Börsen- und Kapitalmarktaufsichtsrechts den Begrenzungen des Völkerrechts, so daß er ordnungspolitische Regeln grundsätzlich nicht außerhalb seiner Grenzen durchsetzen darf[1317].

§ 17 Diskussion in dem CESR

Bevor sich die Arbeit der neuen europäischen Richtlinie über Märkte für Finanzinstrumente zuwendet, gilt es, einen Blick auf die der Richtlinie vorausgegangenen Diskussion in dem Committee of European Securities Regulators zu werfen. Insbesondere die Empfehlungen des CESR hatten maßgeblichen Einfluß auf die Gestaltung der Richtlinie über Märkte für Finanzinstrumente.

A. Bedeutung des CESR

Das Komitee der europäischen Aufsichtsbehörden (CESR) ist 2001 aus dem Forum of European Securities Commissions (FESCO) auf der Grundlage einer Entscheidung der Europäischen Kommission vom 6. Juni 2001 (2001/1501/EC) entstanden.

Im Dezember 1997 wurde als Vorgänger das Forum of European Securities Commissions von siebzehn europäischen Wertpapieraufsichtsbehörden gegründet, um der zunehmenden Integration der Finanzmärkte auf europäischer Ebene Rechnung zu tragen[1318]. Die Mitglieder des CESR sind sämtliche Wertpapieraufsichtsbehörden aus der EU sowie die Aufsichtsbehörden aus Island und Norwegen. Sie haben sich in einer Charta verpflichtet, regelmäßig ihre Erfahrungen und Informationen auszutauschen und gemeinsame Aufsichtsstandards für die Kapitalmärkte zu erarbeiten, um den Anlegerschutz zu verbessern, die Markttransparenz zu erhöhen und eine faire Behandlung der Investoren zu gewährleisten. Ferner möchten die CESR-Mitglieder bei der Schaffung eines einheitlichen europäischen Finanzmarktes zusammenarbeiten und sich gegenseitig bei der Überwachung von Märkten und der Verfolgung von Verstößen unterstützen.

1315 Im Rahmen der Schaffung des Vierten Finanzmarktförderungsgesetzes wurde überlegt, ob ein Schutz für deutsche Anbieter vor den Forderungen der SEC geschaffen werden sollte, vergl. *Steck*, ZBB 2000, S. 112 (119).

1316 *Steck*, ZBB 2000, S. 112 (120).

1317 Siehe oben Teil 3. § 14 A. sowie *Assmann*, Neuemissionen, S. 15, (23 f.); *Schuster*, Börsenrecht, S. 236 ff., 30 f.; *Drobnig*, RabelsZ 1988, 1 (3).

1318 Vergl. http://www.bawe.de/internat.htm (Stand 27.5.2001). Siehe auch *Wittich*, WM 1998, 1526 (1527).

Auch bei CESR handelt es sich nicht um eine internationale Organisation im Sinne des Völkerrechts, so daß auch in diesem Rahmen keine völkerrechtlich verbindlichen Rechtsakte geschaffen werden können[1319].

Bedingt durch die Umwandlung von FESCO in CESR nimmt der Ausschuß eine neue Rolle innerhalb der europäischen Kapitalmarktaufsicht ein, verbunden mit einer eigenen Organisationsstruktur und einem eigenen Budget. CESR soll in der europäsichen Gesetzgebung eine beratende Funktion wahrnehmen. Ferner bezweckt CESR als unabhängiges Gremium der nationalen Aufsichtsbehörden eine gemeinsame und harmonisierte Umsetzung des EU-Gemeinschaftsrechts. Künftig sollen europäische Richtlinien nur die grundlegend wichtigen Standards für die Wertpapieraufsicht als Rahmen festlegen. Die ausfüllenden Regelungen auf gesetzlicher Ebene werden von einem zu schaffenden EU-Wertpapierausschuß (European Securities Committee (ESC)[1320]) in einem Komitologieverfahren[1321] beschlossen[1322]. Dem CESR kommt dabei die Aufgabe zu, Entwürfe für diese ausfüllenden Regelungen zu erarbeiten.

Dadurch setzt die Europäische Kommission die Empfehlungen der Expertengruppe unter dem Vorsitz von Alexandre Lamfalussy um[1323], die durch den Europäischen Rat in Stockholm angenommen wurden. Neben dieser neuen Rolle von CESR führt der Ausschuß sämtliche Aktivitäten von dem FESCO fort und hat deren Standards, Verpflichtungen und Arbeiten übernommen.

B. Empfehlungen des CESR

Das Committee of European Securities Regulators hat im Juli 2002 nach einer langjährigen Konsultationsphase bestimmte Aufsichtsstandards für Alternative Handelssysteme veröffentlicht[1324]. Ausgangspunkt dieser Überlegungen war eine

---

1319 *Hoppmann, Carsten*, Europarechtliche Entwicklungen im Börsenrecht, Arbeitspapier Nr. 60 des Instituts für Handels- und Wirtschaftsrecht der Universität Osnabrück, 1998, S. 11 (http://www.jura.uni-osnabrueck.de/institut/hwr/pdf/papier60.pdf (Stand: 20.1.2001)).

1320 Vergl. für eine eingehende Darstellung „Commission Decisions establishing the European Securities Committee and the Committee of the European Securities Regulators – Frequently Asked Questions", http://europa.eu.int/comm/internal_market/en/finances/mobil/01-213.htm (Stand: 15.1.2003).

1321 Unter dem Komitologieverfahren versteht man ein Ausschußverfahren zur Durchführung der von dem Rechtssetzungsorgan Rat gefaßten Beschlüsse auf der Grundlage des Art. 202 EG. Bevor die Kommission die Rechtsakte erlassen kann, müssen die sogn. Komitologieausschüsse, die sich aus Vertretern der Mitgliedstaaten auf Beamtenebene zusammensetzen, eine Stellungnahme zu dem Vorschlag der Kommission abgeben. Siehe dazu ausführlich *Schorn*, Diskontinuität, S. 91 ff.; *Hauschild*, ZG 1999, 248 ff.; *Haibach*, VerwArch. 90 (1999), 98 ff.

1322 Siehe dazu ausführlich *Wiesner*, FAZ vom 10.9.2002, S. 19; *Seitz*, BKR 2002, 340 (341 f.). Kritisch *Merkt*, NJW-Beilage 23/2002, S. 41 (42).

1323 Siehe zur Lamfalussy-Gruppe auch FAZ vom 31.5.2001, S. 33; Handelsblatt vom 31.5.2001, S. 29.

1324 Siehe CESR, Standards, abrufbar unter http://www.europefesco.org. Dem vorausgegangen war zuerst das Positionspapier „The regulation of Alternative Trading Systems in Europe, 2000" der FESCO. Darauf baute der erste Entwurf für Aufsichtsstandards über Alternative

im November 1999 innerhalb der FESCO gebildeten Arbeitsgruppe, die sich mit den Alternativen Handelssystemen beschäftigte.

Die von CESR erarbeiteten Standards bezwecken die Verbesserung des Anlegerschutzes und der Gewährleistung der Marktintegrität[1325]. Diese Ziele sollen im wesentlichen durch eine umfassende Information der Aufsichtsbehörden über die Preisbildungsmechanismen und die Systemstruktur sowie über den Marktanteil des Systems in einem spezifischen Wertpapiersegment erreicht werden[1326].

Während das erste Konsultationspapier noch weitestgehend Detailregelungen enthielt, verzichtet der endgültige Vorschlag des CESR auf solche. Vielmehr zeichnet er sich durch Flexibiltät aus, womit aber zugleich eine gesteigerte Unsicherheit über die konkreten Anforderungen verbunden ist[1327].

I. Systemeinteilung

Das CESR versteht unter einem sogenannten „qualifying system" „a multilateral system, operated by an entity, which without being regulated as a regulated market, brings together multiple third party buying and selling interests in financial instruments - in the system and according to non-discretionary rules set by the system's operator - in a way that results in a contract"[1328]. Diese Systeme sollen nicht börsenrechtlich reguliert werden. Auf die Kursbildung innerhalb des Systems kommt es hier nicht an, so daß auch Systeme, die Preise von Dritten (meist regulärer Börsen) für ihre eigenen Transaktionen importieren, wie beispielsweise Crossing Systems, von dieser Definition erfaßt werden[1329]. Ebenso sind Hit-or-Take-Systeme als qualifying systems anzusehen[1330]. Systeme mit lediglich einer Partei als zentraler Gegenpartei fallen dagegen nicht unter die Definition.

Der Begriff des qualifying systems des CESR ist jedoch auch nicht unproblematisch. Unklar bleibt, ob Bulletin Boards davon erfaßt werden sollen. Formal fallen sie unter die Definition, da zentrales Merkmal eines qualifying systems die Zusammenführung von Anbietern und Nachfragern zu einem Vertragsschluß ist, was auch Bulletin Boards leisten. Eine Einschränkung, wonach der Vertragsschluß im System zu erfolgen hat, läßt sich der Beschreibung eines qualifying systems nicht entnehmen[1331]. Nimmt man das Merkmal der Zusammenführung von Handelsaufträgen, so fallen ebenso klassiche elektronische Marktplätze,

---

Handelssysteme der FESCO im Juni 2001 („Proposed Standards for Alternative Trading Systems – Consultative Paper, 11. Juni 2001, FESCO-Dok. 01-035b") auf. Der letzte Entwurf war das Papier „Proposed Standards for Alternative Trading Systems – paper for final Consultation" vom 14. Januar 2002 (CESR/02-001) der CESR.

1325 So bereits FESCO, Regulation, S. 12; CESR, Proposed Standards, S. 3. Nunmehr CESR, Standards, S. 3.

1326 CESR, Standards, S. 3.

1327 So auch *Spindler*, WM 2002, 1365 (166).

1328 CESR, Standards, S. 4.

1329 CESR, Standards, S. 4.

1330 Vergl. auch *Spindler*, WM 2002, 1365 (1367).

1331 Vergl. insbesondere die Erläuterungen des CESR: CESR, Standards, S. 5.

wie beispielsweise Internet-Auktionshäuser unter die Definition, da auch sie automatisiert eine Vielzahl von Teilnehmern zu einem Vertragsschluß zusammenführen[1332].

Bei der Definition eines qualifying systems wurde auf einige Kriterien, die zuvor diskutiert wurden, verzichtet. Frühere Vorschläge enthielten eine Beschränkung auf automatisierte Systeme oder fragten, ob es sich um bi- oder multilaterale Systeme handelt[1333].

Besonders problematisch ist jedoch, daß eine präzise Abgrenzung zum Börsenbegriff nicht getroffen wurde. Dies wiegt um so schwerer vor dem Hintergrund, daß die von dem CESR bestimmten Merkmale dem deutschen Börsenverständnis entsprechen[1334]. Die Abgrenzung kann auch nicht durch eine formale Betrachtung, die auf die Genehmigung als Börse abstellt, geleistet werden, da Börsen, beispielsweise im deutschen Recht, anderen Anforderungen als Alternative Handelssysteme unterliegen[1335].

II. Aufsichtsstandards

Die von dem CESR vorgeschlagenen Aufsichtsstandards sind sehr flexibel beschaffen[1336]. In Abhängigkeit vom konkreten Einzelfall wirken sich die allgemein formulierten Standards aus. Im wesentlichen lassen diese sich in marktintegritäts- und anlegerschutzbezogene Standards einteilen.

1. Marktintegritätsbezogene Aufsichtsstandards

Der zentrale Ansatz zum Schutz der Marktintegrität liegt für CESR gemäß Standard 1 in einem Genehmigungs- und Anzeigeverfahren des Systembetreibers gegenüber den Aufsichtsbehörden, in dem er diesen die für sein System konstitutiven Merkmale mitzuteilen hat[1337]. Dies gilt insbesondere für die Preisbildungsmechanismen, die Systemregeln, nach denen ein Vertrag geschlossen oder vermittelt wird, die Durchführung der Aufträge, Anzahl und Art der Teilnehmer, die Art der gehandelten Wertpapiere, die Art und Weise der Information von Teilnehmern und Öffentlichkeit, das Clearing sowie, wie die aufsichtsrechtlichen Vorschriften eingehalten werden[1338]. Die §§ 58 f. BörsG entsprechen im wesentlichen diesen Anforderungen, so daß nicht mit einer Pflichtenausweitung im deutschen Recht zu rechnen ist.

Ferner sollen die Betreiber nach Standard 2 sicherstellen , daß der Handel „fair and orderly“ stattfindet, womit primär die Gleichbehandlung von Han-

---

1332 Kritisch auch zu dieser weiten Definition *Spindler*, WM 2002, 1365 (1367).
1333 Siehe zu den früheren Vorschlägen FESCO, Proposed Standards, S. 6 ff.
1334 So auch *Spindler*, WM 2002, 1365 (1367).
1335 Siehe *Spindler*, WM 2002, 1365 (1367).
1336 Vergl. CESR, Standards, S. 8 ff.
1337 CESR, Standards, S. 8.
1338 CESR, Standards, S. 8 f. Schon vorher FESCO, Proposed Standards, S. 10 f.; FESCO, Regulation, S. 21 f.; CESR, Proposed Standards, S. 7 f.

delsteilnehmer und eine effiziente Preisbildung gemeint sind[1339]. Die Gleichbehandlung der Teilnehmer schließt die Pflicht zur Erzielung bestmöglicher Preise und eine umfassende Informationsmöglichkeit über Handelsaufträge und Transaktionen ein[1340]. Eine solche Pflicht gilt aber nicht uneingeschränkt. Dort wo Preise importiert werden, also erteilte Aufträge an das System keinen Einfluß auf die Kursbildung haben, müssen die Handelsteilnehmer auch nicht über Handelsaufträge im System informiert werden[1341]. Desweiteren steht die Informationspflicht in Abhängigkeit zum Teilnehmerkreis: Je professioneller dieser ist, desto weniger streng sind die Informationspflichten. Allerdings findet keine Reduktion auf Null statt, da andernfalls die Marktintegrität nicht adäquat geschützt werden kann[1342].

Problematisch an dieser Pflicht aus Standard 2 ist deren geringe Konkretisierung im Gegensatz zum anfänglichen Diskussionsstand in dem FESCO. Damals wurde beispielsweise das Verhältnis von best-execution Pflicht und Eigeninteresse des Systembetreibers näher beschrieben[1343].

Mögliche Risiken, die durch Marktfragmentierung entstehen könnten, sollen durch die Informationspflicht aus Standard 3 minimiert werden. Diese statuiert, daß die Systembetreiber auf einer „reasonable commercial basis" auch der Öffentlichkeit die den Handelsteilnehmern offenstehenden Informationen über Orders und Quoten sowie Handelsabschlüsse zugänglich zu machen haben, sofern es sich um Wertpapiere handelt, die ebenfalls auf regulierten Märkten gehandelt werden[1344]. Allerdings besteht nicht die Verpflichtung zur Echtzeit-Informationsverschaffung, sondern lediglich „on a timely basis"[1345]. Die konkrete Ausgestaltung der Pflicht steht in Abhängigkeit zur jeweiligen Eigenheit des Handelssystems, denn beispielsweise bei einem Crossing-System macht eine pre-trade Veröffentlichung keinen Sinn[1346].

Was die „reasonable commercial basis" sein soll, bleibt jedoch unklar. Dies ist umso bedauernswerter, da auch gerade ein entscheidender Wettbewerbsfaktor der Alternativen Handelssysteme in der Beschränkung des Teilnehmerkreises über Kurs- und Handelsinformationen liegt.

Standard 4 soll marktmißbräuchlichem Verhalten entgegenwirken. Er verpflichtet die Betreiber über die Einhaltung der vertraglich vereinbarten Regeln seitens der Handelsteilnehmer zu wachen[1347]. Auch diese Pflicht steht in Abhängigkeit zum Teilnehmerkreis. Mithin ist diese um so intensiver, je mehr

---

1339 CESR, Standards, S. 9.
1340 CESR, Standards, S. 9.
1341 CESR, Standards, S. 9.
1342 CESR, Standards, S. 9.
1343 Vergl. FESCO, Regulation, S. 12 f.
1344 CESR, Standards, S. 10.
1345 CESR, Standards, S. 10.
1346 CESR, Standards, S. 10.
1347 CESR, Standards, S. 11.

nicht-professionelle Teilnehmer Zugang zum System haben. Zusätzlich ist die Intensität der Pflicht abhängig von der Bedeutung des Systems für die Preisbildung am gesamten Markt[1348]. Verstöße kann der Betreiber schlimmstenfalls durch die Zugangsverweigerung zum System ahnden.

Die Systembetreiber sind nach Standard 5 verpflichtet, die bei dieser Überwachung gesammelten Informationen an die Aufsichtsbehörden zu übermitteln[1349]. Für Wertpapiere, die auch auf geregelten Märkten gehandelt werden, kann der Systembetreiber eine Überwachungsstruktur mit dem Träger des geregelten Marktes errichten. Andernfalls soll er eine eigene Überwachungsstruktur schaffen, wodurch bezweckt wird, den Free-riding-Effekt von Handelssystemen, die sich einer Marktüberwachung durch Dritte zunutze machen, zu minimieren[1350].

Den technischen und organisatorischen Risiken von Alternativen Handelssystemen nimmt sich Standard 6 an[1351]. Demnach sind die Systembetreiber dazu verpflichtet, den Aufsichtsbehörden gegenüber zu belegen, daß es ihnen möglich ist, sowohl die versprochenen Leistungen zu erbringen, und damit zusammenhängend eine Systemsicherheit für den jederzeitigen Zugang und vor den Angriffen Dritter zu schaffen, als auch eine adäquate Datensicherung im Falle von Systemausfällen zu gewährleisten[1352]. Nicht für jedes Handelssystem ist dabei der Aufbau eines Notsystems, eines zusätzlichen „redundante" Systems, zu fordern. Dies ist vielmehr vom Teilnehmerkreis und der Bedeutung des Systems für den Gesamtmarkt abhängig.

Schließlich behandelt Standard 7 das Clearing und Settlement von abgeschlossenen Handelsgeschäften[1353]. Dabei geht es nicht um konkrete Anforderung an Clearing und Settlement, sondern um die bloße Mitteilungspflicht der Systembetreiber gegenüber den Handelsteilnehmern, in welcher Art und Weise Clearing und Settlement durchgeführt werden. Lediglich beim Handel mit nicht-professionellen Teilnehmern sollen die Aufsichtsbehörden von den jeweiligen Systembetreibern verlangen, daß diese das Clearing entweder selbst oder durch eine Kooperation mit einem Clearing-Haus gewährleisten.

2. Anlegerschutzbezogene Aufsichtsstandards

Generell sieht das CESR kaum Anlaß, die bestehenden Anforderungen unter anlegerschutzbezogenen Aspekten zu ändern. So bleiben die verbindlichen Vor-

---

[1348] CESR, Standards, S. 11.
[1349] CESR, Standards, S. 11.
[1350] CESR, Standards, S. 11 f.
[1351] CESR, Standards, S. 12. Kritisch dazu *Spindler*, WM 2002, 1365 (1368 f.), der meint, im konkreten Einzelfall könne eine Umsetzung schwierig werden, da die Standards zu allgemein und offen gehalten seien.
[1352] Dies hat schon die IOSCO ihren Mitgliedern empfohlen, siehe IOSCO, Internet, S. 33, vergl. http://www.iosco.org/docs-public/1998_internet_security.html (Stand: 21.01.2001).
[1353] CESR, Standards, S. 12.

schläge des CESR darauf beschränkt, daß zum einen die Wertpapierfirmen die „nature of the relationship between the user and the operator of the system“ in einer Vereinbarung mit den Handelsteilnehmer klar regeln müssen[1354]. Zum anderen soll der Anlegerschutz durch die oben beschriebenen umfassenden Aufklärungspflichten des Systembetreibers gestärkt werden, damit die Handelsteilnehmer sich der Nutzungsrisiken bewußt werden können[1355]. Dabei sollen die mitzuteilenden Informationen folgendes beinhalten: Die Funktionsweise des Systems, den Status der anderen Handelsteilnehmer, insbesondere ob diese professionelle Teilnehmer sind und ob sie aus dem Ausland handeln, Streitschlichtungs- und Korrekturmechanismen, die Pflichten der Teilnehmer aufgrund der nationalen Regulierungen, die Bedingungen, nach denen der Systembetreiber den Zugang zum System sperrt oder unterbricht, alternative Handelsabläufe im Falle einer Systemstörung sowie die Clearing-Vereinbarungen, die das Handelssystem abgeschlossen hat.

Allerdings stehen auch hier die Aufklärungspflichten in Abhängigkeit von der Erfahrung der Handelsteilnehmer[1356].

Gerade mit Blick auf die nicht jedermann auf Anhieb und aus sich heraus verständlichen Preisbildungs- bzw. Preisfindungsmechanismen ist dieser Ansatz äußerst positiv zu werten. Allerdings ist zu bedauern, daß von der Aufklärungspflicht weder die Eigentümerstruktur des Systems noch mögliche Interessenkollisionen des Systembetreibers mit den Pflichten als Broker oder Dealer erfaßt werden.

III. Zusammenfassende Bewertung

Zusammenfassend beurteilt sind die Vorschläge des CESR als positiv zu werten. Lediglich hinsichtlich Bulletin Boards stellt sich die Frage, ob es als System, welches nicht unmittelbar einen bindenden Vertragsschluß erbringt, nicht durch die oben genannten Informationspflichten überreguliert ist[1357]. Da das WpHG auch nach dem 4. Finanzmarktförderungsgesetz in den §§ 31 ff. WpHG nicht die oben beschriebenen Pflichten mit Blick auf den Schutz der Marktintegrität enthält, sind hier künftig entsprechende Modifizierungen angebracht[1358].

§ 18 Neue EG-Richtlinie über Märkte für Finanzinstrumente

Lange Jahre traf die EG-Wertpapierdienstleistungsrichtlinie als europäisches Sekundärrecht keine Regelungen hinsichtlich der Einordnung von Alternativen Handelssystemen in die Begriffe Börse oder geregelter Markt[1359].

1354 CESR, Standards, S. 14.
1355 CESR, Standards, S. 14 f.
1356 CESR, Standards, S. 14.
1357 Siehe auch *Spindler*, WM 2002, 1365 (1369).
1358 Vergl. *Spindler*, WM 2002, 1365 (1369).
1359 Vergl. auch *Hammen*, WM 2001, 929 (940); FESCO, Regulation, S. 4.

Unter dem maßgeblichen Einfluß der FESCO/CESR stellte die EU-Kommission am 19.11.2002 einen Vorschlag zur Änderung der EG-Wertpapierdienstleistungsrichtlinie vor[1360]. Mittlerweile wurde dieser Vorschlag in veränderter Form am 21.4.2004 von dem Europäischen Parlament und dem Rat der Europäischen Union als EG-Richtlinie über Märkte für Finanzinstrumente erlassen[1361]. Die neue EG-Richtlinie ist am 30.4.2004 in Kraft getreten mit einer Umsetzungsfrist von 24 Monaten, wobei während dieser Zeit die EG-Wertpapierdienstleistungsrichtlinie weiter geltendes Recht bleibt. Erst danach wird sie aufgehoben[1362].

Durch diese neue Richtlinie soll eine adäquate Regulierung der Alternativen Handelssysteme geschaffen werden, um so die von ihnen ausgehenden Probleme für den Kapitalmarkt und die Investoren zu beseitigen sowie einheitliche Wettbewerbsbedingungen zwischen den Systemen zu schaffen[1363]. Dabei wahrt die neue Richtlinie die bestehende Dualität zwischen geregelten Märkten und Wertpapierdienstleistern.

A. Einteilung der Alternativen Handelssysteme

Die neue Richtlinie differenziert zunächst zwischen organisiertem Handel, für den das Matching einer Vielzahl von Teilnehmern charakteristisch ist, und bilateralen Systemen, bei denen das Wertpapierhaus jedes Geschäft für eigene Rechnung und nicht als dem Käufer und Verkäufer zwischengeschaltete Gegenpartei tätigt[1364]. Um mit der technologischen Vielfalt und den Entwicklungen auf den Finanzmärkten mithalten zu können, kann die Kommission durch ein Komitologieverfahren die Begriffsbestimmungen präzisieren[1365].

Die Alternativen Handelssysteme werden von der Richtlinie entweder als geregelte Märkte oder als Wertpapierdienstleister, die ein multilaterales Handelssystem betreiben, reguliert[1366]. Damit kommt die Richtlinie den Alternativen Handelssystemen entgegen, die sich gerne als Börsen bzw. geregelte Märkte re-

---

1360 Vergl. Abl. C 71 E vom 25.3.2003, S. 62. Siehe dazu *Balzer*, ZBB 2003, 177 ff.

1361 Richtlinie 2004/39/EG des Europäischen Parlaments und des Rates vom 21. April 2004 über Märkte für Finanzinstrumente, zur Änderung der Richtlinien 85/611/EWG und 93/6/EWG des Rates und der Richtlinie 2000/12/EG des Europäischen Parlaments und des Rates und zur Aufhebung der Richtlinie 93/22/EWG des Rates, vergl. Abl. L 145 vom 30.4.2004, S. 1. Siehe zum Gesetzgebungsverfahren http://www.europa.eu.int/prelex/detail_dossier_print.cfm?CL=de&DosID=178110 (Stand 14.9.2004).

1362 Siehe Art. 69 der EG-Richtlinie über Märkte für Finanzinstrumente, Abl. L 145 vom 30.4. 2004, S. 39.

1363 Vergl. Grund Nr. 5 der Richtlinie über Märkte für Finanzinstrumente, Abl. L 145 vom 30.4. 2004, S. 1.

1364 Vergl. Grund Nr. 6 der Richtlinie über Märkte für Finanzinstrumente, Abl. L 145 vom 30.4. 2004, S. 2.

1365 Vergl. Art. 4 Abs. 2 i.V.m. Art. 64 Abs. 2 der Richtlinie über Märkte für Finanzinstrumente, Abl. L 145 vom 30.4.2004, S. 11, 38.

1366 Vergl. Grund Nr. 6 der Richtlinie über Märkte für Finanzinstrumente, Abl. L 145 vom 30.4. 2004, S. 2.

gistrieren lassen möchten[1367]. Sie können dabei wählen, ob sie als geregelter Markt oder lieber als Wertpapierdienstleister reguliert werden wollen.

Anders als der Ansatz der SEC steht das EU-Regulierungskonzept nicht in Abhängigkeit zum Handelsvolumen der Alternativen Wertpapierhandelssysteme. Darin liegt eine Schwachstelle der neuen Richtlinie, denn regelmäßig hängen die Gefahren einer Marktfragmentierung von dem gehandelten Volumen eines Wertpapiers ab[1368].

I. Geregelter Markt

Gemäß Art. 4 Abs. 1 Nr. 14 der neuen Richtlinie ist ein geregelter Markt ein multilaterales und zugelassenes System, das die Interessen multipler dritter Parteien am Kauf bzw. Verkauf von öffentlich angebotenen Wertpapieren einschließlich Derivaten, die einer bestimmten Regulierung, insbesondere Prospekt- und Veröffentlichungspflichten unterliegen, zusammenführt oder das Zusammenführen fördert[1369].

Anders als der Vorschlag der EU-Kommission muß nach der neuen Richtlinie der geregelte Markt kein technisches System für das Zusammenführen von Aufträgen betreiben. Es reicht, wenn das System das Zusammenführen dergestalt fördert, daß ein Vertrag in Bezug auf Finanzinstrumente geschlossen wird[1370].

Der Betreiber eines geregelten Marktes muß dabei gewährleisten, daß die Emittenten, die für die gehandelten Papiere verantwortlich sind, ihre ihnen hinsichtlich der Wertpapiere obliegenden Pflichten einhalten[1371].

Die geregelten Märkte müssen bei Erfüllung der oben genannten Kriterien nach Art. 36 Abs. 1 der Richtlinie um eine Zulassung nachsuchen.

Exkurs: Bisheriger Begriff des geregelten Marktes

Die bisher noch gültige EG-Wertpapierdienstleistungsrichtlinie Nr. 93/22/EWG des Rates vom 10.5.1993[1372] legt in Art. 1 Nr. 13 WpDRiL einen anderen Begriff des geregelten Marktes („regulated market“) zugrunde. Voraussetzungen für die Anerkennung als geregelter Markt sind zunächst, daß auf dem Markt bestimmte Finanzinstrumente im Sinne des Abschnitts B des Anhangs der WpDRiL gehandelt werden, und daß der Markt in ein vom Herkunftsstaat geführtes Verzeichnis nach Art. 16 WpDRiL eingetragen wurde.

[1367] So auch schon gefordert beispielsweise von der Börsensachverständigenkommission für Marktplatzsysteme, vergl. Börsensachverständigenkommission, Empfehlungen, S. 14 sowie *Merkt*, NJW-Beilage 23/2002, S. 41 (44).

[1368] Ebenso *Spindler*, WM 2002, 1365 (1370) schon zum Vorschlag der EU-Kommission.

[1369] Vergl. Richtlinie über Märkte für Finanzinstrumente, Abl. L 145 vom 30.4.2004, S. 10.

[1370] Vergl. Art. 4 Abs. 1 Nr. 14 und Grund Nr. 6 der Richtlinie über Märkte für Finanzinstrumente, Abl. L 145 vom 30.4.2004, S. 2, 10.

[1371] Vergl. Art. 40 Abs. 3 der Richtlinie über Märkte für Finanzinstrumente, Abl. L 145 vom 30.4.2004, S. 29.

[1372] Abl. vom 11.6.1993, Nr. L 141, S. 27. Siehe dazu *Jentsch*, WM 1993, 2189 ff.

Ferner muß der Markt regelmäßig funktionieren sowie dadurch gekennzeichnet sein, daß die Funktionsbedingungen des Marktes, die Bedingungen für den Zugang zum Markt und die Bedingungen, die die Finanzinstrumente erfüllen müssen, um tatsächlich auf dem Markt gehandelt werden zu können, durch Bestimmungen festgelegt sind, die von den zuständigen Behörden erlassen oder genehmigt wurden. Schließlich müssen die Melde- und Transparenzvorschriften der Artt. 20, 21 WpDRiL eingehalten werden.

Problematisch an dieser Bestimmung des geregelten Marktes ist, daß mit der Eintragung in das Verzeichnis nach Art. 16 Abs. 1 WpDRiL die Voraussetzung mit der Rechtsfolge vermischt wird[1373]. Die Eintragung in das Verzeichnis im Sinne des Art. 16 Abs. 1 WpDRiL erfolgt nämlich nur, wenn die materiellen Voraussetzungen eines geregelten Marktes erfüllt sind. Zu diesen gehört aber entsprechend der Definition die Eintragung.

II. Multilaterales Handelssystem

Neben der möglichen Einordnung als geregelten Markt können die Alternativen Handelssysteme sich nach der neuen Richtlinie alternativ als Wertpapierdienstleister regulieren lassen. Diesbezüglich wurde die bisherige Liste der Wertpapierdienstleistung um den Betrieb eines multilateralen Handelssystems erweitert[1374].

Nach der neuen Richtlinie ist ein solches multilaterales Handelssystem jedes System, das die Interessen multipler dritter Parteien am Kauf bzw. Verkauf von Finanzinstrumenten, die auch an geregelten Märkten gehandelt werden, zusammenführt[1375]. Dieses muß gleich einem geregelten Markt kein technisches System zum Zusammenführen von Aufträgen betreiben. Jedoch dürfen die Funktionsregeln des Handelssystems nicht im Ermessen des Betreibers stehen. Die Preise des Geschäfts müssen nicht im System selbst gebildet werden, so daß auch das Betreiben eines Crossing-Systems als Wertpapierdienstleistung angesehen wird. Betreiber eines solchen multilateralen Handelssystems können Wertpapierfirmen und andere Marktbetreiber sein.

B. Pflichten der geregelten Märkte und multilateralen Handelssysteme

Eine Vielzahl der Pflichten für die geregelten Märkte und die multilateralen Handelssysteme werden erst noch in einem Komitologieverfahren näher festgelegt. Insofern ist es zu früh für eine umfassende Bewertung. Nichtsdestotrotz werden nachfolgend grob die einzelnen Pflichten aufgezeigt, die die neue Richtlinie statuiert.

[1373] So auch *Klenke*, Börsendienstleistungen, S. 155; *Weber*, Investmentrecht, F III, Rn. 34.

[1374] Siehe Anhang I Abschnitt A Nr. 8 und Grund Nr. 5 der Richtlinie über Märkte für Finanzinstrumente, Abl. L 145 vom 30.4.2004, S. 41.

[1375] Vergl. Art. 4 Abs. 1 Nr. 15 der Richtlinie über Märkte für Finanzinstrumente, Abl. L 145 vom 30.4.2004, S. 10.

I. Geregelte Märkte

Nach Art. 36 Abs. 1 der neuen Richtlinie haben die geregelten Märkte um eine Zulassung durch die zuständige nationale Aufsichtsbehörde nachzusuchen. Zudem müssen die geregelten Märkte bestimmten in den Artt. 36 - 45 der Richtlinie statuierten Anforderungen genügen.

1. Liquidität

Nach Art. 39 lit. f) der neuen Richtlinie haben die Marktplatzbetreiber eine entsprechende bzw. ausreichende Kapitalausstattung vorzuweisen. Auch wenn sich die nötige Kapitalausstattung, wie insbesondere bei Markt- bzw. Gegenparteiausfallrisiken, die in Abhängigkeit vom Markt und der Handelsart sowie dem Handelsvolumen stark divergieren können, schwer bestimmen läßt[1376], ist es eine Schwachstelle der neuen Richtlinie, daß der Begriff des ausreichenden Finanzmittels unscharf bleibt. Es bleibt zu hoffen, daß die Mitgliedsstaaten bei der Umsetzung der Richtlinie hier mehr Klarheit schaffen werden, wobei auch keine bestimmte feststehende Kapitalausstattung vorgeschrieben werden sollte, da andernfalls die Gefahr besteht, daß durch Überregulierung Wettbewerb und Innovationskraft der Marktplätze gefährdet werden[1377].

2. Überwachung der gehandelten Wertpapiere

Desweiteren haben die geregelten Märkte nach Art. 40 Abs. 3 der Richtlinie die Einhaltung der diversen Pflichten, die die Emittenten von öffentlich gehandelten Wertpapieren treffen, wie beispielsweise Publizitätspflichten, zu überwachen. Eine Haftung des Marktbetreibers für die offengelegten Informationen ist damit freilich nicht verbunden. Vielmehr sollen die Betreiber sicherstellen, daß nur Wertpapiere angeboten werden, die zuvor zugelassen wurden. Indem die geregelten Märkte dieser Anforderung genügen, heben sie zugleich auch die Qualität ihres Marktes[1378].

3. Transparente Systemregeln

Art. 39 lit. d) der neuen Richtlinie statuiert, daß für die Auftragsausführung von Handelsorders seitens der Mitgliedsstaaten klare und nicht im Ermessen stehende Regeln aufgestellt werden. Dadurch soll verhindert werden, daß der Marktplatzbetreiber im Einzelfall in die Rang- und Reihenfolge von Handelsaufträgen eingreift. Die Handelsbedingungen bedürfen einer vorherigen Genehmigung und der Aufsicht durch die zuständige Behörde. Dies folgt aus Art. 36 Abs. 1 der Richtlinie. Problematisch ist in diesem Zusammenhang allerdings, daß die Richtlinie den nationalen Behörden keinerlei Leitlinien mit an die Hand gibt, sondern die Ge-

---

1376 *Spindler*, WM 2002, 1365 (1372).

1377 Siehe *Spindler*, WM 2002, 1365 (1372); Börsensachverständigenkommission, Empfehlungen, S. 11.

1378 Vergl. *Spindler*, WM 2002, 1365 (1372).

nehmigung und Aufsicht dem Ermessen der nationalen Behörden überantwortet[1379]. Zentrale und europaweite Genehmigungsbedingung sollte aber sein, daß die Handelsteilnehmer insbesondere über den geltenden Preisbildungsmechanismus informiert werden, da dieser ein essentielles Kriterium der Marktplätze ist[1380].

Kritisch ist ferner, daß sich die Transparenz nicht auch auf Regeln bezieht, die dem Marktplatzbetreiber die Unterbrechung des Handels bei bestimmten Wertpapieren oder insgesamt ermöglichen[1381]. Die Handelsteilnehmer müssen aber erkennen können, unter welchen Voraussetzungen der Handel unterbrochen wird, da die Gefahr einer Handelsunterbrechung von besonderer Bedeutung für ihre Handelsentscheidung ist.

4. Transparente Preisbildung und Transaktionen

Weiter unterliegen die Marktplatzbetreiber nach Art. 45 Abs. 1 der Richtlinie der Pflicht, die für bestimmte Wertpapiere zustandegekommenen Abschlüsse, Kurse, Handelsvolumina sowie den Zeitpunkt des Handelsabschlusses soweit wie möglich in Echt-Zeit zu vernünftigen kommerziellen Bedingungen zu veröffentlichen (post-trade information). Gemäß Art. 45 Abs. 3 der Richtlinie werden die Einzelheiten der Post-Trade-Information-Pflicht in einem Komitologieverfahren festgelegt.

Neben diesen post-trade information ist für die Informationseffizienz der Märkte eine Pflicht zur Veröffentlichung von pre-trade information (vorbörslichen Informationen) in Art. 44 der Richtlinie statuiert. Diese bezieht sich auf Angaben, anhand derer die Handelsteilnehmer einen Überblick über die Preise und das potentielle Handelsvolumen für ein Wertpapier gewinnen können, wie beispielsweise Geld- und Brief-Kurse. Dabei beläßt die Richtlinie den Alternativen Handelssystemen aber einen entscheidenden Wettbewerbsvorteil gegenüber den regulären Börsen, nämlich die Anonymität der Angebote, indem nach Art. 44 Abs. 2 der Richtlinie die zuständigen nationalen Aufsichtsbehörden den geregelten Markt bei Geschäften, die im Vergleich zu der für die betreffende Aktie üblichen Marktgröße sehr umfangreich sind, von der Veröffentlichungspflicht befreien können[1382]. Crossing-Systeme können von der vorbörslichen Transparenzpflicht befreit werden, sofern diese Befreiung von der zuständigen Behörde auch für multilaterale Handelssysteme erteilt wird[1383].

1379 Ebenso kritisch *Spindler*, WM 2002, 1365 (1372).

1380 So auch Börsensachverständigenkommission, Empfehlungen, S. 11.

1381 Der Marktplatzbetreiber hat nach Art. 41 Abs. 1 der Richtlinie unter bestimmten Bedingungen dazu das Recht, vergl. Richtlinie über Märkte für Finanzinstrumente, Abl. L 145 vom 30.4.2004, S. 29.

1382 Siehe Richtlinie über Märkte für Finanzinstrumente, Abl. L 145 vom 30.4.2004, S. 31.

1383 Vergl. Art. 29 Abs. 2 der Richtlinie über Märkte für Finanzinstrumente, Abl. L 145 vom 30.4.2004, S. 24.

Zweck der als positiv zu bewertenden Transparenzpflichten ist die Minimierung von Informationsfragmentierungen, die von den Alternativen Handelssy-stemen herrühren, und der damit verbundenen Beeinträchtigung der Informationseffizienz der Kapitalmärkte[1384]. Nach Art. 44 Abs. 3 der Richtlinie werden die Einzelheiten der Veröffentlichungspflicht in einem Komitologieverfahren festgelegt.

5. Systemzugang

Der Zugang zum geregelten Markt wird durch die neue Richtlinie erheblich ausgeweitet. Art. 42 der Richtlinie über Märkte für Finanzinstrumente schreibt dem Marktplatzbetreiber eine einheitliche Regelung für die Teilnahme am Handel vor, durch die ausländische Wertpapierdienstleister nicht diskriminiert werden dürfen. Besonders hervorzuheben ist, daß nach Art. 42 Abs. 3 der Richtlinie nicht nur - wie ursprünglich von der EU-Kommission vorgeschlagen - Wertpapierhäuser, Kreditinstitute, Versicherungsgesellschaften oder andere zugelassene Finanzintermediäre, die im Sinne des europäischen Gemeinschaftsrechts als solche gelten, Zugang zu einem geregelten Markt erlangen können, sondern nunmehr jede weitere natürliche oder juristische Person, die die notwendige Eignung und eine bestimmte Sachkenntnis besitzt. Damit steht grundsätzlich auch privaten Investoren der direkte Zugang oder die Mitgliedschaft eines geregelten Marktes offen. Diese Öffnung gegenüber Privatanlegern ist positiv zu bewerten, insbesondere da sie maßgeblich an die Eignung und Sachkenntnis anknüpft. Es ist kein Grund ersichtlich, warum private Investoren, die über entsprechende Kenntnisse verfügen, nicht direkt am Handel teilnehmen sollten.

6. Marktmißbrauch

Die Marktbetreiber trifft außerdem nach Art. 43 der neuen Richtlinie die Pflicht, das System auf etwaige Mißbräuche, wie beispielsweise Kursmanipulationen, durch die Handelsteilnehmer zu überwachen. Damit verbunden ist eine entsprechende Sanktionsmöglichkeit des Marktbetreibers gegenüber den Systemteilnehmern. Sowohl die Sanktionsmöglichkeit als auch die Überwachungspflicht stehen neben den Pflichten und Befugnissen der nationalen Behörden.

7. Transaktionsabwicklung

Nach Art. 46 der Richtlinie haben die geregelten Märkte das Recht, mit einer zentralen Gegenpartei oder einer Clearingstelle eines anderen Mitgliedstaates zweckmäßige Vereinbarungen über das Clearing zu schaffen. Ein eigenes Clearing muß der Marktplatzbetreiber dagegen nicht anbieten. Dieser Regulierungsan-

---

1384 Vergl. Grund Nr. 44 der Richtlinie über Märkte für Finanzinstrumente, Abl. L 145 vom 30.4. 2004, S. 5.

satz ist zu begrüßen, denn das Clearing ist eine vom Börsenhandel getrennte Funktion und für einen Zusammenlegungszwang besteht kein Anlaß[1385].

8. Systemsicherheit

Obwohl die Sicherheit eines Handelssystems von entscheidender Bedeutung sowohl für die Teilnehmer als auch für die Marktintegrität ist, finden sich in der Richtlinie keine besonderen Anforderungen an diese. Lediglich Art. 39 der Richtlinie enthält Bestimmungen, nach denen das System angemessen für das Management seiner Risiken gerüstet sein muß, und wirksame Maßnahmen für den Fall eines Systemzusammenbruchs bzw. Vorkehrungen für ein solides Management der technischen Abläufe des Systems zu treffen hat[1386]. Zwar werden die Systembetreiber schon ein erhebliches Eigeninteresse an einer adäquaten technischen Systemsicherheit, gerade im Hinblick auf Angriffe von außen, haben, da sie andernfalls starke Nachteile im Wettbewerb mit konkurrierenden Systemen erleiden könnten. Jedoch entbindet dieser Umstand nicht von der Pflicht, sich auch diesem schwierigen Thema anzunehmen. Insofern ist die Richtlinie vor dem Hintergrund des zuvor aufgezeigten Regulierungsbedarfs scharf zu kritisieren[1387].

Exkurs: Sicherheit und Fairness

Im Zusammenhang mit der Sicherheit eines elektronischen Handelssystems stellt sich auch die Frage nach der Fairness des Systems, da sich beide Elemente schwer von einander trennen lassen aufgrund ihrer Abhängigkeit vom Stand der Technik[1388]. Ohne die Problematik weiter vertiefen zu wollen, da sie aufgrund ihres technischen Charakters den vorliegenden Untersuchungsrahmen überschreiten würde, seien hier nur kurz die Komponenten eines fairen Netzwerks genannt bzw. dargestellt, was ein sicheres und faires Handelssystem ausmacht[1389].

Fairness im Netzwerk besteht, wenn zunächst die Einhaltung der richtigen, zeitlichen Reihenfolge bei der Datenverarbeitung aufgrund einer netzwerkweiten identischen und synchronisierten Zeit gewährleistet ist. Desweiteren hat die netzwerkgesamte Datenmenge die Empfangsorte mittels eines Broadcoast-Routingalgorithmus in einem zuverlässigen Übermittlungsmodell zur gleichen Zeit zu erreichen. Ferner ist erforderlich, daß ein optimales Verhältnis zwischen dem Netzwerkdurchsatz und der Netzwerkverzögerungszeit besteht. Weiter müssen gleichmäßig verteilte Netzwerkressourcen eine Netzwerküberlastung ausschließen können. Außerdem sollen durch die Beachtung von Standards alle Netzwerkkom-

---

1385 Siehe oben Teil 2. § 3 E. I. 6. Zustimmend auch *Spindler*, WM 2002, 1365 (1373) schon zum Vorschlag der EU-Kommission.

1386 Vergl. Richtlinie über Märkte für Finanzinstrumente, Abl. L 145 vom 30.4.2004, S. 28.

1387 Siehe zum Regulierungsbedarf oben Teil 3. § 9.

1388 Vergl. auch *Gut*, Fairness, S. 41, 54, der beispielsweise für die Fairness in einer elektronischen Börse u.a. auf den gleichen technichen Zugang der Börsenteilnehmer und den gleichen Anteil an System- und Netzwerkressourcen abstellt.

1389 Siehe dazu vertiefend *Gut*, Fairness.

ponenten unterstützt werden können. Schließlich hat ein effizientes und gut organisiertes Netzwerkmanagement stets die Sicherheit und Verfügbarkeit sowie den störungs- und fehlerfreien Netzwerkbetrieb sicherzustellen[1390]. *Gut* stellt in seiner Arbeit einige Muß-Kriterien auf, um Fairness und damit die Akzeptanz eines Systems gewährleisten zu können[1391]. So müssen alle Teilnehmer gleich behandelt werden, unabhängig von ihrer jeweiligen Marktmacht und -po-sition. Ferner ist erforderlich, daß ein gleicher technologischer Zugang der Teilnehmer zum Handelssystem besteht. Ihnen soll ein gleicher Anteil an den Systemressourcen zur Verfügung stehen. Außerdem muß eine Gleichbehandlung bezüglich der Zeit der ankommenden und abgehenden Informationen und schließlich eine Auftragsverarbeitung nach dem „first come, first served"-Prinzip stattfinden. Für die Anforderung an eine „elektronische Börse" bzw. ein Alternatives Handelssystem gelten zwei weitere Bedingungen: Verfügbarkeit und Sicherheit. Die Verfügbarkeit hat für das ganze System zu bestehen, so daß Transaktionen nie verloren gehen dürfen[1392]. Hinsichtlich der Systemsicherheit präzisiert er die Anforderungen dahingehend, daß die Verschlüsselung sämtlicher Daten, die Zugangsbeschränkung auf nur legitimierte Besucher und die Möglichkeit zur jederzeitigen, lückenlosen Zurückverfolgung aller Transaktionen gewährleistet sein muß. Es darf keine Manipulation durch Dritte möglich sein[1393].

II. Multilaterale Handelssysteme

Wertpapierhandelssysteme, die zwar gleich einem geregelten Markt Kundenaufträge zusammenführen, jedoch nicht als solche zugelassen sind, unterliegen den Anforderungen der Artt. 5 ff. der Richtlinie. Gemäß dieser Artikel können Informationen über den Wertpapierdienstleister verlangt werden. Zudem kann eine Aufklärung über etwaige Interessenkollisionen eingeholt werden. Die Artikel statuieren ferner eine Pflicht zur Risikowarnung und zur fairen und rechtzeitigen Information über mögliche Transaktionen sowie nach Art. 21 der neuen Richtlinie die Pflicht zur bestmöglichen Wahrung der Kundeninteressen[1394].

1. Transparente Systemregeln

Nach Art. 14 Abs. 1 der Richtlinie über Märkte für Finanzinstrumente hat der Wertpapierdienstleister, der ein multilaterales Handelssystem betreibt, die nicht im Ermessen stehenden Systemregeln und Verfahrensabläufe für einen fairen und ordnungsgemäßen Handel zu veröffentlichen. Diese müssen von der zuständigen nationalen Aufsichtsbehörde vor Aufnahme des Handels genehmigt werden[1395].

1390 Vergl. *Gut*, Fairness, S. 127.
1391 Siehe *Gut*, Fairness, S. 41 f.
1392 So *Gut*, Fairness, S. 41.
1393 *Gut*, Fairness, S. 42.
1394 Vergl. Richtlinie über Märkte für Finanzinstrumente, Abl. L 145 vom 30.4.2004, S. 18.
1395 Dies folgt aus Art. 7 der Richtlinie über Märkte für Finanzinstrumente, Abl. L 145 vom 30.4. 2004, S. 12.

Das Handelssystem muß dergestalt strukturiert sein, daß die Risiken für die Handelsteilnehmer so gering wie möglich gehalten werden und die Kundeninteressen nicht durch Interessenkonflikte beeinträchtigt werden.

2. Transparente Preisbildung und Transaktionen

Art. 30 der Richtlinie statuiert, daß die Wertpapierdienstleister den Kurs, das Handelsvolumen und den Zeitpunkt des Geschäftsschlusses veröffentlichen, sofern das außerbörsliche Geschäft Aktien betrifft, die auch an einem geregelten Markt gehandelt werden. Dadurch sollen Markt-intransparenzen und Informationsineffizienz beschränkt werden. Der Anwendungsbereich dieser neuen Norm ist groß, denn sie erfaßt sowohl die üblichen OTC-Geschäfte als auch die Eigenhandelsgeschäfte von Banken, bei denen die Kunden Aufträge an die Bank als zentrale Gegenpartei geben. Offene Positionen oder die Margen der Wertpapierdienstleister müssen dagegen nicht kundgetan werden. Ebenfalls entfällt die Transparenzpflicht für Einzelheiten von abgeschlossenen Geschäften, die über die Systeme eines geregelten Marktes veröffentlicht werden, da es andernfalls zu einer unnötigen Verdoppelung von Meldungen kommen könnte. Nach Art. 30 Abs. 3 der Richtlinie erläßt die Kommission im Komitologieverfahren Durchführungsmaßnahmen in bezug auf den Umfang und den Inhalt der zu veröffentlichenden Angaben.

Die Mitteilungspflicht ist grundsätzlich positiv zu bewerten, da auch schon Marktplätze, an denen nur wenige Anbieter auftreten, bei entsprechenden Handelsvolumina erheblich auf die Preisbildung und Preiskanalisierung einwirken können[1396].

Problematisch ist allerdings, daß die Einzelheiten der Wertpapiergeschäfte der Öffentlichkeit nicht nur zu vernünftigen kommerziellen Bedingungen, sondern auch soweit wie möglich in Echtzeit zur Verfügung gestellt werden sollen. Die Übermittlung der Informationen in Echtzeit führt dabei zu zwei Problemen: Zum einen kann es bei großen Transaktionsvolumina zu Marktverzerrungen kommen[1397]. Zum anderen würden viele Alternative Handelssysteme einen ihrer entscheidenden Wettbewerbsvorteile gegenüber den regulären Börsen verlieren, nämlich die Möglichkeit, tranchenweise großvolumige Transaktionen unter Wahrung der Anonymität der Handelsteilnehmer abzuwickeln[1398]. Insofern ist die Richtlinie hinsichtlich der nachbörslichen Transparenzanforderungen der multilateralen Handelssysteme als nicht geglückt und nachbesserungsbedürftig anzusehen.

Neben der nachbörslichen Transparenzpflicht besteht auch eine vorbörsliche gemäß Art. 29 der Richtlinie. Danach hat der Betreiber eines multilateralen Handelssystems die aktuellen Handelskurse zu veröffentlichen. Diese Informationen

---

1396 Vergl. *Spindler*, WM 2002, 1365 (1374).
1397 Vergl. *Hammes*, ZBB 2001, 498 (506).
1398 *Spindler*, WM 2002, 1365 (1374).

müssen den Handelsteilnehmern zu vernünftigen kommerziellen Bedingungen und auf kontinuierlicher Basis während der üblichen Geschäftszeiten zur Verfügung gestellt werden. Die Transparenzpflicht kann Crossing-Systemen erlassen werden, da sie ihre Kurse von Referenzmärkten beziehen[1399].

3. Systemzugang

Die neue Richtlinie über Märkte für Finanzinstrumente schreibt in Art. 14 Abs. 4 vor, daß die Wertpapierdienstleister, die ein multilaterales Handelssystem betreiben, Handelsteilnehmern den Zugang zu diesem System zu transparenten und objektiven, sprich nicht diskriminierenden Bedingungen zu verschaffen haben. Dabei müssen diese Zugangsregeln den Bedingungen des Art. 42 Abs. 3 der Richtlinie genügen, wonach auch private Investoren bei entsprechender Sachkenntnis Zugang zum System erhalten. Auch hier ist die Öffnung gegenüber privaten Investoren zu begrüßen.

4. Marktmißbrauch

Die Wertpapierdienstleister haben nach Art. 26 der Richtlinie angemessene und wirksame Vorkehrungen zu treffen, um durch Überwachung zur Verhinderung von Marktmißbrauch und Marktmanipulation beizutragen.

5. Transaktionsabwicklung

Gemäß Art. 34 der Richtlinie haben auch die Wertpapierdienstleister, die ein multilaterales Handelssystem betreiben, Zugang zu Clearing- und Abrechnungssystemen. Der Zugang ist dabei nicht diskriminierend und objektiv für sämtliche EU-Wertpapierdienstleister auszugestalten.

6. Systemsicherheit

Dürftig sind die Neuerungen zu den Organisationspflichten des Systembetreibers ausgefallen. Lediglich in Art. 14 Abs. 1 i.V.m. Art. 13 Abs. 5 der Richtlinie findet sich eine kurze Ausführung dahingehend, daß multilaterale Wertpapierhandelssysteme entsprechende Vorkehrungen zu treffen haben, so daß wirksame Kontroll- und Sicherheitsmechanismen für die Datenverarbeitungssysteme gewährleistet sind. Damit bleibt die Richtlinie weit hinter den von dem CESR aufgestellten Leitlinien über den Umfang der Organisationspflichten zurück[1400]. Die Einzelheiten der organisatorischen Anforderungen an die Betreiber von multilateralen Handelssystemen werden nach Art. 13 Abs. 10 der Richtlinie in dem Komitologieverfahren festgelegt. Hier bleibt abzuwarten, inwiefern diese noch zu schaffenden konkreten Anforderungen den aufgezeigten Problemen entgegenwirken können. Allerdings statuiert Art. 12 Abs. 1 der neuen Richtlinie schon jetzt eine Anfangs-

---

1399 Diese Möglichkeit gewährleistet Art. 29 Abs. 2 der Richtlinie über Märkte für Finanzinstrumente, Abl. L 145 vom 30.4.2004, S. 24.

1400 Vergl. die CESR-Leitlinie oben Teil 4. § 17.

kapitalausstattungspflicht, ohne deren Erfüllung die Mitgliedsstaaten die notwendige Zulassung für den Betrieb eines multilateralen Handelssystems nicht erteilen.

7. Aufklärungspflichten

Weiter enthält die neue Richtlinie einige besondere Aufklärungspflichten für multilaterale Handelssysteme. Lediglich in Art. 14 Abs. 5 der Richtlinie heißt es, daß die Wertpapierdienstleister, die ein multilaterales Handelssystem betreiben, die Systemteilnehmer klar über die jeweilige Verantwortung des Handelssystems an der Abrechnung der Geschäfte, die über das System abgewickelt wurden, zu informieren haben. Diese Aufklärungspflicht betrifft damit aber nur den Bereich des Clearings und der Abrechnung. Zudem trifft nach Art. 18 Abs. 2 der Richtlinie Wertpapierfirmen, die ein multilaterales Handelssystem betreiben, die Pflicht zur Offenlegung von Interessenkonflikten, bevor sie Geschäfte im Namen des Kunden tätigen. Dieser Regulierungsansatz ist zu begrüßen, da er adäquat auf den Regulierungsbedarf hinsichtlich von Interessenkonflikten reagiert.

Weitergehende Aufklärungspflichten können auf die Wohlverhaltensregeln gestützt werden, die in Art. 19 der Richtlinie neu und weitaus umfangreicher als in dem bisherigen Art. 11 WpDRiL geregelt sind[1401]. Die Wertpapierdienstleister sind nach Art. 19 der Richtlinie verpflichtet, die Kunden über die angebotenen Dienstleistungen, wie beispielsweise den Betrieb eines multilateralen Handelssystems, aufzuklären, sowie stets im bestmöglichen Interesse des Kunden zu handeln. Außerdem müssen sie den Kunden über enge Verbindungen zu anderen Wertpapierdienstleistern informieren, sofern dies den Kunden wichtigen Aufschluß über die Bindungen des Betreibers der Handelsplattform geben kann. Auch wenn diese Aufklärungspflichten grundsätzlich als positiv zu bewerten sind, gehen sie nicht weit genug[1402]. Gerade vor dem Hintergrund der präziseren Leitlinien der CESR wäre es angezeigt gewesen, die Informationspflichten auch auf den Systemcharakter, die Art und Weise, wie Preise ermittelt werden bzw. darauf, ob diese importiert werden sowie über die Rahmenbedingungen des Vertragsschlusses auszuweiten[1403].

C. Herkunftslandprinzip

Das Herkunftslandprinzip wurde in Art. 36 der Richtlinie auch auf geregelte Märkte ausgeweitet[1404]. Damit folgt das Gemeinschaftsrecht weiterhin seinem klassischen Weg, das Aufsichtsrecht am Herkunftslandprinzip auszurichten. Einer

---

1401 Siehe eingehend dazu Richtlinie über Märkte für Finanzinstrumente, Abl. L 145 vom 30.4.2004, S. 17 f.

1402 Siehe auch *Spindler*, WM 2002, 1365 (1375).

1403 Siehe auch Börsensachverständigenkommission, Empfehlungen, S. 13.

1404 Vergl. Richtlinie über Märkte für Finanzinstrumente, Abl. L 145 vom 30.4.2004, S. 27. Nach Grund Nr. 17 der Richtlinie über Märkte für Finanzinstrumente, Abl. L 145 vom 30.4.2004, S. 3 gilt das Herkunftslandprinzip auch für multilaterale Handelssysteme.

zentralen Aufsicht werden die Alternativen Handelssysteme auch künftig nicht unterworfen. Sie bleiben Objekt der nationalen Aufsichtsbehörden.

Das Gemeinschaftsrecht überläßt es den Mitgliedstaaten, wie sie die Aufsicht institutionell ausgestalten wollen, so daß ein weiter Spielraum hinsichtlich der Organisation der Marktaufsicht besteht. Es ist europarechtlich für die einzelnen Mitgliedsstaaten zulässig, die Zuständigkeit für die Börsenaufsicht einer oder mehreren Verwaltungsbehörden der unmittelbaren oder mittelbaren Staatsverwaltung zu übertragen sowie neue Verwaltungsträger zu errichten.

Kritisch ist anzumerken, daß die Richtlinie keine Regelung für außerhalb der EU sitzende Alternative Handelsysteme, zu denen EU-Wertpapierdienstleister Zugang haben, trifft. Darin bleibt die Richtlinie hinter dem Vierten Finanzmarktförderungsgesetz zurück, das eine entsprechende Aufsichtsbefugnis gegenüber solchen Handelssystemen statuiert[1405]. Zudem provoziert diese Regulierungslücke geradezu eine Abwanderung von Alternativen Handelssssystemen in Drittstaaten, die dieses Problem nicht regulieren[1406].

§ 19 Internationale Harmonisierung des Kapitalmarktrechts

Gerade mit Blick auf die Vereinheitlichungstendenzen in Europa im Kapitalmarkt- und Börsenrecht durch die neue europäische Richtlinie stellt sich die Frage, ob nicht eine internationale Harmonisierung erstrebenswert wäre bzw. wie die Chancen eines solchen Regulierungsansatzes aussähen.

Für eine internationale Harmonisierung spricht zunächst, daß durch eine solche Maßnahme unter anderem der bestehende nationale Protektionismus abgebaut werden kann[1407]. Weiter dürften die gobal tätigen Handelsteilnehmer davon profitieren, da durch angeglichene supranationale Regeln Transaktionskosten gesenkt werden können[1408]. Für sie ist zudem die Auseinandersetzung mit und die Beachtung von über hundert Rechtsordnungen nicht zumutbar. Dieser Zustand führt bei ihnen mitunter zu einer Rechtsunsicherheit. Daher scheint aufgrund der Internationalität des Internet eine globale Regulierungsmaßnahme notwendig.

Als weiteres Argument für eine internationale Harmonisierung wird angeführt, daß so ein Deregulierungs-Wettbewerb zwischen den großen Industriena-

---

1405 Siehe oben Teil 4. § 15 B. I.

1406 Vergl. auch *Spindler*, WM 2002, 1365 (1375).

1407 *White*, International Regulation, S. 224.

1408 *White*, International Regulation, S. 222. So werden beispielsweise in der Betriebswirtschaftslehre auch die Beratungskosten zu den Transaktionskosten gerechnet, vergl. *Piller, Frank T.*, „Transaktionskostentheorie", http://www.aib.ws.tum.de/lehre/ws0001/absl/bwling-2.pdf (Stand 7.11.2001); Confin GmbH (Hrsg.), „KURZGEFASSTE EINFÜHRUNG IN DIE GRUNDSÄTZE DES TERMINHANDELS", vergl. http://www.confin.de/downloads/Confin-Broschuere.pdf (Stand 1.6.2000). Werden Regeln vereinheitlich, reduzieren sich somit schon allein die anfallenden Beratungskosten und damit auch die Transaktionskosten insgesamt.

tionen verhindert würde[1409]. Mit diesem Wettbewerb würden die einzelnen Staaten versuchen, möglichst hohe Transaktionsvolumina zur Stärkung des eigenen Finanzmarktes auf sich zu lenken[1410]. Dieser Wettbewerb muß nicht zwangsläufig stattfinden, jedoch bestünde die Gefahr, daß Staaten Marktteilnehmer für ihre nationalen Finanzmärkte durch deregulierte Märkte mit geringem Schutzniveau gewinnen wollten; ein Prozeß, der letztlich den Handelsteilnehmern schaden würde[1411].

Dagegen ist aber anzuführen, daß die Qualtität des Finanzmarktes maßgeblich von der gebotenen Rechtssicherheit für alle Handelsteilnehmer abhängt. Diese Sicherheit wird aber nicht durch Deregulierung erreicht, sondern vielmehr durch ein umsichtiges Regulierungskonzept. Insofern erscheint es fraglich, ob dieses „race to the bottom“[1412] zwischen den konkurrierenden Staaten überhaupt realiter stattfinden bzw. sich durchsetzen kann.

Gegen eine Aufhebung des bestehenden Regulierungswettbewerbs zwischen den Staaten spricht außerdem, daß Kapitalbewegungen in der Wettbewerbssituation eine Bestätigung der Regulierungsmaßnahmen des kapitalgewinnenden Landes sind. Dadurch werden zugleich bestehende Regulierungsdefizite im kapitalverlierenden Land aufzeigt. Wird nun ein einheitlicher Regulierungsrahmen geschaffen, so besteht die Gefahr, daß aktuelle Regulierungsprobleme unerkannt perpetuiert werden[1413]. Außerdem kann eine Vereinheitlichung des Rechts diesem sein Potential für eine effektive Rechtsfortbildung nehmen, welches aus der Theorie des Wettbewerbs als Entdeckungsverfahren folgt[1414].
Desweiteren kann eine Vereinheitlichung die Gefahr in sich tragen, blind für Besonderheiten des jeweiligen Kapitalmarkts zu sein[1415].

Auch wenn man diese Negativwirkungen einer internationalen Harmonisierung ausblendet und sich allein den Chancen eines solchen Konzepts zuwendet, spricht nicht viel für einen solchen Regulierungsansatz. Eine globale Rechtsord-

---

1409 Vergl. die Darstellung bei *White*, International Regulation, S. 207 f. Für die Annahme eines solchen Deregulierungswettbewerbs oder „race to the bottom“ siehe *Worth*, 18 North Carolina Journal of International Law and Commercial Regulation 1992, S. 134 ff. *Lurger*, Regulierung, S. 115 m.w.N. nennt als wirkungsvolle Gegenmaßnahme zum „race to the bottom“ den Erlaß von europäischen Richtlinien mit Mindeststandards.

1410 *White*, International Regulation, S. 220; *Bloch*, Regulators, S. 155 (169 ff.) zeigt ein weiteres Motiv im Wettbewerb auf: Die für den Finanzmarkt zuständigen Stellen sind auch einem Rechtfertigungsdruck sowohl hinsichtlich ihrer Größe als auch generell gegenüber ihrer Existenz ausgesetzt. Ein großes Transaktionsvolumen kann für beides eine Rechtfertigung sein.

1411 Ähnlich *Lurger*, Regulierung, S. 86 für den Bereich Verbraucher-, Arbeitnehmer- und Umweltschutz.

1412 Der Begriff „race to the bottom“ entstammt der US-amerikanischen Debatte um den "Delaware-Effect" im Gesellschaftsrecht, vergl. *Calliess*, Globale Kommunikation, S. 61 (65, Fn. 20).

1413 *White*, International Regulation, S. 222.

1414 So auch *Hopt*, ZIP 1998, 96 (98 f.); *White*, International Regulation, S. 208. Kritisch für den Bereich des europäischen Gesellschaftsrechts *Boehme-Neßler*, EWS 2001, 149 (156) m.w.N.

1415 *White*, International Regulation, S. 222.

nung setzt stets auch einen globalen Konsens aufgrund der demokratischen Legitimation voraus. Bisher sind aber alle internationalen Reformen der Finanzmarktordnung gescheitert, da die Einzelstaaten zu divergierende Interessen haben, um sich einigen zu können[1416]. Daher ist eine globale Rechtsordnung bislang ferne Zukunftsmusik und kann allenfalls am Ende der Rechtsentwicklung stehen[1417]. Bis dahin müssen internetspezifische Sachverhalte durch die Einzelstaaten reguliert werden. Dies sollte aber im Rahmen von gegenseitigen Rechtsanpassungen erfolgen. Gerade internationale Organisationen, wie beispielsweise die IOSCO, können diesen Prozeß maßgeblich steuern und durch den Entwurf von Musterregelungen eine Art Katalysator bilden[1418]. Besonders dringlich ist eine internationale Zusammenarbeit im Bereich der Rechtsdurchsetzung. Dem mit der De-Territorialisierung durch das Internet verbundenen Machtverlust können die Staaten nur durch eine gegenseitige Unterstützung bei der Rechtsdurchsetzung entgegenwirken.

Materielle Schutzstandards bedürfen hingegen keiner vollständigen Anpassung, da dies dem Wettbewerb der Regulierungskonzepte entgegenwirken würde und so dem Recht das Potential an Lernfähigkeit und Innovationskraft nehmen würde[1419]. Vielmehr reicht hier eine Mindestharmonisierung, so wie sie auch auf europäischer Ebene erfolgt[1420].

§ 20 Zentralisierte Aufsicht

Wenn schon eine internationale Harmonisierung des Kapitalmarktrechts abzulehnen bzw. derzeit unwahrscheinlich ist, stellt sich weiter die Frage, ob nicht die bestehenden Aufsichtsstrukturen zentralisiert werden sollten.

A. Internationale Aufsicht

Vor dem Hintergrund der zunehmenden Globalisierung von Kapitalmärkten wird vielfach die Errichtung einer internationalen Aufsicht oder zumindest einer international koordinierten Aufsicht bejaht[1421]. *Lusser* bringt dieses Problem plakativ auf den Punkt: „Vernetzte Finanzmärkte erfordern eine vernetzte Aufsicht“[1422].

1416 *Burghof/Conrad*, Handelsblatt vom 16.1.2001, S. 53.
Auf die Schwierigkeit einer internationalen Harmonisierung von Recht allgemein weist auch *Osthaus*, AfP 2001, 13 (15) hin.

1417 So auch *Roßnagel*, MMR 2002, 67 (70).

1418 Ebenso *Roßnagel* für die WTO oder OECD, vergl. *Roßnagel*, MMR 2002, 67 (70). Siehe auch *Mayer*, NJW 1996, 1782 (1791).

1419 Vergl. *Roßnagel*, MMR 2002, 67 (70).

1420 Siehe zur Mindestharmonisierung *Prechtel*, Wertpapierhandelssysteme, S. 228 ff.

1421 Vergl. *Florian*, Rechtsfragen, S. 255; *Grundmann*, ZfgKW 1992, 12 (15 f.) zu der Problematik Globalisierung und Insidergeschäfte. Ferner *Rudolph*, WM 1999, 371; *Lusser*, ZBB 1989, 101 ff.

1422 *Lusser*, ZBB 1989, 101 (103).

Allerdings stellt sich auch hier das Problem der demokratischen Legitimation[1423]. Zudem hätte eventuell eine internationale Aufsicht ein zu starres Regulierungskonzept als Grundlage und würde dadurch den Veränderungen auf den Kapitalmärkten unflexibel gegenüber stehen[1424]. Desweiteren würde auch der als positiv zu wertende Wettbewerb der einzelnen Nationalstaaten um Finanzdienstleister und Kapitalströme reduziert, wenn nicht gar ausgeschaltet werden, da in einem internationalen Rahmen die einzelnen Regulierungs- und Aufsichtssysteme nicht mehr miteinander konkurrieren würden[1425].

Allerdings stellt sich das Problem einer internationalen Aufsicht derzeit nicht, da eine solche bislang nicht absehbar ist[1426]. Da eine Abgabe von Hoheitsgewalt an diese Aufsichtsstelle nur dann erfolgen wird, wenn eine Einigung hinsichtlich der Ziele und der Funktionsweise einer solchen Aufsicht erzielt wird, ist kaum mit der Errichtung zu rechnen[1427].

Schon für eine internationale Kooperation stehen die Chancen, zumindest auf der Grundlage von völkerrechtlichen Verträgen, schlecht. Diese würden kaum von allen Staaten unterstützt werden. Insbesondere Entwicklungsländer mit geringer informationstechnologischer Infrastruktur dürften kein Interesse an einem solchen völkerrechtlichen Abkommen haben[1428].

B. Zentralisierte europäische Aufsicht

Da, wie gezeigt, eine internationale Aufsicht allenfalls ferne Zukunftsmusik ist, sind die Chancen einer zentralisierten europäischen Aufsicht zu analysieren. Zunächst soll dabei der Blick auf die Grundlage bzw. Voraussetzung einer solchen gerichtet werden. In einem weiteren Schritt werden dann die Argumente für und gegen eine solche Aufsichtsstruktur betrachtet.

I. Einheitlicher europäischer Kapitalmarkt

Ein einheitlicher europäischer Kapitalmarkt ist Voraussetzung für eine europäische Wertpapieraufsichtsbehörde, da sich die Aufsichtsstruktur der Entwicklung der Marktstruktur anpassen, nicht aber dieser vorgreifen sollte[1429]. Gerade ökono-

---

1423 Vergl. *Scott/Wellons*, International Finance, S. 1283.

1424 *Scott/Wellons*, International Finance, S. 1283.

1425 *Scott/Wellons*, International Finance, S. 1283.

1426 *Florian*, Rechtsfragen, S. 255; *Lamfalussy*, Aufsichtsrecht, S. 91 (93).

1427 *Florian*, Rechtsfragen, S. 255.

1428 Ähnlich für den Bereich des elektronischen Netzgeldes *Blaurock*, Regelungsfragen, S. 163; *Gramlich*, DuD 1997, 383 (389).

1429 Siehe *Hoppmann*, der von einem „europäisch dimensionierten Kapitalmarkt" als Voraussetzung spricht, vergl. *Hoppmann, Carsten*, Europarechtliche Entwicklungen im Börsenrecht, Arbeitspapier Nr. 60 des Instituts für Handels- und Wirtschaftsrecht der Universität Osnabrück, 1998, S. 1 (http://www.jura.uni-osnabrueck.de/institut/hwr/pdf/papier60.pdf (Stand: 20.1.2001)). So auch der Einwand von *Edgar Meister* (Mitglied des Direktoriums der Deutschen Bundesbank) gegen eine zentrale europäische Bankenaufsicht, vergl. Handelsblatt vom 23.10.2000, S. 46.

mische Gründe sprechen für einen einheitlichen europäischen Kapitalmarkt[1430]. Bisher ist die Zulassung zum Börsenhandel auf die einzelnen nationalen Märkte beschränkt, so daß die europäischen Unternehmen anders als US-amerikanische Unternehmen eine erschwerte Eigenkapitalfinanzierung durch Börsengänge vornehmen können. Ihnen steht in Europa kein so breiter und tiefer Kapitalmarkt wie in den Vereinigten Staaten zur Verfügung, über den sie schnell und kostengünstig Kapital für Investitionen akquirieren können[1431]. Zudem ist ein einheitlicher Kapitalmarkt auch für Investoren vorteilhaft. Sie erhielten einen besseren Zugriff auf breitere Anlagemöglichkeiten, was insbesondere unter dem Gesichtspunkt der privaten Altersvorsorge äußerst positiv wäre[1432]. Schließlich kommt es in einem großen Markt ohne Restriktionen auch zu einer effizienteren Kapitalverteilung, einer Liquiditätserhöhung sowie einer Transaktionskostensenkung[1433].

Vor dem Hintergrund dieser ökonomischen Notwendigkeiten bzw. Vorteile ist nachfolgend zu untersuchen, inwiefern ein einheitlicher europäischer Kapitalmarkt besteht.

Auch wenn ein solcher ursprünglich nicht in den Vorschriften des EWGV vorhanden war, wurde die Errichtung eines solchen stets, wenn auch nur mittelbar, vorausgesetzt. Für diese Sichtweise wurde angeführt, daß die Bildung eines einheitlichen europäischen Binnenmarktes auch einen europäischen Kapitalmarkt voraussetze, denn die Freizügigkeit für Arbeitnehmer, Waren und Dienstleistungen allein reiche nicht für die Schaffung eines Gemeinsamen Marktes. Vielmehr bedürfe es dazu auch der Freiheit des Kapitals. Insofern war es nur konsequent, 1986 den Art. 8a EWGV aufzunehmen, welcher dem heutigen Art. 14 EG entspricht, der bestimmt, daß die Gemeinschaft die erforderlichen Maßnahmen trifft, um den Binnenmarkt zu verwirklichen. Dabei umfaßt der Binnenmarkt gemäß Art. 14 Abs. 2 EG einen Raum ohne Binnengrenzen, in dem der freie Verkehr von Waren, Personen, Dienstleistungen und *Kapital* gewährleistet ist. Insofern wurde die Schaffung eines europäischen Kapitalmarkts vertraglich festgelegt[1434]. Der europäische Gesetzgeber wollte die Errichtung eines europäischen Kapitalmarktes auf zwei Wegen verwirklichen: Zum einen über die Kapitalverkehrsliberalisierung und zum anderen durch eine Rechtsvereinheitlichung der verschiedenen euro-

---

1430 *Speyer*, Binnenmarkt, S. 73; *von Rosen*, Handelsblatt vom 8.5.2001, S. 55; *Breuer*, Europäischer Kapitalmarkt, S. 1 (3).

1431 *Kübler*, Unternehmensfinanzierung, S. 16 ff.; *Schiereck*, AG 1993, 319 (320 ff.); *Loehr*, WM 1994, 148.

1432 *Speyer*, Binnenmarkt, S. 73.

1433 *Breuer*, Europäischer Kapitalmarkt, S. 1 (3); *Hoppmann, Carsten*, Europarechtliche Entwicklungen im Börsenrecht, Arbeitspapier Nr. 60 des Instituts für Handels- und Wirtschaftsrecht der Universität Osnabrück, 1998, S. 1 f. (http://www.jura.uni-osnabrueck.de/institut/hwr/pdf/papier60.pdf (Stand: 20.1.2001)).

1434 Siehe *Assmann*, ORDO 44 (1993), 87; *Gleske*, Kapitalmarkt, S. 187 (189 ff.); *Servais*, Finanzraum, S. 9.

päischen Kapitalmarktrechtssysteme[1435]. Die Liberalisierung des Kapitalverkehrs ist notwendige Voraussetzung zur Verwirklichung eines Gemeinsamen Marktes.

Die Konzepte zur Rechtsangleichung zwischen den Mitgliedsstaaten wechselten im Laufe der europäischen Geschichte.

1977 stellte *Wymeersch* in einer von der EG-Kommission in Auftrag gegebenen Studie die Schaffung eines übernationalen Marktes mit einheitlichem Rechtssystem zur Verwirklichung eines einheitlichen europäischen Kapitalmarktes vor[1436]. Im wesentlichen wollte er eine einheitliche europäische Börse für den Handel mit Effekten, die über eine beachtliche aktuelle oder potentielle internationale Streuung verfügen, errichten[1437]. Die Aufsicht über den Handel sollte zwar national ausgeübt werden, jedoch anhand einer einheitlichen Europäischen Börsenverfassung, welche von einem bei der Kommission einzurichtendem Direktionskomitee erlassen werden sollte[1438].

Die Idee einer einheitlichen europäischen Börse und einer Totalharmonisierung des Rechts konnte sich indes nicht durchsetzen. Die Europäische Kommission beschreitet daher seit Mitte der 80er Jahre mit dem Weißbuch zur Vollendung des Binnenmarktes einen neuen Ansatz zur Schaffung eines integrierten Kapitalmarkts. Statt einer Totalharmonisierung vertritt sie das Konzept der Mindestharmonisierung und das Prinzip der gegenseitigen Anerkennung nationaler Regelungen[1439].

Der Grundgedanke des Prinzips der Mindestharmonisierung ist der, daß ein einheitlicher europäischer Kapitalmarkt nicht ohne die Vereinheitlichung der wesentlichen Rechtsvorschriften auf ein Mindestmaß geschaffen werden kann[1440]. Zudem schreibt das Prinzip der gegenseitigen Anerkennung vor, daß die Regelungen eines anderen Mitgliedstaates der EU als gleichwertig anerkannt werden, auch wenn diese den eigenen rechtlichen Vorschriften nicht entsprechen. Voraussetzung ist allerdings, daß die diversen nationalen Vorschriften gleichartige Ziele verfolgen.

1435 Siehe für die verschiedenen Kapitalmarktrechtssysteme bei Gründung der EG *Assmann*, ORDO 44 (1993), S. 87 (88 ff.).

1436 *Wymeersch*, Effektenmarktaufsicht, S. 217 ff.

1437 *Wymeersch*, Effektenmarktaufsicht, S. 218 ff.

1438 *Wymeersch*, Effektenmarktaufsicht, S. 222 f.

1439 Vergl. EG-Kommission, Weißbuch, S. 18 ff., 27 ff. Kritisch zu diesen Ansätzen *Speyer*, Binnenmarkt, S. 73 (74 ff.). Ihm zufolge fände das Prinzip der gegenseitigen Anerkennung in der Praxis keine Anwendung, mit der Folge von Ineffizienz, Inkonsistenz bei der Implementation und Unsicherheit über die bestehenden Regeln. Dies wirke sich besonders gravierend im Finanzsektor aus, da Finanzgüter Vertrauensgüter sind, die auf Klarheit über die anwendbaren Regeln zwingend angewiesen sind. Außerdem werde das Prinzip der Mindestharmonisierung nicht konsequent umgesetzt. In hoch komplexen Bereichen, wie beispielsweise dem Markt für Finanzdienstleistungen, funktioniert dieses Prinzip nicht, wie *Speyer* eindrücklich anhand von Beispielen verdeutlicht.

1440 *Höhns*, Aufsicht, S. 290.

Auf dieser Grundlage soll nach einer Einigung der Staats- und Regierungschefs der EU auf der Jahrestagung des Europäischen Rates 2000 in Lissabon bis zum Jahre 2005 ein gemeinsamer Binnenmarkt für Finanzdienstleistungen entstehen[1441]. Mittlerweile hat die Europäische Kommission zwei Wertpapierausschüsse eingesetzt, die sie in den bevorstehenden Gesetzesinitiativen zur Schaffung eines einheitlichen europäischen Kapitalmarkts beraten sollen[1442]. Im „Europäische(n) Wertpapierausschuß", welcher von der EU-Kommission geleitet wird, sind hochrangige Beamte der nationalen Finanzministerien vertreten, während dem „Ausschuß der europäischen Wertpapierregulierungsbehörden" die nationalen Aufsichtsbehörden angehören[1443]. Auch wenn ihr Zweck vorerst in der Beratung zu Gesetzesinitiativen liegt, wird nicht ausgeschlossen, daß sich beide Ausschüsse zu Vorläufern einer zentralen europäischen Wertpapieraufsichtsbehörde entwickeln könnten[1444].

Jedoch ist dieser Werdegang auch kritisch zu betrachten. Zwar steigt die Tendenz zur Schaffung eines einheitlichen europäischen Kapitalmarktes, bedingt durch die Kapitalverkehrsliberalisierung, der elektronischen Vernetzung von Handelsplätzen, einer einheitlichen europäischen Währung und der Rechtsannäherung durch Richtlinienumsetzungen[1445]. Allerdings besteht bisher kein Konzept, wie man die verschiedenen Kapitalmarktinstitutionen der EU-Mitgliedstaaten in einen einheitlichen europäischen Kapitalmarkt integriert[1446]. Zudem ist allein schon der Wettbewerbsdruck zwischen den verschiedenen europäischen Börsen so groß, daß in absehbarer Zeit kaum mit einer Integration zu rechnen ist[1447]. Auch das Beratungsgremium der „Sieben Weisen" unter der Führung des ehemaligen Präsidenten des Europäischen Währungsinstituts, Alexandre Lamfalussy, benennt in seinem Bericht über die Reglementierung der europäischen Wertpapiermärkte zwei Probleme bei der Schaffung eines einheitlichen europäischen Finanzbinnenmarktes. Zum einen kann das bestehende Gesetzgebungsverfahren nicht angemessen zügig auf Veränderungen und Anforderungen des Kapitalmarkts reagieren[1448].

1441 FAZ vom 24.3.2001, S. 13; FAZ vom 12.12.2000, S. 31.

1442 FAZ vom 7.6.2001, S. 33; Handelsblatt vom 7.6.2001, S. 32.

1443 Handelsblatt vom 7.6.2001, S. 32.

1444 FAZ vom 7.6.2001, S. 33. Vergl. für die grundsätzlichen Reformbestrebungen in der EU-Finanzgesetzgebung *Engelen*, Handelsblatt vom 8.3.2001, S. 35.

1445 Vergl. zur Auswirkung einer einheitlichen Währung auf die Kapitalmärkte *Storck*, Herausforderungen, S. 439 (456 ff.).

1446 *Schwark*, WM 1997, 293 (307). *Claussen* spricht auch in diesem Zusammenhang von einer Konzeptlosigkeit im Bereich der Schaffung eines europäischen Kapitalmarktrechts. Es gilt bloß noch das Konzept der Mindesharmonisierung und der wechselseitigen Annäherungen der verschiedenen nationalen Regelungen, siehe *Claussen*, Börsenrecht, § 9 Rn. 12.

1447 Siehe eingehender *Schwark*, WM 1997, 293 (307).

1448 Vergl. Schlussbericht des Ausschusses der Weisen über die Regulierung der europäischen Wertpapiermärkte, Brüssel 2001, S. 12, 21, vergl. http://europa.eu.int/comm/internal_market/en/finances/general/lamfalussyde.pdf (Stand 2.1.2003).

Zum anderen werden bestehende Regeln inkonsistent umgesetzt[1449]. Zudem wird permanent gegen das Prinzip der Heimatlandkontrolle[1450] und gegenseitiger Anerkennung verstoßen[1451].

Bereits zuvor hatte das Beratungsgremium der „Sieben Weisen" im November 2000 deutlich gemacht, daß aufgrund einer fehlenden einheitlichen Harmonisierung der wertpapierrechtlichen Vorschriften bislang eine einheitliche Aufsichtsbehörde für Finanzdienstleistungen in der EU abzulehnen sei[1452].

Festzuhalten bleibt, daß ein einheitlicher europäischer Kapitalmarkt nicht besteht und der Weg dahin noch äußerst beschwerlich sein wird.

II. Zentralisierte europäische Aufsicht

Auch wenn kein einheitlicher europäischer Kapitalmarkt, der Voraussetzung für eine zentralisierte europäische Aufsicht ist, besteht, soll nachfolgend ein kurzer Blick auf die wesentlichen Argumente für und gegen eine solche europäische Aufsicht geworfen werden.

Schon der sogenannte Segré-Bericht, welcher von einer Expertengruppe im Auftrag der EG-Kommission erarbeitet wurde, sah eine zentrale europäische Aufsicht über den sich wechselseitig durchdringenden europäischen Kapitalmärkte stehen[1453].

Da als Prämisse einer zentralisierten europäischen Aufsicht ein einheitlicher europäischer Kapitalmarkt verlangt wird, ist es nur folgerichtig, bei Vollendung eines europäischen Finanzmarktes die Schaffung einer europäischen Aufsichtsbehörde zu fordern[1454]. Die jeweiligen nationalen Aufsichtsbehörden sind unterschiedlich kompetent und würden aufgrund der bestehenden nationalen Ermessensspielräume zu einer uneinheitlichen Aufsichtspraxis führen.

Bereits im Jahre 1989 forderte *Izquierdo*, für bestimmte Bereiche eine zentralisierte Aufsicht einzuführen. Im wesentlichen bezog sie sich auf die Überwachung von Insidergeschäften, welche von einem EU-Ausschuß vorgenommen werden sollte, der bei Verdacht die nationalen Behörden informieren sollte, damit

---

1449 Siehe Schlussbericht des Ausschusses der Weisen über die Regulierung der europäischen Wertpapiermärkte, Brüssel 2001, S. 12, 20, vergl. http://europa.eu.int/comm/internal_market/en/finances/general/lamfalussyde.pdf (Stand 2.1.2003).

1450 Das Prinzip der Heimatlandkontrolle bedeutet, daß bei grenzüberschreitenden Dienstleistungen die Aufsicht grundsätzlich durch das jeweilige Heimatland ausgeübt werden soll. Vergl. *Hoppmann, Carsten*, Europarechtliche Entwicklungen im Börsenrecht, Arbeitspapier Nr. 60 des Instituts für Handels- und Wirtschaftsrecht der Universität Osnabrück, 1998, S. 7 (http://www.jura.uni-osnabrueck.de/institut/hwr/pdf/papier60.pdf (Stand: 20.1.2001)).

1451 *Speyer* hält diese letzte Feststellung für einen häufig übersehenen Punkt des Berichts, vergl. *Speyer*, Binnenmarkt, S. 73 (79).

1452 Erster Bericht des Ausschusses der Weisen über die Reglementierung der europäischen Wertpapiermärkte vom 9.11.2000, S. 27 f., vergl. http://europa.eu.int/comm/internal_market/en/finances/banks/reportde.pdf (Stand 2.1.2003).

1453 Segré-Bericht, S. 15 ff.

1454 *Speyer*, Binnenmarkt, S. 73 (80 f.).

diese dann die weiteren Untersuchungen einleiten könnten[1455]. Mag dies früher ein Argument für eine zentralisierte Aufsicht gewesen sein, so trägt es jedenfalls heute nach Einführung und Umsetzung der EG-Insiderrichtlinie[1456] nicht mehr, da ein effizienter Informationsaustausch zwischen den nationalen Behörden stattfindet.

Zu den stärksten Befürwortern einer europäischen Finanzaufsicht gehört die Finanzbranche, da ihrer Meinung nach bisher die Aufsicht in Europa noch zu kostenintensiv sei und es zu überflüssigen Beaufsichtigungen durch mehrere Behörden zugleich komme[1457]. Doch auch diese wenigen Stimmen gestehen zugleich ein, daß eine zentralisierte Aufsicht zur Zeit politisch nicht durchsetzbar ist[1458].

Unabhängig von der Frage nach der Realisierbarkeit einer solchen Aufsicht sprechen auch grundsätzliche Einwände gegen die Schaffung einer zentralisierten europäischen Aufsicht. Zunächst ist anzuführen, daß einer solchen Behörde die erforderliche Marknähe fehlt[1459]. Ferner ist problematisch, daß zur Zeit aufgrund des Prinzips der Mindestharmonisierung kein adäquates Regelwerk auf europäischer Ebene für ein Tätigwerden einer solchen Aufsichtsbehörde besteht[1460]. Da kein einheitliches europäisches Aufsichtsrecht existiert, müßte eine zentrale europäische Aufsichtsbehörde die Finanzdienstleister und Märkte auf der Grundlage der fünfzehn nationalen Rechtsordnungen beaufsichtigen[1461]. Um eine ausreichende Fachkenntnis zu gewährleisten, müßte man bei der Kapitalmarktaufsicht Abteilungen mit Experten für die jeweiligen Rechtsordnungen bilden. Ein Vorteil gegenüber der bestehenden Aufsichtsstruktur ist, gerade wenn man die fehlende Marktnähe einer solchen Aufsichtsbehörde berücksichtigt, nicht erkennbar. Daher ist für die Errichtung einer zentralen europäischen Aufsicht zunächst Voraussetzung, daß einheitliche Aufsichtsvorschriften für die Finanzmärkte in der EU geschaffen werden. In Frage kommen dafür im wesentlichen zwei Wege: Zum einen eine - bisher nicht durchsetzbare - Totalharmonisierung der Aufsichtsnormen, zum anderen ein Erlaß von EU-Verordnungen, welche unmittelbar in den Mitgliedstaaten gelten[1462].

Da es schon an der Grundlage einer europäischen Aufsicht fehlt, ist die Errichtung einer solchen - zumindest derzeit - abzulehnen[1463].

1455 *Izquierdo*, Liberalisierung, S. 162 ff.

1456 Richtlinie 89/592/EWG, Abl. 1989 L 334, S. 30.

1457 FAZ vom 5.08.2002, S. 9.

1458 *Lee*, European SEC, S. 187; *Gower*, Securities Regulation, S. 307 (307 ff.).

1459 *Höhns*, Aufsicht, S. 293; *Kurth*, WM 2000, 1521 (1528); *Meister*, ZfgKW 2000, 20 (22); *Wittich*, WM 1999, 1613; FAZ vom 1.11.2000, S. 33.

1460 *von Rosen*, WM 1991, 623; *Höhns*, Aufsicht, S. 293. Vor diesem Hintergrund kritisch zum Konzept der Mindestharmonisierung *Möllers*, Integration, S. 12 f.

1461 *Meister*, ZfgKW 2000, 20 (22); *Höhns*, Aufsicht, S. 293.

1462 Vergl. für die Diskussion dieser beiden Möglichkeiten *Höhns*, Aufsicht, S. 294 f.

1463 Daneben stellt sich die äußerst problematische Frage, inwiefern die EU überhaupt die Kompetenz zur Errichtung einer zentralen Aufsichtsbehörde gerade vor dem Hintergrund des Subsidiaritätsprinzips hat. Vergl. dazu *Hoppmann*, EWS 1999, 204 (210); FAZ vom

C. Zentralisierte nationale Aufsicht

Schließlich sollen noch die Möglichkeiten für eine zentralisierte nationale Aufsicht untersucht werden. Der Vorschlag, die Bundesanstalt bzw. das damalige BAWe mit den Aufgaben einer zentralen Markt- und Rechtsaufsicht über Börsen bzw. nunmehr auch die Alternativen Handelssysteme zu betrauen, ist nicht neu[1464]. Dadurch würde die BAFin sämtliche Aufsichtsaufgaben sowohl über den börslichen wie auch über den außerbörslichen Wertpapierhandel wahrnehmen[1465]. Bisher verteidigen die Länder erfolgreich ihre Zuständigkeiten gegen den Bund, der eher zu einer zentralen Börsenaufsichtsbehörde tendiert[1466]. Da eine Reform der Börsenaufsicht der Zustimmung der Länder nach Art. 77 Abs. 2a GG bedarf, weil dadurch eine zur Verwaltungshoheit der Länder gehörende Aufgabe dem Bund zugewiesen würde[1467], ist in nächster Zeit mangels dieser Zustimmung nicht mit einer Zentralisierung der Börsenaufsicht in Deutschland zu rechnen[1468]. Im Februar 2000 hat die Wirtschaftsministerkonferenz der Länder ihren gegen eine Zentralisierung gerichteten Beschluß vom 25.11.1998[1469] noch einmal bestätigt.

Nichtsdestotrotz sollen nachfolgend - unabhängig von den Chancen einer Realisierung - die wesentlichen Argumente für und gegen eine zentralisierte Aufsicht bei der Bundesanstalt dargestellt werden.

Gegen eine dezentrale Aufsichtsstruktur spricht zunächst, daß einer regionalen, dezentralen Aufsichtsbehörde die nötige umfassende Übersicht über die Wertpapiermärkte fehlt. Moderne Kommunikationswege und technische Vernetzung verschmelzen Märkte miteinander. Zudem orientieren sich die einzelnen Regionalbörsen an der Deutschen Wertpapierbörse in Frankfurt am Main als einer Art Leitbörse[1470], mit der Folge, daß Märkte nicht mehr nebeneinander stünden. Hinzukommt, daß in bestimmten Bereichen, wie beispielsweise dem Insiderhandel, eine einheitliche Verwaltungspraxis für das gesamte Bundesgebiet notwendig ist, da eine Beschränkung der Aufsicht auf ein Bundesland wenig effizient ist und

---

16.2.2001, S. 15. Siehe generell zur Subsidiarität im Europarecht *Schlag*, Verwaltungsbefugnisse, S. 131 ff.

[1464] *Baums, Theodor / Segna, Ulrich*, Börsenreform, Arbeitspapier Nr. 65 des Instituts für Handels- und Wirtschaftsrecht der Universität Osnabrück, 1998, S. 89, vergl. http://www.jura.uni-osnabrueck .de/institut/hwr/pdf/papier65.pdf (Stand 20.01.2001).

[1465] Dies hatte der Bund schon anläßlich des Zweiten Finanzmarktförderungsgesetzes vorgeschlagen, vergl. *Claussen*, ZBB 1992, 267 (282).

[1466] *Höhns*, Aufsicht, S. 287.

[1467] Vergl. BVerfGE 48, 127 (177); *Kümpel*, Kapitalmarktrecht, Rn. 18.38 ff.; *Höhns*, Aufsicht, S. 289.

[1468] *Hellwig*, ZGR 1999, 781 (809); *Höhns*, Aufsicht, S. 289. Allerdings hat sich jüngst die hessische Landesregierung dafür ausgesprochen, die Zuständigkeiten für die Verfolgung von Kapitalmarktdelikten und die Börsenaufsicht bundesweit in Frankfurt zu zentralisieren, vergl. FAZ vom 11.9.2002, S. 23.

[1469] Vergl. http://www.boersenaufsicht.de/wimiko.htm (Stand 1.2.2003).

[1470] *Höhns*, Aufsicht, S. 289.

mitunter enorme Kompetenzabgrenzungsprobleme mit sich bringt[1471]. Gerade im schärfer werdenden Wettbewerb der Finanzmärkte wird eine mehrstufige Aufsicht als Standortnachteil für den Finanzplatz Deutschland angesehen[1472]. Früher wurde desweiteren für eine Zentralisierung angeführt, daß durch eine solche Struktur in der internationalen Zusammenarbeit den ausländischen Wertpapieraufsichtsbehörden ein kompetenter und zuständiger Ansprechpartner zur Verfügung stehe[1473]. Mit Blick auf die internationale Zusammenarbeit des früheren BAWe und der Bundesanstalt hat dieses Argument allerdings kaum noch eine Aussagekraft. Mit der Errichtung des BAWe durch das Zweite Finanzmarktförderungsgesetz hatte sich die internationale Akzeptanz des deutschen Aufsichtswesens merklich erhöht[1474].

Weiter wird gegen die bestehende Struktur eingewendet, daß sie eine nicht zu rechtfertigende Überregulierung sei, die insbesondere ausländische Marktteilnehmer unverständlich fänden[1475]. Ein weiterer Vorteil einer zentralen Börsenaufsicht wäre die Aufhebung des alten juristischen Streits über die Zuständigkeit bei bundesweit agierenden börslichen Handelssystemen, wie beispielsweise Xetra[1476]. Außerdem wird für die Errichtung einer zentralen Aufsicht angeführt, daß sie kostengünstiger als das momentane System arbeiten könne. Die bisherigen Untersuchungen in diese Richtung widersprechen sich[1477]. Abschließend wurde diese Frage bisher nicht beantwortet. Sie kann auch hier im Rahmen dieser Untersuchung nicht weiter vertieft werden.

Jedoch ist gegen eine zentrale Aufsicht vorzubringen, daß die für eine effiziente Aufsicht erforderliche Marktnähe nur bei einer dezentral organisierten Kapi-

---

1471 Vergl. *Rauscher*, Bundesaufsichtsamt, S. 44; *Höhns*, Aufsicht, S. 288; *Claussen*, DB 1994, 969 (972). *Hopt/Baum*, Börsenrechtsreform, S. 287 (450 ff.) bezeichnen das bestehende System als redundant, überreguliert und als zu kompliziert. Siehe ferner *Schröder*, Wertpapierhandelsaufsicht, S. 57 für die Diskussion im Rahmen der Umsetzung der Insider-Richtlinie.

1472 *Höhns*, Aufsicht, S. 288; *Kümpel*, WM 1994, 229; Reg-Begr. zum Zweiten Finanzmarktförderungsgesetz, BT-Drucks. 12/6679, S. 1.

1473 *Rauscher*, Bundesaufsichtsamt, S. 44; BMF, WM 1992, 420 (423); *von Rosen*, WM 1991, 623; *von Rosen*, ZfgKW 1992, 276; *Jütten*, Die Bank 1993, 601 (601 f.); *Hansen*, AG-Report 1991, 224.

1474 Ziel des Gesetzes war u.a. die Schaffung eines zentralen Ansprechpartners in Deutschland, vergl. Reg-Begr. zum Zweiten Finanzmarktförderungsgesetz, BT-Drucks. 12/6679, S. 41f. Kritisch dazu *Höhns*, Aufsicht, S. 288.

1475 *Claussen*, DB 1994, 969 (972); *Hopt/Baum*, Börsenrechtsreform, S. 287 (449). So auch *Degner*, Die Bank 1979, 421 vor dem Hintergrund, daß nur wenige europäische Länder eine dem deutschen Regionalbörsensystem gleichende Börsenstruktur haben.

1476 *Baums, Theodor / Segna, Ulrich*, Börsenreform, Arbeitspapier Nr. 65 des Instituts für Handels- und Wirtschaftsrecht der Universität Osnabrück, 1998, S. 82, vergl. http://www.jura.uni-osnabrueck.de/institut/hwr/pdf/papier65.pdf (Stand 20.01.2001). Für den Streit siehe oben Teil 2. § 6 B. I. 2. b) cc).

1477 Für die Möglichkeit der Kostenreduzierung *Claussen*, DB 1994, 969 (972); wohl auch *Höhns*, Aufsicht, S. 288, während *Kurth*, WM 1998, 1715 (1716); *Wermuth*, Sparkasse 1994, 19 (22) sich dagegen aussprechen.

talmarktaufsicht besteht[1478]. Zudem trägt das bestehende dreigliedrige System dem föderalen Aufbau der Bundesrepublik Deutschland und dem Regionalbörsenprinzip Rechnung[1479].

Ferner ist gegen eine zentrale Aufsicht einzuwenden, daß gerade die bestehende föderale Struktur einen regulatorischen Wettbewerb zwischen den einzelnen Bundesländern entfacht hat[1480]. Das Wettbewerbs-Argument ist allerdings nicht überzubewerten, da der Gestaltungsspielraum der Bundesländer hinsichtlich Organisation und Praxis der Aufsicht durch das BörsG erheblich eingeschränkt ist. Nichtsdestotrotz enthalten einzelne Normen des BörsG auch Ermächtigungsgrundlagen zugunsten der Bundesländer, gewisse börsenbezogene Sachverhalte durch Rechtsverordnung zu regeln[1481].

Ebenso sprechen verfassungsrechtliche Erwägungen gegen eine Zentralisierung der Börsenaufsicht[1482]. Nach Artt. 30, 83 GG ist die Ausführung von Bundesgesetzen grundsätzlich Ländersache. Hintergrund ist dabei der Gedanke der Sachnähe. Deshalb ist es dem Bundesgesetzgeber nicht freigestellt, ob und wie die Länder an der Ausführung der Bundesgesetze beteiligt werden. Will der Bund von diesem Prinzip abweichen, benötigt er dafür triftige Gründe. So muß die Zentralisierungsnotwendigkeit unabweisbar sein, um die Zuständigkeitsvermutung des Art. 83 GG durchbrechen zu können. Gerade daran fehlt es im Bereich der Börsenaufsicht, denn eine zentrale Börsenaufsicht kommt nicht um die Errichtung von Außenstellen herum, um die notwendige Marktnähe zu wahren. Diese wären aber Mittel- und Unterbehörden, die der Bund nur im Falle des dringenden Bedarfs und zur Wahrnehmung neuer Aufgaben errichten darf[1483]. Weder besteht jedoch ein solcher Bedarf, da die föderale Struktur funktioniert, noch sind neue Aufgaben wahrzunehmen, die die Errichtung von Mittel- und Unterbehörden rechtfertigen würden.

1478 *Kurth*, WM 1998, 1715; *Schneider*, AG 2001, 269 (270).
1479 *Kurth*, WM 1998, 1715 (1715 f.); *Kurth*, ZfgKW 1998, 618 (620, 624).
1480 *Kurth*, WM 1998, 1715; *Giersch/Schmidt*, Beteiligungskapital, S. 67.
1481 Siehe § 10 Abs. 3 S. 1, § 20 Abs. 1 BörsG.
1482 *Kurth*, WM 1998, 1715.
1483 Vergl. *Sachs*, in: Sachs, GG, Art. 87 Rn. 73 ff.

Teil 5. Zusammenfassung

Die Ergebnisse dieser Arbeit lassen sich in folgende 33 Punkte zusammenfassen:

Grundlagen

1. Der Kapitalmarkt ist der Ort, an dem Wertpapiere emittiert sowie das Angebot und die Nachfrage an und von Wertpapieren zusammengeführt werden, unabhängig von der Art der Zusammenführung. Dabei versteht die herrschende Meinung unter einem Wertpapier jede Urkunde, die ein privates Vermögensrecht dergestalt verbrieft, daß es ohne die Urkunde nicht geltend gemacht werden kann.

2. Die Handelsteilnehmer am Wertpapierhandel auf den Kapitalmärkten lassen sich in zwei Gruppen einteilen: in unmittelbare und in mittelbare Marktteilnehmer. Unmittelbare Marktteilnehmer nehmen direkt am börslichen Handel teil, während die mittelbaren auf Finanzintermediäre angewiesen sind.

3. Die am stärksten organisierte Form des Kapitalmarktes bilden die Börsen. Unter einer Börse im materiellen Sinne versteht man grundsätzlich jede organisierte Einrichtung, in der regelmäßig in verhältnismäßig kurzen Zeitabständen Angebot an und Nachfrage von fungiblen Waren, Wertpapieren oder Devisen in Form von standardisierten Verträgen zusammengeführt werden. Eine Börse im formellen Sinne liegt vor, wenn die Börse im materiellen Sinne eine staatliche Genehmigung zur Börsenveranstaltung bekommen hat.

4. Präsenzbörsen mit einem physisch-räumlich zentralen Handelsort bilden die Urform der Börsen. Mittlerweile bestehen auch börsliche elektronische Handelssysteme, die im Gegensatz zu den Präsenzbörsen die Geschäftsabschlüsse ohne physische Anwesenheit der Handelsteilnehmer organisieren.

5. Darüber hinaus bilden sich auf den Kapitalmärkten Alternative Handelssysteme, die sowohl zu den herkömlichen Börsen als auch den börslichen elektronischen Handelssystemen in Wettbewerb stehen. Der Begriff des Alternativen Handelssystems erfaßt verschiedene Arten von Wertpapier-Handelsplattformen, die sich hinsichtlich ihres Leistungsgegenstandes unterscheiden. Ihnen gemeinsam ist ihre Struktur als privatrechtlich organisierte Unternehmen, die ihre Leistungen an Kunden mittels privatrechtlicher Verträge verkaufen.

6. Börsliche elektronische Handelssysteme, wie beispielsweise Xetra, sind anders als Alternative Handelssysteme, Bestandteil einer regulären Börse. Alternative Handelssysteme sind dagegen eigenständige Marktplätze. Auch mit

Discount-Brokern, wie z.B. *Consors*, dürfen die Alternativen Handelssyteme, aufgrund ihres Charakters als eigener Handelsplatz, nicht verwechselt werden. Discount-Broker führen keine Handelsaufträge im Sinne einer Marktveranstaltung zusammen, sondern leiten diese an Handelsplätze weiter.

7. Ihren entstehungsgeschichtlichen Ursprung haben die Alternativen Handelssysteme in den Vereinigten Staaten. Dort entwickelten sich diese Systeme aus dem Blockhandel. Sowohl institutionelle als auch private Investoren nutzen die Alternativen Handelssysteme.

8. Zu den einzelnen Typen von Alternativen Handelssystemen in den USA gehören Proprietary Trading Systems, Electronic Communication Networks, Single-Price Auction Systems und Crossing-Systems. Regulatorisch hat der Begriff Proprietary Trading System keine Bedeutung mehr. Im Gegensatz zu Electronic Communication Networks findet in Single-Price Auction Systems und Crossing-Systems keine kontinuierliche Preisfeststellung statt, vielmehr werden hier die Kurse von Referenzmärkten importiert.

9. Die rechtliche Steuerung von Alternativen Handelssystemen in den USA ist anders als in Europa relativ weit fortgeschritten. Seit 1997 eröffnen die Order Handling Rules den Alternativen Handelssystemen in den USA den Zugang zur Nasdaq. Mit der Regulation ATS der Securities and Exchange Commission von Ende 1998 wurde der Begriff des Alternativen Handelssystems legaldefiniert und der bestehende Börsenbegriff in dem Securities and Exchange Act geändert. Nunmehr können Alternative Handelssysteme in den Vereinigten Staaten als Börsen genehmigt und beaufsichtigt werden. Alternativ dazu können sich die Handelssysteme als Broker-Dealer, d.h. als Finanzintermediäre, registrieren lassen.

10. Die Wettbewerbsvorteile der Alternativen Handelssysteme liegen in der Möglichkeit des nachbörslichen Handels, der geringen Kostenstruktur durch die Einsparung von Intermediären und Logistik, der Abwicklung von Handelsaufträgen mittels modernster Technik und benutzerfreundlicher Systeme. Dabei ist jedoch anzumerken, daß die Wettbewerbssituation der Alternativen Handelssyteme in Europa, verglichen mit der in den Vereinigten Staaten, weitaus ungünstiger ist, da in Europa frühzeitig moderne und kostengünstige börsliche elektronische Handelssysteme geschaffen wurden.

11. Die sich auf den ersten Blick (teilweise scheinbar) stellenden Regulierungsprobleme von internetspezifischen Sachverhalten, wie das Problem der Kurzlebigkeit physischer Techniken, das Problem der Globalisierung und Internationalität des Internet und das der Virtualität des Internet lassen sich re-

gulatorisch bewältigen. Vor dem Hintergrund der Schnellebigkeit der Technik hat sich eine zeitoffene Gesetzgebung auf abstrakte Prinzipien zu konzentrieren. Hinsichtlich der Ubiquität des Internet und des Steuerungsverlustes aufgrund der Virtualität des Internet muß die Regulierung an den Schnittstellen zwischen realer und virtueller Welt anknüpfen.

Im wesentlichen kommen drei verschiedene Regulierungsmodelle in Betracht: Hoheitliche Regulierung, gesellschaftliche Selbstverwaltung und hoheitlich regulierte Selbstverwaltung, wobei das letztgenannte Regulierungsmodell abstrakt betrachtet grundsätzlich zu bevorzugen ist. Aufgrund der enormen volkswirtschaftlichen Bedeutung der Kapitalmärkte erscheint es jedoch nicht angebracht, lediglich den rechtlichen Rahmen für eine Selbstverwaltung der Kapitalmärkte vorzugeben.

12. Für das Rechtsinstitut Aufsicht ist charakteristisch, daß der Beaufsichtigende durch Beobachtung und Berichtigung des Verhaltens des Beaufsichtigten die Einhaltung von vorgegebenen Maßstäben erreichen möchte. Durch diese Beschreibung unterscheidet sich Aufsicht von anderen Rechtsinstituten - wie Kontrolle, Überwachung, Lenkung und Leitung - , die gemeinsam unter den Oberbegriff Steuerung fallen.

13. Unter Regulierung ist entgegen einer weitverbreiteten Ansicht lediglich der *gesetzgeberische* ordnende und gestaltende Ausgleich von Rechtsverhältnissen Privater, mit der ein über den Einzelfall hinausgehender Ordnungszweck verfolgt wird, zu verstehen. Allgemeines hoheitliches Handeln genügt dem Regulierungsbegriff nicht, da die Verwaltung nicht selbst die Verhaltensbeeinflussung oder Verfügungseinschränkung vornimmt, sondern stets - nur - das umsetzt, was der Gesetzgeber schon vorgegeben hat.

14. Kapitalmärkte und Börsen werden aus verschiedenen Gründen reguliert. Eine große Rolle spielt dabei die erhebliche volkswirtschaftliche Bedeutung des Börsenhandels. Insbesondere nach der (ökonomischen) normativen Theorie der Regulierung besteht bei den Kapitalmärkten die Gefahr eines Marktversagens aufgrund externer Effekte. Gerade durch Panikverkäufe von Investoren oder Handelsunterbrechungen kann es zu Kettenreaktionen kommen, die die Stabilität des gesamten Finanzsystems beeinträchtigen können. Zudem folgt die Regulierung der Kapitalmärkte aus den Schutzgütern des Kapitalmarktrechts: der Funktionsfähigkeit des Kapitalmarktes und dem Anlegerschutz. Drohen sie verletzt zu werden, muß dieser Gefahr durch Regulierung begegnet werden.

15. Zur Umsetzung des regulierenden Kapitalmarktrechts besteht in Deutschland eine dreigliedrige Aufsichtsstruktur. Das zentrale Element dieser Struktur ist

die seit Anfang 2002 bestehende Bundesanstalt für Finanzdienstleistungsaufsicht. Sie vereint die zuvor bestehenden Bundesaufsichtsämter für Kreditwesen, Wertpapierhandel und Versicherungswesen zu einer Aufsichtsbehörde auf Bundesebene. Ihr Aufgabenbereich ist mit denen der früheren drei Aufsichtsämter identisch. Auf Länderebene wird die Aufsicht von den Börsenaufsichtsbehörden ausgeübt, die die Börsen nach den Vorschriften des BörsG beaufsichtigen.

Spezifische Regulierungs- und Aufsichtsprobleme von Alternativen Handelssystemen

16. Problematisch ist zunächst, daß viele Alternative Handelssysteme aufgrund ihrer Funktionsweise eine eigenartige Doppelstellung als Börse im materiellen Sinne und zugleich als Wertpapier- bwz. Finanzdienstleister einnehmen. Sofern sie als Wertpapierdienstleister behandelt werden, kommt es zu einer Wettbewerbsverzerrung gegenüber den Börsen, da sie nicht die regulatorische Last des BörsG tragen müssen. Häufig nutzen Alternative Handelssysteme zudem noch die Funktionen der Börsen, ohne sich an deren Kosten zu beteiligen, wie beispielsweise im Falle von preisimportierenden Alternativen Handelssystemen.

17. Alternative Handelssysteme bergen aufgrund ihrer Internetbasiertheit grundsätzlich diverse Sicherheitsrisiken, die es zu minimieren gilt. Die Handelsteilnehmer erwarten von den Systemen Vertraulichkeit, Integrität, Originalität, Verbindlichkeit und Verfügbarkeit. Diesen Erwartungen hat die Regulierung von Alternativen Handelssystemen zu entsprechen.

18. Desweiteren ist für (potentielle) Marktteilnehmer der Zugang zum Handelssystem von entscheidender Bedeutung. Regelmäßig kann dieser aber nicht erzwungen werden, da aufgrund einer fehlenden Marktmacht und der geringen Markteintrittsbarrieren beim Wertpapierhandel im Internet die Anwendbarkeit sowohl der kartellrechtlichen essential-facilities-Doktrin als auch des kartellrechtlichen Diskriminierungsverbots ausscheidet. Allerdings dürfte das Problem der Zugangsverweigerung eher praktischer Natur sein, da der Betreiber des Handelssystems von sich aus ein Interesse an einem großen Nutzerkreis haben wird.

19. Ferner kommt es durch das Entstehen von Alternativen Handelssystemen zu einer Marktfragmentierung, da neue Handelsplätze neue eigene Märkte bilden. Dies hat auch Auswirkungen auf die Liquidität der Märkte, wobei Liquidität die Möglichkeit der Handelsteilnehmer bezeichnet, ein Wertpapier sofort und ohne nennenswerte Aufschläge auf den marktgerechten Kurs zu kau-

fen bzw. ohne entsprechende Abschläge zu verkaufen. Jeder neue bzw. eigene Markt zersplittert die Liquidität räumlich und temporär. Allerdings ist dieser Prozeß grundsätzlich nicht regulierungsbedürftig, da die Märkte nicht kommunikations- und beziehungslos nebeneinander stehen. Die Märkte integrieren sich durch Kommunikation und illiquide Handelsplätze werden überdies infolge des Wettbewerbs der Handelssysteme untereinander vom Markt verdrängt. Schließlich ist die Regulierungsbedürftigkeit dieses Zustandes auch mit Blick auf das bestehende Arbitragegeschäft zu verneinen.

20. Weiter wirkt sich der Entstehungsprozeß der Alternativen Handelssysteme auf die Transparenz des Wertpapierhandels aus. Transparenz drückt aus, in welchem Ausmaß Informationen über die Handelsaktivitäten zugänglich sind. Durch das Transparenzgebot im Kapitalmarktrecht sollen zum einen versteckte Vorteile, wie sie beispielsweise durch den Insiderhandel entstehen, verhindert und zum anderen ein Marktversagen unterbunden werden. Die Transparenz wird durch die Alternativen Handelssysteme unter zwei Gesichtspunkten berührt. Erstens konzentrieren sich die Informationen über Preise und Märkte weniger auf einen Handelsplatz, wenn die Märkte fragmentiert werden. Zweitens unterliegen die Alternativen Handelssysteme nicht der gleichen Transparenz wie regulierte Börsen. Während der erste Problembereich kaum ins Gewicht fällt, begründet der zweite Aspekt einen erheblichen Regulierungsbedarf.

21. Mit dem Agieren von den Alternativen Handelssystemen am Markt kann es zu vielfältigen Interessenkonflikten kommen. Konflikte können entstehen zwischen dem Kunden und dem Handelsbetreiber eines Quote-getriebenen Systems, wenn dieser selbst ein Market-Maker ist. Ferner zwischen dem Kunden und dem Handelsbetreiber eines Order-getriebenen Systems, wenn der Handelsbetreiber zugleich Eigenhandel über sein System vornimmt. Desweiteren können im Einzelfall Konflikte zwischen den Kunden und dem Systembetreiber auftreten. Hintergrund dieser Konflikte sind die unterschiedlichen Interessen: Auf der einen Seite steht das Kundeninteresse an einer bestmöglichen Orderausführung, während es auf der anderen Seite das Interesse des Systembetreibers ist, möglichst viele Transaktionen über sein Handelssystem abzuwickeln. Grundsätzlich reichen die Regeln der §§ 31 ff. WpHG aus, um diese Interessenkonflikte zu lösen, sofern das Alternative Handelssystem als Wertpapierdienstleister reguliert wird.

22. Es kommen verschiedene Anknüpfungspunkte für die Beaufsichtigung von Alternativen Handelssystemen in Betracht. Zu diesen gehören der Ort, an dem die Willenserklärungen der Handelsteilnehmer zusammengeführt werden, der Ort des Zentralrechners, der Ort, an dem die Willenserklärungen der

Systemteilnehmer abgegeben werden, der Ort, an dem eine bestimmte Gruppe von Marktteilnehmern angesprochen wird und der Ort der Niederlassung des Betreibers. Diesem letzten Anknüpfungspunkt ist der Vorzug zu geben, da er auf den Ort abstellt, von wo aus das System betrieben und die Systemvorgänge gesteuert werden.

Lösung der Regulierungs- und Aufsichtsprobleme

23. Am 1. Juli 2002 ist das Vierte Finanzmarktförderungsgesetz in Kraft getreten. Dadurch wurden unter anderem die §§ 58 ff. BörsG n.F. eingeführt, die sich den Alternativen Handelssystemen regulatorisch annehmen. Ausgangspunkt der Regulierung waren dabei die Überlegungen und Empfehlungen der Börsensachverständigenkommission. Der Gesetzestext selbst erwähnt den Begriff des Alternativen Handelssystems nicht, sondern definiert die Begriffe elektronische Handelssysteme und börsenähnliche Einrichtungen, die von ihren Merkmalen her die Alternativen Handelssysteme erfassen. Die Aufsicht über diese Systeme ist dabei den Börsenaufsichtsbehörden der Länder zugewiesen.

24. Der Begriff des elektronischen Handelssystems erfaßt alle elektronischen Marktplätze, auf denen fungible Güter gehandelt werden, ohne Rücksicht darauf, ob der Vertragsschluß im System selbst zustande kommt oder nicht (vergl. § 58 Abs. 1 Satz 1 BörsG). Sofern das System Handel im Inland betreibt, trifft den Betreiber eine Anzeigpflicht. Ferner hat er der zuständigen Börsenaufsichtsbehörde diverse Informationen über das Handelssystem zu übermitteln. Da der Begriff des elektronischen Handelssystems in der bestehenden Fassung denkbar weit ist, ist diesbezüglich dringend gesetzgeberischer Nachbesserungsbedarf angezeigt.

25. Von dem Begriff des elektronischen Handelssystems ist die börsenähnliche Einrichtung erfaßt. Sie ist in § 59 Satz 1 BörsG legaldefiniert. Nach dem Willen des Gesetzgebers haben die Börsenaufsichtsbehörden das Recht, das Handelssystem eines Finanzdienstleisters, welches den Voraussetzungen einer börsenähnlichen Einrichtung entspricht auch als Börse einzustufen, ohne daß der Betreiber eine solche Regulierung beantragt hat.

26. Durch die Legaldefiniton der börsenähnlichen Einrichtung mit den Merkmalen „Vielzahl von Teilnehmern“ und „Vertragsschluß innerhalb des Systems“ hat der Gesetzgeber - auch wenn es nicht seine Intention war - indirekt auch Elemente des materiellen Börsenbegriffs mitgeregelt. Problematisch dabei ist, wie vor dem Hintergrund eines so verstandenen Börsenbegriffs künftig andere Marktveranstaltungen von Börsen abgegrenzt werden können, so daß

nicht jede Handelsplattform, die Wertpapiere zusammenführt, unter den Börsenbegriff fällt.

27. Die Pflichten der börsenähnlichen Einrichtung sind in § 59 Satz 1 Nr. 1 - 7 BörsG statuiert. Sie stellen im wesentlichen die adäquaten Antworten auf die aufgezeigten spezifischen Probleme von Alternativen Handelssystemen dar. Allerdings weist das Gesetz auch Schwächen auf, wenn es dem Betreiber in § 59 Satz 1 Nr. 6 BörsG lediglich die Pflicht auferlegt, Regeln über die Veröffentlichung von Preisen festzulegen, ohne jedoch genauer auf den Umfang dieser essentiellen Verpflichtung einzugehen.

28. Positiv zu bewerten ist, daß sich das Vierte Finanzmarktförderungsgesetz in den §§ 37i ff. WpHG auch ausländischen Alternativen Handelssystemen annimmt. Sie bedürfen der schriftlichen Erlaubnis der Bundesanstalt für Finanzdienstleistungsaufsicht, wenn sie Handelsteilnehmern mit Sitz im Inland über ein elektronisches Handelssystem einen unmittelbaren Marktzugang gewähren. Dem Genehmigungsantrag sind diverse Informationen über das Handelssystem beizufügen.

29. Auch in internationeln Organisationen, wie der IOSCO und dem CESR, wurde über die Herausforderungen des Wertpapierhandels im Internet an das Recht diskutiert. Von besonderer Bedeutung sind die Regulierungsvorschläge des CESR, die mittlerweile Eingang in die neue EG-Richtlinie über Märkte für Finanzinstrumente gefunden haben.

30. Zentraler Regulierungsansatz der EG-Richtlinie über Märkte für Finanzinstrumente ist die Trennung von geregelten Märkten und Wertpapierdienstleistern, die ein multilaterales Handelssystem betreiben. Alternative Handelssysteme können dabei wählen, ob sie als geregelter Markt oder lieber als Wertpapierdienstleister reguliert werden wollen.

Ein geregelter Markt ist jedes multilaterale und zugelassene System, das die Interessen multipler dritter Parteien am Kauf bzw. Verkauf von öffentlich angebotenen Wertpapieren einschließlich Derivaten, die einer bestimmten Regulierung, insbesondere Prospekt- und Veröffentlichungspflichten unterliegen, zusammenführt oder das Zusammenführen fördert. Der Zugang zu einem geregelten Markt steht nunmehr grundsätzlich auch privaten Investoren offen.

Ein multilaterales Handelssystem ist dabei jedes System, das die Interessen multipler dritter Parteien am Kauf bzw. Verkauf von Finanzinstrumenten, die auch an geregelten Märkten gehandelt werden, zusammenführt. Anders als ein geregelter Markt muß dieses jedoch kein technisches System zum Zusammenführen von Aufträgen betreiben. Privatanleger haben regelmäßig ebenfalls Zugang zu einem multilateralen Handelssystem.

Schwachpunkt des europäischen Regulierungsansatzes ist, daß das Regulierungskonzept nicht in Abhängigkeit zum Handelsvolumen des jeweiligen Alternativen Handelssystems steht, da die Gefahren einer Marktfragmentierung von dem gehandelten Volumen der Wertpapiere abhängen.

31. Die Pflichten, denen sowohl die als geregelte Märkte als auch die als Wertpapierdienstleister eingestuften Alternativen Handelssysteme unterliegen, gehen im wesentlichen auf die bestehenden Probleme und den Regulierungsbedarf ein. Kritisch ist aber anzumerken, daß beispielsweise keine Transparenz hinsichtlich der Regeln besteht, die dem Marktplatzbetreiber die Unterbrechung des Handels insgesamt oder bei bestimmten Wertpapieren ermöglichen.

Ferner läßt die Richtlinie nähere Bestimmungen zur Systemsicherheit vermissen. Zudem gehen die Aufklärungspflichten gegenüber Kunden nicht weit genug, da sie sich nicht auf den Systemcharakter und die Art und Weise, wie Preise ermittelt werden bzw. darauf, ob diese importiert werden, beziehen.

Hinsichtlich des Aufsichtssystems wird die Anwendung des Herkunftslandprinzips auch auf geregelte Märkte ausgeweitet.

32. Eine internationale Harmonisierung des Kapitalmarktrechts erscheint derzeit unwahrscheinlich und politisch nicht durchsetzbar. Unabhängig von den Realisierungschancen ist ein solches Vorhaben auch abzulehnen. Materielle Schutzstandards bedürfen keiner vollständigen Anpassung, da dies dem Wettbewerb der Regulierungskonzepte entgegenwirken und so dem Recht das Potential an Lernfähigkeit und Innovationskraft nehmen würde. Vielmehr reicht eine Mindestharmonisierung, so wie sie auch auf europäischer Ebene erfolgt.

33. Ebenso scheidet eine internationale Wertpapierhandelsaufsicht aus, da diese keinerlei Realisierungschancen hat. Ähnlich schlecht steht es um eine europäische zentralisierte Aufsicht, da schon deren Voraussetzungen - ein einheitlicher europäischer Kapitalmarkt und ein einheitliches Aufsichtsrecht - nicht bestehen. Darüber hinaus fehlt einer solchen Aufsicht auch die im Wertpapierhandel dringend erforderliche Marktnähe. Aus diesem Grund ist auch eine zentralisierte nationale Aufsicht in Deutschland abzulehnen. Schließlich sprechen mit Blick auf Art. 83 GG verfassungsrechtliche Erwägungen gegen eine zentrale Aufsicht in Deutschland.

Abkürzungsverzeichnis

5th Cir.	U.S. Court of Appeals, Fifth Circuit
7th Cir.	U.S. Court of Appeals, Seventh Circuit
9th Cir.	U.S. Court of Appeals, Ninth Circuit
a.A.	anderer Ansicht
ABA	American Bar Association
Abl.	Amtsblatt (der Europäischen Gemeinschaften)
Abs.	Absatz
a.E.	am Ende
a.F.	alte Fassung
AfP	Zeitschrift für Medien- und Kommunikationsrecht
AG	Aktiengesellschaft, Die Aktiengesellschaft (Zeitschrift)
AktG	Aktiengesetz
Anm.	Anmerkung
AöR	Archiv des öffentlichen Rechts
ARSP	Archiv für Rechts- und Sozialphilosophie
Art.	Artikel
Artt.	Artikel (mehrere)
AT	Allgemeiner Teil
ATS	Alternative Trading System(s)
B2B	business to business
BAFin	Bundesanstalt für Finanzdienstleistungsaufsicht
BAKred	Bundesaufsichtsamt für das Kreditwesen
BausparkG	Gesetz über Bausparkassen
BAV	Bundesaufsichtsamt für das Versicherungswesen
BAWe	Bundesaufsichtsamt für den Wertpapierhandel
BayVBl.	Bayerische Verwaltungsblätter
BB	Der Betriebs-Berater, Bulletin Board
BBO	Best bids and offers
Begr.	Begründung
Bd.	Band
BFuP	Betriebswirtschaftliche Forschung und Praxis
BGB	Bürgerliches Gesetzbuch
BGBl.	Bundesgesetzblatt
BGH	Bundesgerichtshof
BGHZ	Entscheidungen des Bundesgerichtshofs in Zivilsachen, amtliche Sammlung
BKR	Zeitschrift für Bank- und Kapitalmarktrecht

BMF	Bundesminister der Finanzen, Bundesministerium der Finanzen
BörsG	Börsengesetz
BörsZulV	Börsenzulassungs-Verordnung
BOSS-CUBE	Börsen Order Service System/Computergestütztes Berechnungs- und Entscheidungssystem
BR-Drucks.	Bundesrats-Drucksache
BT	Besonderer Teil
BT-Drucks.	Bundestags-Drucksache
BVerfG	Bundesverfassungsgericht
BVerfGE	Entscheidungen des Bundesverfassungsgerichts
BVerwGE	Entscheidungen des Bundesverwaltungsgerichts
bzw.	beziehungsweise
ca.	zirka
CESR	Committee of European Securities Regulators
C.F.R.	Code of Federal Regulations
CR	Computer und Recht
CRi	Computer und Recht International
DB	Der Betrieb
ders.	derselbe
d.h.	das heißt
DIB	Deutsche Informations Börse
DJZ	Deutsche Juristenzeitung
DKV	Deutscher Kassenverein
Dok	Dokument
DÖV	Die öffentliche Verwaltung
DStR	Deutsches Steuerrecht
DTB	Deutsche Terminbörse
DuD	Datenschutz und Datensicherheit
DVBl.	Deutsches Verwaltungsblatt
DWZ	Deutsche-Wertpapierdaten-Zentrale
EC	European Community
ECN	Electronic Communication Network
EG	Europäische Gemeinschaft(en)
EGBGB	Einführungsgesetz zum Bürgerlichen Gesetzbuche
Einf.	Einführung
Einl.	Einleitung
ESC	European Securities Committee
EU	Europäische Union

EuZW	Europäische Zeitschrift für Wirtschaftsrecht
EWG	Europäisches Wirtschaftsgemeinschaft
EWGV	Vertrag zur Gründung der Europäischen Wirtschaftsgemeinschaft vom 25.3.1957
EWS	Europäisches Wirtschafts- & Steuerrecht
f.	folgende
F.2d	Federal Reporter, Second Series
FAZ	Frankfurter Allgemeine Zeitung
Fed. Reg.	Federal Register
FESCO	Forum of European Securities Commissions
ff.	fortfolgende
FFG	Finanzmarktförderungsgesetz
FinDAG	Finanzdienstleistungsaufsichtsgesetz
FinDAGKostV	Finanzdienstleistungsaufsichtsgesetz-Kostenverordnung
Fn.	Fußnote
FSA	Financial Services Authority
F.Supp.	Federal Supplement
GATT	General Agreement on Tariffs and Trade
GewArch	Gewerbearchiv
GewO	Gewerbeordnung
GG	Grundgesetz
GmbH	Gesellschaft mit beschränkter Haftung
GRUR	Gewerblicher Rechtsschutz und Urheberrecht
GRUR Int.	Gewerblicher Rechtsschutz und Urheberrecht, Internationaler Teil
GTC	Good Till Cancelled
GTD	Good Till Dated
GVG	Gerichtsverfassungsgesetz
GWB	Gesetz gegen Wettbewerbsbeschränkungen
GwG	Geldwäschegesetz
HbStR	Handbuch des Staatsrechts der Bundesrepublik Deutschland
HGB	Handelsgesetzbuch
h.M.	herrschende Meinung
Hrsg.	Herausgeber, herausgegeben
HypBankG	Hypothekenbankgesetz
IBIS	Inter-Banken-Informations-System
Icann	Internet Cooperation for Assigned Names and Numbers
i.d.F.	in der Fassung

i.d.R.	in der Regel
i.S.d.	im Sinne der/des
ISD	Investment Services Directive
IOSCO	International Organization of Securities Commissions
IPO	Initial Public Offering
IuKDG	Informations- und Kommunikationsdienstegesetz
i.V.m.	in Verbindung mit
JNPÖ	Jahrbuch für Neue Politische Ökonomie
JSW	Jahrbuch für Sozialwissenschaft
JuS	Juristische Schulung
JZ	Juristen Zeitung
KAGG	Gesetz über Kapitalanlagegesellschaften
KJ	Kritische Justiz
K&R	Kommunikation & Recht
KWG	Gesetz über das Kreditwesen
LCH	London Clearing House
LG	Landgericht
LSE	London Stock Exchange
MA	Massachusetts
MaBV	Makler- und Bauträgerverordnung
Minn.	Minnesota
MMR	MultiMedia und Recht (Zeitschrift für Informations-, Telekommunikations- und Medienrecht)
m.w.N.	mit weiteren Nachweisen
NASD	National Association of Securities Dealers
Nasdaq	National Association of Securities Dealers Automated Quotation System
NBBO	National Best Bid of Offer
n.F.	neue Fassung
NJ	New Jersey
NJW	Neue Juristische Wochenschrift
NMS	National Market System
No.	Number
Nr.	Nummer
NVwZ	Neue Zeitschrift für Verwaltungsrecht
NW	Nordrhein-Westfalen
NWVBl.	Nordrhein-Westfälische Verwaltungsblätter

NY	New York
NYSE	New York Stock Exchange
NZG	Neue Zeitschrift für Gesellschaftsrecht
ÖBA	Österreichisches Bankarchiv
OECD	Organization for Economic Co-operation and Development
OHR	Order Handling Rules
OTC	Over-the-Counter
o.V.	ohne Verfasser
OVG	Oberverwaltungsgericht
OVGE	Entscheidungen der Oberverwaltungsgerichte für das Land Nordrhein-Westfalen sowie für die Länder Niedersachsen und Schleswig-Holstein in Lüneburg, Amtliche Sammlung
P2P	peer to peer
PIN	Personal Identification Number
PORTAL	Private Offerings, Resales and Trading through Automated Linkages
POSIT	Portfolio System for Institutional Trading
PrOVG	Preußisches Oberverwaltungsgericht
PrOVGE	Entscheidungen des Königlich Preußischen Oberverwaltungsgerichts
PTS	Propritary Trading System(s)
RabelsZ	Zeitschrift für ausländisches und internationales Privatrecht
RdE	Recht der Energiewirtschaft (Zeitschrift)
Reg-Begr.	Regierungsbegründung
RIW	Recht der internationalen Wirtschaft
Rn.	Randnummer
S.	Satz, Sätze, Seite(n)
SEA	Securities Exchange Act
SEC	Securities and Exchange Commission
Sec.	Section
sog.	sogenannte(r)
Sp.	Spalte(n)
SRO	Self-regulatory organization
StGB	Strafgesetzbuch
SZVS	Schweizer Zeitschrift für Volkswirtschaft und Statistik
TAN	Transaction Number
TKG	Telekommunikationsgesetz

TVG	Tarifvertragsgesetz
u.a.	unter anderem
UN	United Nations
Urt.	Urteil
USA	United States of America
UWG	Gesetz gegen den unlauteren Wettbewerb
v.	vor
VerfGH	Verfassungsgerichtshof
vergl.	vergleiche
VerkProspG	Wertpapier-Verkaufsprospektgesetz
VerkProspV	Verkaufsprospekt-Verordnung
VerwArch	Verwaltungsarchiv
VG	Verwaltungsgericht
vs.	versus
VVDStRL	Veröffentlichungen der Vereinigung der Deutschen Staatsrechtslehrer
VwVfG	Verwaltungsverfahrensgesetz
WISU	Das Wirtschaftsstudium (Zeitschrift)
WM	Wertpapier-Mitteilungen (Zeitschrift für Wirtschafts- und Bankrecht)
WpDRiL	EG-Wertpapierdienstleistungsrichtlinie
WpHG	Wertpapierhandelsgesetz
WPR	Wertpapierrecht
WRV	Weimarer Reichsverfassung
WTO	World Trade Organization
WUR	Wirtschaftsverwaltungs- und Umweltrecht
WuW	Wirtschaft und Wettbewerb
WVR	Wirtschaftsverwaltungsrecht
Xetra	Exchange Electronic Trading
z.B.	zum Beispiel
ZBB	Zeitschrift für Bankrecht und Bankwirtschaft
ZfgKW	Zeitschrift für das gesamte Kreditwesen
ZfRSoz	Zeitschrift für Rechtssoziologie
ZfWPol	Zeitschrift für Wirtschaftspolitik
ZG	Zeitschrift für Gesetzgebung
ZGR	Zeitschrift für Unternehmens- und Gesellschaftsrecht
ZgStW	Zeitschrift für die gesamte Staatswissenschaft

ZHR	Zeitschrift für das gesamte Handels- und Wirtschaftsrecht
ZIP	Zeitschrift für Wirtschaftsrecht
ZLR	Zeitschrift für das gesamte Lebensmittelrecht
ZRP	Zeitschrift für Rechtspolitik
ZSchwR	Zeitschrift für Schweizerisches Recht
ZUM	Zeitschrift für Urheber- und Medienrecht/Film und Recht

Literaturverzeichnis

Achternberg, Norbert, Kriterien des Gesetzesbegriffs unter dem Grundgesetz, in: Achternberg, Norbert, Theorie und Dogmatik des öffentlichen Rechts: Ausgewählte Abhandlungen 1960 - 1980, Berlin 1980, S. 295 (zitiert: *Achternberg*, Gesetzesbegriff)

Ackermand, Mathias, Finanzinnovationen am Euromarkt - Bankenstrategie und Bankenaufsicht -, Frankfurt 1990 (zitiert: *Ackermand*, Finanzinnovationen)

Akerlof, George A., The Market for Lemons: Quality, Uncertainty and the Market Mechanism, Quarterly Journal of Economics 1970, 488

Altendorfer, Christian, Die US-amerikanische Kapitalmarktaufsicht (SEC), Ein Modell für Österreich?, Wien 1995 (zitiert: *Altendorfer*, SEC)

Althaus, Annette, Amtshilfe und Vor-Ort-Kontrolle: Rechtsfragen der internationalen Zusammenarbeit unter Bank- und Finanzmarktaufsichtsbehörden mit besonderer Berücksichtigung der Regelung in der Schweiz, Bern 1996 (zitiert: *Althaus*, Amtshilfe)

American Bar Association, Securities Law Glossary, New York 1991 (zitiert: ABA, Glossary)

Amihud, Yakov / Mendelson, Haim, A New Approach To The Regulation of Trading Across Securities Markets, 71 New York University Law Review 1996, 1411

Amihud, Yakov / Mendelson, Haim, How (not) to integrate the European capital markets, in: Giovannini, Alberto / Mayer, Colin (Hrsg.), European financial integration, Cambridge 1991, S. 73 (zitiert: *Amihud/Mendelson*, European capital markets)

Ammann, Beat, Erscheinungsformen und Rechtsnatur der Swap- und Swapähnlichen Geschäfte auf dem Kapitalmarkt (unter Berücksichtigung rechtsvergleichender Aspekte des anglo-sächsischen Rechts), Zürich 1990 (zitiert: *Ammann*, Swap)

Angel, James J., Tick Size, Share Prices, and Stock Splits, The Journal of Finance 1997, 655

Anschütz, Gerhard, Die Reichsaufsicht, in: Anschütz, Gerhard / Thoma, Richard (Hrsg.), Handbuch des Deutschen Staatsrechts, Bd. 1, Tübingen 1930, S. 363 (zitiert: *Anschütz*, Reichsaufsicht)

Arndt, Hans-Wolfgang / Köhler, Markus, Elektronischer Handel nach der E-Commerce-Richtlinie, EWS 2001, 102

Arnold, Volker, Theorie der Kollektivgüter, München 1992 (zitiert: *Arnold*, Kollektivgüter)

Ashauer, Günter / Gugler, Josef / Steinborn, Lothar, Das Wertpapiergeschäft der Kreditinstitute, 9. Auflage, Stuttgart 1989 (zitiert: *Ashauer/Gugler/Steinborn*, Wertpapiergeschäft)

Assmann, Heinz-Dieter, Das neue deutsche Insiderrecht, ZGR 1994, 494

Assmann, *Heinz-Dieter*, Die rechtliche Ordnung des europäischen Kapitalmarkts: Defizite des EG-Konzepts einer Kapitalmarktintegration durch Rechtsvereinheitlichung, ORDO 44 (1993), 87

Assmann, *Heinz-Dieter*, in: Hopt, Klaus J. / Wiedemann, Herbert, Großkommentar zum Aktiengesetz, Band 1, 4. Auflage, Berlin/New York 1992, Einleitung (zitiert: *Assmann*, Einleitung)

Assmann, *Heinz-Dieter*, Kapitalmarktrecht - Zur Formation eines Rechtsgebiets in der vierzigjährigen Rechtsentwicklung der Bundesrepublik Deutschland, in: Nörr, Knut Wolfgang (Hrsg.), 40 Jahre Bundesrepublik Deutschland - 40 Jahre Rechtsentwicklung: Ringvorlesung der Juristischen Fakultät der Universität Tübingen 1989, Tübingen 1990, S. 251 (zitiert: *Assmann*, Kapitalmarktrecht)

Assmann, *Heinz-Dieter*, Konzeptionelle Grundlagen des Anlegerschutzes, ZBB 1989, 49

Assmann, *Heinz-Dieter*, Neuemissionen von Wertpapieren über Internet: Initial Public Offerings (IPO's) als Gegenstand des deutschen Kapitalmarktrechts, in: Geimer, Reinhold (Hrsg.), Wege zur Globalisierung des Rechts: Festschrift für Rolf A. Schütze zum 65. Geburtstag, München 1999, S. 15 (zitiert: *Assmann*, Neuemissionen)

Assmann, *Heinz-Dieter*, Prospekthaftung als Haftung für die Verletzung kapitalmarktbezogener Informationsverkehrspflichten nach deutschem und US-amerikanischem Recht, Köln/Berlin/Bonn/München 1985 (zitiert: *Assmann*, Prospekthaftung)

Assmann, *Heinz-Dieter* / *Buck*, *Petra*, Europäisches Kapitalmarktrecht, EWS 1990, 110

Assmann, *Heinz-Dieter* / *Schneider*, *Uwe H.* (Hrsg.), Wertpapierhandelsgesetz: Kommentar, 3. Auflage, Köln 2003 (zitiert: *Bearbeiter*, in: Assmann/ Schneider, WpHG)

Assmann, *Heinz-Dieter* / *Schütze*, *Rolf A.*, Handbuch des Kapitalanlagerechts, 2. Auflage, München 1997 (zitiert: *Bearbeiter*, in: Assmann/Schütze, Kapitalanlagerecht)

Augsberg, *Steffen*, Rechtsetzung zwischen Staat und Gesellschaft: Möglichkeiten differenzierter Steuerung des Kapitalmarktes, Berlin 2003 (zitiert: *Augsberg*, Rechtsetzung)

Aulehner, *Josef*, Wandel der Informationskompetenz bei der Erfüllung der staatlichen Kernaufgaben, in: Haratsch, Andreas / Kugelmann, Dieter / Repkewitz, Ulrich (Hrsg.), Herausforderungen an das Recht der Informationsgesellschaft, Stuttgart/München/Hannover/Berlin/Weimar/Dresden 1996, S. 195 (zitiert: *Aulehner*, Informationskompetenz)

Badura, *Peter*, Die Daseinsvorsorge als Verwaltungszweck der Leistungsverwaltung und der soziale Rechtsstaat, DÖV 1966, 624

Badura, Peter, Die verfassungsrechtliche Pflicht des gesetzgebenden Parlaments zur «Nachbesserung» von Gesetzen, in: Müller, Georg / Rhinow, René A. / Schmid, Gerhard / Wildhaber, Luzius (Hrsg.), Staatsorganisation und Staatsfunktionen im Wandel, Festschrift für Kurt Eichenberger zum 60 Geburtstag, Basel/Frankfurt am Main 1982, S. 481 (zitiert: *Badura*, Nachbesserung)

Badura, Peter, Wirtschaftsverfassung und Wirtschaftsverwaltung: Ein exemplarischer Leitfaden, Frankfurt am Main 1971 (zitiert: *Badura*, Wirtschaftsverfassung)

Baldi, Stefan / Achleitner, Ann-Kristin, Sicherheit im Internet-Banking, in: Burkhardt, Thomas / Lohmann, Karl (Hrsg.), Banking und Electronic Commerce im Internet, Berlin 1998, S. 235 (zitiert: *Baldi/Achleitner*, Sicherheit)

Baltensperger, Ernst, The Economic Theory of Banking Regulation, in: Center for the Study of the New Institutional Economics, Universität des Saarlandes, Occasional Papers Vol. 2, Winter 1989/90 (zitiert: *Baltensperger*, Banking Regulation)

Balzer, Peter, Anlegerschutz bei Verstößen gegen die Verhaltenspflichten nach §§ 31 ff Wertpapierhandelsgesetz (WpHG), ZBB 1997, 260

Balzer, Peter, Der Vorschlag der EG-Kommission für eine neue Wertpapierdienstleistungsrichtlinie, ZBB 2003, 177

Balzer, Peter, Discount-Broking im Spannungsfeld zwischen Beratungsausschluß und Verhaltenspflichten nach WpHG, DB 1997, 2311

Bär, Rolf, Extraterritoriale Wirkung von Gesetzen, in: Jenny, Guido / Kälin, Walter (Hrsg.), Die Schweizerische Rechtsordnung in ihren internationalen Bezügen: Festgabe zum Schweizerischen Juristentag 1988, Bern 1988, S. 3 (zitiert: *Bär*, Wirkung)

Barclay, Michael J. / Christie, William G. / Harris, Jeffrey H. / Kandel, Eugene / Schultz, Paul H., Effects of Market Reform on the Trading Costs and Depths of Nasdaq Stocks, The Journal of Finance 1999, 1

Bärmann, Johannes (Hrsg.), Europäisches Geld-, Bank- und Börsenrecht, Teil I: Bundesrepublik Deutschland, Berlin 1974 (zitiert: *Bärmann*, Europäisches Börsenrecht)

Battis, Ulrich / Gusy, Christoph, Öffentliches Wirtschaftsrecht, Heidelberg 1983 (zitiert: *Battis/Gusy*, Wirtschaftsrecht)

Baudenbacher-Tandler, Doris, Schutz vor neuen Anlegerrisiken, St.Gallen/Berlin 1988 (zitiert: *Baudenbacher-Tandler*, Anlegerrisiken)

Baum, Harald, Börsen- und Kapitalmarktrecht in Japan, in: Hopt, Klaus J. / Rudolph, Bernd / Baum, Harald (Hrsg.), Börsenreform: Eine ökonomische, rechtsvergleichende und rechtspolitische Untersuchung, Stuttgart 1997, S. 1265 (zitiert: *Baum*, Japan)

Baum, Harald / Breidenbach, Stephan, Die wachsende internationale Verflechtung der Wertpapiermärkte und die Regelungspolitik der U.S. Securities and

Exchange Commission: Neue Entwicklungen in der internationalen Anwendung des amerikanischen Kapitalmarktrechts, WM 1990, Sonderbeilage Nr. 6

Baum, Harald / Hayakawa, Masaru, Die rechtliche Gestaltung der japanischen Finanzmärkte, in: Baum, Harald / Drobnig, Ulrich (Hrsg.), Japanisches Handels- und Wirtschaftsrecht, Berlin/New York 1994, S. 495 (*Baum/ Hayakawa*, Finanzmarkt)

Baumbach, Wolfgang / Hefermehl, Adolf, Wechselgesetz und Scheckgesetz: mit Nebengesetzen und einer Einführung in das Wertpapierrecht, München 1997 (zitiert: *Baumbach/Hefermehl*, WPR)

Bechtold, Rainer, Kartellgesetz, Gesetz gegen Wettbewerbsbeschränkungen, 3. Auflage, München 2002 (zitiert: *Bechtold*, GWB)

Beck, Bernhard, Die extraterritoriale Anwendung nationalen Wettbewerbsrechts unter besonderer Berücksichtigung länderübergreifender Fusionen: Eine rechtsvergleichende Studie, Baden-Baden 1986 (zitiert: *Beck*, Wettbewerbsrecht)

Beck, Heiko, Das neue elektronische Handelssystem XETRA der Frankfurter Wertpapierbörse, WM 1998, 417

Beck, Heiko, Die Börsen im Lichte des deutschen und europäischen Kartellrechts, WM 2000, 597

Beck, Heiko, Die erwerbswirtschaftliche Betätigung Beliehener am Beispiel des Trägers einer Wertpapierbörse, WM 1996, 2313

Becker, Bernd, Öffentliche Verwaltung: Lehrbuch für Wissenschaft und Praxis, Percha 1989 (zitiert: *Becker*, Verwaltung)

Becker, Brandon / Macauley, Cherie / Gallagher, Daniel M. / Bondelie, Anne, Technology and Automated Systems, in: Raisler, Kenneth M. / Gregory, Alison M. (Hrsg.), SWAPs & Other Derivatives in 1999, New York, NY 1999, S. 127-169 (zitiert: *Becker/Macauley/Gallagher/Bondelie*, Automated Systems)

Becker, Brandon / Yim, Soo J. / Macauley, Cherie / Westbrook, David A., Online Trading: Issuers, Broker-Dealers and SROs, in: Olson, John F. / Pitt, Harvey L. (Hrsg.), Securities in the Electronic Age: A Practical Guide to the Law and Regulation, 2. Auflage, Little Falls, NJ 2000, Chapter 4 (zitiert: *Becker/ Yim/Macauley/Westbrook*, Online Trading)

Becker, Gary, A Theory of Competition among Pressure Groups for Political Influence, Quarterly Journal of Economics 1983, 371

Becker, Michael, Börsen- und Kapitalmarktrecht der Vereinigten Staaten, in: Hopt, Klaus J. / Rudolph, Bernd / Baum, Harald (Hrsg.), Börsenreform, Eine ökonomische, rechtsvergleichende und rechtspolitische Untersuchung, Stuttgart 1997, S. 755-904 (zitiert: *Becker*, Börsenrecht)

Beike, Rolf / Schlütz, Johannes, Finanznachrichten lesen, verstehen, nutzen: ein Wegweiser durch Kursnotierungen und Marktberichte, Stuttgart 1999 (zitiert: *Beike/Schlütz*, Finanznachrichten)

Benner, Klaus-Dieter, Konsequenzen der Zentralisierungsbestrebungen der Wertpapiermarktaufsicht, ZRP 2001, 450

Bentham, Jeremy, Of Laws in General, hersg. von Hart, H.L.A., London 1970 (zitiert: *Bentham*, Laws)

Benz, Arthur, Kooperative Verwaltung: Funktionen, Voraussetzungen und Folgen, Baden-Baden 1994 (zitiert: *Benz*, Verwaltung)

Berendes, Konrad, Die Staatsaufsicht über den Rundfunk, Berlin 1973 (zitiert: *Berendes*, Staatsaufsicht)

Berg, Wilfried, Die Problematik der Verwendung unbestimmter Rechtsbegriffe, dargestellt am Beispiel der „Novel Food"-Verordnung, ZLR 1993, 455

Bergsträsser, Susanne, Cooperation between Supervisors, in: Ferrarini, Guido (Hrsg.), European Securities Markets: The Investment Services Directive and Beyond, London/The Hague/Boston 1998, S. 373 (zitiert: *Bergsträsser*, Cooperation)

Bernd, Werner, Legislative Prognosen und Nachbesserungspflichten, Mainz 1989 (zitiert: *Bernd*, Prognosen)

Beyer-Fehling, Hermann / Bock, Alexander, Die deutsche Börsenreform und Kommentar zur Börsengesetznovelle, Frankfurt am Main 1975 (zitiert: *Beyer-Fehling/Bock*, Börsenreform)

Binder, Jens-Hinrich, Die geplante deutsche Allfinanzaufsicht und der britische Prototyp - ein vergleichender Blick auf den deutschen Referentenentwurf, WM 2001, 2230

Birkelbach, Jörg, Cyber Finance: Finanzgeschäfte im Internet, 2. Auflage, Wiesbaden 1998 (zitiert: *Birkelbach*, Cyber Finance)

Birkelbach, Jörg, Virtuelle Börsenwelt, Die Bank 1996, 424

Blankart, Charles B., Chancen und Möglichkeiten der Deregulierung in einer politischen Umwelt, in : Schneider, Friedrich / Hofreither, Markus F., Privatisierung und Deregulierung öffentlicher Unternehmen in westeuropäischen Ländern: Erste Erfahrungen und Analysen, Wien 1990, S. 133 (zitiert: *Blankart*, Deregulierung)

Blaurock, Uwe, Technik und Recht, Neue Regelungsfragen am Beispiel des elektronischen Zahlungsverkehrs, in: Köbler, Gerhard / Heinze, Meinhard / Hromadka, Wolfgang (Hrsg.), Europas universale rechtsordnungspolitische Aufgabe im Recht des dritten Jahrtausends, Festschrift für Alfred Söllner zum 70. Geburtstag, München 2000, S. 153 (zitiert: *Blaurock*, Regelungsfragen)

Bleckmann, Albert, Die völkerrechtlichen Grundlagen des internationalen Kollisionsrechts, Köln/Berlin/Bonn/München 1992 (zitiert: *Bleckmann*, Kollisionsrecht)

Bley, Siegfried, Grundlagen und Praxis des Wertpapiergeschäfts, 4. Auflage, Stuttgart 1979 (zitiert: *Bley*, Wertpapiergeschäft)

Bliesener, Dirk H., Aufsichtsrechtliche Verhaltenspflichten beim Wertpapierhandel, Berlin/New York 1998 (zitiert: *Bliesener*, Verhaltenspflichten)

Blommestein, Hans J., Riskante Selbstregulierung, Handelsblatt Investor vom 9./10.6.2000, S. 12

Bloomenthal, Harold S. / Wolff, Samuel, Emerging Trends in Securities Law, 1997-98 Edition, St. Paul, MN 1997 (zitiert: *Bloomenthal/Wolff*, Securities Law 1997-98)

Bloomenthal, Harold S. / Wolff, Samuel, Emerging Trends in Securities Law, 1999-2000 Edition, St. Paul, MN 1999 (zitiert: *Bloomenthal/Wolff*, Securities Law 1999-2000)

Blum, Peter, Wege zu besserer Gesetzgebung – sachverständige Beratung, Begründung, Folgeabschätzung und Wirkungskontrolle, Beilage zu NJW Heft 27/2004, S. 45

Böckel, Markus, Instrumente der Einpassung neuen Rechts in die Rechtsordnung (unter besonderer Berücksichtigung der Unberührtheitsklauseln), Berlin 1993 (zitiert: *Böckel*, Einpassung)

Böckenförde, Ernst-Wolfgang, Die Organisationsgewalt im Bereich der Regierung: Eine Untersuchung zum Staatsrecht der Bundesrepublik Deutschland, Berlin 1964 (zitiert: *Böckenförde*, Organisationsgewalt)

Böckenförde, Ernst-Wolfgang, Entstehung und Wandel des Rechtsstaatsbegriffs, in: Ehmke, Horst / Schmid, Carlo / Scharoun, Hans (Hrsg.), Festschrift für Adolf Arndt zum 65. Geburtstag, Frankfurt 1969, S. 53 (zitiert: *Böckenförde*, Entstehung)

Boehme-Neßler, Volker, Europäisches Internetrecht. Das Internet-Gap: Herausforderung für das europäische Wirtschaftsrecht, EWS 2001, 149

Bonus, Holger, Ordnungspolitische Aspekte öffentlicher Güter, in: Helmstädter, Ernst (Hrsg.), Neuere Entwicklungen in den Wirtschaftswissenschaften, Berlin 1978, S. 51 - 73 (zitiert: *Bonus*, Öffentliche Güter)

Borchert, Hartmut, Kommunalaufsicht und kommunaler Haushalt: Die Entwicklung und Auswirkung der staatlichen Aufsicht auf den kommunalen Haushalt - Zugleich ein Beitrag zur Gemeindehaushaltsreform -, Siegburg 1976 (zitiert: *Borchert*, Kommunalaufsicht)

Borelli, Mark, Market Making in the Electronic Age, 32 Loyola University Chicago Law Journal 2001, 815

Borges, Georg, Lokalisierung von Angeboten beim Electronic Banking, WM 2001, 1542

Bornkamm, Joachim / Köhler, Helmut, Wettbewerbsrecht, 23. Auflage, München 2004 (zitiert: *Bornkamm/Köhler*, Wettbewerbsrecht)

Borrmann, Jörg / Finsinger, Jörg, Markt und Regulierung, München 1999 (zitiert: *Borrmann/Finsinger*, Regulierung)

Börsen-Enquête-Kommission (Hrsg.), Bd. 1, Bericht, Berlin 1893 (zitiert: Börsen-Enquête-Kommission, Bericht)

Börsensachverständigenkommission beim Bundesministerium der Finanzen (Hrsg.), Empfehlungen zur Regulierung alternativer Handelssysteme, Frankfurt am Main 2001 (zitiert: Börsensachverständigenkommission, Empfehlungen)

Bortenlänger, Christine, Börsenautomatisierung: Effizienzpotentiale und Durchsetzbarkeit, Wiesbaden 1996 (zitiert: *Bortenlänger*, Börsenautomatisierung)

Bracker, Reimer, Theorie und Praxis der Kommunalaufsicht, in: von Mutius, Albert (Hrsg.), Selbstverwaltung im Staat der Industriegesellschaft, Festgabe zum 70. Geburtstag von Georg Christoph von Unruh, Heidelberg 1983, S. 459 (zitiert: *Bracker*, Kommunalaufsicht)

Braun, Johann, Recht und Moral im pluralistischen Staat, JuS 1994, 727

Braun, Wilfried, Offene Kompetenznormen - ein geeignetes und zulässiges Regulativ im Wirtschaftsverwaltungsrecht? - Neues zur Rollenverteilung zwischen Exekutive, Legislative und Judikative im wirtschaftsgestaltenden Sozialstaat, VerwArch 76 (1985), 24

Breitkreuz, Tilman, Die Ordnung der Börse: Verwaltungsrechtliche Zentralfragen des Wertpapierbörsenwesens, Berlin 2000 (zitiert: *Breitkreuz*, Ordnung)

Bremer, Heinz, Grundzüge des deutschen und ausländischen Börsenrechts, Berlin/Heidelberg/New York 1969 (zitiert: *Bremer*, Börsenrecht)

Breuer, Barbara, Anwendbarkeit des deutschen Strafrechts auf exterritorial handelnde Internet-Benutzer, MMR 1998, 141

Breuer, Rolf-E., Auf dem Weg zu einem Europäischen Kapitalmarkt, in: Gerke, Wolfgang (Hrsg.), Die Börse der Zukunft: Märkte, Plätze, Netze, Stuttgart 1997, S. 1 (zitiert: *Breuer*, Europäischer Kapitalmarkt)

Breuer, Rolf-E., Börsenaufsicht und Informationssysteme, WM 1990, 1233

Breuer, Rolf-E., „Der Wettbewerb unter den Vermögensverwaltern führt zum Herdentrieb“ Der Vorstandssprecher der Deutschen Bank über Banken im weltweiten Wettbewerb, die Aktienmärkte, die Zukunft der Börse und den Finanzplatz Frankfurt, FAZ vom 23.11.2000, S. 35

Breuer, Rolf-E., Die deutsche Terminbörse als Vorreiter einer Börsenlandschaft der 90er Jahre?, ZBB 1990, 101

Breyer, Stephen, Regulation and Its Reform, Cambridge, MA/London 1982 (zitiert: *Breyer*, Regulation)

Brinckmann, Hans / Lutterbeck, Bernd / Wilhelm, Rudolf, Der GRVI-Diskurs über rechtliche Beherrschung der Informationstechnik, in: Wilhelm, Rudolf (Hrsg.), Information - Technik - Recht: Rechtsgüterschutz in der Informationsgesellschaft, Darmstadt 1993, S. 11 (zitiert: *Brinckmann/Lutterbeck/Wilhelm*, Informationstechnik)

Briner, Robert, Zur Funktion der Gleichheit in der menschlichen Gerechtigkeit, Wädenswil 1948 (zitiert: *Briner*, Gleichheit)

Brockhaus Konversations-Lexikon, Bd. 2, 14. Auflage, Leipzig 1908 (zitiert: Brockhaus)

Brockhausen, Jürgen, Kapitalmarktaufsicht in Selbstverwaltung - Voraussetzungen und Bedingungen am Beispiel der Handelsüberwachungsstellen gemäß § 1 b Börsengesetz -, WM 1997, 1924

Bröhl, Georg M., EGG - Gesetz über rechtliche Rahmenbedingungen des elektronischen Geschäftsverkehrs: Erläuterungen zum Referentenentwurf, MMR 2001, 67

Brohm, Winfried, Strukturen der Wirtschaftsverwaltung: Organisationsformen und Gestaltungsmöglichkeiten im Wirtschaftsverwaltungsrecht, Stuttgart 1969 (zitiert: *Brohm*, Wirtschaftsverwaltung)

Brooslin, Andrew S., Enforcing Insider Trading Laws: The Need for International Cooperation, 20 Suffolk Transnational Law Review 1997, 397

Brosius-Gersdorf, Frauke, Deutsche Bundesbank und Demokratieprinzip, Eine verfassungsrechtliche Studie zur Bundesbankautonomie vor und nach der dritten Stufe der Europäischen Währungsunion, Berlin 1997 (zitiert: *Brosius-Gersdorf*, Deutsche Bundesbank)

Brunner, Georg, Kontrolle in Deutschland: Eine Untersuchung zur Verfassungsordnung in beiden Teilen Deutschlands, Köln 1972 (zitiert: *Brunner*, Kontrolle)

Bryde, Brun-Otto, Die Effektivität des Rechts als Rechtsproblem, Berlin/New York 1993 (zitiert: *Bryde*, Effektivität)

Buhk, Matthias, Die Haftung eines Wertpapierdienstleistungsunternehmens bei der Anlagevermittlung und der Anlageberatung, Frankfurt am Main 1999 (zitiert: *Buhk*, Haftung)

Bühler, Alfred / Grünbichler, Andreas / Schmidt, Hartmut, Parkett und Computer im Preisfindungsprozeß, ZBB 1995, 234

Bull, Hans-Peter, Allgemeines Verwaltungsrecht, 6. Auflage, Heidelberg 2000 (zitiert: *Bull*, Verwaltungsrecht)

Bullinger, Martin, Regulierung als modernes Instrument zur Ordnung liberalisierter Wirtschaftszweige, DVBl. 2003, 1355

Bullinger, Martin, Staatsaufsicht in der Wirtschaft, VVDStRL 22 (1965), 264

Bundesaufsichtsamt für das Kreditwesen, Jahresbericht 1999, Berlin 1999 (zitiert: *BAKred*, 1999)

Bundesministerium der Finanzen, Konzept Finanzplatz Deutschland, WM 1992, 420

Burghof, Hans-Peter / Conrad, Christian A., Zwischen Intervention und Laissez-Faire, Handelsblatt vom 16.1.2001, S. 53

Burghof, Hans-Peter / Rudolph, Bernd, Bankenaufsicht: Theorie und Praxis der Regulierung, Wiesbaden 1996 (zitiert: *Burghof/Rudolph*, Bankenaufsicht)

Burmeister, Günter Cornelius, Herkunft, Inhalt und Stellung des institutionellen Gesetzesvorbehalts: Zugleich ein Beitrag zur Dogmatik des Verwaltungsorganisationsrechts, Berlin 1991 (zitiert: *Burmeister*, Gesetzesvorbehalt)

Burmester, Gabriele, Grundlagen internationaler Regelungskumulation und -kollision, unter besonderer Berücksichtigung des Steuerrechts, Baden-Baden 1993 (zitiert: *Burmester*, Regelungskollision)

Calliess, Gralf-Peter, Globale Kommunikation - staatenloses Recht: Zur (Selbst-) Regulierung des Internet durch prozedurales Recht am Beispiel des Verbraucherschutzes im elektronischen Geschäftsverkehr, in: Anderheiden/ Huster/Kirste (Hrsg.), Globalisierung als Problem von Gerechtigkeit und Steuerungsfähigkeit des Rechts, ARSP-Beiheft Nr. 79, 2001, S. 61 (zitiert: *Calliess*, Globale Kommunikation)

Calliess, Gralf-Peter, Prozedurales Recht, Baden-Baden 1999 (zitiert: *Calliess*, Prozedurales Recht)

Capon, Andrew, The new architecture of European trading, Institutional Investor 2000 (May), 41

Caspari, Karl-Burkhard, Der Finanzplatz Deutschland im internationalen Wettbewerb, in: Bundesverband der Börsenvereine an deutschen Hochschulen e.V. (Hrsg.), Aktienkultur - Perspektiven für den Finanzplatz Deutschland, Wolfratshausen 1997, S. 23 (zitiert: *Caspari*, Wettbewerb)

Caspari, Karl-Burkhard, Die geplante Insiderregelung in der Praxis, ZGR 1994, 530

Choi, Stephen, Regulating Investors Not Issuers: A Market-Based Proposal, 88 California Law Review 2000, 279

Christiansen, Per, Selbstregulierung, regulatorischer Wettbewerb und staatliche Eingriffe im Internet, MMR 2000, 123

Cielusniak, David M., You Cannot Fight What You Cannot See: Securities Regulation on the Internet, 22 Fordham International Law Journal 1998, 612

Claussen, Carsten Peter, Bank- und Börsenrecht, 3. Auflage, München 2003 (zitiert: *Claussen*, Börsenrecht)

Claussen, Carsten Peter, Das neue Insiderrecht, DB 1994, 27

Claussen, Carsten P., Das neue Börsenaufsichtsrecht, DB 1994, 969

Claussen, Carsten P., „Die Börse sollte dem Privatrecht folgen" - Das öffentlichrechtliche Modell ist überholt, FAZ vom 14.6.2000, S. 24

Claussen, Carsten P., Neues zur kommenden Insidergesetzgebung, ZBB 1992, 267

Coffee, John C. Jr., Brave New World? The Impact(s) of the Internet on Modern Securities Regulation, 52 The Business Lawyer 1997, 1195

Cohen, Kalman J. / Maier, Steven F. / Schwartz, Robert A. / Whitcomb, David K., The Microstructure of Securities Markets, New Jersey 1986 (zitiert: *Cohen/Maier/Schwartz/Whitcomb*, Microstructure)

Cohen, Kalman J. / Schwartz, Robert A., An Electronic Call Market: Its Design and Desirability, in: Lucas, Henry C. / Schwartz, Robert A. (Hrsg.), The Challenge of Information Technology for the Securities Markets: Liquidity, Volatility, and Global Trading, Homewood, Illinois 1989, S. 15 (zitiert: *Cohen/Schwartz*, Call Market)

Cohen, Paul D., Securities Trading Via the Internet, 4 Stanford Journal of Law, Business & Finance 1999, 1

Cohn, Gustav, Der Begriff der Börse und die Zulässigkeit freier kaufmännischer Vereinigungen, DJZ 1897, 73

Coing, Helmut, Grundzüge der Rechtsphilosophie, 5. Auflage, Berlin/New York 1993 (zitiert: *Coing*, Rechtsphilosophie)

Committee of European Securities Regulators (CESR) (Hrsg.), Proposed Standards for Alternative Trading Systems, Paris 2002 (zitiert: CESR, Proposed Standards)

Committee of European Securities Regulators (CESR) (Hrsg.), Standards for Alternative Trading Systems, Paris 2002 (CESR, Standards)

Cox, James D., Commentary: Brands vs. Generics : Self-Regulation by Competitors, Columbia Business Law Review 2000, 15

Cox, James D. / Hillmann, Robert W. / Langevoort, Donald C., Securities Regulation: Cases and Materials, Boston/Toronto/London 1991 (zitiert: *Cox/Hillmann/Langevoort*, Securities)

Cunningham, Lawrence A., Capital Market Theory, Mandatory Disclosure, and Price Discovery, 51 Washington and Lee Law Review 1994, 843

Czybulka, Detlef, Die Legitimation der öffentlichen Verwaltung: unter Berücksichtigung ihrer Organisation sowie der Entstehungsgeschichte zum Grundgesetz, Heidelberg 1989 (zitiert: *Czybulka*, Legitimation)

Dahlman, Carl J., The Problem of Externality, 22 Journal of Law and Economics 1979, 141

Dal Cin, Mario, Rechnerarchitektur, Grundzüge des Aufbaus und der Organisation von Rechnerhardware, Stuttgart 1996 (zitiert: *Dal Cin*, Rechnerarchitektur)

Damrau, Jan, Selbstregulierung im Kapitalmarktrecht: Eine rechtsökonomische Analyse der Normsetzung der deutschen Börsen und ihrer Träger, Berlin 2003 (zitiert: *Damrau*, Selbstregulierung)

Deckert, Martina R. / von Rüden, Jens, Anlegerschutz durch Europäisches Kapitalmarktrecht, EWS 1998, 46

Degenhart, Christoph, Staatsrecht I, Staatsorganisationsrecht, 20. Auflage, Heidelberg 2004 (zitiert: *Degenhart*, Staatsrecht I)

Degner, Harald, Die Zusammenarbeit der deutschen Wertpapierbörsen, Die Bank 1979, 421

Degner, Harald, Vinkulierte Namensaktien: börsenfähig oder nicht?, WM 1990, 793

Demsetz, Harold, Information and Efficiency: Another Viewpoint, Journal of Law and Economics 1969, 1

Demsetz, Harold, Why Regulate Utilities?, in: Stigler, George J. (Hrsg.), Chicago Studies in Political Economy, Chicago 1988, S. 267 (zitiert: *Demsetz*, Utilities)

Depenheuer, Otto, Informationsordnung durch Informationsmarkt, Rechtliche Rahmenbedingungen einer Informationsordnung, AfP 1997, 669

Deregulierungskommission (Hrsg.), Marktöffnung und Wettbewerb: Berichte 1990 und 1991, Stuttgart 1991 (zitiert: Deregulierungskommission, Marktöffnung)

Dethloff, Nina, Europäisches Kollisionsrecht des unlauteren Wettbewerbs, JZ 2000, 179

Dethloff, Nina, Marketing im Internet und Internationales Wettbewerbsrecht, NJW 1998, 1596

Deutsche Informations Börse Berlin für Kapitalanleger und Unternehmen AG (Hrsg.), Ratgeber Börse, Frankfurt am Main 1999 (zitiert: DIB, Börse)

de Vries, Kolja, Delisting: Kapitalmarktrecht, Gesellschaftsrecht, Umwandlungsrecht, Köln 2002 (zitiert: *de Vries*, Delisting)

Diamond, Elyse, Outside Investors: A New Breed of Insider Traders?, 60 Fordham Law Review 1992, 319

Dietlein, Johannes, Die Lehre von den grundrechtlichen Schutzpflichten, Berlin 1992 (zitiert: *Dietlein*, Schutzpflichten)

Dornau, Robert, Alternative Handelssysteme in den USA und in Europa. Entstehung, Regulierung und Marktpotenzial, Frankfurt am Main 1999 (zitiert: *Dornau*, Handelssysteme)

Dornau, Robert / Neubauer, Maik, Alternative Trading Systems - Schlüssel zum Retailmarkt?, Die Bank 2001, 104

Doty, James R., Colloquium: The Role of the Securities and Exchange Commission in an Internationalized Marketplace, 60 Fordham Law Review 1992, 77

Downes, John / Goodman, Jordan Elliot, Dictionary of Finance and Investment Terms, 4. Auflage, Hauppauge, NY 1995 (zitiert: *Downes/Goodman*, Dictionary)

Dreier, Horst (Hrsg.), Grundgesetz: Kommentar, Band II: Artikel 20-82, Tübingen 1998 (zitiert: *Bearbeiter*, in: Dreier, GG)

Dreier, Horst, Hierarchische Verwaltung im demokratischen Staat: Genese, aktuelle Bedeutung und funktionelle Grenzen eines Bauprinzips der Exekutive, Tübingen 1990 (zitiert: *Dreier*, Verwaltung)

Dreier, Ralf, Der Begriff des Rechts, NJW 1986, 890

Dreier, Thomas, Urheberrecht an der Schwelle des 3. Jahrtausends: Einige Gedanken zur Zukunft des Urheberrechts, CR 2000, 45

Dreyling, Georg, Zur staatlichen Aufsicht über Börsen mit überregionalem Wirkungsbereich, WM 1990, 1529

Dries, Folker, Der globale 24-Stunden-Handel kommt in 3 bis 5 Jahren, FAZ vom 7.10.2000, S. 25 f.

Drobnig, Ulrich, Das Profil des Wirtschaftskollisionsrechts: Einführende Bemerkungen zum Symposium «Extraterritoriale Anwendung von Wirtschaftsrecht» Hamburg 1986, RabelsZ 1988, 1

Dubofsky, David A., Options and Financial Futures - Valuation and Uses, New York 1992 (zitiert: *Dubofsky*, Options)

Duden, Die Rechtschreibung, 23. Auflage, Mannheim 2004 (zitiert: Duden, Rechtschreibung)

Dux, Günter, Bundesrat und Bundesaufsicht, Berlin 1963 (zitiert: *Dux*, Bundesaufsicht)

Eckhoff, Torstein / Sundby, Nils Kristian, Rechtssyteme: Eine systemtheoretische Einführung in die Rechtstheorie, Berlin 1988 (zitiert: *Eckhoff/Sundby*, Rechtssysteme)

Economides, Nicholas, How to Enhance Market Liquidity, in: Schwartz, Robert A. (Hrsg.), Global Equity Markets: Technological, Competitive, and Regulatory Challenges, Chicago 1995, S. 90 (zitiert: *Economides*, Liquidity)

Eder, Klaus, Prozedurales Recht und Prozeduralisierung des Rechts: Einige begriffliche Klärungen, in: Grimm, Dieter (Hrsg.), Wachsende Staatsaufgaben - sinkende Steuerungsfähigkeit des Rechts, Baden-Baden 1990, S. 155 (zitiert: *Eder*, Prozeduralisierung)

Ehlers, Dirk, Mitbestimmung in der öffentlichen Verwaltung, Jura 1997, 180

Ehlers, Dirk, Ziele der Wirtschaftsaufsicht, Köln/Berlin/Bonn/München 1997 (zitiert: *Ehlers*, Wirtschaftsaufsicht)

Eichenberger, Kurt, Der Staat der Gegenwart, Basel/Frankfurt am Main 1980 (zitiert: *Eichenberger*, Staat)

Eichhorn, Franz-Josef / Binsch, Mario / Frank, Michael, Discount Brokerage: Die Akzeptanz bei jungen Anlegern, Die Bank 1997, 410

Eichhorn, Peter / Friedrich, Peter, Verwaltungsökonomie I: Methodologie und Management der öffentlichen Verwaltung, Baden-Baden 1976 (zitiert: *Eichhorn/Friedrich*, Verwaltungsökonomie)

Eickhof, Norbert, Staatliche Regulierung zwischen Marktversagen und Gruppeninteressen: Ein Beitrag zur Weiterentwicklung der Regulierungstheorie, JNPÖ 1986, 122

Eickhof, Norbert, Theorien des Markt- und Wettbewerbsversagens, Wirtschaftsdienst 1986, 468

Eickhof, Norbert, Wettbewerbspolitische Ausnahmebereiche und staatliche Regulierung, JSW 1985, 63

Eilmansberger, *Thomas*, Abschlusszwang und Essential Facility Doktrin nach Art. 82 EG: Überlegungen aus Anlass der Entscheidung „IMS Health", EWS 2003, 12

Eisenberg, *Melvin Aron*, Corporations and Other Business Organizations, 8. Auflage, New York, NY 2000 (*Eisenberg*, Corporations)

Eisenblätter, *Tanja*, Regulierung in der Telekommunikation: Zum Begriff der Regulierung im TKG unter besonderer Berücksichtigung der Regulierung durch Independent Agencies in den USA, Frankfurt am Main/Berlin/Bern/Bruxelles/New York/Oxford/Wien 2000 (zitiert: *Eisenblätter*, Regulierung)

Ekkenga, *Jens*, Anlegerschutz, Rechnungslegung und Kapitalmarkt, Eine vergleichende Studie zum europäischen, deutschen und britischen Bilanz-, Gesellschafts- und Kapitalmarktrecht, Tübingen 1998 (zitiert: *Ekkenga*, Anlegerschutz)

Elleringmann, *Rudolf*, Grundlagen der Kommunalverfassung und der Kommunalaufsicht, Stuttgart 1957 (zitiert: *Elleringmann*, Kommunalaufsicht)

Ellwein, *Thomas*, Einführung in die Regierungs- und Verwaltungslehre, Stuttgart/ Berlin/Köln/Mainz 1966 (zitiert: *Ellwein*, Verwaltungslehre)

Emde, *Ernst Thomas*, Die demokratische Legitimation der funktionalen Selbstverwaltung: Eine verfassungsrechtliche Studie anhand der Kammern, der Sozialversicherungsträger und der Bundesanstalt der Arbeit, Berlin 1991 (zitiert: *Emde*, Selbstverwaltung)

Emmerich, *Volker*, Kartellrecht, 9. Auflage, München 2001 (zitiert: *Emmerich*, Kartellrecht)

Ende, *Lothar* / *Klein*, *Alexander*, Grundzüge des Vertriebsrechts im Internet: Fernabsatz und Vertrieb von Waren und Dienstleistungen, München 2001 (zitiert: *Ende/Klein*, Grundzüge)

Enderle, *Georges* (Hrsg.), Ethik und Wirtschaftswissenschaft, Berlin 1985 (zitiert: *Enderle*, Ethik)

Engel, *Christoph*, The Internet and the Nation State, in: Engel, Christoph / Keller, Kenneth H. (Hrsg.), Understanding the Impact of Global Networks on Local Social, Political and Cultural Values: First Symposium of the German American Academic Council's Project "Global Networks and Local Values", Baden-Baden 2000, S. 201 (zitiert: *Engel*, Internet)

Engelbert, *Anke*, Konfliktmittlung und Demokratieprinzip: Zur demokratischen Legitimation von entscheidungsbefugten Aushandlungsgremien, Berlin 1995 (zitiert: *Engelbert*, Demokratieprinzip)

Engelen, *Klaus C.*, Licht im Dickicht der EU-Finanzgesetzgebung, Handelsblatt vom 8.3.2001, S. 35

Engels, *Wolfram*, Über Freiheit, Gleichheit und Brüderlichkeit: Kritik des Wohlfahrtsstaates, Theorie der Sozialordnung und Utopie der sozialen Marktwirtschaft, Bad Homburg 1985 (zitiert: *Engels*, Freiheit)

Engisch, Karl, Einführung in das juristische Denken, 10. Auflage, Stuttgart/Berlin/Köln 2005 (zitiert: *Engisch*, Einführung)

Etling-Ernst, Martina, Praxiskommentar zum Telekommunikationsgesetz TKG, 2. Auflage, Ratingen 1999 (zitiert: *Etling-Ernst*, TKG)

Ewers, Hans-Jürgen / Wein, Thomas, Grundsätze für eine Deregulierungspolitik, Wirtschaftsdienst 1990, 320

Fichtmüller, Carl Peter, Zulässigkeit ministerialfreien Raums in der Bundesverwaltung, AöR 91 (1966), 297

Fikentscher, Wolfgang, Wirtschaftsrecht, Band I: Weltwirtschaftsrecht, Europäisches Wirtschaftsrecht, München 1983 (zitiert: *Fikentscher*, Wirtschaftsrecht)

Fischer, Reinfrid, Das Zweite Finanzmarktförderungsgesetz aus der Sicht der Sparkassenorganisation, Sparkasse 1995, 7

Fischer, Reinfrid / Klanten, Thomas, Bankrecht: Grundlagen der Rechtspraxis, 3. Auflage, Köln 2000 (zitiert: *Fischer/Klanten*, Bankrecht)

Fittkau, Susanne / Maaß, Holger, W3B-Uni Ergebnisband: Soziodemographie und Online-Nutzungsverhalten, Hamburg 1997 (zitiert: *Fittkau/Maaß*, Online)

Fleiner, Fritz, Institutionen des Deutschen Verwaltungsrechts, 8. Auflage, Tübingen 1928 (zitiert: Fleiner, Institutionen)

Fleischer, Holger, Das Vierte Finanzmarktförderungsgesetz, NJW 2002, 2977

Fleischer, Holger / Weyer, Hartmut, Neues zur „essential facilities"-Doktrin im Europäischen Wettbewerbsrecht, WuW 1999, 350

Florian, Ulrich, Rechtsfragen des Wertpapierhandels im Internet, München 2001 (zitiert: *Florian*, Rechtsfragen)

Foerster, Bruce S. (Hrsg.), Capital Markets Handbook, New York, NY 1999 (zitiert: *Foerster*, Capital Markets)

Forsthoff, Ernst, Die unmittelbare Reichsaufsicht, AöR 58 (1930), 61

Forsthoff, Ernst, Lehrbuch des Verwaltungsrechts: Band I: Allgemeiner Teil, 10. Auflage, München 1973 (zitiert: *Forsthoff*, Verwaltungsrecht)

Forum of European Securities Commissions (FESCO) (Hrsg.), Proposed Standards for Alternative Trading Systems, Paris 2001 (zitiert: FESCO, Proposed Standards)

Forum of European Securities Commissions (FESCO) (Hrsg.), The Regulation of Alternative Trading Systems in Europe - A paper for the EU Commission, Paris 2000 (zitiert: FESCO, Regulation)

Frey, Bruno S., Von der politischen Ökonomie zur Wirtschaftspolitik, in: von Weizsäcker, Carl Christian (Hrsg.), Staat und Wirtschaft, Berlin 1979, S. 789 (zitiert: *Frey*, Wirtschaftspolitik)

Frick, Heinrich, Die Staatsaufsicht über die kommunalen Sparkassen: Die Sparkassen als Selbstverwaltungsträger und ihr Verhältnis zum Staate in der Bundesrepublik Deutschland, Berlin 1962 (zitiert: *Frick*, Staatsaufsicht)

Friedman, Howard M., Securities Regulation in Cyberspace, 2. Auflage, New York, NY 1998 (zitiert: *Friedman*, Cyberspace)

Fröhler, Ludwig, Die Staatsaufsicht über die Handwerkskammern, München/Berlin 1957 (zitiert: *Fröhler*, Staatsaufsicht)

Fröhler, Oliver, Grenzen legislativer Gestaltungsfreiheit in zentralen Fragen des Wehrverfassungsrechts: Eine staatsrechtliche Analyse unter vergleichender Berücksichtigung der schweizerischen Rechtslage, Berlin 1995 (zitiert: *Fröhler*, Gestaltungsfreiheit)

Frowein, Jochen, Die selbständige Bundesaufsicht nach dem Grundgesetz, Bonn 1961 (zitiert: *Frowein*, Bundesaufsicht)

Fuchs, Michael, „Beauftragte" in der öffentlichen Verwaltung, Berlin 1985 (zitiert: *Fuchs*, Beauftragte)

Funke, Rainer, Kapitalmarktkonzept zur Förderung des Finanzplatzes Deutschland - Vorschläge und Umsetzungsmaßnahmen, WM 1998, 758

Gabler-Wirtschafts-Lexikon, Bd. 2., B - C, 14. Auflage, Wiesbaden 1997 (zitiert: Gabler, Bd. 2)

Gabler-Wirtschafts-Lexikon, Bd. 3., D - FD, 14. Auflage, Wiesbaden 1997 (zitiert: Gabler, Bd. 3)

Gabler-Wirtschafts-Lexikon, Bd. 5., I - K, 14. Auflage, Wiesbaden 1997 (zitiert: Gabler, Bd. 5)

Gabler-Wirtschafts-Lexikon, Bd. 7., O - R, 14. Auflage, Wiesbaden 1997 (zitiert: Gabler, Bd. 7)

Gabler-Wirtschafts-Lexikon, Bd. 8., S, 14. Auflage, Wiesbaden 1997 (zitiert: Gabler, Bd. 8)

Gabler-Wirtschafts-Lexikon, Bd. 10., VG - Z, 14. Auflage, Wiesbaden 1997 (zitiert: Gabler, Bd. 10)

Gallagher, Daniel M., More over Tickertape, Here comes the Cyber-Exchange: The Rise of Internet-based securities trading systems, 47 Catholic University Law Review 1998, 1009

Gamerdinger, Dieter, Finanzplatz Deutschland, ZfgKW 1993, 717

Gamerdinger, Dieter, Zur Entwicklung der Wertpapier- und Börsenaufsicht in Deutschland, ZfgKW 1993, 976

Gart, Alan, Regulation, Deregulation, Reregulation: The Future of the Banking, Insurance, and Securities Industries, New York/Chichester/Brisbane/Toronto/Singapore 1994 (zitiert: *Gart*, Regulation)

Gassner, Ulrich M., Internet-Handelsplattformen im Spiegel des Kartellrechts, MMR 2001, 140

Gehring, Norbert, Parlament - Regierung – Opposition: Dualismus als Voraussetzung für eine parlamentarische Kontrolle der Regierung, München 1969 (zitiert: *Gehring*, Parlament)

Gehrke, Gernot, Datenschutz und -sicherheit im Internet, München 2005 (zitiert: *Gehrke*, Datenschutz)

Geitmann, Roland, Bundesverfassungsgericht und „offene" Normen: Zur Bindung des Gesetzgebers an Bestimmtheitserfordernisse, Berlin 1971 (zitiert: *Geitmann*, Bundesverfassungsgericht)

Gellermann, Karl-Peter, Völkerrechtliche Verträge zu Lasten Dritter, Göttingen 1963 (zitiert: *Gellermann*, Verträge)

Gerke, Wolfgang, Computerbörsen für den Finanzplatz Deutschland, Die Betriebswirtschaft 1993, 725

Gerke, Wolfgang / Hamann, Thomas, Zentrale und dezentrale Börsensysteme, ZfgKW 1991, 560

Gerke, Wolfgang / Rapp, Heinz-Werner, Strukturveränderungen im internationalen Börsenwesen, Die Betriebswirtschaft 1994, 5

Gibbons, Llewellyn Joseph, No Regulation, Government Regulation or Self-Regulation: Social Enforcement or Social Contraction for Governance in Cyberspace, 6 Cornell Journal of Law and Public Policy 1997, 475

Gierke, Otto, Die Genossenschaftstheorie und die deutsche Rechtsprechung, Berlin 1887 (zitiert: *Gierke*, Genossenschaftstheorie)

Giersch, Herbert / Schmidt, Hartmut, Offene Märkte für Beteiligungskapital: USA-Großbritannien-Bundesrepublik Deutschland, Stuttgart 1986 (zitiert: *Giersch/Schmidt*, Beteiligungskapital)

Giloi, Wolfgang K., Rechnerarchitektur, 2. Auflage, Berlin/Heidelberg/New York/London/Paris/Tokyo/Hong Kong/Barcelona/Budapest 1993 (zitiert: *Giloi*, Rechnerarchitektur)

Gleske, Leonard, Die Elemente eines europäischen Kapitalmarktes, in: Rehm, Hannes (Hrsg.), Perspektiven für den Europäischen Bankenmarkt, Bonn 1989, S. 187 (zitiert: *Gleske*, Kapitalmarkt)

Goerlich, Helmut, Anmerkung zu BVerfG, Urteil vom 27.6.1991 – 2 BvR 1493/89, JZ 1991, 1139

Gomber, Peter, Elektronische Handelssysteme: Innovative Konzepte und Technologien im Wertpapierhandel, Heidelberg 2000 (zitiert: *Gomber*, Handelssysteme)

Gorra, Matthew F., On-Line Trading and United States Securities Policy: Evaluating the SEC's Role in International Securities Regulation, 32 Cornell International Law Journal 1998, 209

Götting, Thomas, Anwendbares Aufsichtsrecht bei Finanzdienstleistungen im Internet, CR 2001, 528

Gottschalk, Ulrich, IBIS – Inter-Banken-Informations-System, ZBB 1991, 23

Gower, L.C.B., Capital Market and Securities Regulation in the Light of the Recent British Experience, in: Buxbaum, Richard M. / Hertig, Gérard / Hirsch, Alain / Hopt, Klaus J. (Hrsg.), European Business Law: Legal and Economic Analyses on Integration and Harmonization, Berlin/New York 1991, S. 307 (zitiert: *Gower*, Securities Regulation)

Graefe, Thomas, Der Gesetzgeber steht am Anfang - und dort wird er bleiben, FAZ vom 1.6.1999, S. B 6

Graham, John W., The U.S. Securities and Exchange Commission, A Research and Information Guide, New York/London 1993 (zitiert: *Graham*, SEC)

Gramlich, Ludwig, „Elektronisches Geld" im Recht, DuD 1997, 383

Gramlich, Ludwig, Entwicklungen der staatlichen Wirtschaftsaufsicht: Das Telekommunikationsrecht als Modell?, VerwArch 88 (1997), 598

Grande, Edgar, Vom produzierenden zum regulierenden Staat: Möglichkeiten und Grenzen von Regulierung und Privatisierung, in: König, Klaus / Benz, Angelika (Hrsg.), Privatisierung und staatliche Regulierung: Bahn, Post und Telekommunikation, Rundfunk, Baden-Baden 1997, S. 576 (zitiert: *Grande*, Regulierung)

Greene, Edward F. / Beller, Alan L. / Rosen, Edward J. / Silverman, Leslie N. / Braverman, Daniel A. / Sperber, Sebastian R., U.S. Regulation of the International Securities and Derivatives Markets, Bd. 1, 5. Auflage, New York, NY 2000 (zitiert: *Greene/Beller/Rosen/Silverman/Braverman/Sperber*, U.S. Regulation)

Greiner, Arved, Die Verhinderung verbotener Internetinhalte im Wege polizeilicher Gefahrenabwehr, Hamburg 2001 (zitiert: *Greiner*, Gefahrenabwehr)

Grewlich, Klaus W., Governance im Cyberspace - Regulierung globaler Netze im Systemwettbewerb?, RIW 2000, 337

Grill, Hannelore / Perczynski, Hans / Platz, Siegfried, Wirtschaftslehre des Kreditwesens, 33. Auflage, Bad Homburg vor der Höhe 1999 (zitiert: *Grill/Perczynski/Platz*, Kreditwesen)

Grimm, Dieter, Der Wandel der Staatsaufgaben und die Krise des Rechtsstaats, in: Grimm, Dieter (Hrsg.), Wachsende Staatsaufgaben - sinkende Steuerungsfähigkeit des Rechts, Baden-Baden 1990, S. 291 (zitiert: *Grimm*, Staatsaufgaben)

Gröschner, Rolf, Das Überwachungsrechtsverhältnis: Wirtschaftsüberwachung in gewerbepolizeilicher Tradition und wirtschaftsverwaltungsrechtlicher Wandel, Tübingen 1992 (zitiert: *Gröschner*, Überwachungsrechtsverhältnis)

Groß, Thomas, Die administrative Föderalisierung der EG: Rechtsprobleme des grenzüberschreitenden Prüfungsrechtes der Bankenaufsichtsbehörden, JZ 1994, 596

Groß, *Wolfgang*, Kapitalmarktrecht: Kommentar zum Börsengesetz, zur Börsenzulassungs-Verordnung, zum Verkaufsprospektgesetz und zur Verkaufsprospekt-Verordnung, 2. Auflage, München 2002 (zitiert: *Groß*, Kapitalmarktrecht)

Grosser, *Dieter*, Wettbewerbspolitik, in: Grosser, Dieter (Hrsg.), Der Staat in der Wirtschaft der Bundesrepublik, Opladen 1985, S. 61 (zitiert: *Grosser*, Wettbewerbspolitik)

Großfeld, *Bernhard*, Internationales und Europäisches Unternehmensrecht: Das Organisationsrecht transnationaler Unternehmen, 2. Auflage, Heidelberg 1995 (zitiert: *Großfeld*, Unternehmensrecht)

Großfeld, *Bernd* / *Hoeltzenbein*, *Josef*, CyberLex als Unternehmensrecht, NZG 2001, 779

Grübel, *Bernd* / *Schubert*, *Eckehard*, Fachwissen Wertpapiergeschäft/ Vermögensberatung, 2. Auflage, Stuttgart 1994 (zitiert: *Grübel/Schubert*, Wertpapiergeschäft)

Grundmann, *Wolfgang*, Neuregelung des Insiderhandels-Verbots in Deutschland, ZfgKW 1992, 12

Grundmann, *Stefan*, Europäisches Kapitalmarktrecht, ZSchwR 1996, 103

Gruppe Deutsche Börse (Hrsg.), Facts & Figures: Ausgabe 2000/I, Frankfurt am Main 2000 (zitiert: Gruppe Deutsche Börse, Facts & Figures)

Gruppe Deutsche Börse (Hrsg.), Geschäftsbericht 2000, Frankfurt am Main 2001 (zitiert: Gruppe Deutsche Börse, Geschäftsbericht 2000)

Grzeszick, *Bernd*, Neue Medienfreiheit zwischen staatlicher und gesellschaftlicher Ordnung. Das Beispiel des Internet, AöR 123 (1998), 173

Gubelt, *Manfred*, Art. 3 (Gleichheit), in: von Münch, Ingo / Kunig, Philip (Hrsg.), Grundgesetz-Kommentar: Band 1 (Präambel bis Art. 19), 5. Auflage, München 2000 (zitiert: *Gubelt*, in: von Münch/Kunig, GG)

Gut, *Alain*, Fairness in Netzwerken am Beispiel einer elektronischen Börse, Zürich 1997 (zitiert: *Gut*, Fairness)

Haag, *Marcel*, Der Netzzugang Dritter aus der Sicht des Europäischen Wettbewerbsrechts, in: Schwarze, Jürgen (Hrsg.), Der Netzzugang für Dritte im Wirtschaftsrecht, Baden-Baden 1999, S. 57 (zitiert: *Haag*, Europäisches Wettbewerbsrecht)

Habermas, *Jürgen*, Faktizität und Geltung: Beiträge zur Diskurstheorie des Rechts und des demokratischen Rechtsstaats, 4. Auflage, Frankfurt am Main 1994 (zitiert: *Habermas*, Faktizität)

Häcker, *Joachim*, Internet Banking: Eine Analyse im Rahmen von deutschem und anglo-amerikanischem Recht, Stuttgart 1998 (zitiert: *Häcker*, Internet Banking)

Haenel, Albert, Deutsches Staatsrecht. Erster Band. Die Grundlagen des deutschen Staates und die Reichsgewalt, Leipzig 1892 (zitiert: *Haenel*, Staatsrecht)

Haft, Fritjof / Eisele, Jörg, Zur Einführung: Rechtsfragen des Datenverkehrs im Internet, JuS 2001, 112

Hagemeister, Hans-Otto, Die neue Bundesanstalt für Finanzdienstleistungsaufsicht, WM 2002, 1773

Hagenah, Evelyn, Prozeduraler Umweltschutz: Zur Leistungsfähigkeit eines rechtlichen Regelungsinstruments, Baden-Baden 1996 (zitiert: *Hagenah*, Umweltschutz)

Haibach, Georg, Komitologie nach Amsterdam – Die Übertragung von Rechtsetzungsbefugnissen im Rechtsvergleich, VerwArch 90 (1999), 98

Hall, Kenneth F., The Compliance Guide to United States Banking Laws & Regulations, Morristown, New Jersey 1997 (zitiert: *Hall*, Banking Laws)

Hamilton, James L., Marketplace Fragmentation, Competition, and the Efficiency of the Stock Exchange, 34 The Journal of Finance 1979, 171

Hamm, Walter, Staatsaufsicht über wettbewerbspolitische Ausnahmebereiche als Ursache ökonomischer Fehlentwicklungen, ORDO 1978, 156

Hammen, Horst, Börsen- und kreditwesengesetzliche Aufsicht über börsenähnliche Handelssysteme, Wertpapierbörsen und Börsenträger, WM 2001, 929

Hammes, Nicole, Die Vorschläge der Europäischen Kommission zur Überarbeitung der Wertpapierdienstleistungsrichtlinie, ZBB 2001, 498

Handelsblatt (Hrsg.), Jeder hat ein Recht auf Rendite: Das Börsen-ABC für private Anleger (zitiert: Handelsblatt, Börsen-ABC)

Hansen, Herbert, Die jüngsten Entwicklungen am Finanzplatz Deutschland, AG-Report 1991, 224

Happ, Wilhelm, Zum Regierungsentwurf eines Wertpapierhandelsgesetzes, JZ 1994, 240

Hardes, Heinz-Dieter, De-Regulierung aus wettbewerbstheoretischer Sicht – Das Beispiel Bahnreform, WISU 1994, 710

Hardes, Heinz-Dieter / Rahmeyer, Fritz / Schmid, Alfons, Volkswirtschaftslehre: Eine problemorientierte Einführung, 17. Auflage, Tübingen 1990 (zitiert: *Hardes/Rahmeyer/Schmid*, Volkswirtschaftslehre)

Harman, William R., The Evolution of the National Market System - An Overview, 33 Bus. Lawyer 1978, 2275

Harris, Lawrence, Consolidation, Fragmentation, Segmentation, and Regulation, in: Schwartz, Robert A., Global Equity Markets: Technological, Competitive, and Regulatory Challenges, S. 269 (zitiert: *Harris*, Consolidation)

Hart, Dieter, Zur konzeptionellen Entwicklung des Vertragsrechts, AG 1984, 66

Harter, Winfried / Franke, Jörg / Hogrefe, Jürgen / Seger, Rolf, Wertpapiere in Theorie und Praxis, 5. Auflage, Stuttgart 2000 (zitiert: *Harter/Franke/Hogrefe/Seger*, Wertpapiere)

Harvard Law Review Association (Hrsg.), Bluebook: A Uniform System of Citation, 16. Auflage, Cambridge, MA 1996 (zitiert: Harvard Law Review Association, Bluebook)

Hastenpflug, Wolfgang, Das Securitizationsphänomen - eine theoretische Analyse, Wiesbaden 1991 (zitiert: *Hastenpflug*, Securitizationsphänomen)

Hatschek, Julius, Die Selbstverwaltung in politischer und juristischer Bedeutung, Leipzig 1898 (zitiert: *Hatschek*, Selbstverwaltung)

Hauschild, Malte, Das neue Komitologieverfahren, ZG 1999, 248

Häuselmann, Holger, Entwurf von US-Regulations zum Global Trading, RIW 1998, 391

Häuser, Karl / Rosenstock, Adolf, Börse und Kapitalmarkt, 5. Auflage, Frankfurt am Main 1997 (zitiert: *Häuser/Rosenstock*, Börse)

Haustein, Werner, Die Eisenbahnen im deutschen öffentlichen Recht, Frankfurt am Main 1960 (zitiert: *Haustein*, Eisenbahnen)

Hawke, John D. Jr., Commentaries on Banking Regulation, New York/ Washington, D.C. 1985 (zitiert: *Hawke*, Banking Regulation)

Heckmann, Dirk, E-Commerce: Flucht in den virtuellen Raum?, NJW 2000, 1370

Heckmann, Dirk, Geltungskraft und Geltungsverlust von Rechtsnormen: Elemente einer Theorie der autoritativen Normgeltungsbeendigung, Tübingen 1997 (zitiert: *Heckmann*, Geltungskraft)

Hector, Pascal, Das völkerrechtliche Abwägungsgebot: Abgrenzung der Souveränitätssphären durch Verfahren, Berlin 1992 (zitiert: *Hector*, Abwägungsgebot)

Hedemann, Justus Wilhelm, Flucht in die Generalklauseln. Eine Gefahr für Recht und Staat, Tübingen 1933 (zitiert: *Hedemann*, Generalklauseln)

Hedrich, Carl-Christoph, Die Privatisierung der Sparkassen: Ein Beitrag zu den institutionellen Problemen der Deregulierung, Baden-Baden 1993 (zitiert: *Hedrich*, Privatisierung)

Heine, Günter, Technischer Fortschritt im Spannungsverhältnis von Unternehmen, Gesellschaft und Staat - Neue Herausforderungen für das Recht, in: Schulte, Martin (Hrsg.), Technische Innovation und Recht: Antrieb oder Hemmnis?, Heidelberg 1997, S. 57ff. (zitiert: *Heine*, Herausforderungen)

Heinze, Stephan, Europäisches Kapitalmarktrecht: Recht des Primärmarktes, München 1999 (zitiert: *Heinze*, Primärmarkt)

Held, Friedrich-Wilhelm, Das Verhältnis von Staat und Kommunen am Beispiel der Kommunalaufsicht, in: Ipsen, Jörn / Schneider, Hans-Peter (Hrsg.), Staat und Kommunen - Kooperation oder Konflikt?, 8. Bad Iburger Gespräche, Osnabrück 1998, S. 21 (zitiert: *Held*, Verhältnis)

Helkenberg, Wilhelm-Christian, Anlegerschutz am Grauen Kapitalmarkt: Prognosegrundsätze für Emissionsprospekte, Wiesbaden 1989 (zitiert: *Helkenberg*, Grauer Kapitalmarkt)

Hellwig, Hans-Jürgen, Möglichkeiten einer Börsenreform zur Stärkung des deutschen Kapitalmarktes, ZGR 1999, 781
Henseler, Paul, Verfassungsrechtliche Aspekte zukunftsbelastender Parlamentsentscheidungen, AöR 108 (1983), 489
Hertle, Alexander / Schenk, Norman, Computerbörse, in: Gerke, Wolfgang / Steiner, Manfred (Hrsg.), Handbuch des Bank- und Finanzwesens, 2. Auflage, Stuttgart 1995, Sp. 410 ff. (zitiert: *Hertle/Schenk*, Computerbörse)
Herz, Robert H. / Dittmar, Nelson W. Jr. / Lis, Stephen J. / Decker, William E. Jr. / Murray, Ronald J., The Coopers & Lybrand SEC Manual, 7. Auflage, New York/Chichester/Weinheim/Brisbane/Singapore/Toronto 1997 (zitiert: *Herz/Dittmar/Lis/Decker/Murray*, SEC Manual)
Herzog, Roman, Allgemeine Staatslehre, Frankfurt am Main 1971 (zitiert: *Herzog*, Staatslehre)
Herzog, Roman, Gesetzgeber und Gerichte, in: Brandt, Willy / Gollwitzer, Helmut / Henschel, Johann Friedrich (Hrsg.), Ein Richter, ein Bürger, ein Christ: Festschrift für Helmut Simon, Baden-Baden 1987, S. 103 (zitiert: *Herzog*, Gesetzgeber)
Hesse, Konrad, Ausgewählte Schriften, hersg. von Häberle, Peter / Hollerbach, Alexander, Heidelberg 1984 (zitiert: *Hesse*, Schriften)
Hessische Börsenaufsicht (Hrsg.), Jahresbericht 1997, Wiesbaden 1998 (zitiert: *Hess. Börsenaufsicht*, Jahresbericht)
Heun, Werner, Staatshaushalt und Staatsleitung: Das Haushaltsrecht im parlamentarischen Regierungssystem des Grundgesetzes, Baden-Baden 1989 (zitiert: *Heun*, Staatshaushalt)
Hilton, George W., The Basic Behavior of Regulatory Commissions, 62 American Economic Review 1972, 47
Hoeren, Thomas, Et in arcadia ego - Einige Überlegungen zum Verhältnis von Zivilrecht und Internet, in: Prütting, Hanns / Hochstein, Reiner / Hege, Hans / Holznagel, Bernd / Hoeren, Thomas / Preis, Ulrich / Köhler, Helmut (Hrsg.), Die Zukunft der Medien hat schon begonnen - Rechtlicher Rahmen und neue Teledienste im Digitalzeitalter, München 1998, S. 57 (zitiert: *Hoeren*, Zivilrecht)
Hoeren, Thomas, Formen der Regulierung im Cyberspace, in: Wiebe, Andreas (Hrsg.), Regulierung in Datennetzen: Referate auf dem Symposium aus Anlass des 60. Geburtstages von Universitätsprofessor Dr. jur. Wolfgang Kilian, Darmstadt 2000, S. 109 (zitiert: *Hoeren*, Cyberspace)
Hoeren, Thomas, Grundzüge des Internetrechts: E-Commerce/Domains/ Urheberrecht, München 2001 (zitiert: *Hoeren*, Internetrecht)
Hoeren, Thomas, Internationale Netze und das Wettbewerbsrecht, in: Becker, Jürgen (Hrsg.), Rechtsprobleme internationaler Datennetze: Arbeitssitzung des Instituts für Urheber- und Medienrecht am 17. November 1995, Baden-Baden 1996, S. 35 (zitiert: *Hoeren*, Wettbewerbsrecht)

Hoeren, Thomas, Internet und Recht - Neue Paradigmen des Informationsrechts, NJW 1998, 2849

Hoeren, Thomas, Kreditinstitute im Internet – Ausgewählte Rechtsfragen, in: Einführung des Euro in der Bank- und Unternehmenspraxis, Bankdienstleistungen im Internet, Bankrechtstag 1997, Berlin/New York 1998, S. 163 (zitiert: *Hoeren*, Kreditinstitute)

Hoeren, Thomas / Sieber, Ulrich (Hrsg.), Handbuch Multimedia-Recht: Rechtsfragen des elektronischen Geschäftsverkehrs, Loseblattsammlung (Stand: September 2004), München 2005 (zitiert: *Hoeren/Sieber*, Handbuch)

Hoffmann, Jochen, Elektronische Handelssysteme nach dem 4. Finanzmarktförderungsgesetz: Von zu engen und zu weiten Regelungen, WM 2003, 2025

Hoffmann, Martin, Staatliche Wirtschaftsregulierung und grundrechtlicher Schutz der Unternehmensfreiheit durch Art. 12 Abs. 1 GG und Art. 2 Abs. 1 GG, BB 1995, 53

Hoffmann-Riem, Wolfgang, Ermöglichung von Flexibilität und Innovationsoffenheit im Verwaltungsrecht - Einleitende Problemskizze, in: Hoffmann-Riem, Wolfgang / Schmidt-Aßmann, Eberhard (Hrsg.), Innovation und Flexibilität des Verwaltungshandelns, Baden-Baden 1994, S. 9 (zitiert: *Hoffmann-Riem*, Problemskizze)

Hoffmann-Riem, Wolfgang, Gesetzliche Gewährleistung der Freiheit der Kommunikation im Internet?, in: Ladeur, Karl-Heinz (Hrsg.), Innovationsoffene Regulierung des Internet - Neues Recht für Kommunikationsnetzwerke, Baden-Baden 2003, S. 53 (zitiert: *Hoffmann-Riem*, Kommunikation)

Hoffmann-Riem, Wolfgang, Tendenzen in der Verwaltungsrechtsentwicklung, DÖV 1997, 433

Hoffmann-Riem, Wolfgang / Schulz, Wolfgang / Held, Thorsten, Konvergenz und Regulierung, Baden-Baden 2000 (zitiert: *Hoffmann-Riem/Schulz/Held*, Konvergenz)

Hofmann, Hasso, Rechtsfragen der atomaren Entsorgung, Stuttgart 1981 (zitiert: *Hofmann*, Rechtsfragen)

Höhns, Stefan, Die Aufsicht über Finanzdienstleister: Kompetenzen, Eingriffsbefugnisse, Neustrukturierung, Berlin 2002 (*Höhns*, Aufsicht)

Höller, Johann, Die rechtlichen Rahmenbedingungen für Electronic Business, in: Höller, Johann / Pils, Manfred / Zlabinger, Robert (Hrsg.), Internet und Intranet: Auf dem Weg zum Electronic Business, 2. Auflage, Berlin/Heidelberg/New York/Barcelona/Hongkong/London/Mailand/Paris/Singapur/Tokio 1999, S. 351 (zitiert: *Höller*, Rahmenbedingungen)

Holzhäuser, Michael, Essential Facilities in der Telekommunikation: Der Zugang zu Netzen und anderen wesentlichen Einrichtungen im Spannungsfeld zwischen sektorspezifischer Regulierung und allgemeinem Wettbewerbsrecht, München 2001 (zitiert: *Holzhäuser*, Essential Facilities)

Holznagel, Bernd / Werthmann, Christoph, Rechtsextremistische und fremdenfeindliche Inhalte im Internet - Probleme und Lösungsansätze, in: Ladeur, Karl-Heinz (Hrsg.), Innovationsoffene Regulierung des Internet - Neues Recht für Kommunikationsnetzwerke, Baden-Baden 2003, S. 191 (zitiert: *Holznagel/Werthmann*, Lösungsansätze)

Hoppmann, Carsten, Europäische Börsenaufsicht, EWS 1999, 204

Hopt, Klaus J., Anlegerschutz, in: Gerke, Wolfgang / Steiner, Manfred, Handwörterbuch des Bank- und Finanzwesens, 3. Auflage, Stuttgart 2001, Spalte 114 ff. (zitiert: *Hopt*, Anleger)

Hopt, Klaus J., Der Kapitalanlegerschutz im Recht der Banken: gesellschafts-, bank- und börsenrechtliche Anforderungen an das Beratungs- und Verwaltungsverhalten der Kreditinstitute, München 1975 (zitiert: *Hopt*, Kapitalanlegerschutz)

Hopt, Klaus J., Europäisches Gesellschaftsrecht – Krise und neue Anläufe, ZIP 1998, 96

Hopt, Klaus J., Europäisches und deutsches Insiderrecht, ZGR 1991, 17

Hopt, Klaus J., Grundsatz- und Praxisprobleme nach dem Wertpapierhandelsgesetz - insbesondere Insidergeschäfte und Ad-hoc-Publizität -, ZHR 159 (1995), 135

Hopt, Klaus J., Insiderwissen und Interessenkonflikte im europäischen und deutschen Bankrecht, in: Kübler, Friedrich / Mertens, Hans-Joachim / Werner, Winfried (Hrsg.), Festschrift für Theodor Heinsius zum 65. Geburtstag am 25. September 1991, Berlin/New York 1991, S. 289 (zitiert: *Hopt*, Insiderwissen)

Hopt, Klaus J., Inwieweit empfiehlt sich eine allgemeine gesetzliche Regelung des Anlegerschutzes?, Gutachten G zum 51. Deutschen Juristentag, München 1976 (zitiert: *Hopt*, Anlegerschutz)

Hopt, Klaus J., Ökonomische Theorie und Insiderrecht, AG 1995, 353

Hopt, Klaus J., Vom Aktien- und Börsenrecht zum Kapitalmarktrecht? – Teil 2: Die deutsche Entwicklung im internationalen Vergleich, ZHR 141 (1977), 389

Hopt, Klaus J. / Baum, Harald, Börsenrechtsreform in Deutschland, in: Hopt, Klaus J. / Rudolph, Bernd / Baum, Harald (Hrsg.), Börsenreform, Eine ökonomische, rechtsvergleichende und rechtspolitische Untersuchung, Stuttgart 1997, S. 287-467 (zitiert: *Hopt/Baum*, Börsenrechtsreform)

Hopt, Klaus J. / Baum, Harald, Börsenrechtsreform: Überlegungen aus vergleichender Perspektive, WM 1997, Sonderbeilage Nr. 4

Hopt, Klaus J. / Rudolph, Bernd / Baum, Harald (Hrsg.), Börsenreform: Eine ökonomische, rechtsvergleichende und rechtspolitische Untersuchung, Stuttgart 1997 (zitiert: *Hopt/Rudolph/Baum*, Börsenreform)

Horn, Ernst-Jürgen, Neuere Entwicklungen auf dem deutschen Kapitalmarkt: Institutionen, Marktstrukturen und Marktergebnisse, Tübingen 1994 (zitiert: *Horn*, Kapitalmarkt)

Horn, Norbert, Anlageberatung im Privatkundengeschäft der Banken - Rechtsgrundlagen und Anforderungsprofil -, WM 1999, 1

Horn, Norbert, Regulierung und Wettbewerb am Beispiel des Strommarktes, RdE 2003, 85

Hösch, Ulrich, Anlegerschutz auf dem „grauen Kapitalmarkt", GewArch 1999, 135

Huber, Ernst Rudolf, Rechtsformen der wirtschaftlichen Selbstverwaltung, VerwArch 37 (1932), 301

Huber, Hans, Betrachtungen über die Gesamtsituation des Rechts (1970), in: Eichenberger, Kurt / Bäumlin, Richard / Müller, Jörg P. (Hrsg.), Hans Huber: Rechtstheorie, Verfassungsrecht, Völkerrecht: Ausgewählte Aufsätze 1950 - 1970, Bern 1971, S. 11 (zitiert: *Huber*, Betrachtungen)

Hufen, Friedheln, Gesetzesgestaltung und Gesetzesanwendung im Leistungsrecht, VVDStRL 47 (1989), 142

Hüffer, Jens, Das Wertpapier-Verkaufsprospektgesetz: Prospektpflicht und Anlegerschutz, Köln/Berlin/Bonn/München 1996 (zitiert: *Hüffer*, Prospektpflicht)

Huhn, Michaela / Pfitzmann, Andreas, Technische Randbedingungen jeder Kryptoregulierung, DuD 1996, 23

Hussla, Gertrud, Die Schlacht um den Aktionär, Handelsblatt vom 3./4.3.2000, S. 14

Hussla, Gertrud, Handelsplattform Instinet geht an die Börse, Handelsblatt vom 14.5.2001, S. 28

Hutter, Stephan / Leppert, Michael, Das 4. Finanzmarktförderungsgesetz aus Unternehmenssicht, NZG 2002, 649

Immenga, Ulrich / Mestmäcker, Ernst-Joachim, Gesetz gegen Wettbewerbsbeschränkungen: Kommentar, 3. Auflage, München 2001 (zitiert: *Bearbeiter*, in: Immenga/Mestmäcker)

International Organization of Securities Commissions (IOSCO) (Hrsg.), Report on Enforcement Issues Raised by the Increasing Use of Electronic Networks in the Securities and Futures Field, 1997 (zitiert: IOSCO, Report)

International Organization of Securities Commissions (IOSCO) (Hrsg.), Report on Securities Activity on the Internet III, 2003 (zitiert: IOSCO, Internet 3)

International Organization of Securities Commissions (IOSCO) (Hrsg.), Securities Activity on the Internet, Montreal 1998 (zitiert: IOSCO, Internet)

Ipsen, Knut, Völkerrecht, 5. Auflage, München 2004 (zitiert: *Ipsen*, Völkerrecht)

Isensee, Josef / Kirchhof, Paul (Hrsg.), Handbuch des Staatsrechts der Bundesrepublik Deutschland, Band I: Grundlagen von Staat und Verfassung, Heidelberg 1987 (zitiert: *Bearbeiter*, in: Isensee/Kirchhof, HbStR I)

Isensee, Josef / Kirchhof, Paul (Hrsg.), Handbuch des Staatsrechts der Bundesrepublik Deutschland, Band III: Das Handeln des Staates, 2. Auflage, Heidelberg 1996 (zitiert: *Bearbeiter*, in: Isensee/Kirchhof, HbStR III)

Isensee, Josef / Kirchhof, Paul (Hrsg.), Handbuch des Staatsrechts der Bundesrepublik Deutschland, Band V: Allgemeine Grundrechtslehren, 2. Auflage, Heidelberg 2000 (zitiert: *Bearbeiter*, in: Isensee/Kirchhof, HbStR V)

Izquierdo, Miriam, Die Liberalisierung und Harmonisierung des Börsenrechts als Problem des EG-Rechts, Saarland 1989 (zitiert: *Izquierdo*, Liberalisierung)

Jäger, Axel, Thema Börse (9): Wiege für die New Economy, NZG 2000, 1049

Jäger, R. Bernd, Gemeinwohl, Gruppen- und Eigeninteresse: Die gradualistische Ordnungspolitik in der deutschen Telekommunikation. Eine Fallstudie im Lichte der Positiven Theorie staatlicher Regulierung und Deregulierung, Köln 1993 (zitiert: *Jäger*, Gemeinwohl)

Jarass, Hans D., Einsatzfelder und Strategien regulativer Politik: Am Beispiel der Energie- und der Arbeitsmarktpolitik in sechs europäischen Ländern, Die Verwaltung 20 (1987), 413

Jarass, Hans D. / Pieroth, Bodo: Grundgesetz für die Bundesrepublik Deutschland, Kommentar, 7. Auflage, München 2004 (zitiert: *Jarass/Pieroth*, GG)

Jarmer, Christine T., International Internet Securities Fraud and SEC Enforcement Efforts: An Update, 73 Tulane Law Review 1999, 2121

Jaskulla, Ekkehard M., Direct Banking im Cyberspace, Handels- und Wertpapiergeschäfte im Internet und das amerikanische Kapitalmarktrecht, ZBB 1996, 214

Jecht, Hans, Die Öffentliche Anstalt: Wandlungen und gegenwärtige Struktur, Berlin 1963 (zitiert: *Jecht*, Anstalt)

Jentsch, Werner, Die EG-Wertpapierdienstleistungsrichtlinie: Entstehungsgeschichte und Inhalt, WM 1993, 2189

Jeske, Jürgen / Barbier, Hans D. (Hrsg.), So nutzt man den Wirtschaftsteil einer Tageszeitung, 3. Auflage, Frankfurt am Main 1997 (zitiert: *Jeske/Barbier*, Wirtschaftsteil)

Jeß, Edmund, Die Körperschaften des öffentlichen Rechts im heutigen Staat, Dresden 1935 (zitiert: *Jeß*, Körperschaften)

Jestaedt, Matthias, Demokratieprinzip und Kondominialverwaltung: Entscheidungsteilhabe Privater an der öffentlichen Verwaltung auf dem Prüfstand des Verfassungsprinzips Demokratie, Berlin 1993 (zitiert: *Jestaedt*, Demokratieprinzip)

Johnson, David R. / Post, David, Law and Borders - The Rise of Law in Cyberspace, 48 Stanford Law Review 1996, 1367

Joskow, Paul L. / Noll, Roger C., Regulation in Theory and Practice: An Overview, in: Fromm, Gary (Hrsg.), Studies in Public Regulation, Cambridge 1981, S. 1 (zitiert: *Joskow/Noll*, Regulation)

Jung, Mathias, Die Auswirkungen der 6. KWG-Novelle auf Anlagevermittler, (Börsen-) Makler und Vermögensverwalter, BB 1998, 649

Jung, Mathias / Schleicher, Bettina, Finanzdienstleister und Wertpapierhandelsbanken - Aufsichtsrechtliche Regelungen, 2. Auflage, Berlin 2001 (zitiert: *Jung/Schleicher*, Finanzdienstleister)

Jung, Peter, Die Bedeutung der Selbstregulierung für das Lauterkeitsrecht in internationalen Computernetzwerken, GRUR Int. 1998, 841

Jungmann, Dieter / Stange, Horst, Einführung in die Rechnerarchitektur, München/Wien 1992 (zitiert: *Jungmann/Stange*, Rechnerarchitektur)

Junker, Klaus, Anlegerschutz im Recht des amerikanischen stock-broker, Berlin 1977 (zitiert: *Junker*, Anlegerschutz)

Jütten, Herbert, Das Zweite Finanzmarktförderungsgesetz aus Sicht der Kreditwirtschaft, Die Bank 1993, 601

Kaffanke, Joachim, Nationales Wirtschaftsrecht und internationale Wirtschaftsordnung: Anwendungsgrenzen nationalen Rechts bei internationalen Sachverhalten, Baden-Baden 1990 (zitiert: *Kaffanke*, Wirtschaftsrecht)

Kahl, Wolfgang, Die Staatsaufsicht: Entstehung, Wandlung und Neubestimmung unter besonderer Berücksichtigung der Aufsicht über die Gemeinden, Tübingen 2000 (zitiert: *Kahl*, Staatsaufsicht)

Kahn, Alfred E., The Economics of Regulation: Principles and Institutions, 5. Auflage, Cambridge/London 1988 (zitiert: *Kahn*, Regulation)

Kaiser, Karl, Wie das Internet die Weltpolitik verändert, FAZ vom 10.1.2001, S. 8

Kämmerer, Jörn Axel, Privatisierung: Typologie - Determinanten - Rechtspraxis - Folgen, Tübingen 2001 (zitiert: *Kämmerer*, Privatisierung)

Kämmerer, Jörn Axel, Strategien zur Daseinsvorsorge: Dienste im allgemeinen Interesse nach der „Altmark“-Entscheidung des EuGH, NVwZ 2004, 28

Kaufer, Erich, Theoretische Grundlagen der Regulierung, in: Deregulierung als ordnungs- und prozesspolitische Aufgabe: in Bonn am 9. und 10. Mai 1985, Berlin 1986, S. 11-24 (zitiert: *Kaufer*, Regulierung)

Kaufer, Erich, Theorie der Öffentlichen Regulierung, München 1981 (zitiert: *Kaufer*, Öffentliche Regulierung)

Kegel, Sandra, Namen aller Länder, FAZ vom 18.7.2000, S. 49

Kegel, Sandra, World Wide Wahl, FAZ vom 25.7.2000, S. 56

Kehr, Carl-Heinrich, Preisfindung bei verteilter Börsenstruktur: Eine empirische Untersuchung für den deutschen Aktienmarkt, Wiesbaden 1997 (zitiert: *Kehr*, Preisfindung)

Keidel, Stefan, Neue Börse hat keine zweite Chance, Handelsblatt vom 25.6.2001, S. 23

Keller, Heinz-Joachim / Redelberger, Thomas / Schwaiger, Raimund, Die Abwicklung von Termingeschäften an der DTB, Wiesbaden 1992 (zitiert: *Keller/Redelberger/Schwaiger*, Termingeschäfte)

Kelsen, Hans, Das Problem der Souveränität und die Theorie des Völkerrechts: Beitrag zu einer reinen Rechtslehre, 2. Auflage, Tübingen 1928 (zitiert: *Kelsen*, Souveränität)

Kempf, Alexander, Wertpapierliquidität und Wertpapierpreise, Wiesbaden 1999 (zitiert: *Kempf*, Wertpapierliquidität)

Kerber, Markus C., Dürfen vinkulierte Namensaktien zum Börsenhandel zugelassen werden?: Ein Beitrag zum Spannungsverhältnis von Vinkulierung und Fungibilität, WM 1990, 789

Ketchum, Richard G. / Weimer, Beth E., SYMPOSIUM: MARKET 2000: Market 2000 and The Nasdaq Stock Market, 19 The Journal of Corporation Law 1994, 559

Keynes, John Maynard, The general theory of employment, interest and money, London 1936 (zitiert: *Keynes*, General theory)

Khademian, Anne M., The SEC and Capital Market Regulation, The Politics of Expertise, Pittsburgh/London 1992 (zitiert: *Khademian*, SEC)

Kiefer, Hermann, Das Aufsichtsrecht des Reiches über die Einzelstaaten, Breslau 1909 (zitiert: *Kiefer*, Aufsichtsrecht)

Kiel, Peter, Internationales Kapitalanlegerschutzrecht: zum Anwendungsbereich kapitalanlegerschützender Normen im deutschen, europäischen und US-amerikanischen Recht, Berlin/New York 1994 (zitiert: *Kiel*, Kapitalanlegerschutzrecht)

Kilian, Wolfgang, Verkehrsregeln für Datenautobahnen? Zur Verrechtlichung des INTERNET, in: Salje, Peter (Hrsg.). Festschrift für Helmut Pieper: Recht - Rechtstatsachen - Technik, Hamburg 1998, S. 263 (zitiert: *Kilian*, Verkehrsregeln)

Kindermann, Elmar, Rechtliche Strukturen der DEUTSCHEN TERMINBÖRSE, WM 1989, Sonderbeilage Nr. 2

Kirchhof, Paul, Verwalten und Zeit: Über gegenwartsbezogenes, rechtzeitiges und zeitgerechtes Verhalten, Hamburg 1975 (zitiert: *Kirchhof*, Zeit)

Klein, Eckart, Grundrechtliche Schutzpflichten des Staates, NJW 1989, 1633

Klein, Hans H., Die grundrechtlichen Schutzpflichten, DVBl. 1994, 489

Kleinwächter, Wolfgang, ICANN als United Nations der Informationsgesellschaft? Der lange Weg zur Selbstregulierung des Internet, MMR 1999, 452

Kleinwächter, Wolfgang, Mit dem Passwort kommen die Pflichten, FAZ vom 25.7.2000, S. 56

Klenke, Hilmar, Börsendienstleistungen im Europäischen Binnenmarkt: Die Marktkonzeption der Wertpapierdienstleistungsrichtlinie am Beispiel der Aktienmärkte, Berlin 1998 (zitiert: *Klenke*, Börsendienstleistungen)

Klimisch, Annette / Lange, Markus, Zugang zu Netzen und anderen wesentlichen Einrichtungen als Bestandteil der kartellrechtlichen Mißbrauchsaufsicht, WuW 1998, 15

Klock, Mark, The SEC's New Regulation ATS: Placing the Myth of Market Fragmentation ahead of Economic Theory and Evidence, 51 Florida Law Review 1999, 753

Klüber, Hans, Das Gemeinderecht in den Ländern der Bundesrepublik Deutschland, Heidelberg/New York 1972 (zitiert: *Klüber*, Gemeinderecht)

Kluth, Winfried, Bundesverfassungsgericht und wirtschaftslenkende Gesetzgebung, ZHR 162 (1998), 657

Knieps, Günter, Netzzugang für Dritte: Eine Herausforderung für die moderne Wettbewerbspolitik, in Schwarze, Jürgen (Hrsg.), Der Netzzugang für Dritte im Wirtschaftsrecht, Baden-Baden 1999, S. 29 (zitiert: *Knieps*, Wettbewerbspolitik)

Knieps, G., Theorie der Regulierung und Entregulierung, in: Horn, Manfred / Knieps, Günter / Müller, Jürgen, Deregulierungsmaßnahmen in den USA: Schlußfolgerungen für die Bundesrepublik Deutschland, Baden-Baden 1988, S. 39 (zitiert: *Knieps*, Regulierung)

Knöpfle, Franz, Kontrolle autonomer Einrichtungen (Universitäten, Rundfunkanstalten, Fraktionen, Kommunen), in: von Arnim, Hans Herbert (Hrsg.), Finanzkontrolle im Wandel: Vorträge und Diskussionsbeiträge der 15. Verwaltungswissenschaftlichen Arbeitstagung 1988 des Forschungsinstituts für öffentliche Verwaltung bei der Hochschule für Verwaltungswissenschaften Speyer, Berlin 1989, S. 259 (zitiert: *Knöpfle*, Kontrolle)

Koch, Clemens, Discount Broker: Die allgemeinen Verhaltenspflichten gemäß § 31 Wertpapierhandelsgesetz, Hamburg 2002 (zitiert: *Koch*, Discount Broker)

Koch, Hans-Dieter / Schmidt, Reinhard H., Ziele und Instrumente des Anlegerschutzes, BFuP 1981, 231

Koch, Karl, Staatliche Regulierung. Amerikanische Erfahrungen und Folgerungen für die schweizerische Agrarmarktregulierung, Bern/Frankfurt am Main/ New York 1984 (zitiert: *Koch*, Regulierung)

Koenig, Christian, Die öffentlich-rechtliche Verteilungslenkung: Grund und Grenzen einer Deregulierung am Beispiel der Vergabe von Konzessionen, Kontingenten und Genehmigungen zur unternehmerischen Nutzung öffentlich verwalteter Güter, Berlin 1994 (zitiert: *Koenig*, Verteilungslenkung)

Köhler, Markus / Arndt, Hans-Wolfgang, Recht des Internet, 4. Auflage, Heidelberg 2003 (zitiert: *Köhler/Arndt*, Internet)

Kollmann, Tobias, Virtuelle Marktplätze: Grundlagen - Management - Fallstudie, München 2001 (zitiert: *Kollmann*, Marktplätze)

Kölsch, Martin, Discount Brokerage auf dem Kontinent: eine internationale Dienstleistung mit nationalen Besonderheiten, WM 1996, 1169

Kommission der Europäischen Gemeinschaften, Weißbuch zur Vollendung des Binnenmarktes, Brüssel 1985 (zitiert: *EG-Kommission*, Weißbuch)

Kommission der Europäischen Wirtschaftsgemeinschaft, Der Aufbau eines Europäischen Kapitalmarktes (Segré-Bericht), Brüssel 1966 (zitiert: Segré-*Bericht*)

Kondring, Jörg, Zur Anwendung deutschen Insiderstrafrechts auf Sachverhalte mit Auslandsberühung, WM 1998, 1369

König, Klaus / Benz, Angelika, Zusammenhänge von Privatisierung und Regulierung, in: dies. (Hrsg.), Privatisierung und staatliche Regulierung, Baden-Baden 1997, S. 13 (zitiert: *König/Benz*, Regulierung)

König, Klaus / Dose, Nicolai, Klassifikationsansätze zum staatlichen Handeln, in: König, Klaus / Dose, Nicolai (Hrsg.), Instrumente und Formen staatlichen Handelns, Köln/Berlin/Bonn/München 1993, S. 3 (zitiert: *König/Dose*, Klassifikationsansätze)

Kort, Michael, Zur „multistate"-Problematik grenzüberschreitender Fernsehwerbung, GRUR Int. 1994, 594

Koslowski, Peter, Ethik der Banken und der Börse - Finanzinstitutionen, Finanzmärkte, Insider-Handel -, Tübingen 1997 (zitiert: *Koslowski*, Ethik)

Köstlin, Ulrich, Anlegerschutz und Auslandsbeziehung: eine vergleichende Untersuchung zum Recht des grenzüberschreitenden Kapitalmarkts unter Berücksichtigung des deutschen und US-amerikanischen Rechts und der europäischen Rechtsangleichung, Bonn 1985 (zitiert: *Köstlin*, Anlegerschutz)

Kotthoff, Jost, Die Anwendbarkeit des deutschen Wettbewerbsrechts auf Werbemaßnahmen im Internet CR 1997, 676

Krakowski, Michael, Grenzen natürlicher Monopole, Wirtschaftsdienst 1985, 404

Krakowski, Michael: Theoretische Grundlagen der Regulierung, in: Krakowski, Michael (Hrsg.), Regulierung in der Bundesrepublik Deutschland. Die Ausnahmebereiche des Gesetzes gegen Wettbewerbsbeschränkungen, Hamburg 1988, S. 19 (zitiert: *Krakowski*, Regulierung)

Krauel, Wolfgang, Insiderhandel, Eine ökonomisch-theoretische und rechtsvergleichende Untersuchung, Baden-Baden 2000 (zitiert: *Krauel*, Insiderhandel)

Krebs, Walter, Kontrolle in staatlichen Entscheidungsprozessen: Ein Beitrag zur rechtlichen Analyse von gerichtlichen, parlamentarischen und Rechnungshof-Kontrollen, Heidelberg 1984 (zitiert: *Krebs*, Kontrolle)

Kriele, Martin, Das demokratische Prinzip im Grundgesetz, VVDStRL 29 (1971), 46

Kroder, Titus / Steuer, Helmut, Europäische Konkurrenz erzeugt Zeitdruck für IX-Architekten, Handelsblatt vom 29.8.2000, S. 36

Kröner, Matthias, Bankdienstleistungen im Internet - Mehr als ein Vertriebsweg, in: Lange, Thomas A. (Hrsg.), Internet-Banking: Der Bankvertrieb im Umbruch, Wiesbaden 1998, S. 59 (zitiert: *Kröner*, Bankdienstleistungen)

Kruse, Jörn, Ökonomie der Monopolregulierung, Hamburg 1985 (zitiert: *Kruse*, Monopolregulierung)

Kruse, Jörn, Ordnungstheoretische Grundlagen der Deregulierung, in: Seidenfus, Hellmuth St. (Hrsg.), Deregulierung - eine Herausforderung an die Wirtschafts- und Sozialpolitik in der Marktwirtschaft, Berlin 1989, S. 9 (zitiert: *Kruse*, Ordnungstheorie)

Kübler, Friedrich, Aktie, Unternehmensfinanzierung und Kapitalmarkt: Rechtsvergleichende Untersuchung der Möglichkeiten der Eigenkapitalbeschaffung in der Bundesrepublik und in den USA, unter besonderer Berücksichtigung der mit der nennwertlosen Aktie verbundenen Vor- und Nachteile, Köln 1989 (zitiert: *Kübler*, Unternehmensfinanzierung)

Kübler, Friedrich, Gesellschaftsrecht: Die privatrechtlichen Ordnungsstrukturen und Regelungsprobleme von Verbänden und Unternehmen, 5. Auflage, Heidelberg 1999 (zitiert: *Kübler*, Gesellschaftsrecht)

Kübler, Friedrich, Transparenz am Kapitalmarkt, Wirtschaftspolitische Grundfragen aktueller Regelungsprobleme, AG 1977, 88

Kühlwetter, Hans-Jürgen, Privatisierung und Regulierung aus der Sicht des Eisenbahnbundesamtes als Regulierungsbehörde, in: König, Klaus / Benz, Angelika (Hrsg.), Privatisierung und staatliche Regulierung: Bahn, Post und Telekommunikation, Rundfunk, Baden-Baden 1997, S. 93 (zitiert: *Kühlwetter*, Regulierungsbehörde)

Kühnhardt, Ludger, Stufen der Souveränität, Staatsverständnis und Selbstbestimmung in der „Dritten Welt", Bonn/Berlin 1992 (zitiert: *Kühnhardt*, Souveränität)

Kümpel, Siegfried, Amtlicher Markt und Freiverkehr an der Börse aus rechtlicher Sicht - unter Berücksichtigung der Konzeption des geregelten Marktes -, WM 1985, Sonderbeilage Nr. 5

Kümpel, Siegfried, Bank- und Kapitalmarktrecht, 3. Auflage, Köln 2004 (zitiert: *Kümpel*, Kapitalmarktrecht)

Kümpel, Siegfried, Börsengesetznovelle 1989: Teil I, WM 1989, 1313

Kümpel, Siegfried, Börsenrecht: eine systematische Darstellung, Berlin 1996 (zitiert: *Kümpel*, Börsenrecht)

Kümpel, Siegfried, Das Effektengeschäft im Lichte des 2. Finanzmarktförderungsgesetzes, WM 1993, 2025

Kümpel, Siegfried, Die IBIS-Integration in die Regionalbörsen aus börsenrechtlicher Sicht, WM 1992, 249

Kümpel, Siegfried, Die künftige Kapitalmarktaufsicht und die europäische Rechtsangleichung, WM 1994, 229

Kümpel, Siegfried, Die öffentlichrechtliche Börsenorganisation im Lichte der Reformvorschläge, WM 1997, 1917

Kümpel, Siegfried, Die Preisfeststellung im Geregelten Markt, WM 1988, 1621

Kümpel, Siegfried, Inter-Banken-Informations-System (IBIS): Rechtliche und betriebliche Aspekte, WM 1990, 45

Kümpel, Siegfried, Zur Aufnahme des elektronischen Handels an der Frankfurter Wertpapierbörse, WM 1991, Sonderbeilage Nr. 4

Kuner, Christopher, Internationale Zuständigkeitskonflikte im Internet, CR 1996, 453

Kurth, Ekkehard, Handlungsbefugnisse der Landesverwaltung bei Börsenaufsicht und -zulassung, ZfgKW 1998, 618

Kurth, Ekkehard, Problematik grenzüberschreitender Wertpapieraufsicht, WM 2000, 1521

Kurth, Ekkehard, Zu den Aufgaben des Erweiterten Staatskommissariats, ZfgKW 1993, 970

Kurth, Matthias, EURO-Kapitalmarkt und regionale Börsenaufsicht - ein Widerspruch?, WM 1998, 1715

Kutler, Jeffrey, the online finance 40, Institutional Investor 2000 (April), 73

Kyas, Othmar, Sicherheit im Internet, 2. Auflage, Bonn 1998 (zitiert: *Kyas*, Sicherheit)

Laband, Paul, Das Staatsrecht des Deutschen Reiches, Band 1, 5. Auflage, Tübingen 1911 (zitiert: *Laband*, Staatsrecht 1)

Laband, Paul, Das Staatsrecht des Deutschen Reiches, Band 2, 5. Auflage, Tübingen 1911 (zitiert: *Laband*, Staatsrecht 2)

Lachmayer, Friedrich, Grundzüge einer Normentheorie: Zur Struktur der Normen dargestellt am Beispiel des Rechtes, Berlin 1977 (*Lachmayer*, Normentheorie)

Ladeur, Karl-Heinz, Postmoderne Rechtstheorie: Selbstreferenz - Selbstorganisation - Prozeduralisierung, Berlin 1992 (zitiert: *Ladeur*, Rechtstheorie)

Ladeur, Karl-Heinz, Rechtliche Regulierung von Informationstechnologien und Standardsetzung, CR 1999, 395

Ladeur, Karl-Heinz, Zur Kooperation von staatlicher Regulierung und Selbstregulierung des Internt, ZUM 1997, 372

Ladwig, Peter, Chancen für Spezialbörsen, Handelsblatt vom 21.9.2000, S. B 3

Lamfalussy, Alexandre, Aufsichtsrechtliche Aspekte der internationalen Finanzplätze, in: Bruns, Georg / Häuser, Karl, Deutschland als Finanzplatz: Analysen und Perspektiven, Frankfurt am Main 1992, S. 91 (zitiert: *Lamfalussy*, Aufsichtsrecht)

Lange, Knut Werner, Unternehmenskooperationen im Internet und EG-Kartellrecht, EWS 2000, 291

Lange, Thomas A., Internet Banking - Eine Potentialanalyse, in: Lange, Thomas A. (Hrsg.), Internet Banking: Der Bankvertrieb im Umbruch, Wiesbaden 1998, S. 15 (zitiert: *Lange*, Internet Banking)

Lange, Thomas, Staatliche Regulierung, in: Grosser, Dieter (Hrsg.), Der Staat in der Wirtschaft der Bundesrepublik, Opladen 1985, S. 161 (zitiert: *Lange*, Regulierung)

Langhart, Albrecht, Rahmengesetz und Selbstregulierung, Kritische Betrachtungen zur vorgeschlagenen Struktur eines Bundesgesetzes über die Börsen und den Effektenhandel unter Berücksichtigung des amerikanischen und englischen Börsenrechts, Zürich 1993 (zitiert: *Langhart*, Rahmengesetz)

Larenz, Karl / Canaris, Claus-Wilhelm, Methodenlehre der Rechtswissenschaft, 3. Auflage, Berlin/Heidelberg/New York/Barcelona/Budapest/Hongkong/London/Mailand/Paris/Tokyo 1995 (zitiert: *Larenz/Canaris*, Methodenlehre)

Lecheler, Helmut, Verwaltungslehre: Kurzlehrbuch, Stuttgart/München/Hannover 1988 (zitiert: *Lecheler*, Verwaltungslehre)

Lee, Ki-Wu, Kommunalaufsicht in der Bundesrepublik Deutschland und in Korea, Berlin 1990 (zitiert: *Lee*, Kommunalaufsicht)

Lee, Ruben, Supervising EU Capital Markets: Do We Need A European SEC?, in: Buxbaum, Richard M, / Hertig, Gérard / Hirsch, Alain / Hopt, Klaus J. (Hrsg.), European Economic and Business Law: Legal and Economic Analyses on Integration and Harmonization, Berlin/New York 1996, S. 187 (zitiert: *Lee*, European SEC)

Lee, Ruben, What is an exchange?: the automation, management, and regulation of financial markets, New York 1998 (zitiert: *Lee*, Exchange)

Lehmann, Michael, Electronic Commerce und Werbung im Netz, in: Lehmann, Michael (Hrsg.), Rechtsgeschäfte im Netz - Electronic Commerce, Stuttgart 1999, S. 169 (zitiert: *Lehmann*, E-Commerce)

Lehmann, Michael (Hrsg.), Internet- und Multimediarecht (Cyberlaw), 7. Auflage, Stuttgart 1997 (zitiert: *Lehmann*, Cyberlaw)

Lehn, Kenneth, The Market for Marketplaces: Reflections on Market 2000, in: Schwartz, Robert A., Global Equity Markets: Technological, Competitive, and Regulatory Challenges, S. 206 (zitiert: *Lehn*, Marketplaces)

Lemke, Thomas P., The SEC No-Action Letter Process, 42 The Business Lawyer 1987, 1019

Lepsius, Oliver, Steuerungsdiskussion, Systemtheorie und Parlamentarismuskritik, Tübingen 1999 (zitiert: *Lepsius*, Steuerungsdiskussion)

Lepsius, Oliver, Verwaltungsrecht unter dem Common Law, Amerikanische Entwicklungen bis zum New Deal, Tübingen 1997 (zitiert: *Lepsius*, Common Law)

Lettmayer, Gisela, Internet IPOs - Revolution im Investmentbanking: Ein Überblick über aktuelle Trends, ÖBA 1999, 435

Lieb, Manfred, Arbeitsrecht, 8. Auflage, Heidelberg 2003 (zitiert: *Lieb*, Arbeitsrecht)

Liermann, Hans, Die Staatsaufsicht über Stiftungen - Ihre Aufgaben und ihre Grenzen, in: Franz, Albert K. / Liermann, Hans / zur Nedden, Hans Helmut / von Pölnitz, Götz Freiherr (Hrsg.), Deutsches Stiftungswesen 1948-1966: Wissenschaft und Praxis, Tübingen 1968, S. 211 (zitiert: *Liermann*, Staatsaufsicht)

Lindsey, Richard, New Rules and Regulations, 1 Fordham Finance, Securities & Tax Law Forum 1998, S. 37

Lipfert, Helmut, Internationaler Devisen- und Geldhandel, Frankfurt am Main 1967 (zitiert: *Lipfert*, Devisenhandel)

Lipton, David A., Governance of our securities markets and the failure to allocate regulatory responsibility, 34 Catholic University Law Review 1985, 397

Loddenkemper, Heinz-Joseph, Transparenz im öffentlichen und privaten Wirtschaftsrecht, Eine Untersuchung zu ihrer Bedeutung anhand ausgewählter Beispiele aus dem Bank-, Börsen- und Medienrecht, Baden-Baden 1998 (zitiert: *Loddenkemper*, Transparenz)

Loehr, Helmut, Börsenzulassung in den USA für deutsche Unternehmen, WM 1994, 148

Loevinger, Lee, Regulation and Competition as alternatives, 11 The Antitrust Bulletin 1966, 101

Löffler, Eugen, Der Konzern als Finanzintermediär, Wiesbaden 1991 (zitiert: *Löffler*, Finanzintermediär)

Lübbe-Wolff, Gertrude, Verfassungsrechtliche Fragen der Normsetzung und Normkonkretisierung im Umweltrecht, ZG 6 (1991), 219

Lücke, Jörg, Vorläufige Staatsakte: Auslegung, Rechtsfortbildung und Verfassung am Beispiel vorläufiger Gesetze, Urteile, Beschlüsse und Verwaltungsakte, Tübingen 1991 (zitiert: *Lücke*, Staatsakte)

Lückmann, Reinhard, Experten halten Neuregelung für zu lasch, Handelsblatt vom 4.1.2001, S. 23

Luhmann, Niklas, Einige Probleme mit „reflexivem Recht“, ZfRSoz 1985, 1

Luhmann, Niklas, Soziale Systeme: Grundriß einer allgemeinen Theorie, Frankfurt am Main 1987 (zitiert: *Luhmann*, Systeme)

Lurger, Brigitta, Regulierung und Deregulierung im europäischen Privatrecht, Frankfurt am Main/Berlin/Bern/New York/Paris/Wien 1997 (zitiert: *Lurger*, Regulierung)

Lusser, Markus, Internationale Harmonisierung von Bankenrecht und Finanzmarktaufsicht: Ziele und Probleme, ZBB 1989, 101

Macey, Jonathan R. / O'Hara, Maureen, Regulating Exchanges and Alternative Trading Systems: A Law and Economic Perspective, 28 Journal of Legal Studies 1999, 17

Magnus, Matthias, Insidergeschäfte und Regelungsbedarf aus ökonomischer Sicht, ZfgKW 1994, 543

Mai, Gerald, Wertpapierhandel im Internet: Besondere Rechte und Pflichten der Vertragsparteien im Rahmen von Internet-Brokerage, CR 2002, 200

Majone, Giandomenico, The Rise of the Regulatory State in Europe, in: Müller, Wolfgang C. / Wright, Vincent (Hrsg.), The state in Western Europe: retreat or redefinition?, Ilford 1994, S. 77 (zitiert: *Majone*, Regulatory State)

Mankowski, Peter, Das Internet im Internationalen Vertrags- und Deliktsrecht, RabelsZ 1999, 203

Mankowski, Peter, Wider ein transnationales Cyberlaw: Oder: Von der fortbestehenden Bedeutung des Internationalen Privatrechts bei Internet-Sachverhalten, AfP 1999, 138

Mann, Michael D. / Carney, Eva Marie, Jurisdiction in Cyberspace: International Implications of Electronic Markets, in: Olson, John F. / Pitt, Harvey L. (Hrsg.), Securities in the Electronic Age: A Practical Guide to the Law and Regulation, 2. Auflage, Little Falls, NJ 2000, Chapter 5 (zitiert: *Mann/Carney*, Jurisdiction)

Marbeth-Kubicki, Annette, Computer- und Internetstrafrecht, München 2005 (zitiert: *Marbeth-Kubicki*, Internetstrafrecht)

Masing, Johannes, Parlamentarische Untersuchungen privater Sachverhalte: Art. 44 GG als staatsgerichtetes Kontrollrecht, Tübingen 1998 (zitiert: *Masing*, Untersuchungen)

Matus, Gabriel, The regulation of Alternative Trading Systems: Market fragmentation and the new market structure, 44 New York Law School Law Review 2001, 583

Maunz, Theodor / Dürig, Günter, Grundgesetz: Kommentar, Band 3 (Art. 17-19), Loseblattsammlung, München, Stand: Februar 2005 (zitiert: *Bearbeiter*, in: Maunz/Dürig, GG)

Maurer, Hartmut, Allgemeines Verwaltungsrecht, 15. Auflage, München 2004 (zitiert: *Maurer*, Verwaltungsrecht)

Maus, Ingeborg, Verrechtlichung, Entrechtlichung und der Funktionswandel von Institutionen, in: Maus, Ingeborg (Hrsg.), Rechtstheorie und Politische Theorie im Industriekapitalismus, München 1986, S. 277 (zitiert: *Maus*, Verrechtlichung)

Mävers, Bettina / Trömel, Anna, Schicksal der Penny Stocks steht auf dem Spiel, Handelsblatt vom 16.8.2001, S. 29

Mayer, Franz C., Recht und Cyberspace, NJW 1996, 1782

Mayer, Helmut, Das Bundesaufsichtsamt für das Kreditwesen, Düsseldorf 1981 (zitiert: *Mayer*, BKred)

Mayer, Otto, Deutsches Verwaltungsrecht, Bd. 2, 3. Auflage, München/Leipzig 1924 (zitiert: *Mayer*, Verwaltungsrecht)

Mayer, Patrick, Selbstregulierung im Internet: Institutionen und Verfahren zur Setzung technischer Standards, K&R 2000, 13

Mayntz, Renate, Soziologie der öffentlichen Verwaltung, 4. Auflage, Heidelberg 1997 (zitiert: *Mayntz*, Soziologie)

Mayntz, Renate / Scharpf, Fritz W., Der Ansatz des akteurzentrierten Institutionalismus, in: Mayntz, Renate / Scharpf, Fritz W. (Hrsg.), Gesellschaftliche Selbstregelung und politische Steuerung, Frankfurt/New York 1995, S. 39 (zitiert: *Mayntz/Scharpf*, Institutionalismus)

McCarroll, Elizabeth M., Regulation of Electronic Communications Networks: An Examination of Tradepoint Financial Network's SEC Approval to Become the First Non-American Exchange to Operate in the United States, 33 Cornell International Law Journal 2000, 211

Meier-Schatz, Christian J., Wirtschaftsrecht und Unternehmenspublizität: Zur wirtschaftsrechtlichen Regulierung von Unternehmen mittels Publizitätsnormen, dargestellt anhand veröffentlichungspflichtiger finanzieller und gesellschaftsbezogener Rechnungslegungen, Zürich 1989 (zitiert: *Meier-Schatz*, Wirtschaftsrecht)

Meister, Edgar, Globale Geschäfte, nationale Aufsicht - passt das zusammen?, ZfgKW 2000, 20

Merkt, Hanno, Reformbedarf im Kapitalmarkt- und Börsenrecht, NJW-Beilage 23/2002, S. 41

Merten, Detlef, Bürgerverantwortung im demokratischen Verfassungsstaat , VVDStRL 55 (1996), 7

Meyer, Charles H., The Securities Exchange Act of 1934, Analyzed and Explained, Littelton, Colorado 1994 (Nachdruck) (zitiert: *Meyer*, SEA)

Meyer, Thomas, Staatsaufsicht über Private, insbesondere Wirtschaftsunternehmen, Frankfurt am Main/Bern/New York/Paris 1988 (zitiert: *Meyer*, Staatsaufsicht)

Meyn, Karl-Ulrich, Kontrolle als Verfassungsprinzip: Problemstudie zu einer legitimationsorientierten Theorie der politischen Kontrolle in der Verfassungsordnung des Grundgesetzes, Baden-Baden 1982 (zitiert: *Meyn*, Kontrolle)

Mill, John Stuart, Principles of Political Economy: with Some of Their Applications to Social Philosophy, Books I-II, Reprinted in Toronto 1996 (zitiert: *Mill*, Principles)

Miletzki, Rainer, Organisation der Finanzaufsicht in Deutschland - Überlegungen zu einer effizienten Aufsicht über Unternehmen des Finanzsektors, ZfgKW 2000, 174

Miller, Sam Scott, Self-Regulation of the Securities Markets: A Critical Examination, 42 Washington and Lee Law Review 1985, 853

Möllers, Thomas M.J., Anlegerschutz durch Aktien- und Kapitalmarktrecht - Harmonisierungsmöglichkeiten nach geltendem und künftigem Recht -, ZGR 1997, 334

Möllers, Thomas M.J., Rechtsgüterschutz im Umwelt- und Haftungsrecht: Präventive Verkehrspflichten und Beweiserleichterungen in Risikolagen, Tübingen 1996 (zitiert: *Möllers*, Rechtsgüterschutz)

Möllers, Thomas M.J., Rolle des Rechts im Rahmen der europäischen Integration, Tübingen 1999 (zitiert: *Möllers*, Integration)

Möllers, Thomas M.J. / Ganten, Ted, Die Wohlverhaltensrichtlinie des BAWe im Lichte der neuen Fassung des WpHG: Eine kritische Bestandsaufnahme, ZGR 1998, 773

Moon, John G., The Dangerous Territoriality of American Securities Law: A Proposal for an Integrated Global Securities Market, 21 Journal of International Law & Business 2000, 131

Mösbauer, Heinz, Staatsaufsicht über die Wirtschaft, Köln/Berlin/Bonn/München 1990 (zitiert: *Mösbauer*, Staatsaufsicht)

Möschel, Wernhard, Das Wirtschaftsrecht der Banken: Die währungs-, bankaufsicht-, kartell- und EWG-rechtliche Sonderstellung der Kreditinstitute, Frankfurt am Main 1972 (zitiert: *Möschel*, Banken)

Möschel, Wernhard, Der Oligopolmissbrauch im Recht der Wettbewerbsbeschränkungen: Eine vergleichende Untersuchung zum Recht der USA, Großbritanniens, der EWG und der Bundesrepublik Deutschland, Tübingen 1974 (zitiert: *Möschel*, Oligopolmissbrauch)

Möschel, Wernhard, Eine Systematik von Bankenregulierungszielen, in: Lutter, Marcus / Mertens, Hans-Joachim / Ulmer, Peter (Hrsg.), Festschrift für Walter Stimpel zum 68. Geburtstag am 29. November 1985, Berlin/New York 1985, S. 1065 (zitiert: *Möschel*, Bankenregulierungsziele)

Möschel, Wernhard, Privatisierung, Deregulierung und Wettbewerbsordnung, JZ 1988, 885

Möschel, Wernhard, Rechtsordnung zwischen Plan und Markt, Tübingen 1975 (zitiert: *Möschel*, Rechtsordnung)

Möschel, Wernhard, Regulierung und Deregulierung: Versuch einer theoretischen Grundlegung, in: Fuchs, Andreas / Schwintowski, Hans-Peter / Zimmer, Daniel (Hrsg.), Wirtschafts- und Privatrecht im Spannungsfeld von Privatautonomie, Wettbewerb und Regulierung, Festschrift für Ulrich Immenga zum 70. Geburtstag, München 2004, S. 277 (zitiert: *Möschel*, Regulierung)

Mössle, Klaus P., Extraterritoriale Beweisbeschaffung im internationalen Wirtschaftsrecht: Eine vergleichende Untersuchung unter besonderer Berücksichtigung des US-amerikanischen und deutschen Rechts, Baden-Baden 1990 (zitiert: *Mössle*, Beweisbeschaffung)

Mues, Jochen, Anmerkungen zum Börsengesetz nach dem Diskussionsentwurf für das Vierte Finanzmarktförderungsgesetz, ZBB 2001, 353

Mues, Jochen, Die Börse als Unternehmen: Modell einer privatrechtlichen Börsenorganisation, Baden-Baden 1999 (zitiert: *Mues*, Börse)

Mülbert, Peter O., Aktiengesellschaft, Unternehmensgruppe und Kapitalmarkt: Die Aktionärsrechte bei Bildung und Umbildung einer Unternehmensgruppe zwischen Verbands- und Anlegerschutzrecht, 2. Auflage, München 1996 (zitiert: *Mülbert*, Aktiengesellschaft)

Mülbert, Peter O., Bankenaufsicht über internationale Bankkonzerne - Informationsrechte und -pflichten nach der KWG-Novelle 1984, AG 1986, 1

Mülbert, Peter O., Empfiehlt es sich, im Interesse des Anlegerschutzes und zur Förderung des Finanzplatzes Deutschland das Kapitalmarkt- und Börsenrecht neu zu regeln? - Deutscher Juristentag, 4. Finanzmarktförderungsgesetz und Europa -, JZ 2002, 826

Müller, Jürgen / Vogelsang, Ingo, Staatliche Regulierung. Regulated Industries in den USA und Gemeinwohlbindung in wettbewerblichen Ausnahmebereichen in der Bundesrepublik Deutschland, Baden-Baden 1979 (zitiert: *Müller/Vogelsang*, Regulierung)

Müller, Nikolaus, Rechtsformenwahl bei der Erfüllung öffentlicher Aufgaben (Institutional choice), Köln/Berlin/Bonn/München 1992 (zitiert: *Müller*, Rechtsformenwahl)

Müller-Hengstenberg, Claus D., Nationale und internationale Rechtsprobleme im Internet, NJW 1996, 1777

Munn, Glenn G. / Garcia, F.L. / Woelfel, Charles J., Encyclopedia of Banking & Finance, 9. Auflage, Rolling Meadows, Illinois 1991 (zitiert: *Munn/Garcia/ Woelfel*, Banking)

Nagy, Donna M., Judicial Reliance on Regulatory Interpretations in SEC No-Action Letters: Current Problems and a Proposed Framework, Securities Law Review 1999, 75

Nahamowitz, Peter, Staatsinterventionismus und Recht: Steuerungsprobleme im organisierten Kapitalismus, Baden-Baden 1998 (zitiert: *Nahamowitz*, Staatsinterventionismus)

Nawiasky, Hans, Allgemeine Staatslehre, 2. Teil: Staatsgesellschaftslehre, 1 Bd.: Volk Gebiet Zweck Organisation, Einsiedeln/Zürich/Köln 1952 (zitiert: *Nawiasky*, Staatslehre)

Neitz, Günter, Die kommunale Rechnungsprüfung: Eine kritische, synoptisch vergleichende Darstellung des gemeindlichen Rechnungsprüfungswesens in den Ländern der Bundesrepublik Deutschland, Göttingen 1969 (zitiert: *Neitz*, Rechnungsprüfung)

Neßler, Volker, Der transnationale Verwaltungsakt - Zur Dogmatik eines neuen Rechtsinstituts, NVwZ 1995, 863

Neumeyer, Karl, Internationales Verwaltungsrecht, Bd. IV, Basel 1936 (zitiert: *Neumeyer*, Verwaltungsrecht)

Niskanen, William A., Bureaucrats and Politicians, 18 Journal of Law and Economics 1975, 617

Nocke, Joachim, Autopoiesis - Rechtssoziologie in seltsamen Schleifen, KJ 1986, 363

Noll, Peter, Gesetzgebungslehre, Reinbek bei Hamburg 1973 (zitiert: *Noll*, Gesetzgebungslehre)

Nonnast, Thomas, Jeder Dritte ist inzwischen online, Handelsblatt vom 15.5.2001, S. 20

Norton, Joseph J., Tribute:"International Financial Law", An Increasingly Important Component of "International Economic Law": A Tibute to Professor John H. Jackson, 20 Michigan Journal of International Law, 1999, 133

Nußbaum, Arthur, Kommentar zum Börsengesetz für das Deutsche Reich, München 1910 (zitiert: *Nußbaum*, BörsG)

Nyquist, Polly, Failure to Engage: The Regulation of Proprietary Trading Systems, 13 Yale Law & Policy Review 1995, 281

Oebbecke, Janbernd, Weisungs- und unterrichtsfreie Räume in der Verwaltung, Köln 1986 (zitiert: *Oebbecke*, Verwaltung)

Oehler, Dietrich, Internationales Strafrecht, Köln/Berlin/Bonn/München 1973 (zitiert: *Oehler*, Strafrecht)

Oertel, Clemens, Der Zeitfaktor im öffentlichen Wirtschaftsrecht, Köln/Berlin/Bonn/München 1992 (zitiert: *Oertel*, Zeitfaktor)

Oesterhelweg, Olaf / Schiereck, Dirk, Meßkonzepte für die Liquidität von Finanzmärkten, Die Bank 1993, 390

Oexmann, Burkhard, Beanstandung als Mittel kommunalaufsichtlicher Legalitätskontrolle in den Ländern der Bundesrepublik Deutschland, Münster 1977 (zitiert: *Oexmann*, Beanstandung)

Ohler, Christoph, Aufsichtsrechtliche Fragen des electronic banking, WM 2002, 162

Ohne Verfasser, Archipelago strebt nach Europa, Handelsblatt vom 18.10.2000, S. 33

Ohne Verfasser, Aufseher für die Finanzmärkte wollen enger zusammenarbeiten, Handelsblatt vom 6.11.2000, S. 8

Ohne Verfasser, Aufsichtsamt lehnt europäische Wertpapierüberwachung ab, FAZ vom 1.11.2000, S. 33

Ohne Verfasser, Brüssel sagt Insidergeschäften den Kampf an, FAZ vom 31.5. 2001, S. 33

Ohne Verfasser, Bundesbank lehnt diese Allfinanz-Aufsicht ab, FAZ vom 12.5. 2001, S. 13

Ohne Verfasser, Das Ende des Parketthandels naht, FAZ vom 28.06.2002, S. 25

Ohne Verfasser, Der Kapitalmarkt macht Fortschritte, FAZ vom 12.12.2000, S. 31

Ohne Verfasser, Der Nemax geht, der Tec-Dax kommt: Die Deutsche Börse stellt ihre neuen Aktienindizes vor / Umstellung im März 2003, FAZ vom 1.11. 2002, S. 19

Ohne Verfasser, Der Weg für die Reform des Finanzplatzes ist frei, FAZ vom 12. 03.2002, S. 15

Ohne Verfasser, Deutsche Börse und US-ECN kooperieren, ZfgKW 2000, 479

Ohne Verfasser, Deutsche Terminbörse genehmigt, ZfgKW 1989, 919

Ohne Verfasser, Die Börse Euronext wird aus der Taufe gehoben, FAZ vom 22.9. 2000, S. 25

Ohne Verfasser, Die Deutsche Bank plant offenbar eine eigene elektronische Börse, Handelsblatt vom 27.12.2000, S. 21

Ohne Verfasser, Die Kluft von privaten zu professionellen Anlegern schwindet, FAZ vom 2.8.2000, S. 27

Ohne Verfasser, Eichel plant Super-Finanzaufsichtsbehörde, FAZ vom 26.1.2001, S. 13

Ohne Verfasser, Einheitlicher EU-Wertpapiermarkt rückt näher, FAZ vom 24.3. 2001, S. 13

Ohne Verfasser, EU sagt Insidergeschäften den Kampf an, Handelsblatt vom 31.5. 2001, S. 29

Ohne Verfasser, Europas Börsen laufen Sturm gegen Brüssel, Handelsblatt vom 11./12.5.2001, S. 8

Ohne Verfasser, EU-Wertpapiermärkte brauchen Reformen, FAZ vom 16.2.2001, S. 15

Ohne Verfasser, Finanzgeschäfte über das Internet vor einem Boom, Handelsblatt vom 22./23.10.1999, S. 37

Ohne Verfasser, Gütesiegel von der Londoner Aufsicht, Handelsblatt vom 3./4.11. 2000, S. 33

Ohne Verfasser, Instinet-Börsengang bringt Reuters fast eine halbe Milliarde Dollar, Handelsblatt vom 21.5.2001, S. 27

Ohne Verfasser, „iX startet auch ohne Einigung bei der Aufsicht“, FAZ vom 27.6. 2000, S. 27

Ohne Verfasser, Jiway belastet Ergebnis von OM Gruppen, Handelsblatt vom 19. 4.2001, S. 28

Ohne Verfasser, Jiway erhält Börsenstatus, FAZ vom 3.11.2000, S. 25

Ohne Verfasser, Jiway erhält FSA-Lizenz, ZfgKW 2000, 1338

Ohne Verfasser, Jiway startet trotz technischer Probleme, Handelsblatt vom 17./ 18.11.2000, S. 46

Ohne Verfasser, Jiway verspricht billigeren Aktienhandel, FAZ vom 17.11.2000, S. 26

Ohne Verfasser, Klage gegen Finanzmarktgesetz, FAZ vom 7.08.2002, S. 19

Ohne Verfasser, Kleinanlegerbörse Jiway in Turbulenzen, Handelsblatt vom 28./ 29.9.2001, S. 29

Ohne Verfasser, Konkurrenzkampf im Börsenhandel, Handelsblatt vom 4.12. 2000, S. 31

Ohne Verfasser, „LCH und Eurex Clearing fusionieren bis zum Jahresende", FAZ vom 7.11.2000, S. 31

Ohne Verfasser, Meister gegen zentrale Bankenaufsicht, Handelsblatt vom 23.10. 2000, S. 46

Ohne Verfasser, Nach nicht ganz sechs Jahren: Neuer Markt wird geschlossen: Die Deutsche Börse sortiert die Aktienmärkte neu / Künftig „Prime" und „Domestic", FAZ vom 27.9.2002, S. 1

Ohne Verfasser, Neue EU-Gremien sollen Finanzmärkte regulieren, Handelsblatt vom 7.6.2001, S. 32

Ohne Verfasser, Neue Wertpapierausschüsse, FAZ vom 7.6.2001, S. 33

Ohne Verfasser, Regeln für den „neuen" Markt, FAZ vom 27.9.2002, S. 21

Ohne Verfasser, Reuters will Börsenhandelssystem Instinet auf's Parkett bringen, Handelsblatt vom 23.10.2000, S. 15

Ohne Verfasser, Schärfere Vorschriften sollen am Neuen Markt für Vertrauen sorgen, Handelsblatt vom 1.3.2001, S. 47

Ohne Verfasser, Schweizer Börse und Tradepoint gründen „virt-x", FAZ vom 11. 7.2000, S. 31

Ohne Verfasser, Schweizer Börse und Tradepoint wollen mit iX konkurrieren, Handelsblatt vom 24.5.2000, S. 46

Ohne Verfasser, Trotz Fusion soll Wertpapierbörse öffentlich-rechtlich bleiben, FAZ vom 26.5.2000, S. 25

Ohne Verfasser, Viele Wege führen an einem Verkaufsprospekt vorbei, FAZ vom 31.5.2000, S. 31

Ohne Verfasser, „Wir brauchen eine gemeinsame europäische Finanzaufsicht", Bankenverbandspräsident Breuer kritisiert kostenträchtiges Nebeneinander zu vieler Behörden, FAZ vom 5.08.2002, S. 9

Ohne Verfasser, Wittich: Die Wertpapieraufsicht will selbständig bleiben, Handelsblatt vom 27.3.2000, S. 46

Ohne Verfasser, Zentrale Aufsicht in Frankfurt, FAZ vom 11.9.2002, S. 23

Onado, Marco, Competition among Exchanges or Financial Systems?, in: Ferrarini, Guido (Hrsg.), European Securities Markets: The Investment Services Directive and Beyond, London 1998, S. 225 (zitiert: *Onado*, Competition)

Opplinger, Rolf, IT-Sicherheit: Grundlagen und Umsetzung in der Praxis, Braunschweig/Wiesbaden 1997 (zitiert: *Opplinger*, IT-Sicherheit)

Ossenbühl, Fritz, Verwaltungsvorschriften und Grundgesetz, Bad Homburg v.d.H./Berlin/Zürich 1968 (zitiert: *Ossenbühl*, Verwaltungsvorschriften)

Osterloh, Lerke, Gesetzesbindung und Typisierungsspielräume bei der Anwendung der Steuergesetze, Baden-Baden 1992 (zitiert: *Osterloh*, Gesetzesbindung)

Osthaus, Wolf, Die Renaissance des Privatrechts im Cyberspace: Hilft das international koordinierte Privatrecht gegen Regulierungsdefizite im Internet?, AfP 2001, 13

Ott, Stephan, Urheber- und wettbewerbsrechtliche Probleme von Linking und Framing, Stuttgart/München/Hannover/Berlin/Weimar/Dresden 2004 (zitiert: *Ott*, Linking)

Palandt, Otto, Bürgerliches Gesetzbuch, 64. Auflage, München 2005 (zitiert: Palandt/*Bearbeiter*, BGB)

Palm, Regine / Schönauer, Felix, Börsen buhlen um die privaten Anleger, Handelsblatt vom 16./17.2.2001, S. 29

Palmiter, Alan R., Securities Regulation, Examples and Explanations, New York, NY 1998 (zitiert: *Palmiter*, Securities Regulation)

Pauger, Dietmar, Regulierung und Deregulierung zur Herstellung eines offenen und funktionsfähigen Marktes, in: Verhandlungen des Zwölften Österreichischen Juristentages, Wirtschaftsrecht, Referate und Diskussionsbeiträge, Band III/2, Wien 1995, S. 35 (zitiert: *Pauger*, Regulierung)

Paulus, Christoph G., Herausforderungen für das Wirtschaftsrecht durch Neue Medien, in: Noack, Ulrich / Spindler, Gerald (Hrsg.), Unternehmensrecht und Internet, München 2001, S. 1 (zitiert: *Paulus*, Herausforderungen)

Paulus, Christoph G., Multimedia : Herausforderungen an das Wirtschaftsrecht, MMR 1999, 443

Peiseler, Eva, Börsencomputersysteme: Eine ökonomische und rechtliche Analyse, Köln 1990 (zitiert: *Peiseler*, Börsencomputersysteme)

Peltzman, Sam, Current Developments in the Economics of Regulation, in: Fromm, Gary (Hrsg.), Studies in Public Regulation, Cambridge 1981, S. 371 (zitiert: *Peltzman*, Regulation)

Peltzman, Sam, Toward a More General Theory of Regulation, 19 The Journal of Law and Economics 1976, 211

Peters, Albert, Aufgabenverteilung zwischen Markt und Staat: Zur Entwicklung gesamtwirtschaftlicher Effizienzkriterien, Wirtschaftsdienst 1984, 512

Peters, Hans, Grenzen der kommunalen Selbstverwaltung in Preussen: Ein Beitrag zur Lehre vom Verhältnis der Gemeinden zu Staat und Reich, Berlin 1926 (zitiert: *Peters*, Grenzen)

Pfisterer, Uwe, Machtmißbrauch im Wertpapierhandel durch Insider: Implikationen für die Bundesrepublik Deutschland aus Erfahrungen in den USA, Tübingen 1976 (zitiert: *Pfisterer*, Insider)

Pfüller, Markus / Westerwelle, Kai, Das Internet als Kapitalmarkt, MMR 1998, 171

Pfüller, Markus / Westerwelle, Kai, Wertpapierhandel im Internet, in: Hoeren, Thomas / Sieber, Ulrich (Hrsg.), Handbuch Multimedia-Recht: Rechtsfragen des elektronischen Geschäftsverkehrs, Loseblattsammlung (Stand: September 2004), München 2005, Teil 13.7 (zitiert: *Pfüller/Westerwelle*, Wertpapierhandel)

Picot, Arnold / Bortenlänger, Christine / Röhrl, Heiner, Börsen im Wandel: Der Einfluß der Informationstechnologie und Wettbewerb auf die Organisation von Wertpapiermärkten, Frankfurt am Main 1996 (zitiert: *Picot/Bortenlänger/Röhrl*, Börsen)

Picot, Arnold / Sennewald, Nicola, Organisation von Wertpapiermärkten unter dem Einfluß der I&K-Technik, in: Burckhardt, Thomas / Lohmann, Karl (Hrsg.), Banking und Electronic Commerce im Internet, Berlin 1998, S. 161 (zitiert: *Picot/Sennewald*, I&K-Technik)

Picozzi, Marco, Aufsicht und Staatseinfluß bei Rundfunkanstalten, Kreditinstituten und Versicherungen. Eine vergleichende Darstellung, Köln 1985 (zitiert: *Picozzi*, Aufsicht)

Pies, Ingo, Normative Institutionenökonomik: Zur Rationalisierung des politischen Liberalismus, Tübingen 1993 (zitiert: *Pies*, Institutionenökonomik)

Pietzcker, Jost, Vorrang und Vorbehalt des Gesetzes, JuS 1979, 710

Piloty, R., Das Aufsichtsrecht des Reiches über die Einzelstaaten, DJZ 1910, Sp. 1308

Pitschas, Rainer, Die Bewältigung der wissenschaftlichen und technischen Entwicklungen durch das Verwaltungsrecht, DÖV 1989, 785

Poser, Norman S., Restructuring the Stock Markets: A Critical Look at the SEC's National Market System, 56 New York University Law Review 1981, 883

Poser, Norman S., The Stock Exchanges of the United States and Europe: Automation, Globalization, and Consolidation, 22 University of Pennsylvania Journal of International Economic Law 2001, 497

Posner, Richard A., Theories of Economic Regulation, 2 The Bell Journal of Economics and Management Science 1974, 335

Posner, Richard A., The Social Costs of Monopoly and Regulation, 83 Journal of Political Economy 1975, 807

Potthoff, Christian, Alternative Handelssysteme sollen künftig reguliert werden, Handelsblatt vom 23.5.2001, S. 25

Potthoff, Christian, Seifert will Clearstream ganz, Handelsblatt vom 17.5.2001, S. 25

Prechtel, Andreas, Europarechtliche Rahmenbedingungen für grenzüberschreitende Wertpapierhandelssysteme, Frankfurt am Main 2001 (zitiert: *Prechtel*, Wertpapierhandelssysteme)

Prelle, Hermann, Der Kapitalmarkt belohnt Firmen für gute Corporate Governance, FAZ vom 12.11.2001, S. 38

Prentice, Robert A., The Future of Corporate Disclosure: The Internet, Securities Fraud, and Rule 10b-5, Securities Law Review 1999, 171

Preuß, Hugo, Das städtische Amtsrecht in Preußen, Berlin 1902 (zitiert: *Preuß*, Amtsrecht)

Puppel, Henner, Die allgemeine Staatsaufsicht und die staatlichen Mitwirkungsrechte in der Krankenversicherung, Würzburg 1967 (zitiert: *Puppel*, Staatsaufsicht)

Püttner, Günter, Die öffentlichen Unternehmen: Ein Handbuch zu Verfassungs- und Rechtsfragen der öffentlichen Wirtschaft, 2. Auflage, Stuttgart/München/Hannover 1985 (zitiert: *Püttner*, Unternehmen)

Püttner, Günter, Verwaltungslehre, 3. Auflage, München 2000 (zitiert: *Püttner*, Verwaltungslehre)

Quandt, Kathrin, Handel ohne Börse, Handelsblatt Investor vom 21./22.7.2000, S. 10

Quinn, Linda C. / Jarmel, Ottilie L., Securities Regulation and Electronic Media: An Overview, in: Olson, John F. / Pitt, Harvey L. (Hrsg.), Securities in the Electronic Age: A Practical Guide to the Law and Regulation, Little Falls, NJ 2000, Chapter 1 (zitiert: *Quinn/Jarmel*, Electronic Media)

Radtke, Michael, Internationale Wertpapieraufsicht, ZfgKW 1992, 10

Rauscher, Regina, Das Bundesaufsichtsamt für den Wertpapierhandel und seine Kompetenzen bei der Verfolgung von Insidergeschäften, Frankfurt am Main/Berlin/Bern/New York/Paris/Wien 1999 (zitiert: *Rauscher*, Bundesaufsichtsamt)

Redmond, Roland R., The Securities Exchange Act of 1934: An Experiment in Administrative Law, 47 Yale Law Journal 1938, 622

Rehm, H., Kommentar zum Börsengesetz, Berlin 1909 (zitiert: *Rehm*, BörsG)

Reidenberg, Joel R., Governing Networks and Rule-Making in Cyberspace, 45 Emory Law Journal 1996, 911

Rettberg, Udo, Das Jiway-Modell findet bisher wenig Anklang, Handelsblatt vom 27.2.2001, S. 35

Rettberg, Udo, In der virtuellen Börsenwelt boomt der Handel, Handelsblatt vom 6./7.10.2000, S. 52

Reul, Jürgen, Die Pflicht zur Gleichbehandlung der Aktionäre bei privaten Kontrollaktionen: Eine juristische und ökonomische Analyse, Tübingen 1991 (zitiert: *Reul*, Gleichbehandlung)

Reuschle, Fabian / Fleckner, Andreas M., Börsenähnliche Einrichtungen – die privatrechtliche Organisation einer Börse im materiellen Sinne, BKR 2002, 617

Reuter, Hermann, Aktienmarkt und Aktieninformationsmarkt, Göttingen 1980 (zitiert: *Reuter*, Aktienmarkt)

Rice, David A., Symposium: Copyright Owner's Rights and User's Privileges on the Internet: Digital Information as Property and Product: U.C.C. Article 2B, 22 Dayton Law Review 1997, 621

Rice, Denis T., Jurisdiction in Cyberspace: Which Law and Forum Apply to Securities Transactions on the Internet?, 21 University of Pennsylvania Journal of International Economic Law 2000, 585

Rice, Denis T., The Expanding Requirement for Registration as „Broker-Dealer" under the Securities Exchange Act of 1934, 50 Notre Dame Law Review 1974, 201

Rice, Denis T., The Regulatory Response to the New World of Cybersecurities, 51 Administrative Law Review 1999, 901

Richter, Reinhard / Sander, Peter / Stucky, Wolffried, Der Rechner als System: Organisation, Daten, Programme, Stuttgart 1997 (zitiert: *Richter/Sander/Stucky*, Rechner)

Richter, Rudolf / Furubotn, Eirik G., Neue Institutionenökonomik, 2. Auflage, Tübingen 1999 (zitiert: *Richter/Furubotn*, Institutionenökonomik)

Rieger, Andreas, Die Regulierung des Bankensektors - Grundlagen, Ziele und Folgen, Würzburg 1998 (zitiert: *Rieger*, Bankensektor)

Riehmer, Klaus / Heuser, Friederike, Börsen und Internet, NZG 2001, 385

Ritsert, Jürgen, Gerechtigkeit und Gleichheit, Münster 1997 (zitiert: *Ritsert*, Gerechtigkeit)

Rödig, Jürgen, Logische Untersuchungen zur Makrostruktur rechtlicher Kodifikate, in: Rödig, Jürgen (Hrsg.), Theorie der Gesetzgebung, Berlin/Heidelberg/New York 1976, S. 592 (zitiert: *Rödig*, Makrostruktur)

Roggemann, Gerhard B., Die Börse im Wandel - Vom persönlichen Tausch zum elektronischen Handelsmedium, ZfgKW 2002, 302

Röhl, Hans Christian, Verwaltungsverantwortung als dogmatischer Begriff?, Die Verwaltung 1999, Beiheft 2, S. 33

Röhl, Klaus F., Allgemeine Rechtslehre, 2. Auflage, Köln/Berlin/Bonn/München 2001 (zitiert: *Röhl*, Rechtslehre)

Röhrl, Heiner, Börsenwettbewerb: Die Organisation der Bereitstellung von Börsenleistungen, Wiesbaden 1996 (zitiert: *Röhrl*, Börsenwettbewerb)

Rönck, Rüdiger, Technische Normen als Gestaltungsmittel des Europäischen Gemeinschaftsrechts: Zulässigkeit und Praktikabilität ihrer Rezeption zur Realisierung des Gemeinsamen Marktes, Berlin 1995 (zitiert: *Rönck*, Normen)

Rosin, Heinrich, Gutachten, in: Berliner Jahrbuch für Handel und Industrie, 1903, S. 384 (zitiert: *Rosin*, Gutachten)

Roßnagel, Alexander, Globale Datennetze: Ohnmacht des Staates - Selbstschutz der Bürger, ZRP 1997, 26

Roßnagel, Alexander, Nachbesserungspflichten des Gesetzgebers im Atomrecht, JZ 1985, 714

Roßnagel, Alexander, Rechtliche Gestaltung der Informationstechnik – Aufgaben und Chancen auf dem Weg in eine zivile Informationsgesellschaft, in: Alcatel SEL Stiftung (Hrsg.), Rechtliche Gestaltung der Informationstechnik – Fachtagung Darmstadt 1996, Stuttgart 1996, S. 8 (zitiert: *Roßnagel*, Informationstechnik)

Roßnagel, Alexander, Rechtswissenschaftliche Technikfolgenforschung - am Beispiel der Informations- und Kommunikationstechniken, in: Schulte, Martin (Hrsg.), Technische Innovation und Recht: Antrieb oder Hemmnis?, Heidelberg 1997, S. 139 (zitiert: *Roßnagel*, Technikfolgenforschung)

Roßnagel, Alexander, Regulierung und Selbstregulierung im Datenschutz, in: Kubicek, Herbert / Braczyk, Hans-Joachim / Klumpp, Dieter / Roßnagel, Alexander (Hrsg.), Global@home: Informations- und Dienstleistungsstruktur der Zukunft, Jahrbuch Telekommunikation und Gesellschaft 2000, Heidelberg 2000, S. 385 (zitiert: *Roßnagel*, Datenschutz)

Roßnagel, Alexander, Verfassungsverträgliche Gestaltung von Informations- und Kommunikationstechniken, in: Tinnefeld, Marie-Theres / Philipps, Lothar / Heil, Susanne (Hrsg.), Informationsgesellschaft und Rechtskultur in Europa: Informationelle und politische Teilhabe in der Europäischen Union, Baden-Baden 1995, S. 139 (zitiert: *Roßnagel*, Gestaltung)

Roßnagel, Alexander, Weltweites Internet - globale Rechtsordnung?, MMR 2002, 67

Rübel, Markus, Devisen- und Zinstermingeschäfte in der Bankbilanz: Eine Konzeption zur Abbildung von Wechselkurs- und Zinsrisiken im Jahresabschluß, Berlin 1990 (zitiert: *Rübel*, Devisengeschäfte)

Rudolph, Bernd, Zur Diskussion um die Börsenreform, WM 1999, 371

Rudolph, Bernd / Röhrl, Heiner, Grundfragen der Börsenorganisation aus ökonomischer Sicht, in: Hopt, Klaus J. / Rudolph, Bernd / Baum, Harald (Hrsg.), Börsenreform: Eine ökonomische, rechtsvergleichende und rechtspolitische Untersuchung, Stuttgart 1997, S. 143 (zitiert: *Rudolph/Röhrl*, Börsenorganisation)

Ruffert, Matthias: Regulierung im System des Verwaltungsrechts - Grundstrukturen des Privatisierungsfolgerechts der Post und Telekommunikation, AöR 1999, 237

Rupp, Hans-Heinrich, Politische Anforderungen an eine zeitgemäße Gesetzgebungslehre, in: Schreckenberger, Waldemar / König, Klaus / Zeh, Wolfgang (Hrsg.), Gesetzgebungslehre: Grundlagen - Zugänge - Anwendung, Stuttgart/Berlin/Köln/Mainz 1986, S. 42 (zitiert: *Rupp*, Gesetzgebungslehre)

Rüthers, Bernd, Rechtstheorie: Begriff, Geltung und Anwendung des Rechts, 2. Auflage, München 2005 (zitiert: *Rüthers*, Rechtstheorie)

Sachs, Michael (Hrsg.), Grundgesetz: Kommentar, 3. Auflage, München 2003 (zitiert: *Bearbeiter*, in: Sachs, GG)

Sack, Rolf, Die kollisions- und wettbewerbsrechtliche Beurteilung grenzüberschreitender Werbe- und Absatztätigkeit nach deutschem Recht, GRUR Int. 1988, 320

Samm, Carl-Theodor, Börsenrecht: Grundzüge, Insider-Problematik, Optionshandel, Stuttgart/Wiesbaden 1978 (zitiert: *Samm,* Börsenrecht)

Samm, Carl-Theodor, „Bundesbörsen" unter Landesaufsicht? Zur verfassungsrechtlichen Standortbestimmung von Börsenveranstaltungen in der bundesstaatlichen Ordnung des Grundgesetzes, WM 1990, 1265

Sax, Emil, Die Verkehrsmittel in Volks- & Staatswirtschaft, Bd. 1, Wien 1878 (zitiert: *Sax,* Verkehrsmittel)

Schacht, Guido, Die deutsche Kapitalmarktaufsicht im internationalen Vergleich: Ein Beitrag zur Diskussion um die Notwendigkeit eines Wertpapieramtes in der Bundesrepublik Deutschland, München 1980 (zitiert: *Schacht,* Kapitalmarktaufsicht)

Schack, Justin, Cost containment, in: Institutional Investor 1999 (November), 43

Schaefer, Hans, Aktienemissionen im Internet, MMR 2001, 491

Schäfer, Frank A., Neue Handelsplattformen ohne Regeln, FAZ vom 27.12.2000, S. 26

Schäfer, Frank A., Novellierung des Börsengesetzes, ZIP 1989, 1103

Schäfer, Frank A. (Hrsg.), Wertpapierhandelsgesetz, Börsengesetz mit BörsZulV, Verkaufsprospektgesetz mit VerkProspV, Stuttgart/Berlin/Köln 1999 (zitiert: Schäfer/*Bearbeiter,* WpHG)

Schäfer, Hans-Bernd / Ott, Claus, Lehrbuch der ökonomischen Analyse des Zivilrechts, 4. Auflage, Berlin 2005 (zitiert: *Schäfer/Ott,* Ökonomische Analyse)

Scharf, Achim, Wertpapierhandel per ECN, Handelsblatt vom 6.12.2000, S. B 3

Scharpf, Marcus Alexander, Corporate governance, Compliance und Chinese Walls, Regensburg 2000 (zitiert: *Scharpf,* Corporate)

Scheffrahn, Raymund, Gestaltung einer wettbewerbsfähigen Börse Schweiz, Bern/Stuttgart/Wien 1992 (zitiert: *Scheffrahn,* Börse)

Schenk, Norman, Informationstechnologie und Börsensysteme, Analyse und Architektur computerisierter Wertpapiermärkte, Wiesbaden 1997 (zitiert: *Schenk,* Börsensysteme)

Schenke, Wolf-Rüdiger / Ruthig, Josef, Amtshaftungsansprüche von Bankkunden bei der Verletzung staatlicher Bankenaufsichtspflichten, NJW 1994, 2324

Scherff, Dyrk, Alternative Handelssysteme und die traditionellen Börsen werden künftig kooperieren müssen, FAZ vom 17.04.2001, S. 40

Scherff, Dyrk, Die weiße Weste von Xetra hat Flecken bekommen: Der steile Aufstieg des Handelssystems wurde von einigen Flops begleitet / Fünfter Geburtstag / Die Präsenzbörse könnte bald eingestellt werden, FAZ vom 26.11. 2002, S. 23

Scheuner, Ulrich, Die Kontrolle der Staatsmacht im demokratischen Staat: Die Eingrenzung der Macht in der Verfassungsordnung der Bundesrepublik Deutschland, Leer 1977 (zitiert: *Scheuner*, Kontrolle)

Scheuner, Ulrich, Verantwortung und Kontrolle in der demokratischen Verfassungsordnung, in: Listl, Joseph / Rüfner, Wolfgang (Hrsg.), Staatstheorie und Staatsrecht: Gesammelte Schriften, Berlin 1978, S. 293 (zitiert: *Scheuner*, Verantwortung)

Schiereck, Dirk, Zur Notierung deutscher Aktiengesellschaften an ausländischen Börsenplätzen, AG 1993, 319

Schimansky, Herbert / Bunte, Herrmann-Josef / Lwowski, Hans-Jürgen (Hrsg.), Bankrechts-Handbuch, Band III, 2. Auflage, München 2001 (zitiert: *Bearbeiter*, in: Schimansky/Bunte/Lwowski, Bankrecht)

Schlag, Martin, Grenzüberschreitende Verwaltungsbefugnisse im EG-Binnenmarkt: Eine Untersuchung zur Zulässigkeit und zu den rechtlichen Grenzen einer mitgliedstaatsübergreifenden Verwaltungstätigkeit anhand des Bankenaufsichtsrechts, Baden-Baden 1998 (zitiert: *Schlag*, Verwaltungsbefugnisse)

Schlecht, Otto, Ethische Betrachtungen zur sozialen Marktwirtschaft, Tübingen 1983 (zitiert: *Schlecht*, Ethische Betrachtungen)

Schlitt, Michael, Die Börsenlandschaft erhält ein neues Gesicht: Aufteilung in zwei Segmente / Beerdigung des Neuen Markts / Weiter Freiverkehr, FAZ vom 2.10.2002, S. 25

Schlüter, Uwe, Wertpapierhandelsrecht, Handbuch für Banken und Finanzdienstleistungsinstitute, München 2000 (zitiert: *Schlüter*, Wertpapierhandelsrecht)

Schmidt, Hartmut, Die Rolle der Regionalbörsen am deutschen Kapitalmarkt heute und morgen (Teil I), Kredit und Kapital 25 (1992), 110

Schmidt, Hartmut, Die Rolle der Regionalbörsen am deutschen Kapitalmarkt heute und morgen (Teil II), Kredit und Kapital 25 (1992), 233

Schmidt, Hartmut, Marktorganisationsbestimmte Kosten und Transaktionskosten als börsenpolitische Kategorien: Grundsätzliche Überlegungen zur Weiterentwicklung des Anlegerschutzes aus ökonomischer Sicht, Kredit und Kapital 16 (1983), 184

Schmidt, Hartmut, Vorteile und Nachteile eines integrierten Zirkulationsmarktes für Wertpapiere gegenüber einem gespaltenen Effektenmarkt, Luxemburg 1977 (zitiert: *Schmidt*, Zirkulationsmarkt)

Schmidt, Hartmut / Oesterhelweg, Olaf / Treske, Kai, Der Strukturwandel im Börsenwesen: Wettbewerbstheoretische Überlegungen und Trends im Ausland als Leitbilder für den Finanzplatz Deutschland, Kredit und Kapital 30 (1997), 369

Schmidt, Hartmut / Prigge, Stefan, Börsenkursbildung, in: Gerke, Wolfgang / Steiner, Manfred (Hrsg.), Handwörterbuch des Bank- und Finanzwesens, 3. Auflage, Stuttgart 2001, Sp. 392 (zitiert: *Schmidt/Prigge*, Börsenkursbildung)

Schmidt, Hartmut / Schleef, Michael / Simic, André Küster, Warentests für Handelsplattformen - Zur Anlegerfreiheit am Aktienmarkt, ZBB 2001, 69

Schmidt, Ingo, Wettbewerbspolitik und Kartellrecht, 6. Auflage, Stuttgart 1999 (zitiert: *Schmidt*, Wettbewerbspolitik)

Schmidt, Ingo L. O. / Rittaler, Jan B., A Critical Evaluation of the Chicago School of Antitrust Analysis, Dordrecht/Boston/London 1989 (zitiert: *Schmidt/Rittaler*, Chicago School)

Schmidt, Karsten, Die Zukunft der Kodifikationsidee: Rechtsprechung, Wissenschaft und Gesetzgebung vor den Gesetzeswerken des geltenden Rechts, Heidelberg 1985 (zitiert: *Schmidt*, Kodifikationsidee)

Schmidt, Reiner, Der Einlagensicherungsfonds deutscher Banken als Berufsschranke, ZHR 146 (1982), 48

Schmidt, Reiner, Die Reform der Verwaltung und Verwaltungsrecht: Reformbedarf - Reformanstöße - Reformansätze, VerwArch 91 (2000), 149

Schmidt, Reiner, Öffentliches Wirtschaftsrecht, Allgemeiner Teil, Berlin/Heidelberg/New York 1990 (zitiert: *Schmidt*, Wirtschaftsrecht AT)

Schmidt, Reiner, Wirtschaftspolitik und Verfassung: Grundprobleme, Baden-Baden 1971 (zitiert: *Schmidt*, Verfassung)

Schmidt, Reiner, Wirtschaftspolitik, Wirtschaftsverwaltungsorganisation, Wirtschaftsförderung, in: Achterberg, Norbert / Püttner, Günter (Hrsg.), Besonderes Verwaltungsrecht, Bd. 1: Wirtschafts-, Bau-, Kultus-, Dienstrecht, Heidelberg 1990, S. 3 (zitiert: *Schmidt*, Wirtschaftspolitik)

Schmidt-Aßmann, Eberhard, Das allgemeine Verwaltungsrecht als Ordnungsidee, Grundlagen und Aufgaben der verwaltungsrechtlichen Systembildung, Berlin/Heidelberg/New York/Barcelona/Budapest/Hongkong/London/Mailand/ Paris/Singapur/Tokio 1998 (zitiert: *Schmidt-Aßmann*, Ordnungsidee)

Schmidt-Aßmann, Eberhard, Gesetzes- und Rechtsbindung der Verwaltung, in: König, Klaus / Siedentopf, Heinrich (Hrsg.), Öffentliche Verwaltung in Deutschland, 2. Auflage, Baden-Baden 1997, S. 359ff. (zitiert: *Schmidt-Aßmann*, Gesetzesbindung)

Schmidt-Eichstaedt, Gerd, Der Konkretisierungsauftrag der Verwaltung beim Vollzug öffentlich-rechlicher Normen, DVBl. 1985, 645

Schmidt-Preuß, Matthias, Kollidierende Privatinteressen im Verwaltungsrecht: Das subjektive öffentliche Recht im multipolaren Verwaltungsrechtsverhältnis, Berlin 1992 (zitiert: *Schmidt-Preuß*, Verwaltungsrecht)

Schmidt-Preuß, Matthias, Verwaltung und Verwaltungsrecht zwischen gesellschaftlicher Selbstregulierung und staatlicher Steuerung, VVDStRL 56 (1997), 160

Schmidt-Wenzel, Dietmar, Kapitalmarkt und Börsenreform nach deutschem Recht, Würzburg 1969 (zitiert: *Schmidt-Wenzel*, Kapitalmarkt)

Schmitt, Günther, System der Rechtsaufsicht über die Gemeinden in der Bundesrepublik Deutschland, Erlangen 1962 (zitiert: *Schmitt*, Rechtsaufsicht)

Schneider, Dieter, Ausweichhandlungen vor Regulierungen auf Finanzmärkten als Prüfstein wettbewerbstheoretischer Konzepte, ORDO 37 (1986), 155

Schneider, Hans, Gesetzgebung: Ein Lehrbuch, 3. Auflage, Heidelberg 2002 (zitiert: *Schneider*, Gesetzgebung)

Schneider, Jens-Peter, Flexible Wirtschaftsregulierung durch unabhängige Behörden im deutschen und britischen Telekommunikationsrecht, ZHR 164 (2000), 513

Schneider, Jens-Peter, Liberalisierung der Stromwirtschaft durch regulative Marktorganisation: Eine vergleichende Untersuchung zur Reform des britischen, US-amerikanischen, europäischen und deutschen Energierechts, Baden-Baden 1999 (zitiert: *Schneider*, Liberalisierung)

Schneider, Uwe H., Internationales Kapitalmarktrecht: Regelungsprobleme, Methoden und Aufgaben, AG 2001, 269

Schneider, Uwe H., Kapitalmarktorientierte Corporate Governance-Grundsätze, DB 2000, 2413

Schneier, Bruce, Angewandte Kryptographie: Protokolle, Algorithmen und Sourcecode in C, Bonn 1996 (zitiert: *Schneier*, Kryptographie)

Schnyder, Anton K., Verhältnis nationaler, regionaler und globaler Regulierungen - insbesondere extraterritoriale Wirkungen nationaler oder regionaler Marktgestaltungen, in: Mestmäcker, Ernst-Joachim (Hrsg.), Kommunikation ohne Monopole II: Ein Symposium über Ordnungsprinzipien im Wirtschaftsrecht der Telekommunikation und der elektronischen Medien, Baden-Baden 1995, S. 211 (zitiert: *Schnyder*, Verhältnis)

Schnyder, Anton K., Wirtschaftskollisionsrecht: Sonderanknüpfung und extraterritoriale Anwendung wirtschaftsrechtlicher Normen unter besonderer Berücksichtigung von Marktrecht, Zürich 1990 (zitiert: *Schnyder*, Wirtschaftskollisionsrecht)

Schoch, Friedrich, Der Gleichheitssatz, DVBl. 1988, 863

Schoenborn, Walther, Das Oberaufsichtsrecht des Staates im modernen deutschen Staatsrecht, Heidelberg 1906 (zitiert: *Schoenborn*, Oberaufsichtsrecht)

Scholz, Rupert, Wirtschaftsaufsicht und subjektiver Konkurrentenschutz: Insbesondere dargestellt am Beispiel der Kartellaufsicht, Berlin 1971 (zitiert: *Scholz*, Wirtschaftsaufsicht)

Schönauer, Felix, „Im Internet klappt die Aufsicht“, Handelsblatt vom 16.8.1999, S. 25

Schöne, Franz-Josef, Dienstleistungsfreiheit in der EG und deutsche Wirtschaftsaufsicht, Köln/Berlin/Bonn/München 1989 (zitiert: *Schöne*, Dienstleistungsfreiheit)

Schorn, Ruth, Der Grundsatz der Diskontinuität im europäischen Gemeinschaftsrecht, Frankfurt am Main 2000 (zitiert: *Schorn*, Diskontinuität)

Schreiber, Paul S. / Schwartz, Robert A., Efficient Price Discovery in a Securities Market: The Objective of a Trading System, in: Amihud, Yakov / Ho, Thomas S.Y. / Schwartz, Robert A. (Hrsg.), Market Making and the Changing Structure of the Securities Industry, Lexington/Massachusetts/Toronto 1985, S. 19 (zitiert: *Schreiber/Schwartz*, Price Discovery)

Schröder, Meinhard, Grundfragen der Aufsicht in der öffentlichen Verwaltung, JuS 1986, 371

Schröder, Michael, Die Wertpapierhandelsaufsicht nach dem Zweiten Finanzmarktförderungsgesetz, Frankfurt am Main 1998 (zitiert: *Schröder*, Wertpapierhandelsaufsicht)

Schulte, Arnd Axel, Die Regulierung der deutschen Effektenbörsen: eine Analyse staatlicher Maßnahmen im deutschen Börsenwesen seit der Währungsreform, Frankfurt am Main 1995 (zitiert: *Schulte*, Regulierung)

Schulte, Martin, Die Mehrfachkontrolle von Stiftungen, DÖV 1996, 497

Schulte, Martin, Schlichtes Verwaltungshandeln: Verfassungs- und verwaltungsrechtsdogmatische Strukturüberlegungen am Beispiel des Umweltrechts, Tübingen 1995 (zitiert: *Schulte*, Verwaltungshandeln)

Schulz, Wolfgang, Das deutsche Börsengesetz: die Entstehungsgeschichte und wirtschaftliche Auswirkungen des Börsengesetzes von 1896, Frankfurt am Main 1994 (zitiert: *Schulz*, Geschichte)

Schulze-Fielitz, Helmuth, Zeitoffene Gesetzgebung, in: Hoffmann-Riem, Wolfgang / Schmidt-Aßmann, Eberhard (Hrsg.), Innovation und Flexibilität des Verwaltungshandelns, Baden-Baden 1994, S. 139 (zitiert: *Schulze-Fielitz*, Gesetzgebung)

Schuppert, Gunnar Folke, Die Einheit der Verwaltung als Rechtsproblem, DÖV 1987, 757

Schuppert, Gunnar Folke, Die öffentliche Verwaltung im Kooperationsspektrum staatlicher und privater Aufgabenerfüllung: Zum Denken in Verantwortungsstufen, Die Verwaltung 31 (1998), 415

Schuppert, Gunnar Folke, Geändertes Staatsverständnis als Grundlage des Organisationswandels öffentlicher Aufgabenwahrnehmung, in: Budäus, Dietrich (Hrsg.), Organisationswandel öffentlicher Aufgabenwahrnehmung, Baden-Baden 1998, S. 19 (zitiert: *Schuppert*, Staatsverständnis)

Schurig, Klaus, Kollisionsnorm und Sachrecht: Zur Struktur, Standort und Methode des internationalen Privatrechts, Berlin 1981 (zitiert: *Schurig*, Kollisionsnorm)

Schüssler, Artur, Das staatliche Aufsichtsrecht über die Gemeinden in Baden, Heidelberg 1924 (zitiert: *Schüssler*, Aufsichtsrecht)

Schuster, Gunnar, Die internationale Anwendung des Börsenrechts: Völkerrechtlicher Rahmen und kollisionsrechtliche Praxis in Deutschland, England und den USA, Berlin/Heidelberg/New York/Barcelona/Budapest/Hongkong/London/Mailand/Paris/Santa Clara/Singapur/Tokio 1996 (*Schuster*, Börsenrecht)

Schütt, Henrik, Discount-Broking: Die neue Konkurrenz, Die Bank 1995, 101

Schwark, Eberhard, Anlegerschutz durch Wirtschaftsrecht, Entwicklungslinien, Prinzipien und Fortbildung des Anlegerschutzes, zugleich ein Beitrag zur Überlagerung bürgerlich-rechtlicher Regelung und gewerbepolizeilicher Überwachung durch Wirtschaftsrecht, München 1979 (zitiert: *Schwark*, Anlegerschutz)

Schwark, Eberhard, Börsengesetz, Kommentar zum Börsengesetz und zu den börsenrechtlichen Nebenbestimmungen, 2. Auflage, München 1994 (zitiert: *Schwark*, Börsengesetz)

Schwark, Eberhard, Börsen und Wertpapierhandelsmärkte in der EG, WM 1997, 293

Schwark, Eberhard, Die Verhaltensnormen der §§ 31 ff WpHG, in: Hadding, Walther / Hopt, Klaus J. / Schimansky, Herbert (Hrsg.), Das Zweite Finanzmarktförderungsgesetz in der praktischen Umsetzung: Bankrechtstag 1995, Berlin/New York 1996, S. 109 (zitiert: *Schwark*, Verhaltensnormen)

Schwark, Eberhard, Gesellschaftsrecht und Kapitalmarktrecht, in: Lutter, Marcus / Mertens, Hans-Joachim / Ulmer, Peter (Hrsg.), Festschrift für Walter Stimpel zum 68. Geburtstag am 29. November 1985, Berlin/New York 1985, S. 1087 (zitiert: *Schwark*, Kapitalmarktrecht)

Schwark, Eberhard, Kapitalanlegerschutz im deutschen Gesellschaftsrecht, ZGR 1976, 271

Schwark, Eberhard (Hrsg.), Kapitalmarktrechts-Kommentar, 3. Auflage, München 2004 (zitiert: *Schwark*, Kapitalmarktrechts-Kommentar)

Schwartz, Neil D., Wall Street ? Where We'Re Going We Don't Need Wall Street: Do Securities Regulators Stand a Chance in Cyberspace, 8 Florida State University Journal of Transnational Law & Policy 1998, 79

Schwartz, Robert A., Reshaping the Equity Markets: A Guide for the 1990s, USA 1991 (zitiert: *Schwartz*, Reshaping)

Schwarze, Jürgen (Hrsg.), Der Netzzugang für Dritte im Wirtschaftsrecht, Baden-Baden 1999 (zitiert: *Schwarze*, Netzzugang)

Schwarze, Jürgen, Der Netzzugang für Dritte im Wirtschaftsrecht, in: Schwarze, Jürgen (Hrsg.), Der Netzzugang für Dritte im Wirtschaftsrecht, Baden-Baden 1999, S. 11 (zitiert: *Schwarze*, Wirtschaftsrecht)

Schwarze, Jürgen, Zum Nutzen einer Systembildung für die Kontrolle der Staatsgewalt, DVBl. 1974, 893

Scott, Hal S. / *Wellons, Philip A.*, International Finance, Transactions, Policy, And Regulation, 7. Auflage, New York, NY 2000 (zitiert: *Scott/Wellons*, International Finance)

Seidel, Martin, Rechtliche Grundlagen eines einheitlichen Kapitalmarktes der Europäischen Gemeinschaft, in: Leßmann, Herbert / Großfeld, Bernhard / Vollmer, Lothar (Hrsg.), Festschrift für Rudolf Lukes zum 65. Geburtstag, Köln/Berlin/Bonn/München 1989, S. 575 (zitiert: *Seidel*, Kapitalmarkt)

Seitz, Jochen, Die Integration der europäischen Wertpapiermärkte und die Finanzgesetzgebung in Deutschland, BKR 2002, 340

Seligman, Joel, Rethinking Securities Markets: The SEC Advisory Committee on Market Information and the Future of the National Market System, 57 The Business Lawyer 2002, 637

Seligman, Joel, The Transformation of Wall Street, 1982 (zitiert: *Seligman*, Wall Street)

Servais, Dominique, Ein europäischer Finanzraum: Liberalisierung des Kapitalverkehrs und monetäre Integration - Die Verwirklichung der Wirtschafts- und Währungsunion, 3. Auflage, Luxemburg 1995 (zitiert: *Servais*, Finanzraum)

Shapiro, James E., U.S. Equity Markets: Recent Competitive Developments, in: Schwartz, Robert A., Global Equity Markets: Technological, Competitive, and Regulatory Challenges, S. 19 (zitiert: *Shapiro*, Equity Markets)

Sieber, Ulrich, Anmerkung zu AG München „CompuServe“-Urteil, MMR 1998, 438

Sieber, Ulrich, Die Bekämpfung von Hass im Internet: Technische, rechtliche und strategische Grundlagen für ein Präventionskonzept, Zeitschrift für Rechtspolitik 2001, 97

Siegel, Daniel R. / *Siegel, Diane F.*, The Futures Markets: Arbitrage, Risk Management and Portfolio Strategies, Chicago, Illinois 1990 (zitiert: *Siegel/ Siegel*, Futures Markets)

Siller, Christian, Rechtsfragen des Discount-Broking, Köln 1999 (zitiert: *Siller*, Discount-Broking)

Snaith, Ian, „Virtual" Co-operation: The Jurist´s Role, in: Kirk, Michael / Kramer, Jost W. / Steding, Rolf (Hrsg.), Genossenschaften und Kooperation in einer sich wandelnden Welt: Festschrift für Prof. Dr. Hans-H. Münkner zum 65. Geburtstag, Münster 2000, S. 391 (zitiert: *Snaith*, Co-operation)

Soltwedel, Rüdiger et al., Deregulierungspotentiale in der Bundesrepublik, Tübingen 1986 (zitiert: *Soltwedel*, Deregulierung)

Sommer, A.A. Jr., IOSCO: Its Mission and Achievement, 17 Journal of International Law & Business 1996, 15

Speyer, Bernhard, Der unvollendete Binnenmarkt für Finanzdienstleistungen, in: Schwarze, Jürgen (Hrsg.), Wirtschaftsverfassungsrechtliche Garantien für Unternehmen im europäischen Binnenmarkt, Baden-Baden 2001, S. 73 (zitiert: *Speyer*, Binnenmarkt)

Spindler, Gerald, Deregulierung des Aktienrechts?, AG 1998, 53

Spindler, Gerald, Elektronische Finanzmärkte und Internet-Börsen - Teil I: Grundlegende Risiken und Reform des nationalen Kapitalmarktrechts -, WM 2002, 1325

Spindler, Gerald, Elektronische Finanzmärkte und Internet-Börsen - Teil II: Regulierungsvorhaben auf europäischer Ebene -, WM 2002, 1365

Spindler, Gerald, Emissionen im Internet: Kapitalmarktrecht und Kollisionsrecht, NZG 2000, 1058

Spindler, Gerald, Internationale Kapitalmarktangebote und Dienstleistungen im Internet: Öffentlich-rechtliche Regulierung und Kollisionsrecht unter besonderer Berücksichtigung der E-Commerce-Richtlinie, WM 2001, 1689

Spindler, Gerald, Internet, Kapitalmarkt und Kollisionsrecht unter besonderer Berücksichtigung der E-Commerce-Richtlinie, ZHR 165 (2001), 324

Spindler, Gerald / Hüther, Mario, Börse ohne Parkett - oder: Alternative Trading Systems - Elektronische Handelssysteme in den USA, RIW 2002, 649

Spoerr, Wolfgang / Deutsch, Markus, Das Wirtschaftsverwaltungsrecht der Telekommunikation - Regulierung und Lizenzen als neue Schlüsselbegriffe des Verwaltungsrechts?, DVBl. 1997, 300

Spulber, Daniel F., Deregulating Telecommunications, 12 Yale Journal on Regulations 1995, 25

Stafflage, Axel, Die Anlageberatung der Banken: Das Kreditinstitut im Spannungsverhältnis zwischen Informationspflicht und Insiderhandelsverbot, Berlin 1996 (zitiert: *Stafflage*, Anlageberatung)

Starck, Christian, Art. 1, in: von Mangoldt, Hermann / Klein, Friedrich / Starck, Christian (Hrsg.), Das Bonner Grundgesetz: Kommentar, Band 1: Präambel, Artikel 1 bis 19, 4. Auflage, München 1999 (zitiert: *Starck*, in: von Mangoldt/Klein/Starck, GG, Art. 1)

Steck, Kai-Uwe, US-amerikanisches Bundeswertpapieraufsichtsrecht und Internet: Aktuelle Regelungsansätze für die elektronische Informationsverbreitung und einen internationalen On-line-Handel mit Investmentfondsanteilen, ZBB 2000, 112

Stein, Ekkehart, Die Wirtschaftsaufsicht, Tübingen 1967 (zitiert: *Stein*, Wirtschaftsaufsicht)

Steinbeis, Maximilian, Das Internet wählt sich eine Regierung, Handelsblatt vom 10.1.2000, S. 10

Steindecker, Jörg, Aspekte der Rechnersicherheit, in: S&S International (Deutschland) GmbH (Hrsg.), Datensicherheit in Industrie und Wirtschaft, Haar bei München 1994, S. 13 (zitiert: *Steindecker*, Rechnersicherheit)

Stenzel, Stefan, Außerbörslicher Aktienhandel: Teilband I: Umfang und Ursachen, Berlin 1995 (zitiert: *Stenzel*, Aktienhandel)

Stettner, Rupert, Verfassungsbindungen des experimentierenden Gesetzgebers, NVwZ 1989, 806

Stigler, George J., The Citizen and the State: Essays on Regulation, Chicago 1975 (zitiert: *Stigler*, Citizen)

Stigler, George J., The Theory of Economic Regulation, in: Stigler, George J. (Hrsg.), Chicago Studies in Political Economy, Chicago 1988, S. 209 (zitiert: *Stigler*, Regulation)

Stigler, George J., The Theory of Economic Regulation, 2 The Bell Journal of Economics and Management Science 1971, 3

Stober, Rolf, Deregulierung im Wirtschaftsverwaltungsrecht - Die Wirtschaftsverwaltung zwischen Staats- und Privatfunktionen -, DÖV 1995, 125

Stober, Rolf, Handbuch des Wirtschaftsverwaltungs- und Umweltrechts, Stuttgart/Berlin/Köln 1989 (zitiert: *Stober*, Handbuch)

Stober, Rolf, Rückzug des Staates im Wirtschaftsverwaltungsrecht: Zur Deregulierungsdebatte in Deutschland, Köln/Berlin/Bonn/München 1997 (zitiert: *Stober*, Deregulierungsdebatte)

Stockmann, Kurt, Kartellbehördliche Ermittlungen im Ausland, WuW 1975, 243

Stoll, Hans R., The Causes and Consequences of the Rise in Third Market and Regional Trading, 19 Journal of Corporation Law 1994, 509

Stolleis, Michael, Erwartungen an das Recht, FAZ vom 30.12.2003, S. 7

Stolz, Carsten / Schmitz-Esser, Valerio, Cybermarket: Konkurrenz für Banken und Börsen?, Die Bank 1997, 297

Storck, Ekkehard, Herausforderungen für den Euromarkt: Europäische Währungsunion und weltweite Liberalisierung und Deregulierung des Finanzsektors, in: Bierbaum, Detlef / Feinen, Klaus (Hrsg.), Bank- und Finanzwirtschaft: Strategien im Wandel, Festschrift für Hans E. Büschgen zum 65. Geburtstag, Wiesbaden 1997, S. 439 (zitiert: *Storck*, Herausforderungen)

Stößenreuther, Martin, Die behördeninterne Kontrolle, Berlin 1991 (zitiert: *Stößenreuther*, Kontrolle)

Stößner, Rolf, Die Staatsaufsicht in der Sozialversicherung, 2. Auflage, Sankt Augustin 1978 (zitiert: *Stößner*, Staatsaufsicht)

Stransfeld, Reinhard, Rechtliche Herausforderungen der Informationsgesellschaft, in: Tauss, Jörg / Kollbeck, Johannes / Mönikes, Jan (Hrsg.), Deutschlands Weg in die Informationsgesellschaft: Herausforderungen und Perspektiven für Wirtschaft, Wissenschaft, Recht und Politik, Baden-Baden 1996, S. 684 (zitiert: *Stransfeld*, Herausforderungen)

Testy, Kellye Y., Comity and Cooperation: Securities Regulation in a Global Marketplace, 45 Alabama Law Review 1994, 927

Tettinger, Peter J., Rechtsanwendung und gerichtliche Kontrolle im Wirtschaftsverwaltungsrecht, München 1980 (zitiert: *Tettinger*, Wirtschaftsverwaltungsrecht)

Teubner, Gunther, Recht als autopoietisches System, Frankfurt am Main 1989 (zitiert: *Teubner*, Recht)

Teubner, Gunther, Reflexives Recht: Entwicklungsmodelle des Rechts in vergleichender Perspektive, Archiv für Rechts- und Sozialphilosophie (ARSP) 1982, 13

Teubner, Gunther, Verrechtlichung - Begriffe, Merkmale, Grenzen, Auswege, in: Kübler, Friedrich (Hrsg.), Verrechtlichung von Wirtschaft, Arbeit und sozialer Solidarität, Baden-Baden 1984, S. 289 (zitiert: *Teubner*, Verrechtlichung)

Teubner, Gunther / Willke, Helmut, Kontext und Autonomie: Gesellschaftliche Selbststeuerung durch reflexives Recht, ZfRSoz 1984, 4

Than, Jürgen, Wertpapierrecht ohne Wertpapiere?, in: Horn, Norbert / Lwowski, Hans-Jürgen / Nobbe, Gerd (Hrsg.), Bankrecht - Schwerpunkte und Perspektiven: Festschrift für Schimansky, Köln 1999, S. 821 (zitiert: *Than*, Wertpapierrecht)

Thieme, Werner, Binnen- und Außenkontrolle der Verwaltung in ihrer gegenseitigen Beziehung, VerwArch 74 (1983), 305

Thieme, Werner, Einführung in die Verwaltungslehre, Köln/Berlin/Bonn/München 1995 (zitiert: *Thieme*, Verwaltungslehre)

Thomas, Karl / Treutler, Hans-Jürgen, Kapitalmarkt, in: Kloten, Norbert / von Stein, Johann Heinrich (Hrsg.), Geld-, Bank- und Börsenwesen, 39. Auflage, Stuttgart 1993, S. 1206 (zitiert: *Thomas/Treutler*, Kapitalmarkt)

Thompson, Andrew R., Taming the Frontier?: An Evaluation of the SEC's Regulation of Internet Securities Trading Systems, Columbia Business Law Review 1999, 165

Tietzel, Manfred, Die Ökonomie der Property Rights: Ein Überblick, ZfWPol 1981, 207

Tilly, Wolfgang M., Die amtliche Kursnotierung an den Wertpapierbörsen, Eine Untersuchung zur Entwicklung des deutschen Börsenrechts, Baden-Baden 1975 (zitiert: *Tilly*, Kursnotierung)

Tippach, Stefan, Marktdaten im künftigen Insiderrecht?, WM 1993, 1269

Tolksdorf, Michael, Ruinöser Wettbewerb: Ein Beitrag zur Phänomenologie und wettbewerbspolitischen Behandlung einer marktwirtschaftlichen Fehlentwicklung, Berlin 1971 (zitiert: *Tolksdorf*, Wettbewerb)

Tomerius, Carolyn, Die Hochschulautonomie und ihre Einschränkungen beim Zusammenwirken von Land und Hochschule, Heidelberg 1998 (zitiert: *Tomerius*, Hochschulautonomie)

Tonner, Klaus, Verbraucherrecht und Selbstregulierungskonzepte, KJ 1985, 107

Trafkowski, Armin, Die sachliche Abgrenzung der Märkte im Internet, MMR 1999, 630

Tränkle, Claudia, Die „essential facilities"-Doktrin im europäischen Wettbewerbsrecht: Eine rechtsvergleichende Untersuchung der „essential facilities"-Doktrin im Rahmen der Rechtsprechung zu Art. 82 (ex-Art. 86) EGV und § 19 IV Nr. 4 GWB unter Berücksichtigung der Rechtsprechung zu Section 2 Sherman Act im US-amerikanischen Antitrustrecht, Tübingen 2001 (zitiert: *Tränkle*, Wettbewerbsrecht)

Triepel, Heinrich, Die Reichsaufsicht: Untersuchungen zum Staatsrecht des Deutschen Reiches, Berlin 1917 (zitiert: *Triepel*, Reichsaufsicht)

Tröndle, Herbert / Fischer, Thomas, Strafgesetzbuch und Nebengesetze, 52. Auflage, München 2004 (zitiert: *Tröndle/Fischer*, StGB)

Trouet, Patrick, Derivate und Wirtschaftsaufsicht: rechtliche Maßstäbe und künftige Gestaltungsmöglichkeiten, Frankfurt am Main/Berlin/Bern/New York/Paris/Wien 1998 (zitiert: *Trouet*, Wirtschaftsaufsicht)

Trute, Hans-Heinrich, Die Verwaltung und das Verwaltungsrecht zwischen gesellschaftlicher Selbstregulierung und staatlicher Steuerung, DVBl. 1996, 950

Trute, Hans-Heinrich, Verantwortungsteilung als Schlüsselbegriff eines sich verändernden Verhältnisses von öffentlichem und privatem Sektor, in: Schuppert, Gunnar Folke (Hrsg.), Jenseits von Privatisierung und „schlankem" Staat: Verantwortungsteilung als Schlüsselbegriff eines sich verändernden Verhältnisses von öffentlichem und privatem Sektor, Baden-Baden 1999, S. 13 (zitiert: *Trute*, Verantwortungsteilung)

U.S. Securities and Exchange Commission - Division of Market Regulation, Market 2000, An Examination of Current Equity Market Developments, Washington 1994 (zitiert: SEC, Market 2000)

Van Horne, James C., An Inquiry Into Recent Financial Innovation, Kredit und Kapital 1986, 453

Vaupel, Christoph F., Die aufsichtsrechtliche Behandlung automatisierter Handelssysteme in den USA, RIW 1995, 568

Vaupel, Christoph F., Genehmigungszuständigkeit für den grenzüberschreitenden computergestützten Börsenhandel, RIW 1993, 733

Vec, Miloš, Internet, Internationalisierung und nationalstaatlicher Rechtsgüterschutz, NJW 2002, 1535

Verdross, Alfred / Simma, Bruno, Universelles Völkerrecht: Theorie und Praxis, 3. Auflage, Berlin 1984 (zitiert: *Verdross/Simma*, Völkerrecht)

Vesting, Thomas, Das Internet und die Notwendigkeit der Transformation des Datenschutzes, in: Ladeur, Karl-Heinz (Hrsg.), Innovationsoffene Regulierung des Internet - Neues Recht für Kommunikationsnetzwerke, Baden-Baden 2003, S. 155 (zitiert: *Vesting*, Datenschutz)

Vief, Bernhard, Digitales Geld, in: Rötzer, Florian (Hrsg.), Digitaler Schein: Ästhetik der elektronischen Medien, Frankfurt am Main 1996, S. 117 (zitiert: Vief, Digitales Geld)

Voigt, Rüdiger, Der kooperative Staat: Auf der Suche nach einem neuen Steuerungsmodus, in: Voigt, Rüdiger (Hrsg.), Der kooperative Staat: Krisenbewältigung durch Verhandlung?, Baden-Baden 1995, S. 33 (zitiert: *Voigt*, Kooperativer Staat)

Voigt, Rüdiger, Des Staates neue Kleider: Entwicklungslinien moderner Staatlichkeit, Baden-Baden 1996 (zitiert: *Voigt*, Staat)

von Bargen, Joachim, Die Entdeckung der Langsamkeit, in: Umbach, Dieter C. / Urban, Richard / Fritz, Roland / Böttcher, Horst-Eberhard / von Bargen, Jochen (Hrsg.), Das wahre Verfassungsrecht: zwischen Lust und Leistung, Gedächtnisschrift für F.G. Nagelmann, Baden-Baden 1984, S. 429 (zitiert: *von Bargen*, Langsamkeit)

von Brünneck, Alexander, Das Demokratieprinzip und die demokratische Legitimation der Verwaltung, in: Grimm, Dieter (Hrsg.), Wachsende Staatsaufgaben - sinkende Steuerungsfähigkeit des Rechts, Baden-Baden 1990, S. 253 (zitiert: *von Brünneck*, Demokratieprinzip)

von der Heydte, Friedrich-August Freiherr, Der Wandel des Souveränitätsbegriffs, Studium Generale 10 (1957), 166

von Jhering, Rudolph, Der Zweck im Recht, Bd. I, 4. Auflage, Leipzig 1904 (Nachdruck Wiesbaden 1970) (zitiert: *von Jhering*, Zweck)

von Mutius, Albert, Die Steuerung des Verwaltungshandelns durch Haushaltsrecht und Haushaltskontrolle, VVDStRL 42 (1984), 147

von Olenhusen, Peter Götz, Börsen und Kartellrecht: Zur wettbewerbsrechtlichen Problematik der Börsenleistungen, Baden-Baden 1983 (zitiert: *von Olenhusen*, Börsen)

von Rosen, Rüdiger, Börsen und Börsenhandel, in: Gerke, Wolfgang / Steiner, Manfred, Handwörterbuch des Bank- und Finanzwesens, 3. Auflage, Stuttgart 2001, Spalte 356 (zitiert: *von Rosen*, Börsen)

von Rosen, Rüdiger, Die elektronische Revolution an der Börse, Private Handelssysteme setzen Europas Finanzplätze unter Anpassungsdruck, Frankfurter Rundschau vom 13.11.1999, S. B3

von Rosen, Rüdiger, Eine zentrale Bundesbehörde als Börsenaufsicht?, WM 1991, 623

von Rosen, Rüdiger, Europa braucht einen einheitlichen Kapitalmarkt, Handelsblatt vom 8.5.2001, S. 55

von Rosen, Rüdiger, Internationale Anforderungen an ein deutsches Wertpapieraufsichtsamt, ZfgKW 1992, 276

von Rosen, Rüdiger, Private Handelssysteme - eine Herausforderung für die Börsen, ZfgKW 1994, 1213

von Stein, Lorenz, Die Verwaltungslehre, Teil 1 / Abt. 2, 2. Auflage, Stuttgart 1869 (zitiert: *von Stein*, Verwaltungslehre)

von Stengel, Karl Freiherr, Lehrbuch des Deutschen Verwaltungsrechts, Stuttgart 1886 (zitiert: *von Stengel*, Verwaltungsrecht)

von Weizsäcker, Carl Christian, Staatliche Regulierung - positive und normative Theorie, SZVS 1982, 325

Voßkuhle, Andreas, Beteiligung Privater an der Wahrnehmung öffentlicher Aufgaben und staatliche Verantwortung, VVDStRL 62 (2003), S. 266

Voßkuhle, Andreas, Gesetzgeberische Regelungsstrategien der Verantwortungsteilung zwischen öffentlichem und privatem Sektor, in: Schuppert, Gunnar Folke (Hrsg.), Jenseits von Privatisierung und „schlankem" Staat: Verantwortungsteilung als Schlüsselbegriff eines sich verändernden Verhältnisses von öffentlichem und privatem Sektor, Baden-Baden 1999, S. 47 (zitiert: *Voßkuhle*, Regelungsstrategien)

Voßkuhle, Andreas, Rechtsschutz gegen den Richter: Zur Integration der Dritten Gewalt in das verfassungsrechtliche Kontrollsystem vor dem Hintergrund des Art. 19 Abs. 4 GG, München 1993 (zitiert: *Voßkuhle*, Rechtsschutz)

Voßkuhle, Andreas, »Schlüsselbegriffe« der Verwaltungsrechtsreform, Eine kritische Bestandsaufnahme, VerwArch 92 (2001), 184

Wagener, Frido, Der öffentliche Dienst im Staat der Gegenwart, VVDStRL 37 (1979), 215

Wagner, Franz W., Allokative und distributive Wirkungen der Ausschüttungskompetenzen von Hauptversammlungen und Verwaltung einer Aktiengesellschaft: Eine ökonomische Analyse des Art. 50 des Entwurfs einer 5. EG-Richtlinie, ZGR 1988, 210

Wahrig, Gerhard (Hrsg.), Deutsches Wörterbuch: Mit einem „Lexikon der Deutschen Sprachlehre", 1980 (zitiert: *Wahrig*, Wörterbuch)

Walras, Leon, Études d'Économie Sociale: Théorie de la Répartition de la Richesse Sociale, Paris 1990 (zitiert : *Walras*, Économie Sociale)

Wastl, Ulrich, Die juristische Organisationsstruktur deutscher Börsen- bzw. Finanzplätze und deren Optimierung, WM 1999, 620

Wastl, Ulrich / Schlitt, Christian, Abkehr vom klassischen Börsenbegriff - Chance für einen Neuanfang de lege lata?: Ein Diskussionsbeitrag zur Abgrenzung außerbörslicher, insbesondere computergestützter Wertpapierhandelsplattformen von Börsen, WM 2001, 1702

Wastl, Ulrich / Schlitt, Christian, Internetbörse - Revolution am Kapitalmarkt oder einfach nur juristisches Neuland?, MMR 2000, 387

Weber, Klaus-Peter, Insiderrecht und Kapitalmarktschutz, Haftungstheorien im U.S.-amerikanischen, europäischen und deutschen Recht, Berlin 1999 (zitiert: *Weber*, Insiderrecht)

Weber, Martin, Deutsches Kapitalmarktrecht im Umbruch, NJW 1994, 2849

Weber, Martin, Die Entwicklung des Kapitalmarktrechts 1998-2000: Organisation, Emission und Vertrieb, NJW 2000, 2061

Weber, Martin, Die Entwicklung des Kapitalmarktrechts 1998-2000: Publizität, Insiderrecht und Kapitalmarktaufsicht, NJW 2000, 3461

Weber, Martin, Internet-Emissionen, MMR 1999, 385

Weber, Rolf H., Wirtschaftsregulierung in wettbewerbspolitischen Ausnahmebereichen: Studien zur staatlichen Wirtschaftsregulierung und zum Einsatz der Regulierungsinstrumente in den Transport-, Kommunikations- und Energiemärkten in der Schweiz und in den Vereinigten Staaten von Amerika, Baden-Baden 1986 (zitiert: *Weber*, Wirtschaftsregulierung)

Weber, Stefan, Kapitalmarkt-, Börsen- und Investmentrecht, in: Dauses, Manfred A. (Hrsg.), Handbuch des EU-Wirtschaftsrechts, Band 1, München, Stand: Dezember 2004, Kapitel F III (zitiert: *Weber*, Investmentrecht)

Weber, Stefan, Kapitalverkehr und Kapitalmärkte im Vertrag über die Europäische Union, EuZW 1992, 561

Weichert, Ronald, Probleme des Risikokapitalmarktes in der Bundesrepublik: Ursachen, Auswirkungen, Lösungsmöglichkeiten, Tübingen 1987 (zitiert: *Weichert*, Risikokapitalmarkt)

Weingarten, Joe, Staatliche Wirtschaftsaufsicht in Deutschland: Die Entwicklung der Apothekenaufsicht Preußens und Nordrhein-Westfalens von ihrer Gründung bis zur Gegenwart, Opladen 1989 (zitiert: *Weingarten*, Wirtschaftsaufsicht)

Weinreich, Dirk, Recht als Medium gesellschaftlicher Selbststeuerung: Eine Untersuchung des Demokratiepotentials neuerer Rechtsentwicklungen unter besonderer Berücksichtigung partizipatorischer Planungs- und Zulassungsverfahren im öffentlichen Recht, Frankfurt am Main 1995 (zitiert: *Weinreich*, Recht)

Wermuth, Dieter, Kapitalmarktpolitische Aspekte der Wertpapieraufsicht, Sparkasse 1994, 19

White, Lawrence J., International Regulation of Securities Markets: Competition or Harmonization?, in: Lo, Andrew W. (Hrsg.), The Industrial Organization and Regulation of the Securities Industry, Chicago/London 1996, S. 207 (zitiert: *White*, International Regulation)

Widder, Stefan, BB-Kommentar, BB 2004, 15

Wiebke, Harald, Das neue Aufsichtsrecht für Finanzdienstleistungsunternehmen, DStR 1998, 491

Wiede, Peter, Die Börse als verwaltungsrechtliches Problem und Rechtsinstitut, Köln 1965 (zitiert: *Wiede*, Börse)

Wiedemann, Herbert, Der Kapitalanlegerschutz im deutschen Gesellschaftsrecht, BB 1975, 1591

Wieneke, Laurenz, Discount-Broking und Anlegerschutz, Baden-Baden 1999 (zitiert: *Wieneke*, Discount-Broking)

Wiesgickl, Margareta, Rechtliche Aspekte des Online-Banking, WM 2000, 1039

Wiesner, Peter M., Das Lamfalussy-Konzept oder der Sonnenuntergang: Die neue EU-Blitzgesetzgebung zum Finanzmarkt läßt Schlimmes erwarten, FAZ vom 10.9.2002, S. 19

Wiethölter, Rudolf, Entwicklung des Rechtsbegriffs, in: Gessner, Volkmar / Winter, Gerd (Hrsg.), Rechtsformen der Verflechtung von Staat und Wirtschaft, Opladen 1982, S. 38 (zitiert: *Wiethölter*, Rechtsbegriff)

Wilke, Dieter, Über Verwaltungsverantwortung: Bemerkungen zu einem ungebräuchlichen Begriff, DÖV 1975, 509

Willeke, Rainer, «Ruinöse Konkurrenz» als verkehrspolitisches Argument, ORDO 1977, 155

Willke, Helmut, Ironie des Staates: Grundlinien einer Staatstheorie polyzentrischer Gesellschaft, Frankfurt am Main 1992 (zitiert: *Willke*, Ironie)

Willke, Helmut, Politische Steuerung der Wissensgesellschaft?, ZfRSoz 1995, 94

Wilske, Stephan / Myer, John A. / Barker, Sarah A., Online Securities Offerings and Investor Protection: Who's law has to be complied with when offering securities through the Internet?, CRi 2001, 161

Winston, Clifford, Economic Deregulation: Days of Reckoning for Microeconomists, 31 Journal of Economic Literature 1993, 1263

Wissenschaftlicher Beirat beim Bundesministerium für Wirtschaft, Staatliche Interventionen in einer Marktwirtschaft, Göttingen 1979 (zitiert: *Beirat*, Interventionen)

Wittich, Georg, Erfahrungen mit der Ad hoc-Publizität in Deutschland, AG 1997, 1

Wittich, Georg, Neue Regeln für Finanzdienstleistungsinstitute, die Wertpapierdienstleistungen erbringen, WM 1998, 1526

Wittich, Georg, Zusammenwachsende europäische Märkte - eine Herausforderung für die Wertpapieraufsicht in Europa, WM 1999, 1613

Wittmayer, Leo, Die Weimarer Reichsverfassung, Tübingen 1922 (zitiert: *Wittmayer*, Reichsverfassung)

Woelfel, Charles J., The Dictionary of Banking, Chicago, Illinois / Cambridge, England 1994 (zitiert: *Woelfel*, Banking)

Wolf, Margareta, Anlegerschutz und Förderung des Finanzplatzes Deutschland - Notwendigkeit der Reform des Kapitalmarkt- und Börsenrechts?, WM 2001, 557

Wolf, Rainer, Regelung durch Prozeduralisierung, in: Wilhelm, Rudolf (Hrsg.), Information - Technik - Recht: Rechtsgüterschutz in der Informationsgesellschaft, Darmstadt 1993, S. 127 (zitiert: *Wolf*, Prozeduralisierung)

Wolff, Hans J. / *Bachof, Otto*, Verwaltungsrecht II (Organisations- und Dienstrecht), 4. Auflage, München 1976 (zitiert: *Wolff/Bachof*, Verwaltungsrecht II)

Wolff, Hans J. / *Bachof, Otto*, Verwaltungsrecht III (Ordnungs-, Leistungs- und Verwaltungsverfahrensrecht), 4. Auflage, München 1978 (zitiert: *Wolff/Bachof*, Verwaltungsrecht III)

Woll, Artur, Zur Lehre vom Marktversagen, in: Borchert, Manfred / Fehl, Ulrich / Oberender, Peter (Hrsg.), Markt und Wettbewerb: Festschrift für Ernst Heuß zum 65. Geburtstag, Bern/Stuttgart 1987, S. 449 (zitiert: *Woll*, Marktversagen)

Worth, Nancy, Harmonization of Capital Adequacy Rules for International Banks and Securities Firms, 18 North Carolina Journal of International Law and Commercial Regulation 1992, 134

Wymeersch, E., Die Effektenmarktaufsicht in der Europäischen Gemeinschaft, Brüssel 1977 (zitiert: *Wymeersch*, Effektenmarktaufsicht)

Zahn, Johannes, Aktienanleger und Börse, ZGR 1981 (101)

Zahn, Johannes, Selbstverwaltung und Staatsgewalt im Börsengeschehen, AG 1978, 1

Zaring, David, International Law by Other Means: The Twilight Existence of International Financial Regulatory Organizations, 33 Texas International Law Journal 1998, 281

Zass, Manfred, Die Börse ist mehr als ein Unternehmen, Handelsblatt vom 2.12.1999, S. 55

Ziegenhain, Hans-Jörg, Extraterritoriale Rechtsanwendung und die Bedeutung des Genuine-Link-Erfordernisses: Eine Darstellung der deutschen und amerikanischen Staatenpraxis, München 1992 (zitiert: *Ziegenhain*, Genuine-Link)

Ziekow, Jan, Zur rechtlichen Lage der Wirtschaftsaufsicht, WUR 1991, 243

Zimmer, Daniel, Neue Vorschriften für den nicht organisierten Kapitalmarkt, Eine Bewertung der den „grauen Kapitalmarkt" betreffenden Bestimmungen der 6. KWG-Novelle, DB 1998, 969

Zimmer, Gerhard, Funktion - Kompetenz - Legitimation: Gewaltenteilung in der Ordnung des Grundgesetzes. Staatsfunktionen als gegliederte Wirk- und Verantwortungsbereiche - Zu einer verfassungsgemäßen Funktions- und Interpretationslehre, Berlin 1979 (zitiert: *Zimmer*, Funktion)

Zinterer, Tanja, Verwaltungskontrolle, in: Nohlen, Dieter (Hrsg.), Lexikon der Politik, Bd. 7: Politische Begriffe, München 1998, S. 690 (zitiert: *Zinterer*, Verwaltungskontrolle)

Zöllner, Wolfgang, Wertpapierrecht, 14. Auflage, München 1987 (zitiert: *Zöllner*, Wertpapierrecht)

Peter Lang · Europäischer Verlag der Wissenschaften

Oliver Lorenz

Die Wertpapierbörse und ihr Träger

Ein Beitrag zur Inhaltsbestimmung der Betriebspflicht und zur erwerbswirtschaftlichen Betätigung des Trägers

Frankfurt am Main, Berlin, Bern, Bruxelles, New York, Oxford, Wien, 2004.
XIX, 199 S.
Europäische Hochschulschriften: Reihe 2, Rechtswissenschaft. Bd. 4040
ISBN 3-631-52953-8 · br. € 39.–*

Durch das Vierte Finanzmarktförderungsgesetz, welches am 1. Juli 2002 in Kraft getreten ist, hat der Gesetzgeber erstmals die so genannte „Betriebspflicht" des Börsenträgers ausdrücklich geregelt. Die Arbeit befasst sich mit Inhalt, Umfang und Grenzen dieser Betriebspflicht und zeigt die Möglichkeiten zur Bestimmung der nach § 1 Abs. 2 BörsG „zur Durchführung und angemessenen Fortentwicklung des Börsenbetriebs erforderlichen Mittel" auf. Daneben wird auch die Frage der Zulässigkeit und Beschränkbarkeit einer erwerbswirtschaftlichen Betätigung des Börsenträgers an den Beispielen des Betriebs eines Börseninformationssystems und dem Veräußern oder zur Verfügung stellen eines Handelssystems dargestellt.

Aus dem Inhalt: Börsengeschichte · Viertes Finanzmarktförderungsgesetz · Börsendefinition · Börse als teilrechtsfähige Anstalt des öffentlichen Rechts · Verhältnis der Börse zum Staat, zum Handelsteilnehmer/Emittent und zum Börsenträger · Rechte und Pflichten zwischen Börse und Börsenträger · Gebühren- und Entgeltansprüche · Betriebs- und Ausstattungsverpflichtung nach § 1 Abs. 2 BörsG mit Definitionsversuch · Parallelen zu anderen Rechtsgebieten, in denen sich ebenfalls eine Betriebspflicht bzw. Anstaltslast findet · Erwerbswirtschaftliche Betätigung des Börsenträgers außerhalb des Beleihungsrahmens und deren Beschränkung · Treuepflichten des Börsenträgers · Widmung von Handelssystemen

Kolibri 360 GmbH
Ferdinand-Jühlke-Straße 7
99095 Erfurt, Deutschland
produktsicherheit@kolibri360.de

Druck:
CPI Druckdienstleistungen GmbH
im Auftrag der
Kolibri 360 GmbH
Ferdinand-Jühlke-Str. 7
99095 Erfurt